埼玉県東南部方言の記述的研究

原田伊佐男
HARADA Isao

くろしお出版

埼玉県東南部方言の特徴と本書の概要

　本研究は、埼玉県東南部の大宮台地安行支台と東側中川低地地域(川口市東部、草加市、八潮市辺り)に行われていた伝統的方言、とりわけ北足立郡「旧安行村」とその周辺の方言の言語体系を記述対象としている。この地域で行われる言語は大づかみに言えば、戦前(1945年以前)に言語形成期を終えた世代、高度経済成長期以前(1970年頃以前)に言語形成期を終えた世代、高度成長期以後の世代で、体系が大きく変容しているが、戦前期と高度成長期以前の世代の言語を記述対象としている。

　本書は、1972年の修士論文『埼玉県東南部方言の記述的研究』を原本として、その後の調査と研究をふまえた1996年の補注版(私家版)の『埼玉県東南部方言の記述的研究』の新たな改訂版であるため、戦前世代を「高年層」、高度成長期以前の世代を「成年層」と指称している。内容に関して、音韻篇は1970年から1972年に集中的に調査したものを基にして記述されている。文法篇はその後の2000年頃までの調査・研究をふまえて加筆補足されている。

　埼玉県東部地域は、「埼玉特殊アクセント」(cf. 金田一春彦『埼玉県下に分布する特殊アクセントの考察』(1948 謄写印刷))の地域として方言学の分野では知られる地域であるが、体系的で内在的な調査と研究が十分なされているとは言えないように思う。例えば、埼玉県方言では一般に非語頭のガ行鼻音(鼻濁音)が行われないとされているが、東南部地域には広く行われていることが象徴的で、音韻(発音とアクセント)や構文的機能を担う格助詞の実態などは殆ど知られていない。筆者(1947年埼玉県旧安行村[現草加市]生)は、ことばが同じと感じられている周辺地域も視野に入れて地域言語のその言語としての体系を音韻・文法・語彙にわたって言語学的に明らかにしようと試みた。その一応の報告が本書である。

音韻に関して

　音声学的分析は服部四郎『音聲學』(1951 岩波書店)に拠り、国際音声学協会の音声記号に基づいて記述している。埼玉地域の言語音の精密な音声学的分析と記述は本書の大きな特長と言えると思う。例えば、タ行・ダ行・ナ行の頭子音は同器官的と一般に信じられているが、当方言において前二者は歯裏歯茎音

だがナ行頭子音は調音点が少し後ろの歯茎音である者が多くいることが確認できたことなどである。音韻論的分析は服部四郎『言語学の方法』(1960 岩波書店)に拠るが、長母音は後半部を「引音」と解釈し/VV/ではなく/VR/とする。下降二重母音は、音韻論的には /V'ɪ/ (戦後世代 /V'i/) の音声的な弱まり音と解釈している。

　方言の音韻事象の分析において取り上げるべき諸点は次のとおり。
　①戦前世代(高年層)は共通語のア行の「い」と「え」に対応する音節が音韻として区別されないだけでなく、共通語のハ行の「ひ」と「へ」に対応する音節も音韻的に対立していない。同様に区別・対立のない他方言の分析ではイ段・エ段のいずれか、ふつうエ段に合流しているとする解釈が多いが、筆者は、問題の音が方言話者にとってイ段音なのかエ段音なのかという明確な覚識がないこと、自身の音声の[イ][エ]／[ヒ][ヘ]を聞き分けていないことを確認し、方言話者の意識と音声的実態から一定の音韻的条件下で対立が「中和」していると解釈した。
　厳密には「ひ」に対応する音節は東京方言で母音が無声化しない位置で「へ」と中和しているのであって、東京方言で母音が無声化する位置の「ひ」に対応する音節は「シ /si/」に合流している。比較方言学的には、共通語のカ行・タ行音の前の「ひ」(/hi/＋/k, t, c/)と、促音を挟んでのカ行・タ行・パ行音の前の「ひ」(/hi/＋/Q/＋/k, t, c, p/)に対応する音節に対して、方言では「シ /si/」が音韻法則的に対応しているのである。従って、歴史的には母音が無声化する音節「ひ」(無声母音)の「シ /si/」への変化が先行し、この変化の完了後に共通語「い」と「え」および「ひ」(有声母音)と「へ」に対応する音節の合流が起こったことが言語学的に推定される。文献資料の欠如にもかかわらず、体系的、比較的研究によって、文献に現れない「母音無声化」の存在や、「い」「え」／「ひ」「へ」の合流に至る道筋(音韻史)の一端が明らかになったと考える。

　②埼玉特殊アクセントといわれる地域のアクセントの分析に関しては、音声的な観察に留まって音韻論的・体系的水準での分析が十分になされていなかったように思われるが、東京方言とのアクセントの対応もふまえて分析を行った。発話における音声的臨時的変異は大きいが、音韻的弁別的差異という点で、基本的に拍数ごとのアクセント型の種類(n＋1)は東京方言と変わりがない。体系としては頭高型を欠き、尾高型にアクセント核が固定的なもの(／〜○]／で表記)と、アクセント核が付属語との結合で単語境界を越えて付属語

の第1拍に移動するもの(／～○ =⌉／で表記［但し付属語「ミタイ・ダ」では核が動かず、付属語「ノ」では核が消える］)の2類型があることが際だった特徴となっている。3拍語を例にとれば、東京語の頭高型に方言の中高型が、東京語の中高型に方言の核の位置が固定的な尾高型が、東京語の尾高型に核の位置が付属語との結合で1拍後退する尾高型が対応している。すなわち、アクセント核が対応する東京方言のそれと比べて1拍後ろ(促音が続くときは2拍後ろが多い)にずれる対応を示している。これは、通時的には、東京方言(共通語)のアクセント核が1拍後退して成立したことを示している。しかし、この対応の異例となる語彙群の存在から以下の知見が導かれる。

　例外を含むが、3音節名詞第5類「命・姿・火箸・枕・…」と第7類「兜・椿・便り・病・…」が東京方言はともに頭高型／●⌉○○／なのに対して、埼玉県東南部方言は第5類が尾高型／○●●⌉／、第7類が中高型／○●⌉○／で区別がある。これは埼玉県東南部方言の祖アクセントが東京語のようなアクセント体系ではなく、それとは異なった体系であったことを指示している。東京方言が埼玉県東南部方言の祖語なのではなく、埼玉東京共通祖語で、第5類は中高型／*○●⌉○／、第7類は頭高型／*●⌉○○／の祖形が再建される必要があるということである。東京方言は第5類が頭高型化して第7類に合流して成立し、埼玉県東南部方言は祖語からアクセント核が1拍後退することで成立したと概略言うことができる。このような形でアクセント史が文献資料の不在にもかかわらず比較方言学的方法で再構される。

文法に関して

　単語の認定に関しては服部四郎『言語学の方法』(1960)の「付属語と付属形式」に拠っている。服部の単語認定に基づいて、形容動詞語幹を自立語「状態詞」とし形容動詞語尾を付属語として文法的に整理し、また動詞・形容詞と(単語未満の)付属形式(学校文法のいわゆる助詞・助動詞)との結合体(服部認定で1単語)を記述するに当たって、同一の統語構造を保持するものを単一の活用図列 paradigm を構成する諸形式とし、(使役動詞・受動動詞などのように)統語構造が変動するものを「派生形式」とした(この付属形式は派生語幹形成接尾辞を含む形式で、結合体が全体として別個の活用図列を構成する)。単一の活用図列を構成する諸形式は、(丁寧形や否定形などの)再活用する「拡張語尾」をもつ諸形式(拡張語尾は拡張語幹形成接尾辞＋統語語尾からなる)と、それ以外の学校文法の(自立的な)活用形も含めての「統語語尾」をもつ諸形式とに形態論

的に分けたうえで、その形式の構文機能や断続機能に基づいて、新たな活用表 paradigma を作成した。この新しい記述方法は伝統文法や学校文法とは異なる一般言語学的な視点からする現代日本語の文法記述の１つの私案をも目指したものである。接辞に「派生」と「屈折」を区別し、「屈折接辞（語尾）」をさらに「拡張接辞（語尾）」と「統語接辞（語尾）」に分けることは名称の如何にかかわらず日本語文法の記述には是非とも必要な（概念分けと）手続きであると考える。

　方言の文法事象の分析において取り上げるべき諸点は次のとおり。
　①高年層において、格助詞が東京方言に比べて豊富なことと、名詞との結合に当たって有生性が関与する（方言に特有な）格助詞と、その点で中立的な（東京方言と共通な）格助詞の２類があることが挙げられる。

　東京方言の連用格の格助詞が「が・に・を・へ・と・から・で・より（・まで）」であるのに対して、「を」を除き対応する「ガ・ニ・○・イ・ト・カラ・デ・ヨリ（・マデ）」の他に、方言に特有な「コト・ガニ・ゲ」が加わる点が大きく異なっている。「ガ・ニ・○・イ・ト・カラ・デ・ヨリ（・マデ）」は付く名詞の［有生性／無生性］に関して中立的であるが、方言に特有の「コト・ガニ・ゲ」の３助詞は「有生」の生物名詞にしか付かない。

　方言に特徴的な３助詞の概略：
　ⓐ「コト」は東京語の対格（目的格）「を」に対応するが、生物名詞目的語にしか付かない。無生物名詞目的語は無助詞（φ）で表される。コトには移動の経由格の用法はない。
　　「家で猫コト飼ってる」
　　「家で本φ読んでる」
　　（「子どもが橋φ渡ってる」（このように移動の経由格は常に無助詞（φ）で表される））

　東京語の「に」に対応する格助詞が、「ニ・ガニ・ゲ」の３つあって使い分けられている。
　ⓑ「ガニ」は生物名詞にしか付かず、基本的には東京語の「おまえにおれが分かるものか」、「おれに英語が話せたらなあ」のような「〜に〜が＋所動詞」の「〜に」の位置に現れる。
　　「おまえガニおれガ分かろんか」「おれガニ英語ガ話せたらなあ」
　　従って、「太郎には次郎が大人に見えた」は「太郎ガニは次郎ガ大人ニ見えた」となる。

ⓒ「ゲ」は生物名詞にしか付かず、「動作の向けられる相手(動作の受け手)」いわゆる「与格」を表す。「動作の向けられる相手(動作の受け手)」が無生物名詞のときは「イ」か「ニ」が使われる。
　「太郎ガ花子ゲ猫コトくれた」(「花子が太郎から猫をもらった」の意味)
　「あの犬ガおれゲ飛びかかってきた」
　「太郎ガ花{イ／ニ}水ϕくれた」(「太郎が花に水をやった」の意味)
これら3助詞について特に「コト」「ガニ」のその構文機能や無助詞表現からの成立事情にも配視した分析と記述を行った。補足・訂正部分等においては改めてその実態と歴史的(論理的)経緯等の究明を心がけた。

　大づかみな傾向として、これら3助詞が健在なのは戦前に言語形成期を終えた世代で、戦後の高度成長期以前に言語形成期を終えた世代では、格助詞「コト」のみ健在で、個人差を伴って、「ゲ」が先に、次いで「ガニ」の順で消失している。高度成長期以後の世代はほぼ共通語化している。

　②構文法にかかわる構造格に関して日本語諸方言の中でも注目されるべき諸現象が観察される。二項(二価)動詞文の格表示は、通言語的に大きく2類型がある。それは、二項動詞文「S(主語)＋O(目的語)＋Vt」の他動詞主語Svtが一項動詞文「S＋Vi」の自動詞主語Sviと同じ格表示を持ち、他動詞目的語Ovtが特別な格表示「対格 accusative」を持つ「対格型」言語と、二項動詞文「S(主語)＋O(目的語)＋Vt」の他動詞目的語Ovtが一項動詞文「S＋V」の自動詞主語Sviと同じ格表示を持ち、他動詞主語Svtが特別な格表示「能格 ergative」を持つ「能格型」言語の2類型である。この2類型は動詞の性質によっては1言語で併存することがあり、それが「分裂能格型」言語である。

埼玉県東南部方言の二項動詞文の格表示は次のようになっている。
　　ⓐ自動詞文(一項能動詞)「<u>猫ガ</u>＋走ってる」
　　ⓑ他動詞文(二項能動詞)「<u>犬ガ</u>＋<u>猫コト</u>＋追っかけてる」
　　　自動詞主語Svi＝他動詞主語Svt≠他動詞目的語Ovt→「対格型」格表示

ⓒ自動詞文(一項所動詞)「笛ガ＋鳴ってる」
　　ⓓ他動詞文(二項所動詞)「犬ガニ＋笛ガ＋聞こえてる」
　　自動詞主語 Svi ＝ 他動詞目的語 Ovt ≠ 他動詞主語 Svt → 「能格型」格表示

　埼玉県東南部方言は、「ⓐ走る」「ⓑ追っかける」のような生物主語を取る「能動詞 active verb」のうちの、目的語をとる「二項能動詞ⓑ(＝典型的他動詞)」文が対格型格表示を示し、共通語の「ⓒ鳴る」「ⓓ聞こえる」のような無生物主語を取る「所動詞 inactive verb」のうちの、「〜に＋〜が＋所動詞」文に対応する動詞文(「二項所動詞ⓓ」文)が能格型格表示を示している。すなわち、①「主語(動作主)＋目的語(対象)＋二項能動詞ⓑ(＝典型的他動詞)」文では、目的語が格助詞「コト」で表示され、②「主語(経験者)＋目的語(対象)＋二項所動詞ⓓ(＝非典型的他動詞)」文では、主語が格助詞「ガニ」で表示されるのである。

　なお、「二項所動詞ⓓ(＝非典型的他動詞)」には、所有の「有る」、必要の「要る」、可能の「分かる」「見える」「書ける・読める・話せるナド(他動詞から派生した可能動詞)」が含まれる。

　従って、埼玉県東南部方言は、基本的には「対格型」言語であるが、周辺的に「能格型」の言語現象を示す、弱い意味の「分裂能格型」言語の例ということになる。「ガニ」のような特別な格形式を持たない東京語は典型的な「対格型」言語ということになる。

本書「語彙篇」としての CD-ROM 版「埼玉県東南部方言語彙集」について

　「埼玉県東南部方言語彙集」は、見出し語に音韻表記とアクセントを示し、品詞・活用の種類など文法事項を明示し、意味の記述に当たっても言語学的、文化誌的考察を加えて、今はもう消滅目前のかつて使われた方言語彙の実際を少しでも正確に記録し残すものとすることを目指している。

　以上いくつかかいつまんで紹介したように、本書は、埼玉県東南部地域の方言を、言語として記述し、言語学的にその音韻・文法・語彙の全体としての体系と構造を明らかにしようと試みたものである。

まえがき

　本書は、1972年(昭和47年)の修士論文『埼玉県東南部方言の記述的研究』を原本とし、その補訂版である1996年(平成8年)の私家版『埼玉県東南部方言の記述的研究　付．埼玉県東南部方言語彙集』を改訂したものである。基本的に1972年の原本の枠組みと内容・形式を維持している。しかし、その後の40年余の調査・研究で判明したことや言語事象に対する把え方・考え方の進展によって、変更・補訂の必要が生じた箇所については、「訂正」「補説」などとして必要な変更・補訂を加えた。文意明確化のために加えた加筆・修正等については特に断らない。

　「1. 音韻(分節音素)」と「2. アクセント(かぶせ音素)」からなる音韻篇は、調査内容の性格上1972年当時のままとした。従って、その後の変容(共通語化)は追っていない。「3. 文法」の文法篇については、構文法や格助詞に関する調査と研究の深化に伴い、記述の形式と内容を改める必要を感じているが、書き改める場合の全体の構想と体系が十分にできていないため、関連箇所での注記(注記は内容上重複することがある)と、その後に書き継いだ論文二編を便宜的に「4. 構文法」として別立てして載せることにとどめた。

　また続編の「語彙集」は、殆ど死語の俚言や民俗語彙だけでなく、基礎語彙や機能語もその音韻的特徴や文法的機能など目立つものについて気づいたものを記録し記述するように心がけた。

　著者は、本書で「方言」を「言語」として記述している。基本的には、言語を構造・体系をなすものとして記述しようとしている。いわゆる国語学・方言学の伝統とは自由な立場から、構造言語学的に、言語としての方言の言語事象を明らかにしようとした。基本的に構造言語学の理論と方法論に基づいているが、文法の記述においては、構造言語学以後の、格文法・結合価理論・生成文法・言語類型論等の諸知見も参考にし、記述に有用な概念や術語は、必要に応じて用いている。なお、修士論文『埼玉県東南部方言の記述的研究』は、1970年(昭和45年)の学士論文『埼玉県草加市小山町方言の記述的研究』を受けて、研究範囲と内容を拡大したものであることも言い添えておきたい。

調査地域
　川口市東北部(旧戸塚村、旧安行村、旧新郷村)
　草加市(旧草加町、旧谷塚村、旧新田村、旧安行村の一部)
　八潮市(旧八条村、旧八幡村、旧潮止村)
　その他、三郷市・吉川市・越谷市など
　　以上、埼玉県の北足立郡の南部および南埼玉郡の南部の地域

調査方法およびインフォーマント
　主として土地の人々の自然な会話を傍らで聞き取るという方法(自然傍受法)をとった。調査者ができるだけ自然な形で会話に加わることがあっても、基本的に話者は調査されているのを知らないで話している。上記の川口・草加・八潮地域の土地の人(不特定多数)に対して、ランダムにこれを行った。この方法には自然談話のもつ長所もあるが、調査によって知りうる項目がやはり部分的なものになること、掘り下げた質問や聞き取りができないことなどの欠点がある。これらの欠点を補い、調査の内容をより網羅的な掘り下げたものにするために、次の人たちに、音韻・文法・語彙の全般に亙る調査のインフォーマントになってもらった。特に発音とアクセントに関しては作成した調査表を読んでもらったり、口頭で質問して答えてもらったりなどして細かい調査を行った。
　〔姓名を略す。年齢などは 1972 年(昭和 47 年) 12 月のもの。〕

明治 25 年(1892 年)生まれの女性：81 歳。21 歳まで旧戸塚村下戸塚(川口市戸塚)に居住。以後、旧新郷村赤井(川口市赤井)に居住。既に故人。
明治 33 年(1900 年)生まれの男性：73 歳。旧安行村大字小山(草加市小山)に生まれ、引き続いて居住。既に故人。
明治 42 年(1909 年)生まれの男性：64 歳。旧安行村大字原分(草加市小山)に 2 歳から引き続いて居住。既に故人。
大正 10 年(1921 年)生まれの女性：52 歳。旧新郷村赤井生まれ。20 歳以後旧安行村大字原分(草加市小山)に居住。既に故人。
昭和 17 年(1942 年)生まれの男性：30 歳。旧谷塚村瀬崎(草加市谷塚)に生まれ、引き続いて居住。
昭和 17 年(1942 年)生まれの男性：30 歳。旧安行村大字原分(草加市小山)に生まれ、引き続いて居住。
昭和 21 年(1946 年)生まれの男性：26 歳。旧安行村大字苗塚(草加市苗塚)

に生まれ、引き続いて居住。

自然傍受法と簡単な質問調査等で比較的多くの資料を得た人たち。[姓名を略す]。
　上つきの°は生地に引き続いて居住していて移動のない者。
（全員20歳前後まではその土地に引き続いて居住していた人たちである。）

川口市安行
　男性°　64歳
　男性°　25歳
　男性°　25歳
　女性°　25歳
川口市後峰
　女性　　36歳
川口市領家
　女性　　67歳
川口市赤井
　女性°　40歳
　男性°　24歳
　男性°　23歳
　女性°　20歳
川口市新郷
　男性　　84歳

　八潮市大曽根
　　女性°　50歳
　　男性°　50歳
　　男性　　45歳
　　女性　　43歳
　　女性　　25歳
　　女性　　25歳
　　男性　　25歳
　　男性°　17歳
　　女性　　14歳

草加市小山
　女性°　90歳
　男性　　45歳
　女性°　33歳
　女性°　24歳
　女性°　6歳
　女性°　5歳
草加市花栗
　女性°　25歳
草加市氷川
　女性　　46歳
草加市内
　男性°　25歳
　女性°　25歳
　女性°　20歳

吉川市内
　男性　　60歳
　女性°　14歳

越谷市内
　男性°　23歳

東京都足立区舎人
　男性°　30歳

参考：地名の発音とアクセント
　　川口 /ka'waŋuˈci/
　　　安行 /'aNˈŋjoʀ ～ 'aNŋjoʀˈ/
　　　後峰 /'usiromiˈne/
　　　戸塚 /tozuˈka/
　　　領家 /rjoʀˈke/
　　　赤井 /'akai ～ 'akeʀ/
　　　新郷 /siNˈŋoʀ/（もとは「本郷」/hoNŋoʀˈ/ と言った土地）
　　草加 /soʀka/
　　　小山 /ko'jama/（もとは「原分」/haraˈbuN/ と言った土地を含む）
　　　苗塚 /na'izuˈka ～ neʀzuˈka/
　　　花栗 /hanaŋuˈri/
　　　氷川 /hikaˈl'wa/（もとは「南草加」/minamizoʀˈka/ と言った土地）
　　八潮 /'jasiˈl'o/
　　　八幡 /'ja'wata/
　　　潮止 /si'odome/
　　　八條 /hacizjoˈʀ/
　　三郷 /misato/
　　吉川 /'josikaˈl'wa/
　　越谷 /kosiŋaˈl'ja ～ kosiŋeˈʀ/
　　足立 /'adaci ～ 'adaˈci/
　　　舎人 /toneri/

　なお、市街地（「町、町方」/maci˥, macikata ̄/）は、共通語化が[とりわけ戦後世代で]進んでいて、郊外の地域（「在、在方」/zeʀ˥, zeʀkaˈta/）の言葉とは種々の点で異なるので、ここでは記述から除外している。

調査の結果と記述の態度（1972年版のまま載せる）
　調査結果は、①大体40歳代（1972年当時）以上では地域差が殆どないこと、②30歳代（1972年当時）以下の若い年齢の者がそれ以上の者と多くの異なり[年齢層差]を見せることが分かった。（若い層は若い層で互いに似ていてあまり違いがなかった。）
　筆者は、高校時代に日常身辺の語彙を調べ始め、同じころ Daniel Jones の

An Outline of English Phonetics と服部四郎の『音聲學』に親しんで自身と周囲の発音を観察し始めてから、大学・大学院時代には言語学・国語学・方言学を学び、既に 10 年近く(2016 年現在では 50 年の余)学問的関心をもってこの方言を観察してきている。それと上記の調査結果、および native speaker としての自身の内省を加えつつ、地域言語体としての方言の言語としての体系を記述することを目ざした。従って、単なる調査の報告ではないことを了解していただきたいと思う。

なお、筆者は、埼玉県北足立郡旧安行村大字原分(草加市小山町)に 1947 年(昭和 22 年)に生まれ、現在(1972 年)まで同地を離れたことがない。(1985 年に越谷市に転居。)

方言の境界

細かく見れば、内部でも、大宮台地安行支台の地域では「台地に切れ込んだ開析谷」を「やつ」/ˈjacuˉ/ と言い、旧利根川(古利根川・元荒川・中川)筋の地域では「川沿いの泥の深い低湿な土地」を「やっから」/ˈjaQkaraˉ/ と言っているが、双方でそれぞれの語については知らないと言うのが普通である。こういう地域特有な語彙的な偏差はあるものの、今回の調査の範囲に含まれた上記の川口・草加・八潮地域内では、音韻・文法・基礎的語彙などに関して比較的よく似た言語が話されていて、その意味で境界は問題にならなかった。

この方言の境界は、例えば音韻に関しては、「非語頭位置のガ行音」は埼玉県東北部では有声破裂音で鼻音ではないこと、「母音間のカ行・タ行子音」が千葉県北部や茨城県では有声化することなど、もう少し範囲を広げて精査すれば明らかにできるかもしれないが、課題のままとなっている。

この方面の研究にあってはさしあたって次のものの分布を明らかにする必要がある。

1. /ŋV/(ガ行鼻音)の地理的分布
2. /ˈi/：/ˈe/、/hi/：/he/ が音韻的に対立するかどうか。(高年層の言語で)
3. アクセント
4. 格助詞 /ŋe/(与格)、/ŋaˈni/(能力格※)、/koˈto/(対格)の地理的分布
5. 動詞確否形(/kakoˈnka/[(絶対に)書かない]、/ˈakeroNkaˈ/[(絶対に)開けない]…)の分布
6. カ変動詞「来る」の受身・可能動詞「来される /kisareruˈ ～ kisaˈiruˈ/」の分布

※ /ŋaIni/ に関しては、その後の高年層の用法の精査から、意味格の「能力格」ではなく、構造格の「能格」と考えるようになった。格助詞「ガニ」の補説(271頁以下)を参照。

「2014年現在の方言の現状と本書との関係」

　上記部分を、2014年現在において改めて把え返して述べ直すと以下のようである。埼玉県東南部方言の現状は大雑把に、
　　①戦前(1945年頃以前)に言語形成期を終えた世代、
　　②高度経済成長期以前(1970年頃以前)に言語形成期を終えた世代、
　　③高度成長期以後に言語形成期を終えた世代
の三つの言語層に分かれている。
　①は「イ/エ」「ヒ/ヘ」の音韻的区別がなく、方言に特有な格助詞「コト・ガニ・ゲ」が健在な世代である。
　②は「イ/エ」「ヒ/ヘ」の音韻的区別が復活し、格助詞は「コト」のみ健在で、個人差を伴って「ゲ」＞「ガニ」の順に漸減し消失に至っている世代である。
　③高度成長期以後の世代は、都市化が進行し新住民人口が圧倒的多数化した結果、方言の世代間伝承が非常に希薄になり、共通語化が著しく進行し、音韻・文法・語彙における旧来の方言的特徴が殆ど失われている。
　①→②→③という言語変化は地域社会のあり方の変化と相関するもので、筆者生地周辺地域の変容は『草加市史研究・第11号』(1998 草加市)の「草加の道(4)―草加・安行地区―」36頁の表4「安行地区の戸数(世帯)の動態」によってよく窺うことができるので紹介しておく。著者の高橋操氏はこの表をもとに次のように述べている。
　　「…草加市域の安行地区[旧安行村を構成していた大字のうち、昭和三十二年(1957)五月一日に草加町に編入された、苗塚・花栗及び北谷・小山・原の各一部]は、台地上に立地する川口市域の安行地区に比べるとその歴史は新しい。…中世(十二世紀末から十六世紀ごろ)にはある程度の規模を有する集落が形成されていたものと推定することができる。…花栗を除く苗塚・小山・北谷などは、文政五年(1822)から百四十年後の昭和三十六年(1961)に至るまで、戸数(世帯数)はほとんど変化していなかったことがわかる。江戸時代の村域とほとんど変化がない苗塚町の平成八年(1996)十月一日現在の世帯数をみると九二六世帯あり、文政五年(1822)

時の十五戸の六十二倍に達している［昭和 36 年（1961）の戸数は 19 戸（引用者注）］。これらの数値から見ても、江戸時代末期から昭和三十六年ごろまでは大きな変化もなく、昔の姿を残していたことがはっきりわかる。」

　本研究は、埼玉県川口市東部と草加市およびその周辺域の第二次世界大戦以前に言語形成期を終えた世代①と、高度経済成長期以前（1970 年頃以前）に言語形成期を終えた世代②を主たる対象としている。

　なお、①の世代の言語の文法・意味に関する細部にわたる記述内容に関しては、明治 42 年（1909）生まれの北足立郡旧安行村（現草加市）在住の男性の個人語 idiolect の継続的な調査（1970 〜 2000 年）の結果に基づくところが大きい。氏は文法事項に関して自身の内省内容をことばで説明できたのでその報告をふまえて記述するように心がけた。殊に方言に特有な格助詞コト・ガニ・ゲの意味と用法の「補足部分【　】」の多くは、文法性や認容可能性の氏による判断と内省をふまえて書かれている。

　以上のように現在の時点では言い換えることができる。

目　次

埼玉県東南部方言の特徴と本書の概要　iii
　　　音韻に関して　iii
　　　文法に関して　v
　　　本書「語彙篇」としての CD-ROM 版「埼玉県東南部方言語彙集」について　viii
まえがき　ix
　　　調査地域　x
　　　調査方法およびインフォーマント　x
　　　調査の結果と記述の態度（1972 年のまま載せる）　xii
　　　方言の境界　xiii
　　　「2014 年現在の方言の現状と本書との関係」　xiv

1. **音韻**..1
　　1.1　音素の数とその種類　3
　　1.2　音素体系　3
　　1.3　シラベーム syllabeme の構造　4
　　　　1.3.1　シラベームの種類　4
　　　　1.3.2　音素の分布の制限　5
　　1.4　モーラ mora　5
　　1.5　モーラ表　6
　　1.6　音素とその異音　7
　　　　1.6.1　母音音素 /V_1/　7
　　　　1.6.2　母音音素 /V_2/ = /R/ 〈「引き音（引音）」〉　17
　　　　1.6.3　呼気段落末尾の /V/ および /V_R/ について　17
　　　　1.6.4　半母音音素 /S/　18
　　　　1.6.5　子音音素 /C_1/　20
　　　　1.6.6　子音音素 /C_2/　30
　　1.7　母音の無声化について　36
　　1.8　鼻的破裂音 faucal plosive について　39

1.9　強調的な子音の gemination（音重複）について　39
　　1.10　音韻変化　40
　　　　1.10.1　完成的音韻変化　42
　　　　1.10.2　不完成的音韻変化　45
　　　　1.10.3　語彙的な変化　54

2. アクセント 59
　　2.1　アクセント体系　63
　　　　2.1.1　アクセントの相　63
　　　　2.1.2　アクセントの型　64
　　　　2.1.3　アクセント体系のまとめ　67
　　2.2　アクセント型とその所属語彙　70
　　　　2.2.1　体言類　71
　　　　　　2.2.1.1　準2モーラ語のアクセント　71
　　　　　　2.2.1.2　2モーラ語のアクセント　72
　　　　　　2.2.1.3　3モーラ語のアクセント　77
　　　　　　2.2.1.4　4モーラ語のアクセント　83
　　　　　　2.2.1.5　5モーラ語のアクセント　85
　　　　　　2.2.1.6　6モーラ語のアクセント　87
　　2.3　アクセント各説　88
　　　　2.3.1　動詞のアクセント　88
　　　　　　2.3.1.1　活用形のアクセント　89
　　　　　　2.3.1.2　動詞のアクセント型と所属語彙　94
　　　　2.3.2　形容詞のアクセント　98
　　　　　　2.3.2.1　形容詞のアクセント型と所属語彙　100
　　　　2.3.3　用言の類別語彙とその対応　103
　　　　2.3.4　付属語のアクセント　104
　　　　　　2.3.4.1　助詞のアクセント　104
　　　　　　2.3.4.2　助動詞のアクセント　110
　　　　　　2.3.4.3　連結に伴うアクセント変異　111

3. 文法 113
　　3.1　品詞分類　117
　　3.2　動詞　119

         3.2.1　動詞の形態（論）的特徴による種類分け　125
         3.2.2　活用形概説　143
         3.2.3　能動詞・所動詞 / 生物類名詞・無生物類名詞について　197
    3.3　形容詞　204
         3.3.1　形容詞活用形概説　211
         3.3.2　情意形容詞・感覚形容詞・性状形容詞　219
    3.4　状態詞　223
    3.5　名詞　227
         3.5.1　狭義の「名詞」　230
         3.5.2　位置詞　232
         3.5.3　時数詞　233
         3.5.4　代名詞　233
    3.6　副詞・連体詞・接続詞・感動詞　239
    3.7　助動詞　242
    3.8　準体助詞　253
         3.8.1　名詞的準体助詞　253
         3.8.2　状態詞的準体助詞　257
    3.9　助詞　259
         3.9.1　格助詞　259
         3.9.2　副助詞　292
         3.9.3　接続助詞　296
         3.9.4　並立助詞　298
         3.9.5　終助詞　298
    3.10　間投助詞　301

4. 構文法..303
    4.1　埼玉県東南部の方言（旧北足立郡安行村方言）の「統語的格助詞」の
         配置　305
         4.1.1　「基本構文」における統語的格助詞の配置　305
              4.1.1.1　一項述語文における統語的格助詞の配置　305
              4.1.1.2　二項述語文における統語的格助詞の配置　305
              4.1.1.3　三項述語文における統語的格助詞の配置　309
         4.1.2　「関連派生構文」における統語的格助詞の配置　309

                4.1.2.1　「使役文」における統語的格助詞の配置　310
                4.1.2.2　「間接受動文」における統語的格助詞の配置　311
                4.1.2.3　「直接受動文」における統語的格助詞の配置　311
                4.1.2.4　「可能文」における統語的格助詞の配置　312
    4.2　方言の基本的文型と格助詞　313
        4.2.1　二項述語文　313
                4.2.1.1　動作主主語をとる典型的な他動詞構文　313
                4.2.1.2　特異な「二重化された目的語」をとる他動詞構文　315
                4.2.1.3　動作主主語をとり、目的語に対格以外の格をとる他動詞構文　316
                4.2.1.4　経験者主語をとる他動詞構文　318
                4.2.1.5　経験者主語をとり、目的語に対格以外の格をとる他動詞構文　318
                4.2.1.6　経験者主語をとる所動詞（非対格動詞）構文　319
                4.2.1.7　経験者主語をとる情意形容詞構文　321
        4.2.2　三項述語文　323

あとがき　328

原田伊佐男氏の学問（久島　茂）　330

索　引　332

付録 CD-ROM［PDF ファイルにて収録］
・埼玉県東南部方言語彙集
・［付録］「琉球語の活用の成立に関する考察
　　　　　　──「居り」・「有り」の「終止形」をどうみるか──」

xx　目　次

主な【補足・補説】項目等：

p. 142　「基本語幹」と「実現語幹」(いわゆる「音便語幹」)について
p. 168　「アスペクト」について——「終結形 /-cja'-u/」と「継続形 /-te-ru/」——
p. 169　「E-1 終結形 /-cja'-u/」の終結相について
p. 170　「E-3 継続形 /-te-ru/」の「継続相」について
p. 183　他動詞派生接尾辞「- カス /-kas-u/」について
p. 187　「二重使役の 2 タイプとその受動形」について
p. 192　特異な「二重化された目的語」をとる他動詞の受身表現
p. 198　「他動詞」と「二項所動詞」について
p. 209　終止＝連体形の末尾音 /V²ʀ/ の /V²/ を語幹とする形容詞活用について
p. 226　体言の「状態詞」と用言の「形容詞」について
p. 228　「補語」について
p. 231　居住地名・組織名の「集合名詞」的用法について
p. 233　「人称代名詞」の「定称」の階層性と二重の二項対立について
p. 254　名詞節を作る 2 つの /no/(「名詞化助詞 no¹」と「代名助詞 no²」)について
p. 261　「が」格で表示される共通語のいわゆる「対象語」に対応する表現について
p. 265　対格コトの必要性について
p. 269　格助詞「コト・ゲ・ニ」と複合動詞「＋つく」と単純動詞について
p. 271　能格ガニの必要性について
p. 271　格助詞 /ŋaˀni/ についての訂正と補足
p. 277　「感覚形容詞文と性状形容詞文の特異なガニ」について
p. 278　「ガニ名詞句」が主語であることについて
p. 288　格助詞 /ŋaˀni/ と /ŋe/ および準体助詞 /ŋaˀno/ の語源について
p. 288　格助詞 /koˀto/ の語源について
p. 290　埼玉東南部方言における対格 /koˀto/ と能格 /ŋaˀni/ の併存問題について

1. 音韻

1. 音韻

　発話の音声の分析から説き起こして、音素の設定へと説き進むべきであるが、却って回り道になると思われるので、ここの記述では、直截に音素体系をまず示し、それに音声的事実を説明的に添えるという手順を取る。しかし、筆者がここで示す音素分析は予め発話の音声→音素分析という手順を踏んで仮定されたものであることを断っておく。

　音素の分析については、服部四郎『言語学の方法』(1960 岩波書店)・同『音韻論と正書法』(1951 研究社)等、および平山輝男『日本の方言』(1968 講談社)等を参考にした。音声の分析については服部四郎『音聲學』(1951 岩波書店)その他を参考にした。

1.1 音素の数とその種類

音素には次のものが認められる。

子音音素
　C_1：シラベーム syllabeme の Atama に立つもの
　　/p, b ; t, d ; k, g ; h, ' ; c, z, s ; r ; m, n, ŋ/　（15）
　C_2：シラベーム syllabeme の Siri に立つもの
　　/Q, N/　（2）

半母音音素
　S：シラベーム syllabeme の Kubi に立つもの
　　/j, w/　（2）

母音音素
　V_1：シラベーム syllabeme の Mune に立つもの
　　/i, e, a, o, u/　（5）
　V_2：シラベーム syllabeme の Hara に立つもの
　　/R/　（1）

合計 25 の音素が認められる。

1.2 音素体系

音素はその弁別的特徴 distinctive feature（および関与的特徴 relevant feature）の点で、次のような体系を成している。

子音/母音	漸強音/漸弱音	調音点	口音/鼻音	調音法	有声/無声	音素
子音	漸強音	両唇	口音	破裂	無声	/p/
子音	漸強音	両唇	口音	破裂	有声	/b/
子音	漸強音	両唇	鼻音			/m/
子音	漸強音	歯=歯茎	口音	破裂	無声	/t/
子音	漸強音	歯=歯茎	口音	破裂	有声	/d/
子音	漸強音	歯=歯茎	口音	破擦	無声	/c/
子音	漸強音	歯=歯茎	口音	破擦	有声	/z/
子音	漸強音	歯=歯茎	口音	摩擦	無声	/s/
子音	漸強音	歯茎	口音	弾き		/r/
子音	漸強音	歯茎	鼻音			/n/
子音	漸強音	軟口蓋	口音	破裂	無声	/k/
子音	漸強音	軟口蓋	口音	破裂	有声	/g/
子音	漸強音	軟口蓋	鼻音			/ŋ/

1. 音韻

子音	漸強音	喉頭		摩擦	無声	/h/
子音	漸強音	喉頭		摩擦	有声	/'/
子音	漸弱音	中和	口音	喉頭化		/Q/
子音	漸弱音	中和	鼻音			/N/
半母音	漸強音	硬口蓋				/j/
半母音	漸強音	両唇				/w/
母音	漸強=漸弱音	前舌		狭		/i/
母音	漸強=漸弱音	前舌		広		/e/
母音	漸強=漸弱音	中舌		狭		/u/
母音	漸強=漸弱音	中舌		広		/a/
母音	漸強=漸弱音	奥舌				/o/
母音	漸弱音	中和				/R/

1.3 シラベーム syllabeme の構造

シラベーム syllabeme（音韻論的音節）の構造をその構造要素である音素の位置関係（結合関係）によって示せば下図のようになる。

	Atama	Kubi	Mune	Hara	Siri
音素の種類	C_1	S	V_1	V_2	C_2
音素	p b　　　m t d c z s r n k g　　　ŋ h '	j w	i u o e a	R	N Q

柴田武 『国語教育のための国語講座 2』「音声の理論と教育」(1958 朝倉書店)参照
　〃　 『奈良田の方言』「奈良田方言の音韻分析」(1957 山梨民俗の会)参照
　〃　 『全国方言資料・琉球編 1・2』(1972 日本放送協会)参照

1.3.1 シラベームの種類

・通常のシラベーム構造をもつもの

① /C_1V_1/
② /C_1SV_1/
③ /$C_1V_1V_2$/
④ /$C_1SV_1V_2$/
⑤ /$C_1V_1C_2$/
⑥ /$C_1SV_1C_2$/
⑦ /$C_1V_1V_2C_2$/
⑧ /$C_1SV_1V_2C_2$/

・特殊なシラベーム構造をもつもの（後述の /Q//N/ の項を参照）
   ⑨　$/C_1C_2/$　（/hN, 'N/）
   ⑩　$/C_1C_2C_2/$　（/hNN, 'NN/）
   ⑪　$/C_2/$　（/Q/）

1.3.2　音素の分布の制限

イ．/t, d/ は前項に述べた①③⑤⑦の C_1 の位置にのみ立つ。V_1 は /e, a, o/。

ロ．②④⑥⑧で、S = /j/ のとき、V_1 = /u, a, o/。
　　但し、C_1 = /c, (s, z)/ のときは、V_1 = /e/ も可。
　　なお、V_1 = /u/ で、$C_1 \neq$ /'/ のときは常に V_2 が伴う。

ハ．②④⑥⑧で、S = /w/ のとき、C_1 = /'/、V_1 = /a/。

ニ．⑨⑩では、C_1 = /h, '/、C_2 = /N/。

ホ．⑪では、C_2 = /Q/。

1.4　モーラ mora

シラベームとモーラの関係は次のとおり。（モーラの切れ目を｜で示す）

①②	C_1V_1	C_1SV_1	1シラベーム＝1モーラ
③④	C_1V_1 ｜ V_2	C_1SV_1 ｜ V_2	1シラベーム＝2モーラ
⑤⑥	C_1V_1 ｜ C_2	C_1SV_1 ｜ C_2	1シラベーム＝2モーラ
⑦⑧	C_1V_1 ｜ V_2 ｜ C_2	C_1SV_1 ｜ V_2 ｜ C_2	1シラベーム＝3モーラ
⑨	C_1C_2		1シラベーム＝1モーラ
⑩	C_1C_2 ｜ C_2		1シラベーム＝2モーラ
⑪	C_2		1シラベーム＝1モーラ

　通常のシラベームの初頭に立つ $/C_1V_1/$ および $/C_1SV_1/$ という構造を有するモーラを自立的モーラといい、シラベームのその他の位置に立ち、それぞれ1モーラに該当する $/V_2/$、$/C_2/$ を付属的モーラと言う。⑨⑪のような音素結合から成るモーラも自立的モーラである。⑩は $/C_1C_2$ ｜ $C_2/$、自立的モーラ＋付属的モーラと分析される。従って、シラベームをモーラの観点から整理するならば、1シラベームは、

　　イ．自立的モーラ1つから成るもの①②（短いシラベーム）
　　ロ．自立的モーラ1つ＋付属的モーラ1つから成るもの③④⑤⑥（長いシラベーム）

ハ. 自立的モーラ1つ＋付属的モーラ2つから成るもの⑦⑧（超長のシラベーム）

の3種類がある。

なお、付属的モーラは厳密にはその長さが自立的モーラのそれより幾分短い。また、ロの場合の C_2 とハの場合の C_2 とでは、ハの場合の C_2 の方がロの C_2 より少し長い。

この分類は、発音の切れ目の単位としての音節 syllaba と、音節の量的長さの音数律的単位としてのモラ mora が区別されるラテン語で、

イの①②に当たるものを、短い音節 syllaba brevis

ロの③④に当たるものを、本性によって長い音節 syllaba natura longa

ロの⑤⑥に当たるものを、位置によって長い音節 syllaba positione longa

としていることを参考にしている。

1.5 モーラ表

高年層（50代以上――戦前に言語形成期を終えた世代――）のモーラ表

C_1 \ S \ V_1		/i/	/e/	/a/	/o/	/u/
/p/	—	pi	pe	pa	po	pu
	/j/	—	—	pja	pjo	pju
/b/	—	bi	be	ba	bo	bu
	/j/	—	—	bja	bjo	bju
/m/	—	mi	me	ma	mo	mu
	/j/	—	—	mja	mjo	—
/t/	—	—	te	ta	to	—
/d/	—	—	de	da	do	—
/c/	—	ci	ce	ca	co	cu
	/j/	—	cje	cja	cjo	cju
/z/	—	zi	ze	za	zo	zu
	/j/	—	(zje)	zja	zjo	zju
/s/	—	si	se	sa	so	su
	/j/	—	(sje)	sja	sjo	sju
/r/	—	ri	re	ra	ro	ru
	/j/	—	—	rja	rjo	rju

/n/	—	ni	ne	na	no	nu
	/j/	—	—	nja	njo	nju
/k/	—	ki	ke	ka	ko	ku
	/j/	—	—	kja	kjo	kju
/g/	—	gi	ge	ga	go	gu
	/j/	—	—	gja	gjo	gju
/ŋ/	—	ŋi	ŋe	ŋa	ŋo	ŋu
	/j/	—	—	ŋja	ŋjo	ŋju
/h/	—	hɪ※		ha	ho	hu
	/j/	—	—	hja	hjo	hju
/'/	—	'ɪ※		'a	'o	'u
	/j/	—	—	'ja	'jo	'ju
	/w/	—	—	'wa	—	—

※ /hi/：/he/、/'i/：/'e/ の音韻的対立がない。後述、母音 /i, e/ の項を参照。

特殊な自立的モーラ

C₁ \ C₂	/N/	/Q/
/h/	hN	—
/'/	'N	'Q

付属的モーラ

V₂	R
C₂	N
	Q

成年層（主として 30 代以下［1972 年当時］の年齢層——戦後に学校教育を受けた世代——）のモーラ表　次のところが高年層と異なる。

/h/	—	hi	he	ha	ho	hu
	/j/	—	—	hja	hjo	hju
/'/	—	'i	'e	'a	'o	'u
	/j/	—	—	'ja	'jo	'ju
	/w/	—	—	'wa		

1.6 音素とその異音
1.6.1 母音音素 /V₁/

　シラベームの Mune の位置に立つもので、音声的には漸強＝漸弱的母音が該当する。

/i/　（高年層）　前舌狭母音 [i̠]　〈高年層のイ段の母音〉
　前舌面およびそれに続く中舌面前部が硬口蓋に向かって狭い狭めを形成する

ところの前舌狭母音であるが、記号 [i̞] で表したように舌の位置は基本母音や東京方言および成年層に見られる当該音より幾分低い。また、ほんの少し舌が中舌寄りの傾向があるが、中舌母音 [ɨ] で表すほどの音ではない。唇は平唇で、ほんの僅か左右へ引かれる。

結合的ヴァリアントとして、/c, z, s/ および /r/ の後の /i/ は、[ɪ] で表すべき音となっている。その音声学的理由は次のように考えられる。

/c, z, s/ はそれぞれ /i/ に同化して [tɕ, dz ~ z, ɕ] となっている。それらの調音は、舌端およびそれに続く前舌面前部と、歯槽突起を含めてそれより後の奥歯茎および前硬口蓋との閉鎖ないし狭窄を特徴としている。従って、/i/ はそれらを同化すると同時に、それらに同化されて前舌の高まりが幾分押さえられて [ɪ] となっていると考えられる。

/r/ はその調音上の特徴として前舌面に凹みができるので、それに引かれたためである。なお、/n/ の後の /i/ も少し舌の位置が低くなることがあるが、これは、/n/ の調音法が共通語と違って /r/ に幾分似ているためである (/n/ の項を参照)。

/mi, ni, ŋi/ の /i/ は鼻音化して [ĩ̞] となり、/miʀ, niʀ, ŋiʀ/ の /iʀ/ も長い鼻母音 [ĩ̞ː] となっていて、末尾に至るまで鼻的調音が続くのが普通である。

/i/ には上のほかにも結合的ヴァリアントがあるが、重要でないから省略する。

/i/ は先行の /C/ を口蓋化するが、それは半母音 /j/ と共通である。但し /i/ の前の /C/ の口蓋化の程度は /Cj/ のそれよりはほんの僅か低い。

例えば、「チ /ci/[tɕɪ]」と「チャ /cja/[tɕa]」のように硬口蓋より前で調音される子音では、「チ [tɕɪ]」より「チャ [tɕa]」の子音の方が調音点が僅かに奥寄り (= 硬口蓋寄り) に、また、「キ /ki/[kʲi̞]」と「キャ /kja/[ka]」のように硬口蓋より奥で調音される子音では、「キ [kʲi̞]」より「キャ [ka]」の子音の方が調音点が僅かに前寄り (= 硬口蓋寄り) になっている。

/i/ （成年層）　前舌狭母音 [i] 〈成年層のイ段の母音〉

調音方法は、高年層のそれに似るが、舌の位置はそれより高く、前寄りである。但し、基本母音よりは低いようである。

なお、個人的には20代の者にも高年層のそれのような発音を聞くが、一般的には東京方言の [i] と異ならないような発音が聞かれる。

/c, z, s/ および /r/ の後の /i/ は高年層同様、舌の位置が低まって [ɪ] となって

1.6 音素とその異音

いる。

/Ci/ の /C/ が口蓋化していることは高年層と同じで、口蓋化の程度に差はないようである。

/mi, ni, ŋi/ の /i/ の鼻音化も高年層と同様である。

/e/（高年層）　前舌中 mid 母音 [e˕]　〈高年層のエ段の母音〉

　平唇の前舌母音で、基本母音の [e] よりかなり広いが、成年層の [ɛ˔]（基本母音の [ɛ] に近いがそれより幾分狭い）よりは幾分狭いので、[e˕] の記号で表した。但し、この音素にはかなり幅広い範囲の異音（自由異音）があり、概して上のように言えるけれども、音声的には、基本母音 [e] より幾分広いものから基本母音 [ɛ] 程度までのものを観察する。(中 mid とは「狭」(close) と「広」(open) の「中」(中間) の母音のこと）

　/Cje/ すなわち /cje, (zje, sje)/ の /e/ は、/Ce/ の /e/ よりもほんの少し狭い傾向があるが、それは /j/ に同化したためである。その場合でも、基本母音 [e] 程にはならない。

/e/（成年層）　前舌半広母音 [ɛ˔]　〈成年層のエ段の母音〉

　平唇の前舌母音で、基本母音の [ɛ] に近いが、それより舌の位置がやや高く上下の顎角も狭い。しかし、異音（自由異音）の範囲は [e˕] 〜 [ɛ] の程度に及ぶ。

○喉頭音音素 /h, ʼ/ の後での前舌母音音素 /i, e/ の中和 neutralization について
　　（高年層と、成年層の一部）

喉頭音を除く子音の後では、5 個の母音音素が次のように対立している。

	{前舌＋/奥舌－}	{狭＋/広－}
/i/	＋	＋
/e/	＋	－
/u/	±	＋
/a/	±	－
/o/	－	

　しかるに、喉頭音の後の位置では、/i/ と /e/ とが音韻的対立をなさない。すなわち、音声としては [i][e]（簡略表記）が現れても単語や形式を弁別する働きをそれらはもたない。上表の弁別的特徴のうちの広狭の対立が、前舌母音に

あっては喉頭音の後という特定の条件下で無効化されている。このような事実を中和 neutralization ※と呼ぶわけである。(喉頭音以外の子音では喉頭調音の他に口腔内での子音の調音運動がある。喉頭音では喉頭調音の他に支えとなるような口腔内での固有の調音運動がない。) 筆者はかつてこれを卒業論文において /ɪ/ と表したが、現在でもこれを廃棄する必要はないと考えている。仮定した /ɪ/ は、音素 /i/、/e/ より上位の音韻的単位であるから、一種の archiphoneme(原音素)である。分布の点から /ɪ/ は、/i/・/e/ と複式相補的分布 multiple complementation をなす。/ɪ/ の異音は、/i/ と /e/ の異音の範囲を覆うわけだが、それらより中舌的になる傾向がある。異音と音声的環境に関しては、イ段音・拗音の直前 /ˀɪCi, ˀɪCj-/ か、促音を介しての前 /ˀɪQCi, ˀɪQCj-/ と、イ段音の直後 /Ciˀɪ/ の /ˀɪ/ には [e] 的な少し広い母音が、その他の位置の /ˀɪ/ には [ɪ] 的な少し狭い母音が観察されることが多い。異音のうちで、最も多く自然の発話中に観察される音は、舌の緊張の弛んだ中舌寄りの少し広い前舌狭母音で、精密には [ɪ] で示すことができるような音である。前舌狭母音 [i] よりも上下の前歯の間が開いていて、間から舌が見える。(英語の "it [ɪt]" の母音 [ɪ] に調音的・聴覚的に似ているところがある。但し、抑止母音 checked vowel ではない。)

※「中和」については次の文献を参照。
  有坂秀世『音韻論(増補版)』(1959 三省堂) p. 81 〜 p. 95
  アンドレ・マルティネ『一般言語学要理』三宅徳嘉訳 (1972 岩波書店) p. 101 〜 p. 106
  太田朗『米語音素論―構造言語学序説―』(1959 研究社) p. 213

もう少しこれらの問題について見ておこう。

/ˀɪ/ (高年層)

初頭位の /ˀɪ/ は [ɪ] であることが多い。この記号は、平唇の前舌狭母音の [i] より舌の位置が低く、舌の緊張が弛んでおり、且つ幾分中舌的であることを表す。初頭位で [e̝ 〜 ε̝] の発音を聞くことがあるが、全く言語形式の意味の弁別に関与しない。例えば、「糸」はイト [ito̞] でもエト [ε̝to̞] でも全く伝達のうえで支障ない。筆者は次のような調査で、いわゆる「イ」と「エ」の区別のないことを確かめた。

・「息」・「駅」、「今」・「絵馬」、「井戸」・「江戸」、「糸」・「干支」が同音かどうかを調査した際、一定の順序でこれらの単語を発音してもらい、そ

1.6 音素とその異音　11

れをテープに録音してから、ずらして再生してインフォーマントに聞いてもらったところ、正確に言い当てることができなかった。（後で「絵馬」・「干支」は高年層では [ˈdʑɪmˌmeˑ]（神馬）・[ˈdʑɯːɲiɛɪ]（十二支）がふつうと分かった。）

- 次に筆者自身がいろいろの順序で、
  [iˈki]・[ɛˈki]、[iˈmaˑ]・[ɛˈmaˑ]、[iˈdoˑ]・[ɛˈdoˑ]、[iˈtoˑ]・[ɛˈtoˑ]
  を発音しながら、この発音はどの言葉かをたずねたところ、やはり正確には言い当てなかった。
- 「糸」を見せて、これは [iˈtoˑ] か？、[ɛˈtoˑ] か？、と聞いても、その質問の意味を理解しなかった。
- 仮名の「い」と「え」とを一定の順序で読んでもらい、テープにとって、聞かせても正確に当てられなかった。
- 「仮名には同じ音の仮名が四つある」と言うので確認すると、「い」「ゐ」「え」「ゑ」のことであった。

以上のような事実から、これらの位置（実際はすべての位置）でイとエとが区別ないことが確認される。始めは区別があることを主張していた別の話し手も調査の過程で区別のないことを自覚した。

次に傍証として、土地の人が書写した念仏講（真言宗系）のテキスト（念仏歌、和讃、御詠歌）の用字法の上でも、混用例が多いことを上げることができる。

参考までに和讃の一部を下にあげておく。（1913年[大正2年]書写とあるもの）

きみよ長らいくろたにの いんこ大師のをしいには にんげんわづか五十年 花にたといてあさがをの つゆよりもろきみをもちて なぜにこ正をねがわんぞ 花ももみぢもひとさかり 思いばわれらもひと盛り ・・・	帰命頂礼黒谷の 円光[ゑんくゎう]大師（法然上人）の教へには 人間わづか五十年 花に譬へて（譬へば）朝顔の 露より脆き身を持ちて なぜに後生を願はぬぞ 花も紅葉もひと盛り 思へば我らもひと盛り ・・・

ゐとしいかはゐはつまこでも ぜんきんすてゝしでのたび 耳はきこゐず目はみえず ・・・	愛しい可愛いは妻子でも 銭金捨てて死出の旅 耳は聞こえず目は見えず ・・・　　　　（本来の和讃）

/V'ɪ/　（高年層）

　母音に後続する /'ɪ/ は先行音の影響でかなり変異する。

　/Ci'ɪ/（イ段音 + /'ɪ/）の /'ɪ/ では、直前の狭母音よりも広い前舌半狭の基本母音 [e] に近い母音が観察される。例えば、丁寧な発音では、「石井」（家族名）[ɪɕɪe]、「君江」（個人名）[ki̥·mḭ·e] のようである。しかし続けて発音されるなどして音節の自立性が弱まって、[ɪɕɪ:][ki̥·mḭ·:] のように長母音に発音されることも多い。

　なお、「聞いて」/kiʀte/[ki̥·:te·] のような長母音音節が歌の中で [ki̥·|e|te·] と分節されて歌われるのを聞いたことがあるが、/Ci'ɪ/ と /CiʀR/ は相互に近しく、音声的に、続けると長母音に、割ると連母音にというようにもなっているようである。

　/Ci'ɪ/ 以外の /CV'ɪ/ は次のようである。

　/a'ɪ/ はふつう [aɪ〜aĭ〜aĕ]、/o'ɪ/ はふつう [o·ɪ〜o·ĭ]、/u'ɪ/ はふつう [ɯ·ɪ〜ɯ·ĭ〜ɯ·ḭ] のような音である。成節的な発音も非成節的（副母音的）発音もあるが、音韻的には /'ɪ/ と解釈した（例えば、/sukoɪsi/ [ʂkoɕ]〜[ʂkoɕ] のような「成節音と弱化した非成節音の交替・ゆれ」参照）。副母音的な発音は弱まったものと考えた。（なお、成年層でも本来この位置では /'i/ と /'e/ の対立がなかった。筆者自身この位置ではすべて /'i/ と言っていた記憶がある。「草加行き」も「草加駅」も [sɔ·:käiki̥] でアクセントを除き同音であった。成年層の、この位置の /'e/ は文字言語その他を通しての共通語の影響と考えられる。）

　なお、その後、アクセント上のふるまい（[Vʔi] と [Vi] の対立がなく、/V₁V₂/ の /V₂/ すなわち /ʀ/（引音）に、/VʔR/ と /VʀR/ の対立がないのとよく似ていること）や自然な発話ではふつう副母音的に発音されることなどから、これらを /Vi/（二重母音→V₁V₂ 構造）か、あるいは /Vj/ と考えるようになった。成年層もこの点に関しては同様である。

　付録の「語彙集」では、/ai, oi, ui/ という音韻解釈（/Vi/）の方を採用している。

1.6 音素とその異音　13

/hɪ/　（高年層）

　大体、共通語の「ヒ・ヘ」に対応する音として現れる。/h/ は、[ç]（少し奥寄りの硬口蓋摩擦音）〜[x]（[ç] より少し奥で調音される口蓋化した軟口蓋摩擦音※）〜 [x]（口蓋化の少ない軟口蓋摩擦音）〜 [h]（声門摩擦音）のいずれかであって、最も多く観察されるものは [x] で、/hɪ/ は [xɪ〜xe] のことが多い。（なお、東京方言で、無声化する位置にある「ヒ」には音韻法則的に /si/ が対応する。）

　「蛇」は [⌈hi:⌊bi 〜⌈çi:⌊bi] でも [⌈he:⌊bi 〜⌈xe:⌊bi] でも差し支えないし、
　「蛭」は [⌈hi:⌊rumbe 〜⌈çi:⌊rumbe] でも [⌈xe:⌊rumbe 〜⌈he:⌊rumbe] でも差し支えない。（以上の例は簡略表記）

※ [xi̟] の [x] は、/ki/[ki̟]（キ）の口蓋化した軟口蓋破裂音の [k] の調音位置か少し後ろ付近に前舌と直ぐ後の舌面の高まりが接近して出る摩擦音。[çi]（ヒ）の子音を少し後ろにずらして発音すると近い音が得られる。

○成年層以下の語頭の /'i/ と /'e/、/hi/ と /he/ について

　高年層にはないこれらモーラの音韻的対立が成年層以下にはある。（成年層でもない個人[複数]がいる。）これらの区別は共通語、特に文字言語の影響によることは確かなようであるが、筆者自身の内省では、これらの区別を新しく習得したという記憶はない。筆者にとって、/'i/ と /'e/、/hi/ と /he/ は最初から別の音だった。ただ、ある単語のある音が共通語では、/'i/ なのか /'e/ なのか、/hi/ というべきなのか /he/ というべきなのかということに迷った記憶はあるが、それは最初からこれらの音が、別の音であることを前提としてのみ可能な迷いである。ともかくかなり多くの部分で、これらの区別を文字言語から受けたとは言える。その場合、高年層にないこれらの /'i/ : /'e/、/hi/ : /he/ の割り振りは、共通語的場面に多く現れるもの、文字言語として現れるものにおいては、大体共通語と同様になっている。しかし、そのような場面に現れにくい語彙とか俚語においてはかなりのずれが見られる。

　例えば、
　　/'iraɪ/（沢山、多く）[共通語の副詞「えらく」（の「えら」）に対応する形式]
　　/'imoci1/（分家）[[← *emotɕi ← *e:motɕi ← *iemotɕi] 家持ち]
　　/'iŋaraQpoɪ'i/（えぐい）
　　/'ibiŋani 〜 'ebiŋani/（ザリガニ）[←「えび + 蟹」]
　　/'eɴŋaɪmiru/（ひどく難儀する）[←「因果見る」から]
　　/'ebaruɪ/（威張る）

/'ebicu/(歪)
/'ebo1 ～ 'ibo1/(疣)
/'eha'i/(位牌)
/hira/(篦)[←「へら(篦)」(cf. /kucuQpera1/ [靴べら])]
/hiQcu'i/(へっつい[かまど])
/hinacuci/(粘土)[←「へなつち」から] ナド

/u/ (高年層・成年層) 〈ウ段の母音〉

　この母音は、高年層・成年層による違いはないが、結合的ヴァリアントがかなり顕著に聞き取られる。そのうち最も顕著な /c, z, s/ の後の /u/、/Cju/ の /u/ を除いて、大体の異音の範囲は、幾分奥よりの平唇の中舌狭母音 [ɨ] からそれよりは少し奥まった奥舌狭母音(ふつう、基本母音の [ɯ] よりは舌の位置が低く、前寄り＝中舌的である) [ɯ̈] の範囲である。但し、個人的には [ɯ̈] より奥寄りの [ɯ̈] のような発音をする者がある。

　これらは、幾分かの異なりはあるものの、中舌面後部および奥舌面前部が、かなり自然に近い構えで、軟口蓋の前部(硬口蓋と軟口蓋の境目辺り)に向かって持ち上げられるという点で類似している。また、唇は左右の口角は弛んだままであるが、上下からは幾分狭めが見られることがある。

　大体、
　・/k, g, ŋ/ の後で、[ɨ]。
　・/p, b, m/ の後で、[ɯ̈]。
　となることが多いようである。
　/ru/ の /u/ も /p, b, m/ の後の [ɯ̈] に近く、/nu/ の /u/ もこれに近い※。
　/hu, 'u/ の /u/ は [ɨ] ～ [ɯ̈] の間で揺れている。(但し /h/ が [x] のときは /u/ は [ɨ] である。)
　　※東京方言に個人的に見られるという舌尖＝中舌的調音の [nüü](筆者の表記なら [m] cf. 次次項「/c, z, s/ の後の /u/」)という発音は見られない。服部四郎『音韻論と正書法』参照。
　なお、上の /u/ は /'ɿ/(成年層 /'i/) が後続すると、少し前寄りになる。
　・/Cju/ の /u/ は、[ɨ] よりさらに /j/ に同化されて前寄りになっている。表記するとしたら、[ɨ̟] ということになろう。むしろ、奥寄りの中舌狭母音 [ɨ] とした方がよいかもしれない。
　・/c, z, s/ の後の /u/

1.6 音素とその異音　15

　この母音は、上の /u/ のいずれとも異なっている。もちろん、音韻論的には、上の種々の /u/(に該当する音声)とともに相補的分布をなし、しかも、環境に同化したものと解釈し得るから、同一の音素に該当すると見ることに問題はない。この母音は次のように調音される。舌全体は比較的偏平な形を成しつつ、舌尖・舌端を含む舌の前部が、幾分前進した格好で舌端が前歯茎(Jespersen の AN [非字母的記号 Analphabetic Notaion]で f より前の部分)に一番近づいた形となっている。その舌構えは、舌尖が歯茎に対して持ち上がらない dorsal な [z] に似ている。従って、この母音は [z] の舌端と前歯茎との狭めを、摩擦の生じない程度に広げて得られる音ということができる。因みに [sɯːsɯː](簡略表記。「すーすー」冷刺激感)では、前歯茎への舌端のごく僅かな狭まりと広がりの動きの他は終始殆ど舌の位置や形が変化しない。
　なお、この母音の調音に際して、中舌面が [ɯ] の程度に持ち上げられることはないようである。中舌面は先の記述から察せられるように、舌全体が偏平な形をなしているのだから、せいぜい、一種の [ə] 程度の構えにしかなっていない。そのことは、舌端の狭めの弛んだ発音において [ə] 的な音を観察することがあることなどからも確かめられると思う。例えば、筆者は [˩kʻɛ˩koːˌ˩dɛˌsə] というような発音を聞いたことがある。筆者は卒論でこの種の母音を [ü] と表記したけれども、現在では上のような理由から、この表記を不適当と考えるようになった。
　この種の母音は、中国の音声学書でいう「舌尖元音」に当たるようである。
『現代漢語語音』李葆瑞編、吉林人民出版社 1956
　　舌尖和歯齦前部的元音 [ɿ]
　　這一個元音的発音条件是：口閉、舌尖向前靠近歯齦前部、使気流受到
　　節制、但是、還不到発生摩擦的程度。唇是不円唇的。
『普通語音学綱要』羅常培、王均編著、科学出版社 1957
　　在念不円唇舌尖元音 [ɿ] 的時候、声帯繃緊、発生帯音的気流、軟顎和
　　小舌上昇、擋住鼻腔的通路、舌尖向前伸、靠近歯齦前部、像念摩擦輔
　　音 [z] 的様子譲舌尖跟歯齦中間的通路稍稍放寛到剛剛可以減去口部摩
　　擦的程度、就可以構成這個元音。
従って、先の /c, z, s/ の後の /u/ を [ɿ] と表記することとする。(簡略表記では [ɯ] か [u] で表す。) なお、筆者は先に述べた調音上の特徴からこの

種の母音を、日本語としては「舌端母音 sitahazi-boin」と呼んでいる。

/a/ （高年層・成年層）〈ア段の母音〉

平唇の広母音で、基本母音の前舌の [a] より奥、奥舌の [ɑ] より前の、[ɑ] に幾分近い前寄りの [ɑ̟] である。精密には、次のようにその結合する子音に同化して、多少調音位置が異なる。
- /p, b, m/、/h, '/、/'w/ の後で、[ɑ̟]。（少し前寄りの奥舌広母音）
- /k, g, ŋ/ の後で、[ä]。（中舌的な奥舌広母音）
- /r, n/ の後で、[ä]。（中舌的な前舌広母音）
- /t, d, c, z, s/ の後で、[a̠]。（少し奥寄りの前舌広母音）

この順序で、調音（点）が前に移っている。
- /Cja/ の /a/ は [a]（基本母音よりは奥）。
- /Ca'i/（高年層 /Ca'ɪ/）の /a/ も /Cja/ の [a] に近いが、少し奥。
- /Cja'i/（高年層 /Cja'ɪ/）の /a/ は舌の位置からは [æ～ε] に近い。

時に、ある種の発音のはっきりしない個人（複数）では口の開きが狭く、中舌半広〜半狭母音の [ɐ] ないし [ə] のような音を観察するが、個人的変種と考えられる。

/o/ （高年層・成年層）〈オ段の母音〉

円唇の奥舌母音で、丸めの程度は著しくないが、基本母音の [o] のそれに似ている。舌の位置は、基本母音の [o] より低く、[ɔ] よりは高く、両者の中間程度（時に [ɔ] 寄りに傾く）である。

短い /o/ [o̞] より、長い /oR/ [ɔ̞ː] の方が、舌の位置が少し低くなるが、唇の構えに殆ど変化がないので、聴覚的には違いを聞き取るのが困難である。

/Cjo/ の /o/ は、上述のものより中舌寄りで、舌の位置も高くなっている [o̞]。
/Co'i/（高年層 /Co'ɪ/）も /Cjo/ の /o/ に似るが、それより少し奥寄りで広い。
/Cjo'i/（高年層 /Cjo'ɪ/）の /o/ は、円唇の中舌母音で一種の [ɵ] である。

1.6 音素とその異音　17

母音は次のような体系を成している。
高年層
A（喉頭音音素以外の子音音素の後で）

	前舌	中舌	奥舌
狭	i	u	o
広	e	a	

B（喉頭音音素 /ʼ, h/ の後で）

	前舌	中舌	奥舌
狭		u	o
広	ɪ	a	

成年層
　前に来る子音音素との結合に条件がなく、体系としては高年層 A に同じ。

	前舌	中舌	奥舌
狭	i	u	o
広	e	a	

1.6.2　母音音素 /V₂/ = /R/　〈「引き音（引音）」〉

　この音素（引き音音素）については議論がある※が、構造的観点から認めてよいように思う。音韻的特徴は母音性と漸弱音性であり、音声的には長母音の後半部に該当する。シラベームの Hara の位置に立つ。

　※金田一春彦（1950）「五億と業苦」[『国語と国文学』27・1]参照
　　国広哲弥（1962）「国語長母音の音韻論的解釈」[『国語学』第 50 号]参照

　引き音 /VR/ の音声的な長さは、厳密に言えばその位置によって多少異なり、呼気段落の末尾など直後にポーズを伴うときはそうでないものより明らかに短い。例えば、/ʼoʼjakoRkoR/（親孝行）はポーズの直前でふつう [ojakoːkoˑ] のように発音されている。

　直後にポーズを伴うことが多い、単語の末尾、特に付属語・付属形式の末尾位置での /R/ の脱落（長音の短呼）が、例えば、/bakaʼ miteR～bakaʼ mite/（バカみたい）や /siraneR～sirane/（知らない）のように、かなり頻繁に起き、時に短呼形が定着しているのも、このような傾向に起因するものと理解される。

1.6.3　呼気段落末尾の /V/ および /VR/ について

　この位置では、その末尾に近づくほど、調音が緩んで行く傾向があり、個人差もあるけれども、次のような調音を聞くことが少なくない。

　　/i/　　[a˖ki̥˖ĭ]〜[a˖ki̥˖ĕ]　　　（秋）
　　/iR/　 [o˖käɛɪ｜ĕ]　　　　　　（おかしい）

/e/	[ɪkɛ˔ĕ˗]	(行け)
/eR/	[dɛ˔kkɛ˔ˑ|ĕ˗]	(「でっかい」[大きい])
/u/	[o˔ktɯ˔tɯ˗] 〜 [o˔ktɯɯ˔ə̯]	(置く)
/uR/	[ɕaktɯ˔tɯ˗] 〜 [ɕaktɯɯ˔ə̯]	(杓う)
/a/	[b̥ba˔käɢ] 〜 [b̥ba˔käə̯]	(馬鹿)
/aR/	[o˔räˑɢ] 〜 [o˔räˑə̯]	(俺は)
/o/	[so˔ko˔ɤ˗]	(其処)
/oR/	[kɔˑːɤ˗]	(「来う」[来るノ命令形])

特に、狭い母音の母音末尾の調音の緩みは耳立つほどの個人も少なくない。

　例えば、/ˈaki/(秋)の /ki/ は [kʲi˔ĭ 〜 kʲi˔ĕ] のように始めの部分は強いけれど、終わりのほうに行くに従って弱まるとともに舌の緊張が弛んで、舌は低く少し中寄りの位置に動いていく。顎角もそれに従って幾分開く運動をする。しかし、全体が漸強＝漸弱の 1 音節で、長さの点では、半長音ぐらいの長さがある。

　/ˈoku/(置く)の /ku/ [ktɯ˔tɯ˗ 〜 ktɯɯ˔ə̯] もこれと似ていて、[ktɯ] の位置からそれよりは低い位置へと舌が低まるとともに、顎角も多少開く運動をする。いずれにしても、音声的には末尾が [ə] に近づく傾向のある移動母音 kinetic vowel である。

　なお、ポーズの直前の /V/ には無声化の現象もある。無声化の項を参照。

1.6.4　半母音音素 /S/

　シラベームの Kubi の位置に立つ音素で、次の 2 種のものがある。

/j/　〈ヤ行と拗音「ャ・ュ・ョ」の半母音〉

　/ˈ/ の後、母音間でない位置の /j/ は、舌面が硬口蓋に向かって摩擦を生じない程度に接近することによって形成される半母音(弱摩擦音)[j] である。舌の高さは成年層では /ˈi/ [i] に類似するが、それよりほんの少し高くなることもある。母音間では前の母音に同化していろいろ変異する。舌の高さは短い半狭母音 [e] 程度に低まることもあり、短い少し広くて少し奥寄りの狭母音 [ɪ] 程度に奥まることもあるが、ともかく、前舌面が硬口蓋の方に向かって一度持ち上がるような運動をし、速やかに母音へわたって行くという点で共通している。

　/ˈ/ 以外の /C/ の後では /C/ と融合してその口蓋音性として現れる。

　それらの関係は次のとおり。

/pj/　＝　[p̥ʲj-, -pʲj-]
/bj/　＝　[b̥ʱbʲj-, -βʲj- , /N/ の後で -bʲj-]
/mj/　＝　[mj̃-, -w̃ʲj̃- 〜 -β̃ʲj̃- , /N/ の後で -mj̃-]
/cj/　＝　[tɕ'-, -tɕ-]
/zj/　＝　[d̥dʑ-, -ʑ-, /N/ の後で -dʑ-]
/sj/　＝　[ɕ-, -ɕ-]
/rj/　＝　[d̥ʲdʲj-, -rʲj-, /N/ の後で -dʲj-]
/nj/　＝　[n̪ʲj̃-, -n̪ʲj̃-]
/kj/　＝　[kʲ'-, -kʲ-]
/gj/　＝　[g̊ʲg-, (-g-〜-g̃ɣʲj-〜-ɣʲj-)]
/ŋj/　＝　[(ŋʲ-), -ŋʲj-〜-ɣ̃ʲj-]
/hj/　＝　[hʲ-〜ç-, -hʲ-〜-ɦʲ-〜-ç-] (高年層では [hʲ-〜x-〜ç-, -hʲ-〜-ɦʲ-〜-x-〜-ç-])

注 1.　/pj, bj, mj/、/rj/、/nj/ の出わたりのわたり音は他のものよりはっきりしているので、[-j-〜-ʲj-〜-j̃-] でそれを表した。
　　2.　調音点（調音域）が硬口蓋にあるものは、次の順で調音点が後ろである。
　　　　/'j/ < /hj/ < /kj, gj, ŋj/
　　3.　（）を付したものは擬音語の語頭や畳語形の語中に限って現れる。

/w/ 〈ワ行の半母音〉

　常に /'wa/ という結合においてのみ現れる。上唇と下唇および軟口蓋と奥舌面の二か所で摩擦が生じない程度の狭めが形成される半母音（弱摩擦音）[w] である。母音間でない位置で、唇は左右から寄せられることはないが、上下からの狭めははっきり観察される。舌は奥舌狭母音 [ɯ]（精密表記。東京方言の中舌寄りの奥舌狭母音の「ウ」とは異なる母音を表している）のような舌構えである。この点で「ウ /'u/ [ɯ̟]」のそれとは似ていない。母音間では唇の上下からの狭めも、また、奥舌の高まりも少なくなる。例えば、/'a'wa/（泡）の /'wa/ は舌の高さが [o] である。しかし、唇の構えが /'o/ と異なって、/'o/ なら左右から口角も少し寄せられるのに、この場合は上下からの多少の狭めしかない。この場合でも、/'u/ と異なって、舌がそれより奥寄りである。
　筆者は卒業論文ではこの /'w/ を [ɯ] と表したが、現在では上記のような観察からこの考えを捨てている。また、筆者の観察した方言では /w/ と /u/ は関係のない音素である。（調音上、聴覚上似ていない。）関西方言のそれは関係が密と言えるが、筆者の観察した埼玉県東南部の方言では、/'u'a/（「ウア」）と

/'wa/(「ワ」)は、調音上も聴覚上も似ていない。/'u/ + /'a/ をこの順序で 1 音節に発音すると、弱摩擦音の [ɣ̞a] のようになる。([ɣ̞] は、硬口蓋と軟口蓋の境目付近で調音される前寄りの摩擦の弱い、有声軟口蓋摩擦音 [ɣ] の変種を表している。)

1.6.5 子音音素 /C₁/

漸強音性を特徴とする子音音素。シラベームの Atama に立つ。

/p/ [p-] 〈パ行の子音〉

無声の両唇破裂音である。弱まった発音では、上下の唇の閉鎖が不十分なものがある。また、出っ歯の人では、上唇と下唇で閉鎖が形成されず、上歯と下唇で閉鎖が形成される(唇歯調音)が、閉鎖の不十分な音が現れることが多い。このことは /b/ や /m/ についても言える。

通常、呼気段落の初頭の位置で、有気音の [pʻ]、その他の位置で、無気音の [p] である。

/pi/ の /p/ および /pj/ は口蓋化した [pʲʻ-, -pʲ-] である。/pj/ にはわたりに無声の [-j̥-] が聞こえる。

/pi, pe, pa, po, pu, pja, pjo, pju/ [pi, pe, pa, po, pɯ, pja, pjo, pjɯ](簡略表記)
注. 以下の例文等において必要がなければ [ɯ] をさらに [u] と簡略表記している。

/b/ [b-] 〈バ行の子音〉

有声の両唇破裂音である。精密には、その異音の分布は次のとおり。
呼気段落の初頭で、両唇の閉鎖に僅かに遅れて声帯の振動の始まる半有声音(英語ほどではない)の [b̥b-]。母音間では、両唇の閉鎖が弛んで [-β-](持続は短い)となることが多い。/ɴ/(撥ね音)の後で有声破裂音の [-b-] が現れる。

/bi/ の /b/ および /bj/ は、前述の音に口蓋化の加わった音で、それぞれ [b̥ʲbʲ-, -βʲ-, /ɴ/ の後で -bʲ-]。/bj/ にはわたりに [-j-] が聞こえる。

/bi, be, ba, bo, bu, bja, bjo, bju/ [bi, be, ba, bo, bɯ, bja, bjo, bjɯ](簡略表記)

/m/ [m-] 〈マ行の子音〉

有声の両唇鼻音 [m] であるが、母音間には、弱まって [-w̃-～-β̃-] が現れることが多い。/mi/ の /m/ および /mj/ は口蓋化されている。[mʲ-, -w̃ʲ-～-β̃ʲ-, /ɴ/ の後

で -m̥]。/mj/ には出わたりに鼻音化した [-j̃-] が聞こえる。また、/mi/ は [mĩ] と発音され、母音も全体が鼻音化されている（終わりまで鼻音性が取れない）のが耳立つ。

　　/mi, me, ma, mo, mu, mja, mjo, (mju ※)/
　　　[mi, me, ma, mo, mɯ, mja, mjo, (mjɯ)]（簡略表記）
　　※ /mju/ は、発音可能だが、この音を含む固有語がない。

/t/ [t̪-] 〈タ行の「タ・テ・ト」の子音〉
　　無声の歯裏＝歯茎破裂音である。舌尖は上の前歯の裏、時に下の前歯の上部に接触することがあるが、閉鎖は主として、舌端の前部と上の前歯の付け根ないしそれに続く前歯茎の前部（Jespersen の AN で ef 付近）との間で行われる。草加の松原団地で生まれた子供（両親はともに鹿児島県出身。但し、この子はアクセント、文法などですべて東京型［形容詞は一型化＝中高化しているが］を示す）13 歳※に歯茎破裂音を観察したことがあるが、筆者の調査した範囲では他に現れなかったから、方言（埼玉県東南部の方言）としては /t/ は歯茎音ではないと言えそうに思う。

　　※勿論、この子の言葉は固有の埼玉方言に含めて考えることはできない。参考までに示した。
呼気段落の初頭で有気音の [t̪ʻ-]、その他の位置で無気音の [-t̪-] が現れる。
　　/te, ta, to/ [te, ta, to]（簡略表記）
　　なお、副詞 /huɴto/（本当）を [ˈhɯɴtɯ] と言うのを聞いたことが何度かあるが、聞き返すと [ˈhɯɴto] と言うので、臨時的なものと見なして /tu/ は認めなかった。

/d/ [d̪-] 〈ダ行の「ダ・デ・ド」の子音〉
　　前項 /t/ の有声音である。精密には、呼気段落の初頭で半有声音の [d̥d̪-]、その他の位置で有声音の [-d̪-] である。
　　/de, da, do/ [de, da, do]（簡略表記）

/c/ [t͡s-] 〈ツァ行の「ツァ・チ・ツ・ツェ・ツォ」の子音〉
　　閉鎖は /t/ のそれに似るが、舌尖は上の前歯の裏につくことが多いようである。無声の歯裏＝歯茎破擦音である。[t͡sʻ-, -t͡s-]。
　　/ci/ の /c/ および /cj/ は、/i/、/j/ に同化して、[t͡ɕʻ-, -t͡ɕ-] となる。この音は舌端お

よびそれに続く前舌面前部と、歯槽突起を含めてそれより後の奥歯茎（Jespersen の AN で f〜fg 付近）との間で調音される無声の歯茎＝硬口蓋破擦音である。厳密に言えば、/ci/ の /c/ [tɕ] よりも /cj/ [tɕ] の方がほんの僅か調音点が後ろである。なお、個人的には、口蓋化の多少少ないものを聞くことがある。この音は [tʂ] と表されようが、apical でなくて dorsal である。この点で、[tɕ] と共通するが、それよりは多少前のようである。

先に、/t/ のところで触れた松原団地の子供は、舌尖的（Jespersen の AN の e|f〜fe 付近につく）[tʃ] で、舌背的ではないが、こういう発音は筆者の調査した範囲の埼玉の話し手の中にはいなかった。

/ci, ce, ca, co, cu, cje, cja, cjo, cju/

    [tɕi, tse, tsa, tso, tsɯ, tɕe, tɕa, tɕo, tɕɯ]（簡略表記）

注 1. /ce, ca,（co）/ はふつう促め音（促音）/Q/ の後にのみ現れる。

        /ce/ の例： /karaQceki/ （空咳）
                   /soraQceki/ （空咳）
                   /nakaQce/ （長子と末子を除く、中の子）
        /ca/ の例： /kaQcabakuˈ/ （/hutoɴ kaQcabakuˈ/[布団を畳んで片付ける]）
                   /kuQcaˈsu/ （/haci ni kuQcaˈsaˈɪta/[蜂に刺された]）
                   /koQˈcabuˈɪ/ （小寒い）
                   /siQcabakuˈ/ （引き裂く）
                   /toQcamaˈ, toQcaɴ/ （父親の親称）
                   /buQcaˈru/ （おぶさる）
                   /ˈwaQcakuˈ/ （割って二つにする）
                   /zaQcaˈQto/ （「ザアザアと」擬音語。雨の激しく降る音）
                   /goˈɪˈQcaɲi/ （ゴイサギ） ナド
        /co/ の例： /goQcoʀ/ （御馳走[個人的に]。大多数は /goQsoʀ/ という。）
                   /ˈjariQcokoˈneru/ （し損なう。/ˈjarisokoˈneru/ の強意的異形）

注 2. 個人的に、共通語のタ行五段に当たるものを次のようにツァ行五段としている話者（複数）がある。このような個人では /ce, ca, co/ が完備している。

      例：「持つ」/mocuˈ/

/mocuˈ, moceˈ, mocoˈʀ, mocoˈɴka, mocaˈʀ, moceˈba, moQteˈ, mocaneˈ, mociteˈʀ/

（終止形	命令形	志向形	確否形	主張形	仮定形	接続形	否定形	願望形 ）
[モツ	モツェ	モツォー	モツォンカ	モツァー	モツェバ	モッテ	モツァネー	モチテー]

注 3. /cje/ は /ciQcja'ɪ/(小さい)の異語形 allolog の /ciQcjelʀ/ に見られる。なお、/ciQcaʼɪ/ と言う高年層の個人(複数)では /ciQcelʀ/ が聞かれる。
他に、「終結相」の接尾形式 /-cja'u〜-cjaʀ/ の替変形の /-cja'ɪ-/ という形は、人によって(弱まって)/-cje-/ と発音されることがある。
(例：/'jaQcja'ɪbal 'ɪʀ/〜/'jaQcjebal 'ɪʀ/「やってしまえばいい」)。

/z/ [ʥ-] 〈ザ行の「ザ・ジ(ヂ)・ズ(ヅ)・ゼ・ゾ」の子音〉

/c/ の有声音である。母音間では弱まって摩擦音 [-z-] となる。/ɴ/(撥ね音(撥音))の後では [-ʥ-]。呼気段落の初頭では半有声音 [d̥ʥ-] となることが多い。

/zi/ の /z/ および /zj/ は、/ci/ の /c/ および /cj/ と平行的に、[d̥ʑ-, -ʑ-, /ɴ/ の後で -ʑ-] となる。厳密には、/zi/ の /z/ よりも /zj/ の方がほんの僅か調音点が後ろである。口蓋化の少ない者もいる。[dʐ]。

/zi, ze, za, zo, zu, zje, zja, zjo, zju/
 [ʑi, ʣe, ʣa, ʣo, ʣɯ, ʥe, ʥa, ʥo, ʥɯ](簡略表記)

注．/zje/：「終結相」の接尾形式 /-zja'u〜-zjaʀ/ の替変形の /-zja'ɪ-/ という形は、人によって(弱まって)/-zje-/ と発音されることがある。
(例：/siɴzjaʼɪbal/ 〜 /siɴzjebal/「死んでしまえば」)。

/s/ [s-] 〈サ行の子音〉

舌尖は、下の前歯の裏付近に接触しており、舌端が前歯茎との間に狭めを作る無声の摩擦音 [s]。母音間で、時に僅かながら有声化して現れることがある。

/si/ の /s/ および /sj/ は、/ci/ の /c/ および /cj/ 並びに /zi/ の /z/ および /zj/ とパラレルに [ɕ] となる。厳密には、/si/ の /s/ よりも /sj/ の方がほんの僅か調音点が後ろである。/c/、/z/ の場合と同様に口蓋化の少ない [ʂ] を発音する者がある。聴覚印象の点では [ɕ] に近い。

/si, se, sa, so, su, sje, sja, sjo, sju/
 [ɕi, se, sa, so, sɯ, ɕe, ɕa, ɕo, ɕɯ](簡略表記)

注．/sje/：「終結相」の接尾形式 /-sja'u 〜 -sjaʀ/ の替変形の /-sja'ɪ-/ という形は、人によって(弱まって)/-sje-/ と発音されることがある。
(例：/naQsja'ɪba/ 〜 /naQsjelba/「(借りていたものを)返してしまえば」)。

/r/ 〈ラ行の子音〉

異音の分布は次のとおり。

○呼気段落の初頭位
- /ra, re, ro/ の /r/ は、舌尖が前歯茎の後部(Jespersen の AN で fe 付近)につくところの有声側面音 [l]。前舌面に多少の凹みができている。調音点が前だけれども、舌面の形状は反り舌 retroflex の [ɭ] に似ていて、中国音声学(『普通語音学綱要』p. 91 ～ p. 93)の、(retroflex とは区別されている)頂音 cacuminal ※の [!] に(説明および挿絵からみて)同じである。
  ※頂音：舌頭向上翹、舌尖向上門歯齦靠。<u>頂音舌尖的部位跟舌尖中音(＝歯茎音)相同、不同的地方在于：舌尖中音是平伸、頂音是舌頭的向上翹的</u>。
  舌尖后音(反り舌音)：舌頭向上翹起、舌尖向前硬顎靠。它的発音部位比頂音偏后一点。[(　)内の語句と下線は筆者のもの。簡体字は改めた。]
- /ri/ および /rj/ の /r/、/ru/ の /r/、/N/ の後の /r/、並びに一部の個人(複数)で /ra, re, ro/ の /r/ は次のような調音である。
  Jespersen の AN で fe 付近に舌尖が閉鎖を形成するところの有声の(lax な)破裂音で、前舌面に多少の凹みができている。舌の裏面が調音に参加しない点および調音点がかなり前(前歯茎)である点で、他の多くの日本語諸方言(筆者の観察したものは鹿児島・福岡・静岡・山梨・東京・青森など)のラ行子音と異なっている。
  筆者の調べたインフォーマントはすべて前歯茎音であった。このような種類の、当地の方言音は [d̪] ※で表せよう。中国音声学の頂音 [d] でも同じ。なお、前述の松原団地の子供は、/ra, re, ro/ [[a, le, lo]]、/ri/ の /r/ および /rj/ は [d̪ʲ](調音点は Jespersen の AN で fg 付近)で他の多くの方言のそれと同じだった(ともに語頭)。
  ※服部四郎先生は、筆者の発音を聞かれて、この種の音を [d] あるいは、場合によっては調音点が前だけれども前舌面が凹む点などから [ɖ] と表してもよいと言われた(1972年東京言語研究所)。本書では後者を採用した。
- /ri/ の /r/ および /rj/ はこの種の [d̪] (あるいは [d]) の口蓋化したものであるが、この [d̪] は、それ自体前舌の凹みを要求しているので、相反する調音運動を同時に行わねばならず、かなりの無理がここにある。実際に、前舌面の高まりは、例えば、/bi/ の /b/ および /bj/ が両唇の閉鎖と同時に前舌面が硬口蓋に対してかなり高まっている([i̪] 程度)のに、口蓋化した /ri/ の /r/ および /rj/ のそれが [ɪ～e] 程度に抑えられていることにそれを見て取ることができる。
- 初頭音の破裂的 /r/ は、その初めの部分が僅かに無声化している半有声音で

あることが多い。[d̪d̪-]。
- その他、個人的に /ri/ の出わたりに、舌尖的 apical で軽く口蓋化した有声歯茎摩擦音 [z] に似た噪音を伴う発音をする者が何人かある。調音点は前だが舌尖的で舌の形が前舌面にスプーン状の凹みができるなど反り舌音 retroflex に似ているため聴覚的には有声の反り舌摩擦音 [ʐ] のようにも聞こえる音である。

○母音間
　母音間では、すべての /r/ は次のような運動を営む。舌尖が自身の力で、Jespersen の AN で f〜fe 付近に接触し、弛い閉鎖を形成するとともに、すぐ呼気(有声)によって前方へ弾かれるような運動を営む音である。すなわち、一回舌尖が前歯茎後部を打つ/弾くということができる。前舌面は多少凹む。この点で、「舌尖が上へ持ち上がり、歯茎(Jespersen の AN で f〜fg)へ向かって上から弾くような運動をしながら、下へ下がる」という「弾き音 flap」※との間に多少の違いがあるが、聴覚的には似ているので、同じ記号 [-ɾ-] で表す。
※このような弾き音の調音では舌の裏面が調音に参加している。埼玉県東南部
　方言のそれは舌の裏面は調音に直接には参加していない。
/ri/ の /r/ および /rj/ は口蓋化している。[-ɾʲ-]。
　/ri, re, ra, ro, ru, rja, rjo, rju/ [ri, re, ra, ro, rɯ, rja, rjo, rjɯ](簡略表記)

/n/[n̪-] 〈ナ行の子音〉
　この音は、舌尖が前歯茎(Jespersen の AN で e|f〜fe)に対して閉鎖を形成する鼻音である。舌尖は上の前歯には接触しない。前舌面は /r/ [l-〜d̪-] 程ではないが、ほんの僅か凹む。この点で、/n/ は /r/ に幾分似通った点がある。この方言では概略、/t//d/ が歯裏=歯茎音の [t̪-][d̪-](閉鎖は Jespersen の AN で e〜ef、舌面は平ら)で、/n/ が歯茎音の [n̪-] という点で、調音上の相関関係が不整合※になっている。
　(cf. [p]：[b]：[m]、[k]：[g]：[ŋ] の聴音点はそれぞれ同器官的)
※イタリア語にもそういうものがあるようである。矢崎源九郎『イタリア語の話』(1959 大学書林)参照。
　/ni/ の /n/ および /nj/ は口蓋化しているが、東京方言その他で多く見られるような舌背的 dorsal な [ɲ](歯茎=硬口蓋音)とは違って、舌尖的 apical な [n̪ʲ](簡略には [n̪])音である。

また、/ni/ は [nʲĩ] と発音され、母音も全体が鼻音化されている(入りわたりだけでなく終わりまで鼻音性が取れない)。

/ni, ne, na, no, nu, nja, njo, nju/ [ni, ne, na, no, nɯ, nja, njo, njɯ](簡略表記)

/k/ [k-] 〈カ行の子音〉

無声軟口蓋破裂音 [k] である。結合する母音との関係で調音点が前後する。

/kju, kja, kjo/ の /kj/ が(この順で)一番前、次いで /ki/ の /k/ で、これらは硬口蓋の後部で閉鎖が起こる。これらの次が /ku/ と /ke/ である。この後に、/ka/、/ko/ と続き、/ko/ の /k/ が一番奥である。

初頭位で有気音 [kʻ-]、その他の位置で無気音 [-k-] であることが多い。

/ki/ の /k/ および /kj/ は口蓋化している。[kʻ-〜-k̡-]。

特に、/ki/ の /k/ は、(とりわけ高年層で、)呼気段落の初頭位で出わたりの気音が強く、[k̡ç̻ʻ-] のように出わたりに少し奥寄りの硬口蓋の摩擦音が響くことがある。/ku/ の /k/ も初頭位で [kxʻ-] のように出わたりに軟口蓋(かなり前寄り)の摩擦音が響くことがある。

/ki, ke, ka, ko, ku, kja, kjo, kju/ [ki, ke, ka, ko, kɯ, kja, kjo, kjɯ](簡略表記)

/g/ [g-] ([g] は [ɡ] の代用字) 〈ガ行[ガ行濁音]の子音〉

/k/ の有声音。調音点の移動は /k/ にパラレル。

呼気段落の初頭位で [g̊g-]、母音間で [-g-〜-g̃ɣ-〜-ɣ-]、/N/ の後で [-g-] である([g̃ɣ] は閉鎖が短く破裂の弱い有声軟口摩擦音 [ɣ] に傾いた音を表す)。この音素は分布制限があり、自立語の語頭およびそれと強い関係(有縁性 motivation)のある付属形式の頭の位置、並びに /g-/ で始まる擬音語・擬態語の語根の重複形とそれに基づく形式のそれぞれの語根初頭位置(例：/goroǀgoro/ → /gorogorosama/ [雷さま])にしか現れない。

/gi/ の /g/ および /gj/ は口蓋化している。[g̊g-, (-g-〜-g̃ɣʲ-〜-ɣʲ-), /N/ の後で -g-]([g̃ɣʲ] は少し奥寄りの破裂の弱い有声硬口蓋摩擦音 [ɣʲ] に傾いた音を表す)。

/gi/ の /g/ は、(とりわけ高年層で、)呼気段落の初頭位で出わたりに摩擦を伴い、[g̊g̃ɣʲ-] となることがある。

/gu/ の /g/ も同様に [g̊g̃ɣ-] となることがある。

/gi, ge, ga, go, gu, gja, gjo, gju/ [gi, ge, ga, go, gɯ, gja, gjo, gjɯ](簡略表記)

1.6 音素とその異音　27

/ŋ/ [ŋ-]〈ガ行［ガ行鼻音］の子音〉

/k//g/ と調音点の同じ有声の鼻音。普通自立語の頭には立たないが、次のように擬声語には例がある。

/ŋjaʀɭsuka/ [「ŋʲaː˩ɭskä]、

　/nekoɭ no 'jaro ｜ hitobaɴzjuʀ ŋjaʀɭsuka ŋjaʀɭsuka 'uci no maʀʀi de naki'jaɭŋaQte ｜ nehaɭŋuQcjaQtaɭ 'jo↓ huɴto ni↓/

　（猫が一晩中ギャアギャア家の周りで鳴いて寝はぐってしまったよ。ほんとに。）

/ŋjaʀɭŋjaʀ/ [「ŋʲaː˩ɭŋʲaː˩]。いずれも猫の鳴き声。

他に、/gjaʀɭsuka/ や /gjaʀɭgjaʀ/ があるが、表現効果を異にするので別の形式と考えてよいと思う。擬声語以外では、自立語は、形式名詞の /ŋa'wa/（「側」）ぐらいしか見つからない。

母音間では [-ŋ-]、時に閉鎖が不十分で、鼻音化した軟口蓋の有声摩擦音 [-ɣ̃-] のような弱まった発音が観察される。/ɴ/ の後では [-ŋ-]。

/ŋi/ の /ŋ/ および /ŋj/ は口蓋化している。[(ŋʲ-), -ŋʲ-～-ɣ̃ʲ-, /ɴ/ の後で -ŋʲ-]。また、/ŋi/ は [ŋĩ] と発音され、母音も全体が鼻音化されている（入りわたりだけでなく終わりまで鼻音性が取れない）。

/ŋi, ŋe, ŋa, ŋo, ŋu, ŋja, ŋjo, ŋju/ [ŋi, ŋe, ŋa, ŋo, ŋɯ, ŋja, ŋjo, ŋjɯ]（簡略表記）

/h/　[h-]（成年層）〈成年層のハ行の子音〉

/he, ha, ho/ の /h/ は無声声門摩擦音 [h-]。口構えは後に続く母音に同じか近い。

/hi/ の /h/ は通常初頭位で [hʲ-～ç-] ※である。

　※ [hʲ-] は摩擦の少ない [ç-]（= [j̊]）を仮にこう表した。すなわち硬口蓋弱摩擦音 [j] に対応する無声音である。これに対して、[ç] は硬口蓋摩擦音 [j] に対応する摩擦の強い無声音である。

成年層の /hi/ は、無声化する位置では摩擦の強い硬口蓋の成節的無声摩擦音 [ç̩] となっている。無声化しない位置の /hi/ は [hʲi]、ないし口腔部での摩擦の全くない [hi] のこともある。

/hj-/ は通常 [hʲ-] であるが、時に [hĩ-～ĩ-] と表すべき口腔摩擦の殆どない音のこともある。

/hu/ は通常 [hɯ˕～xɯ˕]。無声化する位置では [h̩˕-～x̩˕-]。[x̩˕] は /t//c/ の前の位置に現れる、軟口蓋前部で調音される成節的無声摩擦音。[h̩˕]（口構えは、[ɯ˕] に近い）※はその他の位置で現れる。

※この [h˳] は聞き取りにくい音であるが、その直後の音が喉頭緊張を伴った無気音になるため、全体として弁別しやすくなっている。
例：/ka'i˥/ [「k'ai](貝)
　　/hukaꜜ'i/ [h˳˖「ka˩i](深い)
※但し、/gihukeN/（岐阜県）などは [g̊˳gix˖「kɛ˖˩N] のように /i/ に引き付けられて [x˳] となっている。
両唇音の [ɸ-] は全く観察されなかった。
上に述べた /h/ のうちで声門音のものは、前後の母音が有声のとき、部分的に有声化するか、あるいは全く有声化することが少なくない。[-ɦ-]。
例：/gohaꜜN/ [g̊˳go˖「ɦɑ˖˩ẽ](ご飯)、
　　/koʀhiꜜʀ/ [「k'ɔ˖ːhji˖˩ː ～ 「k'ɔ˖ːɦji˖˩ː](コーヒー)、
　　/gohjoꜜʀ/ [g̊˳go˖「hjo˖˩ː ～ g̊˳go˖「ɦjo˖˩ː](五俵)、
　　/mahuꜜʀaʀ/ [mɑ˖「ɦɯ˖˩ræ˖ː](マフラー)など。
/hi, he, ha, ho, hu, hja, hjo, hju/ [hi, he, ha, ho, hɯ, hja, hjo, hjɯ]（簡略表記）

/h/ [h-]（高年層）〈高年層のハ行の子音〉
大体、成年層に同じである。
成年層の /hi//he/ には高年層では /hɪ/ が対応するが、この /h/ は口腔(くちむろ)で摩擦を生じないような発音では、次の母音の口構えに同じか近い口構えの声門摩擦音である。口腔(くちむろ)で摩擦を生じるような発音では、[çɪ～χɪ～xɪ/çe～χe～xe] のような音（硬口蓋摩擦音から口蓋化した軟口蓋摩擦音さらには口蓋化の程度の少ない軟口蓋摩擦音の間で揺れる）が現れる。
/hɪ, ha, ho, hu, hja, hjo, hju/ [hi～he, ha, ho, hɯ, hja, hjo, hjɯ]（簡略表記）

/'/ 〈ア行・ヤ行・ワ行の初頭位置に仮定される子音〉
音韻論的には、/h/ の有声音と解釈される。
成年層
/'i, 'e, 'a, 'o, 'u, 'ja, 'jo, 'ju, 'wa/
[i, ɛ˖, ɑ˖, o˖, ɯ˖, ja, jo˖, jɯ, wɑ˖]（精密表記）
[i, e, a, o, ɯ, ja, jo, jɯ, wa]（簡略表記）
通常、母音の始まりは gradual beginning（緩やかな声立て）であるが、時に声門破裂音 [ʔ] で始まることがある。また呼気段落の初頭で非常に短く弱い無声の声門摩擦音を聞くことがある。/'ana'/[ʰɑ˖nä](穴)。これは有声音の初めの

部分の無声化と通じる現象である。
　/ha'jasuɪ/(子供をあやす)、
　/hosiɪʀ/(「惜しい」「欲しい」の両義があり前者が方言特有な意味)
という語形はこの傾向の進んだものかもしれない(別の可能性もある)。
　また、形容詞の強調形に、特異な声門音 /'/ の gemination(音重複)ともいうべき現象が観察される。音韻的には、/Q'/(「促め音」+「声門音」)と解釈しておく。例えば、/'a'oɪ'i/→/'aQ'oɪ'i/(非常に澄んだ空を見て /suɴŋoɪku 'aQ'oɪ'i↓/ と言うことがある)。
　/'aQ'oɪ'i/(「あっおい」)の促め音(促音)/Q/ の部分は次のような調音である。[a‧ǫ‧ˀo‧ɪ̆]。[ǫ‧] で示したように、次の [o‧] より狭くて前寄りの舌構えになっている。唇も、[o‧] より丸めが狭くなる。声帯はその間中振動を続けるが、喉頭部に緊張を感じ、喉頭が一時下がるような運動をし、且つ声帯の振動が一瞬弱まるように感じられる。有声の声門摩擦音 [ɦ] か咽頭摩擦音 [ʕ] に少し似たところがあるようにも感じられる。

　既述のように、高年層では、成年層にある /'i/ と /'e/ の音節の対立がなく、中和した /'ɪ/ が現れる。成年層でも、母音の後では /'i/ と /'e/ の対立が失われて、/'e/ が /'i/ に統合されている。成年層の一部で、/V'e/ が現れるのは文字言語ないし共通語の影響による改新である。母音 /i//e//ɪ/ の各項を参照。
　高年層
　/'ɪ, 'a, 'o, 'u, 'ja, 'jo, 'ju, 'wa/
　[i〜e, a, o, ɯ, ja, jo, jɯ, wa](簡略表記)

終わりに、子音音素 /C₁/ の異音の分布をまとめて図示すると次のようになる。/C/ は /CV/(V≠i)、/Cj/ は /CjV/(Ci の C も摂して考えておく)を代表する。

	# −	N −	Q −	V − V
/p/	[pʻ-]	[p-]	[p-]	[-p-]
/pj/	[pʲʻ-]	[pʲ-]	[pʲ-]	[-pʲ-]
/b/	[b̥b-]	[b-]	—	[-b-]〜[-β-]
/bj/	[b̥ʲb-]	[bʲ-]	—	[-bʲ-]〜[-βʲ-]
/m/	[m-]	[m-]	—	[-m-]〜[-w̃-]
/mj/	[m̥-]	[m̥-]	—	[-m̥-]〜[-w̃ʲ-]
/t/	[tʻ-]	[t-]	[t-]	[-t-]

/d/	[d̥d-]	[d-]	—	[-d-]
/c/	[ts'-]	[ts-]	[ts-]	[-ts-]
/cj/	[tɕ'-]	[tɕ-]	[tɕ-]	[-tɕ-]
/z/	[d̥dz-]	[dz-]	—	[-z-]
/zj/	[d̥dʑ-]	[dʑ-]	—	[-ʑ-]
/s/	[s-]	[s-]	[s-]	[-s-]
/sj/	[ɕ-]	[ɕ-]	[ɕ-]	[-ɕ-]
/r/	[l-]～[d̥d-]	[d-]	—	[-ɾ-]
/rj/	[d̥ʲdʲ-]	[dʲ-]	—	[-ɾʲ-]
/n/	[n-]	[n-]	—	[-n-]
/nj/	[nʲ-]	[nʲ-]	—	[-nʲ-]
/k/	[k'-]	[k-]	[k-]	[-k-]
/kj/	[kʲ'-]	[kʲ-]	[kʲ-]	[-kʲ-]
/g/	[g̊g-]	([g-])	—	([-g-]～[-ğɣ-]～[-ɣ-])
/gj/	[g̊ʲgʲ-]	([gʲ-])	—	([-gʲ-]～[-ğʲɣʲ-]～[-ɣʲ-])
/ŋ/	([ŋ-])	[ŋ-]	—	[-ŋ-]～[-ỹ-]
/ŋj/	([ŋʲ-])	[ŋʲ-]	—	[-ŋʲ-]～[-ỹʲ-]
/h/	[h-]	[h-]～[ɦ-]	—	[-h-]～[-ɦ-]
/hj/	[ç-]～[hʲ-]	[ç-]～[ɦʲ-]	—	[-ç-]～[-ɦʲ-]
/'/	普通 gradual beginning。時に [ʔ-]。			

1.6.6 子音音素 /C₂/

漸弱的、内破的子音音素で、シラベームの Siri の位置に立つ。

/Q/ 〈「促め音（促音）」〉

喉頭の緊張を伴う漸弱的口腔子音が該当する。ふつう、母音音素と子音音素の /p, t, c, s, k/ の間にのみ現れる。

閉鎖を伴う子音音素 /p, t, c, k/ の前で、解放（破裂）を伴わない内破音であり、入りわたりの内破のみ聞こえて持続部においては無音である。/s/ の前では内破的入りわたりとともに持続中も摩擦が聞こえる。また、この音素は、音休止の直前に、少数の擬声語等においては現れるが、それはふつう声門内破音（少し長い [-ʔˑːˑ～-ʔˑˑ]）である。

なお、語頭に立つ /Q-/ の解釈には問題がある。例えば、/Qsjar/[ɕˑɕaː]（してしまう）の /Q/ に該当する [ɕˑ] は漸強＝漸弱音であって、/kaQsjar/ [käɕɕaː]（貸

してしまう）の /Q/ に該当する [ɕ] が漸弱音であるのとは異なる。普通の促め音 /Q/ が漸弱音であることから考えて、先の促め音 /Q/ の漸強音性は音韻論的にどう解釈したらよいのか。今のところ、[m̥ma]（馬）の [m̥]（漸強＝漸弱音）を /'N/ と解釈するのと平行して、あるいは、/'QsjaR/ [ɕ·ɕaː] は /'QsjaR/ すなわち /'Q/ と解釈できるかもしれないと考えておく（後論参照）。この /'Q/ に始まる単語には次のようなものがある。

/'Qsja'u ～ 'QsjaR/（してしまう）[/siru/（する）の終結形]
/'QsjaR/（しては）[/siru/（する）の条件形]
/'QteR-to/（というと）[ポーズの直後の引用の助動詞 /QteR/ とその替変形]
/'QcuR/（という）[ポーズの直後の引用の助動詞 /QcuR/ とその替変形]

なお、これらのものは、例えば、/keNka-Qsja'u/（喧嘩してしまう）、/'aNsiN-sja'u/（安心してしまう）、/'o'jakoRkoR-QcuR-to/（親孝行というと）のように、他の形式にポーズをおかずにつくと、/V/ や /R/ につくときは漸強性が取れて漸弱音となって全く直前の母音に従属してしまう。/N/ につくときは /'Q/ 自体が消失してしまう。このようなことは /'N/ には見られない（/'aNna'Nma/[あんな馬]の /'N/ は漸強＝漸弱音のままである）ことなので、/Q/ の自立性の弱さを物語るものと言えよう（137 頁の② /siru/ 参照）。

/Q/ の分布と異音は次のとおり。

/V + Q + C/

[-p̚p-]	/-Qp-/	[-p̥̚p-]	/-Qp(i), -Qpj-/
[-t̚t-]	/-Qt-/		
[-t̚ts-]	/-Qc-/	[-t̥̚tɕ-]	/-Qc(i), -Qcj-/
[-k̚k-]	/-Qk-/	[-k̥̚k-]	/-Qk(i), -Qkj-/
[-ss-]	/-Qs-/	[-ɕɕ-]	/-Qs(i), -Qsj-/
[-ʔ̚]			

/Q/ はふつう有声破裂音、有声破擦音の前に来ないため、外来語（共通語のそれ）の /Q/ + /b, d, z, g/ は対応の無声子音に置き換えられる。

例：/baQlci/、/beQlto/、/haNdobaQku/ など。

次の語基重複的 reduplicative な擬音語 onomatopoeia の頭子音交替も同じ理由で、第 2 要素の有声音が対応の無声音に置き換わったもの /guQ + *guQ to → guQkuQ to/ である。

/guQkulQto 'o'inukul/（ぐっくっと［グングン］追い抜く）

/goQko1Qto mizu ŋa naŋare1komu/（ごっこっと[ごうごうと]水が流れ込む）
/zaQca1Qto 'ame1 ŋa huru1/（ざっつぁっと[ザアザアと]雨が降る）
/zuQcu1Qto saki 'iku/（ずっつっと[ずんずん]先に行く）
/doQto1Qto mizu ŋa naŋare1teru/（どっとっと[どうどうと]水が流れている）
/boQpo1Qto hi ŋa1 mo'iteru/（ぽっぽっと[ほうほうと]火が燃えている）

/N/ 〈「撥ね音（撥音）」〉

漸弱的、内破的鼻腔子音が該当する。ふつう後続子音と同器官的 homorganic な鼻音である。その現れる位置に制限はない。

語頭に立つ場合は、漸強＝漸弱音で、普通の /N/（漸弱音）とは異なっている。この場合、その漸強音性を /'/ に該当するものとして、/'N/ と解釈することも可能であると考えるが、これもすっきりした解釈とは言えない。

日本語では最も簡単なシラベームでも /C(漸強音)+V(漸強＝漸弱音)/ という構造を持ち、/C(漸強音) + N(漸弱音)/ という構造のシラベーム（音韻論的音節）を認めると、この点に関して、特殊な構造のシラベームを認めることになるからである。

/N/ の分布と異音
① /V + N + C/ (C≠ /h, '/)

/p, b, m/	の前の /N/	= [m]
/pi, bi, mi; pj, bj, mj/	の前の /N/	= [m̞]
/t, d, c, z/	の前の /N/	= [n̪]
/n/	の前の /N/	= [n]
/ni; nj/	の前の /N/	= [nʲ]
/r/	の前の /N/	= [n·]
/ri; rj/	の前の /N/	= [nʲ·]
/ci, zi; cj, zj/	の前の /N/	= [ŋ]
/s/	の前の /N/	= [ž]
/si; sj/	の前の /N/	= [ž]
/k, g, ŋ/	の前の /N/	= [ŋ]
/ki, gi, ŋi; kj, gj, ŋj/	の前の /N/	= [ŋʲ]
/'j, hj/	の前の /N/	= [j̃] 〜 [ĩ]
/'w/	の前の /N/	= [w̃] 〜 [ũ̞]（唇の上下からの狭めがある）

② /V + ɴ + 'V, hV/

この位置の /ɴ/ には鼻母音が該当する。その前後の母音によって異なるが、大体のところは次のようである。

注：[Ṽ] は鼻母音。[V˙] は前寄りの、[V˗] は奥寄りの、[Ṿ] は狭い、[V̤] は広い変種を表す。

先行音＼後続音	-'i (-hi)	-'e (-he)	-'u (-hu)	-'a (-ha)	-'o (-ho)
i-	/iɴ'i/ [ii̯·ĩ]	/iɴ'e/ [ii̯ẽ˙]	/iɴ'u/ [ii̯ɯ̃˙]	/iɴ'a/ [ii̯ã]	/iɴ'o/ [ii̯õ˙]
e-	/eɴ'i/ [ɛ˙ĩ]	/eɴ'e/ [ɛ˙ẽ˙]	/eɴ'u/ [ɛ˙ɯ̃˙]	/eɴ'a/ [ɛ˙ẽ˙a]	/eɴ'o/ [ɛ˙ɔ̃˙o]
u-	/uɴ'i/ [ɯ˙ĩ]	/uɴ'e/ [ɯ˙ẽ˙]	/uɴ'u/ [ɯ˙ɯ̃˙]	/uɴ'a/ [ɯ˙ã]	/uɴ'o/ [ɯ˙õ˙]
a-	/aɴ'i/ [a˙ĩ]	/aɴ'e/ [a˙ẽ˙]	/aɴ'u/ [ɑ˙ɯ̃˙]	/aɴ'a/ [ɑ˙ɔ̃ɑ]	/aɴ'o/ [ɑ˙õ˙]
o-	/oɴ'i/ [o˙ĩ·i]	/oɴ'e/ [o˙ɔ̃ɛ˙]	/oɴ'u/ [o˙ɯ̃˙]	/oɴ'a/ [o˙ɔ̃a]	/oɴ'o/ [o˙õ˙]

/hV/ は /'V/ に準ずる。但し、/hi/ が [çi] のとき /ɴ/ は [ĩ(~j̃)]、/hu/ が [xɯ˙] のとき /ɴ/ は [ɯ̃(~ɣ̃)] である。

③ ポーズの直前の /ɴ/

口蓋垂と奥舌面（後部）との間で形成される鼻音 [ɴ] のこともあるが、かなり頻繁に、直前の調音の弛んだ、中舌に傾いた鼻母音を聞く。

/-iɴ/ = [iɴ]   ～ [ĩ]
/-eɴ/ = [ɛ˙ɴ] ～ [ɛ˙ẽ˙]
/-uɴ/ = [ɯ˙ɴ] ～ [ɯ˙ɯ̃˙～ɯ˙ɔ̃]
/-aɴ/ = [a˙ɴ] ～ [a˙ɔ̃～a˙ɐ̃]
/-oɴ/ = [o˙ɴ] ～ [o˙ɤ̃˙]

④ 語頭の /'ɴ/（→ 後論 /'ŋ/）の例：
主として高年層
/'ɴmaʔɪ/（馬）
/'ɴmareru/（生まれる）
/'ɴme/（梅）
/'ɴɴmaʔɪ/（旨い）

/'ɴɴmaɭkeru/ /'ɴɴmaɭkasu/(容れ物をひっくりかえして中身を全部外に勢いよく出して散らかす)
/'ɴɴmaru/ /'ɴɴmeru/(埋まる、埋める)
/'ɴɴna/(「そんな」連体詞のほか、不満足・不同意の意味の間投詞としても使われる)

最後の例を除いては、すべて /'ɴ, 'ɴɴ + m + a, e, o/ という形でのみ現れている。この /'ɴ/ が /'u/、/'ɴɴ/ が /'uɴ/ でないことは、話し手の内省による報告で確かめた。なお、若い層では、「馬」や「梅」のような /'ɴmV/ が /'umV/ となっている者が多いけれども、学校教育や文字による影響であろう。

※語尾の記号 /˩/ は、/'ɴma˩ mita ~ 'ɴma ko˩to mita/(馬を見た)、/'ɴma ni˩ noru/(馬に乗る)のように付属語が付くと1拍アクセント核が後ろにずれることを表す。対して /˥/ は、/saru˥ mita ~ saru˥ koto mita/(猿を見た)、/saru˥ ni niteru/(猿に似ている)のようにアクセント核が固定していることを表す。(以下同じ。後論)

○モーラ音素の「成モーラ的=成拍的」と「成音節的=成節的」について

いわゆる「促め音(促音)/Q/・撥ね音(撥音)/N/」はモーラ音素とも呼ばれ、「成モーラ的=成拍的」な音声(漸弱音)であることを特徴としているが、以下に、上で記した「促め音 /Q/・撥ね音 /N/」の「成音節的=成節的」な音声的事象(漸強=漸弱音)について再度検討しておきたい。

例えば、[m̩me](梅)の [m̩] は、その持続部の長さや、全体として漸強=漸弱音であるという点で、[ame](飴)の [a] の漸強=漸弱音と音声的性質が同じである。さて、この [m̩] の漸強=漸弱音と [mam̲maru](まん丸)の下線付きの [m] の漸弱音との関係は、ちょうど [ame] の [a] の漸強=漸弱音と [maa̲rui = maːrui]（「まあるい」丸い）の下線付きの [a]（=長母音 [aː] の後半部。音実体としては [a]）の漸弱音との関係に等しい。

後者の場合、[ame] の [a](漸強=漸弱音)を /a/ と解釈し、[maa̲rui = maːrui] の [a]（= [ː]。漸弱音)を /ʀ/ と解釈したわけであるが、これとパラレル※に前者の場合も解釈できないであろうか。つまり、漸弱音の [m] を /N/ と解釈する一方、漸強=漸弱音の [m̩] を /ŋ/ と解釈したらどうであろうか。(記号 [ŋ] は IPA の Japanese syllabic nasal を流用したもの)。こうすれば、[m̩me] は、/'ŋme/(漸強音 /'/ + 漸強=漸弱音 /ŋ/ ～)と解釈できることになり、[ame]/'ame/(漸強音 /'/ + 漸強=漸弱音 /a/ ～)というような一般のシラベーム構造のパタンに一致

して、構造的、理論的にはすっきりすると考えられる。
　※　[a]（漸強＝漸弱音）：[a]（=[:]漸弱音）＝ [m̥]（漸強＝漸弱音）：[m]（漸弱音）
　　　/a/　　　　　　　　：/ʀ/　　　　　　＝ /χ/　　　　　　　　：/ɴ/
　　　　　　　　　　　　　　　　　　　　　　/χ/　　　＝ /ŋ/

ここから /a/ : /ʀ/ = /ŋ/ : /ɴ/ というパラレリズムが成り立つ。
漸強＝漸弱的（成節的）/ɴ/ を /ŋ/ と解釈すると、次の語例は、
　　[「m̥:ma⌊i]　　= /'ŋnmaʔi/（うまい）
　　[「n̥:na]　　　 = /'ŋɴna/　（そんな）
　　[「n̥n̥:na]　　 = /hŋɴna/　（そんな、前項の異語形 allolog）
ということになる。
　これとパラレルに、漸強＝漸弱音の /Q/ も漸弱音から切り離して /q/ と解釈
すれば、
　　[ɕ·ɕaː]　　　= /'qsjaʀ/
　　[t·teːto]　　= /'qteʀto/
となって、理論的には筋が通っているといえよう。
　なお、/ŋ//q/ は、音韻論的には母音音素と解釈される。これは、その機能
上・構造上の特徴が /V₁/ に等しい（不完全であるが）と認められるためである。
/'a/:/ha/ = /'ŋ/:/hŋ/ = /'q/: ―
　これらの /ŋ/ および /q/ は、シラベームの Mune の位置に立っており、この
点で同じ Mune の位置に立つ /V₁/ に等しいと認められる。従って、/ŋ/ および
/q/ を核とするシラベームは次のように示されよう。

Atama	Kubi	Mune	Hara	Siri
/'/		/ŋ/		/ɴ/
/h/		/q/		

　いわゆるモーラ音素としての「促め音・撥ね音」の「成音節的＝成節的」な
音声的事象の検討を通して、ありうる音韻論的解釈の可能性を理論的に検討
し、1つの仮説として上記のような解釈に至った。
　なお、/'ŋɴ//hŋɴ/（一般的表記では /'ɴɴ//hɴɴ/）は、/'ŋʀ//hŋʀ/（一般的表記では
/'ɴʀ//hɴʀ/）とするのが音素 /ʀ/（引き音）設定の論理からして、厳密には妥当と現
在は考えている。
　但し、以下の行論ではこの仮説にはよらず、便宜的ではあるが次のように一
般的に通用している形で示している。
　　/'ŋ/ → /'ɴ/　　　　/'ŋɴ/ → /'ɴɴ/

/hŋ/ → /hN/　　　　/hŋN/→ /hNN/
/'q/ → /'Q ～ Q/

1.7　母音の無声化について

① /CV/(/C/ = /p, c, s, k, h/、/V/ = /i, u/)は次の条件のとき母音の無声化の現象（→ 摩擦音・破擦音を頭子音とする音節の母音の無声化では母音自体が脱落しているがこれも便宜的に無声化といっておく）が起こる。

　㋐　直後に /p, t, c, s, k, (h)/ が続くとき、あるいは、促め音 /Q/ をはさんでこれらが続くとき。すなわち、

　　/C^1 + V^1 (+ Q) + C^2/

　　[/C^1/ = /p, c, s, k, h/ ; /V^1/ = /i, u/ ; /C^2/ = /p, t, c, s, k, (h)/]

　　という環境で、/V^1/ は「無声化」する。

注．/C^1/、/V^1/ という上付き数字記号は今までの下付き数字記号と異なっていることに注意。以下同様。

無声化拍	音価	簡略表記	例　　語	
/pi/	[p̥‘i̥] ～ [p̥ɕ̣]	[pi̥]	/pikaꜜpika/	[pi̥kapi̥ka] ○●￣○○（光の点滅の様）
/pu/	[p‘u̥]	[pu̥]	/pukaꜜpuka/	[pu̥kapu̥ka] ○●￣○○（浮かび漂う様）
/ci/	[tɕ̣·]	[tɕi̥]	/cikeꜜʀ/	[tɕi̥ke:] ○●￣○（近い）
/cu/	[tṣ·]	[tsu̥]	/'acukaꜜʀ/	[atsu̥ka:] ○○￣○（扱う）
/si/	[ɕ̣·]	[ɕi̥]	/kucusitaꜜ/	[ku̥tsu̥ɕi̥ta] ○○○●（靴下）
/su/	[ṣ·]	[su̥]	/sukiꜜkireʀ/	[su̥kikire:] ○●￣○○○（好き嫌い）
/ki/	[k̥‘i̥] ～ [k̥ɕ̣]	[ki̥]	/'okitaꜜ/	[oki̥ta] ○○●￣（起きた）
/ku/	[k‘ʉ̥] ～ [kx]	[ku̥]	/'okuQta/	[oku̥tta] ○○○●（送った）
/hi/	[ç̣·]	[çi̥]	/hicukeꜜ/	[çi̥tsu̥ke] ○○●￣（放火。成年層）
/hu/	[x·]	[xu̥]	/hutaʀriꜜ/	[xu̥ta:ri] ○●●●=￣（二人）
/hu/	[h̥·]	[hu̥]	/hukeꜜʀ/	[hu̥ke:] ○●￣○（深い）
/hɪ/	[x̣·]	[xɪ]	（高年層）	無声化するとしたら

例語欄のアクセント注記の、●は高、○は低、= は仮定拍、￣は下がり目を表す。成節的摩擦音の後の半長記号は持続が音節副音の摩擦音より少し長いことを表す。

なお、高年層の /hɪ/[x̣ɪ ～ xɪ ～ hɪ ～ x̣e ～ xe ～ he]（母音は少し中舌寄り。自由変異）は、無声化しないのが普通である。（時に無声化するが、その時の母音は [ɪ̥]。）

　　例：(/hɪ/ は [x̣e̥] で代表させて表す。)

1.7 母音の無声化について

/hıQkomuʔ/	[xe̥kko·mɯ·]	(凹む。cf./siQkomuʔ/ [引っ込む])
/hıso/	[xe̥so·]	(へそ)
/hıta/	[xe̥ta-]	(帯 = /siQpeta/)
/hıtaʔ/	[xe̥ta-]	(下手)
/hıcima/	[xe̥tɕıma·]	(糸瓜)
/hıcukeʔ/	[xe̥tṣ·kɛ·]	(火付け)
/hıQcu'ı/	[xe̥ttsɯ-]	(へっつい)
/hıQpiriŋosi/	[xe̥ppiɾ́iŋo·ɕı]	(屁放り腰)

　これらは通時的には殆ど *he に由来するものであって、*hi は形態的な支えのある場合(/hıcukeʔ/←/hıʔ/[火])を除いて、上記①の音声的環境では、次のようになっている。

　・脱落する(*his-→/s-/)。
　　例：/sasi 〜 sasiQko/(庇)、/sjaku/(柄杓) cf./ko'ıbisjaku/(肥柄杓)
　・/si/ になる(その他の場合)。

従って、母音が無声化するこの位置では、祖方言に存在した *hi と *he の区別が /(*hi→) si/ : /(*he→) hı/ の区別となって反映している。

　成年層では、上の例語は次のようになっている。
/hiQkomuʔ(〜 heQkomuʔ)/、/heso/、/heta/、/hetaʔ/、/hecima/、
/hicukeʔ/、/hiQcu'i/、/hiQpiriŋosi 〜 heQpiriŋosi/。

上の④の環境では3音節ぐらい母音が無声化した音節が続くことがあるが、

・ /s/ + {/i, u/} + {/p, c, k/} + {/i, u/}
・ {/p, c, k/} + {/i, u/} + /s/ + {/i, u/} + {/p, t, c, s, k/}

のような環境では、/si//su/ の無声化に抑止される格好で、その前後の音節の母音の無声化が阻止される傾向がある。特に、アクセント核が問題のモーラ(下線で示した)にあるときは無声化は絶対に起こらない。

例：

/makusita/	[ma·kɯ̥tɕ·ta-]	○●●● (幕下)
/macuɪsita/	[ma·tsɿɪ̥e̥·ta-]	○○⌐○ (松下[姓])
/sikuɪku/	[ɕ·kɯ̥ɪkɯ̥]	○○⌐○ (低く)

無声化の続く例：

/sicuke/	[ɕ·tṣ·kɛ·]	○○○ (躾)
/mocicukiʔ/	[mote̥·tṣ·ki̥]	○○○○⌐ (餅つき)
/mocicukiʔ sita/	[mote̥·tṣ·ki̥ɪe̥·ta-]	○○○○⌐○○ (餅つきした)

/kikucikuN/　　　[kʲik̚tɕtɕ.ktɯ̃]○○○●●　　　（菊地君）

㈡ /si, su, ci, cu/ が鼻音 /m, n, ŋ/(特に + /a, e, o/)の前に来て、アクセント核がないとき。(この場合は、後述するけれども、母音の無声化ではなくて母音の脱落である。)　すなわち、次のような環境で。

/C¹ + V¹ + C² + V²/

[C¹ = /s, c/ ; V¹ = /i, u/ ; C² = /m, n, ŋ/ ; V² = /(i, u,) e, a, o/
但し、/C¹V¹˥/ ではないとき。]

例：

/suŋata˥/　　　[s̩·ŋäta·]○●●˥　　　（姿）
/suŋoˈi/　　　[s̩·ŋo·i]○●˥○　　　（凄い）
/suna/　　　[s̩·nä]○●　　　（砂）
/suneru˥/　　　[s̩·ne·ɾɯ·]○●●˥　　　（拗ねる）
/sumoR/　　　[s̩·mɔ·ː]○●●　　　（相撲）
/sima/　　　[ɕ·mɑ·]○●=˥　　　（島）
/sina/　　　[ɕ·nä]○●　　　（「粃（しいな）」実が不出来な米）
/siŋoto/　　　[ɕ·ŋo·to·]○●●　　　（仕事）
/ciŋaR/　　　[tɕ·ŋäː]○●●　　　（違う）
/cume/　　　[tṣ·mɛ·]○●　　　（爪）
/ˈasuma/　　　[ɑ·s̩·mɑ·]○○●　　　（「遊馬」地名）

㈢ ポーズの直前で。有核式の語で語尾にアクセント核のないとき。時に、無核式のものも無声化することがある。

例：

/ˈuNteN˥si/　　　[ɯ·nte·ʑ̊]●●●●˥○　　　（運転手。「運転士」ではない。）
/haNke˥ci/　　　[hɑ·ŋkɛ·tɕ̊]●●●˥○　　　（ハンカチ）
/boQko˥rosu/　　　[bo·kko·ɾo·s̩]○○○˥○○　　　（力ずくで勢いよく殺す）
/buQku˥rasu/　　　[bɯ·kkɯ·ɾäs̩]○○○●˥○○　　　（力をこめて勢いよく殴りつける）
/niQ˥ki/　　　[nĩk̚k̩ʲ]●●˥○　　　（肉桂[の樹皮を乾燥させたもの]）

② /Ca, Co, Ce/(但し、/C/ = /p, t, (s), k, h/) も次の環境で無声化することがある。(しないことも多い。)

/C¹ + V¹ (+ Q) + C² + V²/

[C¹ = /p, t, (s), k, h/ ; V¹ = /a, e, o/ ; C² = /p, t, s, k, (h)/ ; V² = /a, e, o/、但

し、/C¹V¹ˈ/ でないとき。]

　なお、接続形語尾の /-te/ が無声子音(C^2)で始まる補助動詞の前でよく無声化するのもこの例と考えられるが、この場合、母音(V^2)の広狭の制限はない。
例：

/takaˈi/	[tʻḁkai] ○●˥○	（高い）
/tokoɴ/	[tʻo̥ko·ɴ] ○●●	（所。「とこん」と発音する人が殆ど）
/kakasi/	[kʻe̥käɕɪ] ○●●	（案山子）
/kokoroˈ/	[kʻo̥ko·ɾo·] ○●●=˥	（心）
/hataˈbi/	[he̥ta-bi̥] ○●˥○	（「旗日」。祝日）
/hakaˈmeʀʀi/	[he̥kämɛ·ːɾʲɪ] ○●˥○○○	（墓参り）
/hokori/	[ho̥ko·ɾʲɪ] ○●●	（埃）
/saka'aŋaˈri/	[sḁkäa·ŋäɾʲɪ] ○●●●˥○	（逆上がり）
/ka'iˈte kure/	[kʻaite̥kɯɾɛ·] ●●˥○○○	（書いてくれ）
/moQte kitaˈ/	[mo·tte̥kita-] ○○○○○●˥	（持って来た）

1.8　鼻的破裂音 faucal plosive について

確立したものでなく臨時的なものであるが、

/te, to/ ＋ /nV, ɴ/ → [tn̩V, tn̩]

/ku/ ＋ /ŋV/ → [kŋ̩V]

となることがかなり頻繁に観察される。この調音は、口腔(くちむろ)で閉鎖の解放が起こらず、口蓋帆後縁と咽頭壁との間で起こるのが特徴である。

筆者の観察した例：

[sobaˈde bakazuraɕete mitn̩ˈnoŋa wariː.nda jo↓] ← /miteˈɴ no ŋa/
　（傍で馬鹿面して見てるのが悪いのだ。）

[kataˈkkettn̩owa kawaniˈ iru kuroˈi kaiˈnokottaˈ jo↓] ← /kataˈQke Qte no 'wa/
　（「かた貝（烏貝）」というのは川にいる黒い貝のことだ。）

[iː˥ toɕiɕte sonnakotn̩aˈŋka ɕtete iː˥noka jo↓] ← /soɴna koto naˈɴka/
　（いい年をしてそんなことなどしていていいのか。）

[kokŋ̩ono beŋkjoː] ← /kokuŋo no beɴkjoʀ/（国語の勉強）

1.9　強調的な子音の gemination（音重複）について

　形容詞の emphatic な形に見られるもので、第 2 モーラの子音が geminate さ

れる。これも臨時的なもので、確立したものでないが、よく現れる※。
　[鼻子音の前で「撥ね音添加」、その他の子音の前で「促め音添加」の形をとるが、通常の「促め音 /Q/」が有声子音の前に来ないのに対して、この場合は現れる点で違いがある。また、ア行・ヤ行・ワ行音の前に現れる点にも注意。]
例：（音声記号のアクセント表記は臨時的な変容が大きいので省略）

/b/	/'jabe˩ʀ/	→[jabbɛ˔ː]	（「やばい」の強調形）
/m/	/'ameʀ/	→[ɑ˔mmɛ˔ː]	（「甘い」の強調形）
/t/	/kitane˩ʀ/	→[kʻjtta-ne˔ː]	（「汚い」の強調形）
/d/	/hide˩ʀ/	→[hiddɛ˔ː]	（「酷い」の強調形）
/ɾ/	/kaɾeʀ/	→[kʻällɛ˔ː]	（「辛い」の強調形）
/ɾ/	/'waɾi˩ʀ/	→[wɑ˔ɖʑḭʀ]	（「悪い[謝罪の詞]の強調形」）
/c/	/'aciʀ/	→[ɑ˔ttɛɪ]	（「熱い・暑い」の強調形）
/z/	/mizuɾe˩ʀ/	→[mḭdd̻zn̻ɾe˔ː]	（「見づらい[恥だ]」の強調形）
/s/	/kuseʀ/	→[kʻʦ̩ssɛ˔ː]	（「臭い」の強調形）
/k/	/take˩ʀ/	→[tʻɑ̰kkɛ˔ː]	（「高い」の強調形）
/ŋ/	/suŋe˩ʀ/	→[s̩ŋŋɛ˔ː]	（「凄い」の強調形）
/ʼ/	/'aʼoʼi/	→[ɑ˔ɸo˔ī]	（「青い」の強調形）
/ʼj/	/cuʼjoʼi/	→[tsʻjjeī]	（「強い」の強調形）
/ʼw/	/koʼwaʼi/	→[kʻo˔wwa-ī]	（「強い[かたい]」の強調形）

※ /ciQcjaʼi/（小さい）、/deQkaʼi/（大きい）、/miQtane˩ʀ/（みっともない）などはこれの固定化したものと思われる。

1.10　音韻変化

　音韻変化とは通時的概念である。従って、この方言の共時的音韻状態からの内的再構および共通語等との比較からその母体系を再構し、それ（祖方言）と現在の方言の音韻体系との間に見いだされる音韻上の諸対応を説明するために、音韻変化という概念と操作が必要となるわけである。ただ、現在まだそこまで研究が進んでいないこともあって、厳密さを欠くけれども、その母体系として、共通語（文字共通語＝書き言葉）を、それと想定して大過ないだろうと考え、批判の余地はあるが、実際上は、共通語≒書き言葉東京語と方言の間に見られる共時態※相互の音韻対応とそのズレを通時的に把え返して音韻変化といっていることになる。例として挙げた「単語」の祖形に擬される「元の形」は、一部を除き、殆ど共通語の形式であるのはこういう事情による。
　※共時態といっても、方言内部に、年齢層によって異なりが見られることは今までの記述から明らかである。高年層と成年層との間に見られる異なり

は通常の音韻変化ではなく、共通語化ないし共通語的なものへの歩み寄りで、別の言語変化である。

　音韻変化には、Ⓐ完成的音韻変化と、Ⓑ不完成的音韻変化とがある。後者は本質的には前者と同じ変化なのであるが、つまり、変化自体は方言において自生的なもの(他方言と関係があるにしてもその方言内部で処理できる)であっても、それが何らかの外圧(より強力な他方言や共通語の影響)によって抑止され、ⅰ)多くの語彙において元の形に回帰してしまい、一部の語彙(それも少なくはない程度、そうでなければ語彙的な変化[孤例]から実際上弁別しえない)にその名残を留めるか、ⅱ)共時的に回帰可能な2形として文体的(「語体」的)差異などを伴って共存する(それも方言内部[方言の言語体系の一部として]で処理できる程度ものである必要がある※)かなどの場合が考えられる。

　また、音韻変化には、①無条件的音韻変化と、②条件的音韻変化とがある。

　いずれにせよ、ここで音韻変化というものは、語彙全体に関わっていることが特徴的である。このほかに、Ⓒ語彙的な音韻上の変化が見られるが、こちらの方はその関係するものが特定の語彙に限られる。

　※方言の内部で処理できないものとしては、その方言の大多数の成員が問題の音韻の対立を持たない(ある位置で対立が無効化している場合も含めて)のに、少数の者がその対立を持っており、しかもその話し手の内省において、当該音韻の対立を本来持っていず、後に[上位階級方言・]他方言・共通語の影響の下に習得したという意識がある場合などを考えている。この例としては、筆者の内省をあげれば、語頭以外の /-'e/ の場合がある。この位置では /-'e/ を持たず、長音化の場合を除いて /-'i/ しか持っていなかった。そして、今この方言の成員のかなりの者が、この区別(/-'i/ : /-'e/)を取得しているが、それでも、持たない者もなお少なくない状態である(1972年当時)。

　　回帰可能な2形のうち"元の形"と"訛った形"(=変化した形)とでは、元の形(=回帰した形)の方に共通語臭さがついていることが多いけれども、かなり頻繁に日常の会話において行われるようなら、それも特別によそ行きでなければ、方言という言語体系の枠内で記述した方が実際的に適当であると考えている。

　以下、高年層を中心にして記述を進めるが、成年層との対応も考慮していく。成年層と高年層との異なりは多くは共通語化の過程の一部として把えられるが、話し手の内省も加えて、成年層の方言としてもより primitive なものを

把えるように心掛けた。

　繰り返しになるが、本論文執筆時(1972年)の「高年層」とは第二次世界大戦以前に言語形成期を終えていた世代を、「成年層」とは大戦以後高度成長期以前に言語形成期を終えていた世代を典型としている。

1.10.1　完成的音韻変化
①無条件変化
　該当するものなし。

②条件変化
　㋑「イ・エ」「ヒ・ヘ」の合流(中和)(高年層)
　　{/h//ʼ/} + {/i//e/} → {/h/ /ʼ/} + {/ɪ/}
　　高年層では喉頭音の後の /i/ と /e/ が対立を失い、中和している。この変化は、
　　　*hi(/s/ を除く無声子音の前という条件下で)→/si/
　　　*ʼi(/ʼwa/ の前という条件下で)→/ʼju/
　　となるものを除いて例外がない。
　　　このことは「イ・エ」「ヒ・ヘ」の中和という音韻変化が、通時的に、無声化拍「ヒ」の「シ /si/」への変化や音連続「イワ」の「ユワ /ʼjuʼwa-/」への変化が完成した後に、起こったことを教えている。
　　　成年層以下では、音韻として、本来的に、喉頭音子音の後でも /i/ と /e/ の区別がある。(但し、対立のない個人が少数いた。)

　㋑′連母音 /*Vʼe/ の /Vʼi/ への変化(成年層)
　　/*Vʼe/ →/Vʼi/
　　「母音融合(＝長母音化)」しないもの、即ち /*V¹ʼe/→/V²ʀ/ とならないものは、すべてこうなっていた。実際は、高年層の /*Vʼi : *Vʼe/→/Vʼɪ/ が介在しそれを受け継いだものである。成年層の話者は後の母音を /ʼi/ に同定している。
　　例：
　　　/ʼuʼiru/　　　(植える)
　　　/suʼiru/　　　(据える。/kjuʀ suʼiru/「灸を据える」)

/su'iruꝉ/	（饐える。/kono gohaɴ su'iꝉteru/「このご飯は饐えている」）
/ha'iruꝉ/	（生える）
/hu'iruꝉ/	（殖える）
/ho'iruꝉ/	（吠える）
/mo'iru/	（燃える）
/'a'iruꝉ/	（会える）
/'ju'iru/	（言える）
/cu'iꝉ/	（杖。/cu'iꝉɴbo/ 杖の方言形。「杖の棒」）
/hito'iꝉ/	（一重。/hito'imabuꝉci/ 一重瞼）
/huta'iꝉ/	（二重。/huta'imabuꝉci/ 二重瞼）
/ko'iꝉ/	（声。/'oRŋoꝉ'i/ 大声）
/ko'idame/	（肥溜め。/simoŋo'i/ 下肥）

成年層では人により /V'e/ への「共通語形化」が著しくなっているが、「ご飯が饐える」など教科書や共通語的場面に現れない語では変化が見られない（1972 年当時）。

㋺「イ＋ワ」の「ユワ」への変化（高年層・成年層）
　/*'i/ ＋ /'wa/→/'ju/ ＋ /'wa/
これは例外がない。この傾向は成年層にも及んでいる。
　例：
/'ju'waꝉ/	（岩）
/'ju'wa'iꝉ/	（祝い）
/'ju'wasi/	（鰯）
/'ju'ware/	（謂れ）

㋩短母音「ウ段拗音音節」の「イ段音音節」への変化と短母音音節「ユ」の「イ」への変化（高年層・成年層）
　　　　/*Cju/→/Ci/（但し /CjuR/ は不変化）
/C/ ＝ /'/ を除いて、/*Cju/→/Ci/ は高年層・成年層に通じて見られる。
成年層の一部の者は /Cju/ に回帰しているが、本来的ではない。
C ＝ /'/ では変化しないものもあるが、相当数の語に変化が起こっている。
　例：
　　/maRꝉkiro/ （マーキュロ、mercurochrome から）

/sizi˩cu/ （手術）/siri˩cu/ と言う人も数多くいる。
/sizi˩ɴ/ （主人）
/siro/ （棕櫚）「棕櫚縄」は /sirona'wa/ と言う。
/siɴɲiku/ （春菊）
/ziɴkjuʀ/ （準急電車）
/ziɴɲuri˩/ （順繰り）
/ziɴsa/ （巡査）
/ziɴbaɴ/ （順番）
/seɴzi/ （「千住」地名）　ナド

/*'ju/→/'i/（高年層は /'ɪ/。以下同じ）の例：
/'isuŋu/ （濯ぐ）
/'isaburu/ （揺さぶる）
/'isuru/ （揺する）
/'izu˩/ （柚子）
/'ibi˩/ （指）
/'irasu/ （揺らす）
/'iru/ （「地震が揺る」/zisiɴ ŋa 'iru/ で、地震で地面が揺れる意味）
/'a'i˩/ （鮎）
/'oka'i 〜 'okeʀ/（お粥）
/ma'i˩ 〜 meʀ˩/（繭）「繭玉」は /ma'idama 〜 meʀdama (〜 medama)/ と言う。

但し、/'juki˩/（雪）、/'jukata/（浴衣）、/'jumi˩/（弓）、/'jume˩/（夢）、/'juri/（百合）など変化しないものも多い。

なお、「湯」は、付属語との結合形では（例えば /'ju ni˩ naru/ のように）短呼されて /'ju=˩/ となるが、単独では（例えば /'juʀ˩ 'waku/ のように）/'juʀ˩/ と長呼されることから、/'juʀ'ja˩/（湯屋）も含めて変化しなかったとも考えられる（長音の /Cjuʀ/ は変化しないことに注意）。

㈢母音無声化音節「*ヒ」の「シ」への変化
　　/*hi/→/si/
/hi/(＋/Q/) ＋ {/p, t, c, k/}→/si/(＋/Q/) ＋ {/p, t, c, k/}
/hi/ は、形態的な支えがある場合（例：/hɪcuke˩/←/hɪ/[火] など）を除いて、

1.10 音韻変化　45

（共通語で）無声化する「ヒ /hi/」は、音韻法則的に「シ /si/」に対応している（変化している）。祖方言の /*hi/ と /*he/ は通時的に /hɪ/ に合流しているのに、/*he/ が /si/ になっていないのは、通時的には、この変化が /*hi/ と /*he/ の合流以前に起こったことを推定させる。すなわち、次のような音韻変化が推定される。なお他に、/*his-/ が /s-/ となる語頭音消失が、/sasi(Qko)/（庇）と /sjaku/（柄杓）の 2 語存在するが、語例が少なく法則として立てにくく除外した。

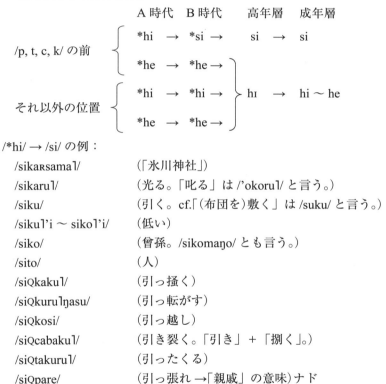

/*hi/ → /si/ の例：

/sikaʀsama˥/	（「氷川神社」）
/sikaru˥/	（光る。「叱る」は /'okoru˥/ と言う。）
/siku/	（引く。cf.「（布団を）敷く」は /suku/ と言う。）
/sikuˀi ~ sikoˀi/	（低い）
/siko/	（曾孫。/sikomaŋo/ とも言う。）
/sito/	（人）
/siQkaku˥/	（引っ掻く）
/siQkuru˥ŋasu/	（引っ転がす）
/siQkosi/	（引っ越し）
/siQcabaku˥/	（引き裂く。「引き」+「捌く」。）
/siQtakuru˥/	（引ったくる）
/siQpare/	（引っ張れ →「親戚」の意味）ナド

成年層ではこの /si/ の /hi/ への「共通語形化」が著しくなっている。

1.10.2　不完成的音韻変化

①無条件変化

　㋑連母音 /V'i/ の変化

　　/V¹'i/ → /V²ʀ/ → (/V²/)

/*a'i/ → /eʀ/ (→ /e/)
/*o'i/ → /eʀ/ (→ /e/)
/*u'i/ → /iʀ/ (→ /i/)
/*i'i/ → /iʀ/ (→ /i/)
/*e'i/ → /eʀ/ (→ /e/)

最後の2つは共通語と同じで、確立した音韻変化である。なお、高年層の話者が本来的な /-eʀ/(や /e/)を歌などで [e˞ɪ] のように(例えば間投詞の「ねえ」を [ne˞ɪ] と)歌っているのを聞くが、これは /'i/ と /'e/ の区別がないこととも関連があって、成年層で時に /-eʀ/ を歌などで /-e'e/ と分節するのと同じものである(12頁の /Ci'ɪ/ と /Ciʀ/ に関する箇所を参照)。

/*V¹'i/→/V²ʀ/ の変化は非常に多数の語彙に及んでいる。ただ、この類の変化は、方言的、日常的卑近な語彙を除いては元の形と共存している(ないし元の形に回帰可能である)ので、前述の完成的な変化とは異なる。また、/V¹'i/(もちろん高年層では /V¹'ɪ/)のままで変化していないものもあり複雑である。これらの変化不変化の音韻的・形態的・職能的な諸条件は十分明らかにできていない。なお、語尾(特にポーズの直前に現れることの多い形式の末尾)では /-V²ʀ/ が /-V²/ と短呼されることが多い。

/V¹'i/→/V²ʀ/ の変化の中でも、/*a'i/→/eʀ/、/*o'i/→/eʀ/、/*u'i/→/iʀ/ の順で、変化するものの割合が少なくなっている。とりわけ、形容詞型活用の語尾に顕著である。/*a'i/→/eʀ/ が殆どすべての語彙を襲っている(両方とも言うという話者が殆どである)のに、他は、これに比して、特に /*u'i/ に関しては、はるかに少数の語彙に関わっているに過ぎない。

成年層では /V²ʀ/→/V¹'i/ の回帰がかなり進んでおり、/V²ʀ/ は日常卑近なものに限られていく傾向が強い。

(以下の破線矢印「…>」は高年層から成年層への「通常でない音韻変化」を表すことに注意。)

例：/*a'i/ → /eʀ/

/'akeʀ/   (赤い。他に「赤井」川口市の地名)
/'akineɭʀ/   (商い)
/'akuteɭʀ/   (悪態。/'akuteɭʀ cuku/ の形で「憎まれ口をたたく」)
/'ameʀ/   (甘い)
/'aɴbeʀ/   (塩梅。/'aɴbeʀ 'wariɭʀ/ 具合が悪い)
/'aQtakeɭʀ/   (暖かい)

1.10 音韻変化   47

/bENtonoseR/　　　　　　（「弁当の菜」おかず）
/ciŋeR/　　　　　　　　　（「違い」。名詞。/ciŋeR neꞁR/ 違いがない）
/ciQcjeꞁR/　　　　　　　　（小さい。/ciQceꞁR/ とも言う）
/cubeteR/　　　　　　　　（冷たい。/cumeteR/ とも言う。/'obeteR/ は幼児語）
/cukeR/　　　　　　　　　（使い）
/deQkeꞁR/　　　　　　　　（大きい。/dekeꞁR/ とも言う）
/deRŋaRꞁri/　　　　　　　（代替わり）
/deRꞁku/　　　　　　　　 （大工）
/deRko/　　　　　　　　　（大根。/deRko'oroꞁsi/（大根下ろし）など）
/deRkoQpaꞁ/　　　　　　 （大根の葉）
/deRRokuteꞁN/　　　　　　（第六天神社。「大戸（おおと）」（岩槻市）の第六天が有名）
/deRziꞁ'/　　　　　　　　（大事）
/deRziꞁN/　　　　　　　　（大尽。旧地主などの有力な資産家を言う）
/deRꞁQsama/　　　　　　 （大師様。「西新井大師」（足立区）を言う）
/gakeR/　　　　　　　　　（「がかい」体、体つき。「がたい」とは言わなかった）
/ha'ɪꞁR…> ha'eꞁR/　　　 （早い）
/hɪR…> heR/　　　　　　 （灰）
/hɪR'ja…> heR'ja/　　　 （灰屋。灰を買い入れて肥料として農家に売る商売）
/hɪRꞁru…> heRꞁru/　　　（入る。高年層で /hjaRꞁru/ と言う人もいた）
/'ɪQpeR…>'iQpeR/　　　　（いっぱい。量的に多いこと）
/'ɪRsaꞁcu…>'eRsaꞁcu/　 （挨拶。成年層では /'a'isaꞁcu/ が普通）
/'jameꞁR/　　　　　　　　（病）
/'jaseR/　　　　　　　　　（「やさい」(形容詞)味が強くない。「やさしい」と同源）
/'jo'ɪꞁR…>'jo'eꞁR/　　　（弱い）
/kareꞁR/　　　　　　　　 （辛い）
/kateR/　　　　　　　　　（堅い。赤飯・スルメは /ko'waꞁ'ɪ ～ ko'iꞁR/ と言う）
/keRbori/　　　　　　　　（「掻い掘り」。堀や池を締め切って水を掻き出して魚を
　　　　　　　　　　　　　取ること）
/keRdasuꞁ/　　　　　　　（掻い出す。［水を］掻き出す）
/keRdo/　　　　　　　　　（「垣外」屋敷道）
/kireR/　　　　　　　　　（嫌い）
/komaQkeꞁR/　　　　　　 （細かい）
/koneRda/　　　　　　　　（この間。成年層では /kona'ida/ が多い）

/kosuQkure˥ʀ/	(狭い。「こすっからい」とは言わない)
/kuse˥ʀ/	(臭い)
/mizukuse˥ʀ/	(水っ気が多くて味が薄い。水っぽい)
/mizure˥ʀ/	(「見づらい」。「恥ずかしい」という意味で使われる)
/miQtane˥ʀ/	(みっともない。「見たうない」の変化 *au→*aʀ→a)
/moQtane˥ʀ/	(勿体ない。「もったいない」とは言わなかった)
/mukeʀ/	(向かい)
/naŋe˥ʀ/	(長い)
/neʀ˥/	(無い)
/niŋe˥ʀ/	(苦い)
/'otaŋeʀ/	(お互い)
/'oQkane˥ʀ/	(おっかない。怖い)
/'oQpe˥ʀ/	(お乳。乳房と乳汁の両方を指して言う)
/seɴzeʀ/	(「前栽」。青物野菜のこと)
/seʀkaci/	(「槐の木」。また昆虫のカブトムシ。/seʀka˥ci/ とも)
/simeʀ/	(仕舞い)
/siɴpeʀ/	(心配)
/sjarne˥ʀ/	(仕様がない。「しやうない」の変化 *au→aʀ)
/sjoQpe˥ʀ/	(しょっぱい。梅干しなどの酸味のある塩辛さを言う)
/sjoQkare˥ʀ/	(塩辛い。塩の味を言う)
/suQpe˥ʀ/	(すっぱい。レモンなどの酸味を言う)
/su'ıkuse˥ʀ/…>su'ikuse˥ʀ/	(饐え臭い。「饐える /su'iru˥/」の派生語で、ご飯などの饐えた /su'i˥ta/ 匂いを言う。)
/take˥ʀ/	(高い)
/tareʀ/	(木製の「盥」。金属製のは /kanadare˥ʀ/ と言う)
/teʀseʀ/	(体裁)
/teʀra/	(平ら。表面に凹凸がないこと、傾斜がなく水平なこと)
/teʀŋeʀ/	(大概)
/teʀko/	(太鼓)
/'uruse˥ʀ/	(煩さい)
/zeʀka˥ta/	(「在方」田舎)
/'ɴɴme˥ʀ/	(旨い)　　ナド

1.10 音韻変化

例：/*o'i/ → /eʀ/

/cu'ɪʀ…> cu'eʀ/	（強い）
/hideʀ/	（酷い）
/hireʀ/	（広い）
/huteʀ/	（太い）
/hoseʀ/	（細い）
/'jaQkeʀ/	（「やっこい」柔らかい）
/kureʀ/	（黒い）
/museʀ/	（「むそい」長持ちする。形容詞）
/nukuteʀ/	（「ぬくとい」暖かい。/nokuteʀ/ と言う人もある）
/'omosireʀ/	（おもしろい。/'omosiʀ/ と言う人も多い）
/'oseʀ/	（遅い）
/'ozeʀ/	（「おぞい」ずる賢い、悪賢い。良い意味では使わない）
/sireʀ/	（白い）
/sjaQkeʀ/	（「冷っこい」冷たい。触れる対象について言う）
/suŋeʀ/	（凄い）　　ナド

例：/*u'i/ → /iʀ/

/'aciʀ ～ 'aQciʀ/	（「暑い、熱い」。/'aQciʀ/ が普通の形。「厚い」は /'acu'i/ で、アクセントも音形も隔たっている）
/dariʀ/	（力が入らなくてだるい）
/hɪdariʀ/	（「ひだるい」ひもじい。反対語は「くちい /kuciʀ/」）
/'ɪbiʀ…>'ibiʀ/	（「いぶい」。目にしみるようにひどく煙いことを言う）
/kaQtariʀ/	（「かったるい」。疲れてだるい）
/maziʀ/	（まずい）
/nibiʀ/	（鈍い）
/sabiʀ ～ samiʀ/	（寒い）
/sibiʀ/	（渋い）
/'wariʀ/	（悪い）　　ナド

共通語でアクセントが平板型の /Caru'i/ という形をした3拍形容詞の「軽い」・「丸い」の対応語は、第1音節長呼のうえ語尾の連母音は /kaʀʀu'i/ /maʀʀu'i/ のように融合しない。対して、中高型の3拍形容詞 /Caru'i/ の対応語は /dariʀ/ /'wariʀ/ のように母音融合を起こしている。

1. 音韻

㋺連母音 /*V¹'e/ の変化

/*V¹'e/ → /V²ʀ/ (→ /V²/)

/*i'e/ → /eʀ/ (→ /e/)

/*a'e/ → /eʀ/ (→ /e/)

(/*o'e/ → /eʀ/ (→ /e/))

(/*u'e/ → /eʀ/ (→ /e/))

最後の2つ、特に /*u'e/ は用例が少なく除いてもよい。

ふつう /*o'e/ と /*u'e/ は、/V'e/→/V'ɪ/(成年層 /V'i/)となる。

例：/*i'e/ → /eʀ/ (→/e/)

/hɪʀ …> heʀ/	(稗)
/keʀru/	(消える。他動詞形は「消す /kesu/」)
/meʀ1ru/	(見える。アクセント核が動かず方言としては特殊)
/neʀru/	(煮える。他動詞形は「煮る /niru/」)
/neʀ'ju/	(「煮え湯」熱湯。ふつうは /nera'i'ju/ と言う)
/'oseʀru ～ 'oseru/	(教える。構文は「先生ガ子どもゲ英語φ～」)

例：/*a'e/ → /eʀ/ (→/e/)

/'aka1ŋeʀro/	(赤蛙。アクセントは複合語の形としては特殊)
/deǪkeʀri/	(「出帰り」。[婚家からの]出戻り)
/'ebo1ŋeʀro/	(いぼ蛙。アクセントは複合語の形としては特殊)
/geʀro/	(蛙の子は /'otamaɴ1kero/。/'otamazjaku1si/ は新語)
/hɪʀ…>heʀ/	(蝿。改まれば、(高年層)ha'ɪ ～ (成年層)ha'i/)
/hɪʀcjuʀ ～ ha'ɪcjuʀ…>heʀcjuʀ ～ ha'icjuʀ/	(蝿帳。防虫の網を張った戸棚)
/keʀru1/	(帰る。他動詞は「帰す /keʀsu1/」)
/keʀru/	(変える。所動詞は「変わる /kaʀru ～ ka'waru/」)
/keʀsu1/	(返す。「金を返す」ことは「済す /nasu1/」と言う)
/kaɴŋeʀru1/	(考える)
/koseru/	(拵える。所動詞は /kosaru/)
/maciŋeʀru1/	(間違える)
/meʀ1/	(空間の「前」は /meʀ1/、「以前」は /meʀ¯/(平板)と区別)
/mukeʀ/	(迎え。/'omukeʀ/ はあの世からの「迎え」)
/nameʀ/	(名前)

/neʀ1/	(苗)
/neʀma1/	(「苗間」。苗代)
/neʀzu1ka/	(「苗塚」。草加市の地名)
/'omeʀ/	(おまえ。二人称代名詞。目上・年上には使わない)
/'ose1ru/	(「押さえる」捕まえる。所動詞は /'osa1ru/)
/'osoneʀ/	(お供え)
/soQke1ru/	(反り返る)
/tatemeʀ/	(「建前」上棟式。/mocinaŋe1/(餅投げ)などをした)
/'usiŋeʀ1ro/	(牛蛙。大きな蛙で低く太い声で鳴く)　　ナド

例：/*o'e/ → /eʀ/

/'obeʀru1/	(覚える)
/kikeʀru/	(聞こえる)
/soʀeʀru1/	(揃える)　　ナド

例：/*u'e/ → /eʀ/

/seʀhuru 〜 sehuru/（据え風呂）

注.「据える」は /su'ıru…>su'ıru/ というので、「据え風呂」なら /su'ıhuru/ となるはずである。考えられる可能性は、
① 「据え」が /su'e-/ であった時代に孤立的に /seʀ-/ に変化した。
② [sueɸuro] のように発音される他方言から耳で聞いて直接借用された。
②の可能性が高いと考えている。

㈥ 連母音 /V'u/ の変化

/V'u/ → /Vʀ/

/a'u/ → /aʀ/

/o'u/ → /oʀ/

/u'u/ → /uʀ/

この変化は主として動詞にかかわり、完全に、関係する全語彙に（すべてワ行五段活用［文語ハ行四段活用］の動詞と動詞型の活用をする接尾辞（助動詞）の終止＝連体形）に及んでいる。しかし、しばしば非変化形 /V'u/ の現れることがあり、発音上もどっちともつかないような発音を聞くことがある。外発的な共通語の圧力だけではなく、恐らく形態論的体系への類推も働い

て、非変化形へ回帰しつつあるのであろう。但し、/u'u/ はごく丁寧なもの言いを除き /uʀ/ がふつうである。

例：

/'ara'u/	→ /'araʀ/	（洗う）
/ciŋa'u/	→ /ciŋaʀ/	（違う）
/kako'u/	→ /kakoʀ/	（囲う）
/'omo'ul/	→ /'omoʀl/	（思う）
/sjaku'u/	→ /sjakuʀ/	（杓う）
/'iQcja'u zo/	→ /'iQcjaʀ zo/	（行ってしまうぞ）　ナド

動詞以外では次のような外来語に同様な変化が見出される。

/bural'usu/	→ /buraʀlsu/	（洋服のブラウス）
/hwa'ulru/	→ /haʀlru/	（野球のファウル）
/ka'uboʀl'i/	→ /kaʀboʀl'i/	（西部劇のカウボーイ）　ナド

②条件変化

㋐母音間の「ワ」の唇音弱化と変化

/-'wa/ → /-'a 〜 -'ja/

a. /u/ + /'wa/ → /u'a 〜 u'wa/
b. /o/ + /'wa/ → /o'a 〜 o'wa/
c. /a/ + /'wa/ → /a'a/ → 〜 /aʀ/
d. /e/ + /'wa/ → /e'a/ → 〜 /e'ja/
e. /i/ + /'wa/ → /*i'a/ → /i'ja/

例：/ku'wa 〜 ku'a/(鍬)、/'oko'wa 〜 'oko'a/(強飯)、

/na'wal' 〜 na'al' 〜 naʀl'/(縄)、/se'wal'→se'al'→se'jal'/(世話)ナド

　母音に後続する /V + 'wa/ は唇調音が弱化し /V'a/ となりやすい。さらに先行する /V/ に同化した種々の形への変化が見られる。前舌母音に後続する d・e は、/e'wa→e'a→e'ja//i'wa→*i'a→i'ja/ のように /'ja/ へも発達している。中舌・奥舌母音に後続する a・b は、/u'wa→u'a//o'wa→o'a/ となりつつも、一方で元の /u'wa//o'wa/ とも併存している。c の /a'wa/ は、連母音 /a'a/ [aa](間に強さの谷がある)となる段階のものと、さらに長母音 /aʀ/ [aː] となる段階のものとがあり、元の形も含めて、/a'wa→ a'a→aʀ/ という一連の音韻変化が共時的に共存しているような様相※を示している。

1.10　音韻変化

※ /aʼwa/→/aʼa 〜 aʀ/ に関しては次のような形態的条件が関係しているようである。形態の境目があるものと、形態の境目のないものとで、
　　/kaʼwaneʀ 〜 kaʼaneʀ/　（買わない）
　　/ʼaraʼwaneʀ 〜 ʼaraʼaneʀ/（洗わない）
のような境目がある場合は長音化しない /aʼa/ が現れやすい（聞き直すと、/ʼaraʼwaneʀ/ が現れる）ようである。
共時的意識において切れ目のない、
　　/maʼwari 〜 maʼari 〜 maʀri/（周り）
　　/taʼwaˈlsi 〜 taʼaˈlsi 〜 taʀˈlsi/（たわし）
のような単語は日常的にはやはり長音化して /aʀ/ のように言うことが普通のようである。
　a・b・c・d は、はっきりした物言いでは /ʼa/ の代わりに /ʼwa/ が現れることがあり、聞いていてはっきりしないものも少なくない。
　e の /i + ʼwa/→/iʼja/ の変化は、語的には固定していて元の形に回帰しにくいものがある。
　　例：/(hatakeno) kiʼjaˈl/（[畑の]際）、/siʼja/（皺）、/siʼjaɴbo/
　　　（「しわんぼ」吝嗇家）、/(meʀˈlno) niʼja/（[前の]庭）、/biʼjaˈlnoki/
　　　（枇杷の木）、/ʼɪbiʼja/（指輪）　　ナド

㋺動詞のラ行音語尾の「撥ね音・促め音」化
/rV/ → /ɴ, Q/
　この変化は、動詞型活用の語尾に見られるもので、
①ラ行五段動詞のいわゆる未然形・連用形・終止＝連体形・仮定形、
②一段活用動詞・サ変（ほぼ一段化）・カ変のいわゆる終止＝連体形・仮定形、
に起こる。ついでながら、ラ行の上下一段動詞のいわゆる語尾（実は語幹末音）の /-ri, -re/ は下一段 /-re/ の僅かな「撥ね音」化の例外を除いて変化しない。
　なお、日常の使用状況は変化した形が卓越するが、変化しない形と共存しかつ常に回帰可能である。変化しない形に、形容詞などと違って文体差や共通語臭はあまり感じられない。従って、本来の意味での「音便」的現象となっている。
例：（/toruˈl/（取る）、/ʼakeru/（開ける）、/kuruˈl/（来る）を例とする）
　/ra/　→　/ɴ/（ラ行五段動詞のいわゆる「未然形」）

　　　　　　：　/toNneˈR/（取らない）
/ri/　→　/N/（ラ行五段動詞のいわゆる「連用形」）
　　　　　　：　/toNnaˈ/（[命令]取りな。「禁止」とはアクセントが異なる。）
/ru/　→　/N/
　　　　　　：　/toNˈ-to,　　'akeN-to,　　kuNˈ-to　　/（＋接続助詞「と」※）
　　　　　　　　/toNˈ-de,　　'akeN-deˈ,　 kuNˈ-de　　/（＋終助詞「ぜ」の異形態）
　　　　　　　　/toNˈna,　　 'akeNnaˈ,　　kuNˈna　　 /（＋禁止語尾「な」）
　　　　　　　　/toNˈbe,　　 'akeNbeˈ(成), kuNˈbe(成)　/（＋志向語尾「べー」の異形態）
　　　　　　　　/toNˈ-moN, 'akeN-moˈN, kuNˈ-moN　/（＋終助詞「もん」）
/ru/　→　/Q/
　　　　　　：　/toQˈ-ka,　　'akeQ-ka,　　 kuQˈ-ka　　/（＋終助詞「か」）
　　　　　　　　/toQˈ-kedo,'akeQ-keˈdo,kuQˈ-kedo /（＋接続助詞「けど」）
/re/　→　/N/
　　　　　　：　/toNˈba,　　 'akeNbaˈ,　　 kuNˈba　　/（＋仮定語尾「ば」）

※ /toruˈ-to→toNˈ-to, 'akeru-to→'akeN-to, …/ の変化は音声学的には説明できない。/toruˈ-to→*toQˈ-to, 'akeru-to→*'akeQ-to, …/ となるのが自然である。

1.10.3　語彙的な変化

語彙的な変化のうち、孤立していないものをあげる。
㋑中舌・奥舌母音に後続する「レ」の「イ」への変化
　　　{/u, o, a/} ＋ /re/→{/u, o, a/} ＋ /'i/（高年層 /'ɪ/）
代名詞：
　　/kore/　　→　/ko'i/　　（これ。cf. /kora/ [題目形]）
　　/sore/　　→　/so'i/　　（それ。cf. /sora/ [題目形]）
　　/'are/　　→　/'a'i /　　（あれ。cf. /'ara/ [題目形]）
　　/doreˈ/　　→　/do'iˈ/　　（どれ。）
　　/'ore/　　→　/'o'i/　　（俺。 cf. /'ora/ [題目形]）
　　/dareˈ/　　→　/da'iˈ/　　（誰。）
動詞：
　　/ku'iru/　　（呉れる。共通語と違い、主語の人称制限はない）
　　/sa'iru/　　（される。「しる /siru/（為る）」の受身動詞）
　　/ta'iruˈ/　　（/sjoNbeˈN ta'iruˈ/「小便を垂れる」の形で、排泄する。他動詞）

1.10 音韻変化   55

/cu'iru/ 　　　（「連れて＋往来動詞」/cu'ite ＋ 'iku, kuru˥, 'aruku˥/ の形が普通）
/'wasu'iru/ 　（忘れる。可能動詞は /'wasura'iru/ で異例）。
接尾辞：/-areru ～ -rareru/→/-a'iru ～ -ra'iru/（「受身」と「可能・自発」のいわゆる助動詞。五段動詞は可能動詞が発達しているので「可能・自発」の例は少ない。）
/'ika'iru˥/（行かれる）、/tora'iru˥/（取られる）、/mira'iru˥/（見られる）、/dera'iru˥/（出られる）、/kisa'iru˥ ～ kira'iru˥/（来られる）　　ナド

㊀長音の短呼
　/VR/ → /V/
長音の短呼はかなり多くの語彙に見られる。
例：
/'ariɲato˥/ 　　　（有り難う。幼児語は /'aɴɲato˥/）
/dozjoɴko/ 　　　（泥鰌っこ）
/horimoko˥/ 　　（堀向こう）
/hu˥/ 　　　　　（風。状態詞的準体助詞。/ko'i hu˥ na, so'i hu˥ na, …/）
/'jaɴke˥/ 　　　（厄介）
/'jo˥/ 　　　　　（様。状態詞的準体助詞。/ko'i 'jo˥ na, so'i 'jo˥ na, …/）
/kata˥ɴke/ 　　（「かた貝」。貝の名。カラスガイ）
/kadana/ 　　　（川棚。川の洗い場）
/kamuke/ 　　　（川向かい。川向こう）
/kamebori/ 　　（構え堀。屋敷の回りの堀。/kameʀbori/ 併存）
/kaɴte˥ɴbo/ 　　（「かたゐ」から。ハンセン病患者[差別的]）
/kiɴɴu˥/ 　　　（昨日）
/koseru/ 　　　（拵える。/koseʀru/ 併存）
/natabocjo/ 　　（鉈包丁。/nataboʀcjo/ 併存）
/niɴɲjobo˥ɴko/ 　（「人形」＋「這ふ子」→ 人形。同意複合）
/nozi˥ɲaŋaku/ 　（「能持長く」期間が長く。同意の副詞に /ɲaŋano˥ʀzi/）
/'okaɴ/ 　　　　（往還。公道、大通りを言う。/'oʀkaɴ/ 併存）
/'otama˥ɴkero/ 　（お玉蛙。蛙の子ども。/'otamaɴ˥kero/ は自由変異）
/seɴ˥ko/ 　　　（線香。/seɴ˥koʀ/ 併存）
/sitome˥/ 　　　（ひと思い。/sitome˥ni/ の形で副詞「思い切って」）
/sina/ 　　　　　（粃[しいな]。実が不出来な米）

/simeQko/	(しまいっ子。末子。「末子 /baQsi 〜 baQci/」とも言う)
/sjateꜜ/	(舎弟。弟。特殊の意味合いはなくふつうの語)
/soQkeꜜru/	(反り返る)
/soRrjoQko/	(総領っ子。男女を問わず最初の子。長子)
/toQkeꜜru/	(取り換える)　　ナド

形容詞語尾の融合形は、3 モーラ以上の語においては短呼されることが多い。形容詞型活用の接辞も結果形式の音形がやはり 3 モーラを超えるので同じ傾向を示す。もとの融合形 /VR/ と 1 モーラ減じた短呼形 /V/ とは自由変異的に併存しているが、実際の発話の中での短呼形の使用は耳立って多い。聞き直すと長呼形が出る。

例：

/zu'iꜜbuN 'ose naꜜR↓/(ずいぶん遅いなあ。)
/'oQkaneꜜ koto 'juR 'jacuꜜ da↓/(恐ろしいことを言う奴だ。)
/haR 'aNna tokoN 'i 'ikanebeꜜ↓/(もうあんなところへは行くまい。)

㈧短音の長呼

/V/ → /VR/

短音の長呼は次のようなものが少ないながらある。

例：

/hiRꜜbi…>heRꜜbi/	(蛇)
/hiRꜜruN(be)…>hiRꜜruN(be)/	(蛭)
/hoRꜜtaru/	(蛍)
/hutaRriꜜ/	(二人。「二人で」は /hutaNdeꜜ/ と言う)
/'juR'jaꜜ/	(湯屋。風呂屋)
/kaRru'i/	(軽い。指小形は /kaRruQko'i/)
/maRꜜda/	(未だ)
/maRru'i/	(丸い。指小形は /maRruQko'i/)
/moRꜜci(noki)/	(黐[もち]の木)
/noRŋata/	(「野方」。台地、高台。沖積低地 /sato/ の対語)
/tamaR/	(偶。/tamaR ni/ /tamaR no/)
/zaRruꜜ/	(笊[ざる])　　ナド

共通語の 1 モーラ語に対応する語は、単独の場合に長呼されて 2 モーラに

なり、付属語との結合形は1モーラに短呼されるのが普通だが、しばしば長呼もされる。

　例：
　　/kiʀ˥ kiru˥/（木を切る）
　　/kaʀ de'ja˩ŋaǫta ↓/（蚊が出やがった。）
　　/kaʀ no 'jaro˥ ｜ haʀ 'aki˥ da ǫcuʀ noni maʀ˥da 'uci ɴ naka˥ toɴde 'aru˥ǫte-'jaŋaru ↓/
　　（蚊がもう秋だというのに家の中を飛びまわっていやがる。）

以上で、分節音素に関する記述を終える。

2. アクセント

埼玉県東南部地域の方言のアクセントは、(揺れがないわけではないが、)自然の談話では比較的に一定して安定的であると認められる。しかし、ある種の特殊な場面では、日常の会話に現れるものとは異なった特異なアクセントや揺れが顕著に表れる。このことは、筆者自身の発話の反省においても、またアクセント調査(口頭の質問、絵を見せて答えさせる方法、語句・文を読ませるナドの調査)の体験を通しても明らかである。この現象は高年層・成年層を問わない。ある種の特殊の場面とは、共通語的な場面でのよその人との対話や、人前で本を読むなどの緊張を伴う場面であり、その極端な場合がいわゆるアクセント調査や方言調査などの場面である。高年層の揺れはその間に一貫性を見いだしにくい(一貫性がないわけではない)けれども、成年層以下だと、(方言調査などの場合を除き)揺れの間にある種の規則性を見いだしうる。その揺れを、方言アクセントと読書音アクセントという形でひとまず把えうるのではないかと思っている。(もちろん、個人差もあって、単純にこう言い切ることには大いに問題があることを理解している。)

　読書音アクセントとは、基層としての方言アクセントの上に覆いかぶさっているもので、その音相は、共通語(東京方言)的アクセントに類似しており、本を読むとき(内言のときも外言のときに同様)や、人前で物を言うときに現れる傾向がある。しかし、これは単純に共通語アクセントが借用されていると考えるべきではないと思う。筆者の内省を述べれば、自身の有する方言アクセントが、その体系と各型の所属語彙において、共通語のそれとの間にかなりの程度に著しいパラレリズムがあるために、方言アクセントを土台として、共通語のアクセントとの接触を通して、それに類推して現れたと考えることの方により多くの妥当性を感じている。

　例えば、「露」(「桶」も同類)は(筆者の)読書音アクセントは、(共通語が「頭高型」であるのと違って)「尾高型」で [⊢tsu⌈ju, ⊢tsu⌈ju ⌊aru, ⊢tsu⌈ju ⌊ŋa aru](簡略表記。以下同様)となるが、これは方言アクセントが、[⊢tsu⌈ju, ⊢tsu⌈ju ⌊aru, ⊢tsu⌈ju ŋa ⌊aru] で「腕」類と同型になっていることから初めて説明されうる。アクセント核のあるアクセントには次の2類型があり、その分布において「露」は「腕」と同じだからである。

　例：「雨」読書音アクセント　[⌈a⌊me, ⌈a⌊me huru, ⌈a⌊me ŋa huru, ⌈a⌊me no naka]
　　　　方言アクセント　　　 [⊢a⌈me, ⊢a⌈me ⌊huru, ⊢a⌈me⌊ŋa huru, ⊢a⌈me ⌊no naka]
　　　「腕」読書音アクセント　[⊢u⌈de, ⊢u⌈de ⌊itai, ⊢u⌈de⌊ŋa itai, ⊢u⌈de no na⌊ka]
　　　　方言アクセント　　　 [⊢u⌈de, ⊢u⌈de ⌊ite(:), ⊢u⌈de ŋa ⌊ite(:), ⊢u⌈de no naka]

（元の論文では、非頭高型の第 1 音節を低い [⌊] と標音していたが耳立って低いわけではなく、第 2 音節への上がり目もはっきりしない。第 1 音節は少し低いようであるけれども、話し手は比較的平らに発音しようとしているように思われる。従って、ここでは代わりに [├] を用いて標音している。）

【補足】
　1972 年に東京言語研究所で、服部四郎先生は筆者の方言アクセントを聞かれて、表層のアクセントと区別して、深層構造のアクセントを立てられて、次のように示された。

深層	表層
∥ tori ∥	→ /tori/
∥ ʼinu˩ ∥	→ /ʼinu˩/
∥ ne˩ko ∥	→ /neko˩/
∥ tori-ŋa ∥	→ /tori-ŋa/
∥ ʼinu˩-ŋa ∥	→ /ʼinu-ŋa˩/
∥ ne˩ko-ŋa ∥	→ /neko˩-ŋa/

表層のアクセントとは筆者の方言アクセントであるが、先生が仮定された深層のアクセントが筆者の読書音アクセントと一致する。あるいは、このような潜在的アクセント型が仮定できるなら、潜在型（＝深層）が何らかの条件下で、通常の発話では起こるアクセント核の移動（＝1 拍後退）が阻止され、顕在化したものが読書音アクセントであると言うこともできるであろう。こう考えると、読書音アクセントは共通語の影響によるものではなく方言に本有のものと考えなければならなくなるであろう。しかし、共通語という大きな存在がこういう読書音アクセントの顕在化の条件となっていることも一面の事実であろう。

　本書では、日常語のアクセント（方言アクセント）を主として記述していくことにする。『埼玉県草加市小山町方言の記述的研究』（1970 年・昭和 45 年）で調査した現川口市・草加市の旧北足立郡安行村周辺での多数の語彙のアクセントに関するデータをもとに、その後調査範囲を広げて得た周辺地域でのアクセントに関するデータをも使って記述したのが本書である。元となったデータにも精粗があり、また多くは自然傍受という方法でデータをとったため、その把えた語彙が個人によって異なったり、共通する語彙が限られたりすることになってしまった憾はある。ただアクセントの類的性格から、アクセントの比較方言

学的・対照方言学的な諸研究に裏づけられた「類別語彙表」※などの知見によって十分補うことができると考え、体系としてのアクセントを記述していくことにする。地域方言の native speaker としての筆者の見るところ、今回の調査でインフォーマントとなった人たちは、世代差・年齢差と一部の語彙の地域差からくる差異を除けば、同じ方言の話し手であると感じられた。また、観察しえたその人たちには語彙・語法なども殆ど共通し一致しているように思われた。

※国語学会編『国語学辞典』(訂正6版1960 東京堂)「国語アクセント類別語彙表」金田一春彦 p. 994

金田一春彦『四座講式の研究』(1964 三省堂) p. 40

平山輝男編『全国アクセント辞典』(1960 東京堂)「全国アクセント比較表」等、参照。

以下、個人の方言(個人語)の記述という形を取らず、それらの個人の方言から帰納される(と考える)ものの記述という形を取った。

2.1 アクセント体系
2.1.1 アクセントの相

　前後にポーズのある単独の単語(・単語結合)の、社会習慣的に一定している高低の配置の型、すなわちアクセントには、各モーラごとに(n−1)[nはモーラ数]個の異なるアクセントが見いだされる。(○は低いモーラ、●は高いモーラ、◎は高低いずれでもよい[高さの点でneutralな]モーラを表す。)

	2モーラ語	3モーラ語	4モーラ語
Ⅰ	[◎●]	[◎●●]	[◎●●●]
Ⅱ		[◎●○]	[◎●●○]
Ⅲ			[◎●○○]

　第2モーラが特殊モーラの「/N/、/Q/、/R/」と「副母音的な/-'i/[-i〜-ī]、と無声母音の/CV/〔CV̥〕」を除いて、概略、上のようである。

　但し、[◎●●]、[◎●●●]としたものは、●(高)のモーラ連続が全体として高平らとならないようである(―秋永一枝先生のご指摘―)。しかし、そこに見られるある種の下降は、[◎●○]、[◎●●○]、[◎●○○]で示された下降とは異なって、弁別的ではなく音韻論的には無意味なものであろうと思う。native speakerとして、筆者は、この種の下降を自覚できず、実際のところ聞き取れない。話し手としては、平らに(下がり目がなく)言っているつもりなのである。筆者の高平らとした部分に下降が見られるとすると、音声学的には、この点で、筆者の観察は不精密となるわけだが、しかし、このことが、音声表記において、音韻的区別を表記し分けていないところの、区別不足(under-differentiated)※にあたるものとは考えられない。

　　※H.A.グリースン『記述言語学』(1970 大修館書店)竹林滋・横山一郎訳 p.304

　逆に、こういう事実は、"ある言語の話し手は、他の言語の話し手にとっていかに微細なものとしか思われない区別でもそれが音韻的であれば、十分聞き分けるが、反対に、音韻的でなければ、それがいかに大きな差異と思われるものでも、聞き分けることが困難である。"※にあたるものと思われる。

　　※E.サピア「音素の心理的実在」『英語教育シリーズ11』(1969 大修館書店)黒川新一訳注

　　L.ブルームフィールド『言語』(1962 大修館書店)三宅鴻・日野資純訳 p.101以下

　先ほどのⅠは、それに付属語でない自立語がポーズや音調上の切れ目[※1]を

置かずに一息に続くとき、次の2種の違いが現れる。

Ⅰ′　　[◎●￣]　　　[◎●●￣]　　　[◎●●●￣]
Ⅰ″　　[◎●]]　　　[◎●●]]　　　[◎●●●]]

　Ⅰ′はそれに続く次のモーラを低くしない(それを[￣]で表す)が、Ⅰ″はそれに続く次のモーラを低くするので、それを[]]で表す。
　このような場合、単独で前後にポーズがあるときや、直後に音調上の切れ目※1があるときは区別がないが、切れ目を置かずに発音されるときは、違いが現れる(=アクセントの型として対立をなす)ので、音韻的に別のアクセントの型(アクセント素)※2に該当すると認められる。単独の発音では中和 neutralize していると考えられる。

※1 川上秦「言葉の切れ目と音調」(『国学院雑誌』62巻5号 1961)
※2 服部四郎「アクセント素・音節構造・喉音音素」(『音声の研究』9 1961)参照。

2.1.2　アクセントの型

　従って、アクセントの型としては、次のように、各モーラごとにそのモーラ数に同数の型を認めうる。(前項のⅠ′をⅠ、Ⅰ″をⅡとしたため、前項のⅡがⅢ、ⅢがⅣになっていることに注意。)

　　　　　2モーラ語　　　3モーラ語　　　4モーラ語
　Ⅰ　　　[◎●￣]　　　　[◎●●￣]　　　[◎●●●￣]
　Ⅱ　　　[◎●]]　　　　[◎●●]]　　　[◎●●●]]
　Ⅲ　　　　　　　　　　[◎●○]　　　　[◎●●○]
　Ⅳ　　　　　　　　　　　　　　　　　 [◎●○○]

　これらは、第2モーラが特殊モーラの「/N/、/Q/、/R/」と「副母音的 /-'i/ [-i～-ḭ]、無声母音の /CV/〔CV̥〕」を含めても、その上がり目の位置によって互いに弁別される単語(・単語結合)がない。(第2拍が特殊な拍であるものの上がり目の位置の変動※1は全く自動的で弁別的なものではないから)音韻的に弁別的ではない※2。

※1 次のようになることが多い。
　・第2モーラが有声音の /N/(撥音)、/R/(引音)、/'i/(副母音)で、
　　第2モーラに核があるときは[●●]〜]、その他の場合は[●●(●)〜]。
　・第2モーラが無声音の /Q/(促音)、/CV/〔CV̥〕(無声化拍)で、

2.1 アクセント体系　65

　　　第2モーラに核があるときは[●●⌐〜]、その他の場合は[○○(●)〜]。
　※² 音韻的に弁別的でないということが直ちに無関与的 irrelevant（無用）で
　　あるということにはならない。
　　太田朗『米語音素論—構造言語学序説—』(1959 研究社) p. 223
　　Roman Jakobson、C.Gunnar M.Fant、Morris Halle『音声分析序説』(1965
　　研究社)竹林滋・藤村靖訳 p. 13
　従って、上のいろいろのアクセントの型は、下がり目の位置によってのみ互いに弁別される。この下がり目の直前のモーラ、すなわち、直後に低いモーラを伴う高いモーラをアクセント核と呼び、これの位置およびあるなしが互いに弁別的なわけである。（これは話し手 native speaker の intuition とも合致する。）
　そこで、音韻論的には次のように示すことができる。
　　　　2モーラ語　　3モーラ語　　4モーラ語
　Ⅰ　　/○○/　　　/○○○/　　　/○○○○/
　Ⅱ　　/○○⌐/　　/○○○⌐/　　/○○○○⌐/
　Ⅲ　　　　　　　　/○○⌐○/　　/○○○⌐○/
　Ⅳ　　　　　　　　　　　　　　　/○○⌐○○/
　なお、Ⅱは、特に体言類で、付属語との結合において、2つの類に分かれる。しかし、これは音韻論プロパーのものとしてよりも、形態音素論的（統辞音韻論的[統語音韻論的] syntactico-phonemic）なものと考えるべきであろう。こう考える理由としては、アクセント節というアクセント上の単位を設けるなら、今までの操作は、同数のモーラからなるアクセント節にはいくつの互いに異なるアクセントがあるかという形で、アクセントの型を設定してきているのに、この場合は、アクセント節を構成するモーラ数や内容から見ても、それの同一性と等質性とが保持されていないわけで、形態的、統辞的配慮を音韻論のレベルに持ち込んでいることになる。このような操作は、形態音韻論的操作というべきで、音韻論プロパーの範囲を超えていると考える。
　2モーラ語を例にとると、Ⅱ′には「肩・針、雨・夜」、Ⅱ″には「音・雪、足・腕」などが該当し、アクセント上のふるまいは次のようになる。この場合、自体に副次アクセント核※のある付属語（例えば /ma1de 〜 made1/）や、自立語並みの結合の仕方をする /mite1ʀ 〜 mite1/ は除外する必要がある。
　※付属語のアクセント核をこう呼ぶことにする。この核は、アクセント核のある自立語との結合では（抑圧されて）潜在化し、アクセント核のない自立

語との結合では顕在化する。
　同様に、自立語でも、アクセント核のある他の語句に続けて一息に発音されると固有のアクセント核が消えるか目立たなくなる現象が観察される。これらの[抑圧されて]潜在化したアクセント核を必要に応じて /ǀ/ と表記することがある。

		Ⅱ′	Ⅱ″
		/○○⌐/	/○○⌐/
-▷	(/-ŋa/)	/○○⌐▷/	/○○▷⌐/
-▷	(/-no/)	/○○⌐▷/	/○○▷/
-▷▷	(/-kara/)	/○○⌐▷▷/	/○○▷⌐▷/

(▷は特に付属語のモーラであることを示すために用いた。)

　従って、形態音素論的(統語音素論的)には、Ⅱ″ には /○○⌐/ と、(付属語が付くと核が1拍後退する)/○○=⌐/※の2つの異形態、それに、助詞 /-no/ と結合する(末尾の核の消える)/○○/ という、都合3つの異形態を認めなければならないことになる。しかし、これは音韻論プロパーでは扱い切れない問題であろう。

　※自立語のアクセント核が単語境界を越えて、結合形で付属語の第1モーラに置かれるので、自立語に続く任意の付属語の第一モーラ(仮定拍)を /=/ で表記する。

　共通語の1モーラ語に対応する単語は、次のように2つの異形態(＝異語形)をもっている。
・第1形(長母音形)は、付属語と結合せず、単独で自立語に連なる形で、/CV_R, CjV_R, CwV_R/ という形をしている。アクセントは先の2モーラ語のそれに同じであるが、型としては、Ⅰ /○○/ 型か、Ⅱ′ /○○⌐/ 型かのいずれかであって、Ⅱ″ /○○⌐/〜/○○=⌐/ 型のものはない。
・第2形(短母音形)は、付属語と結合する形で、/CV, CjV, CwV/ という形をしている。(但し、第1形が現れることもある。この場合は付属語が付かない形に同じ。)
「気、血」の類をA、「木、目」の類をBとして、その第1形と第2形を示すと次のようになる。

2.1 アクセント体系

	A	B
第1形(長母音形)	/○○/	/○○˥/
第2形(短母音形)		
+▷ (-ŋa, -no)	/○▷/	/○▷˥/
+▷▷ (-kara)	/○▷▷/	/○▷˥▷/

従って、形態音素論的には、A には /○○/ 〜 /○/、B には /○○˥/ 〜 /○=˥/ という異形態(=異語形)を認めることになる。

これらの語類では、このように統語的関係において、単独形(第1形)の1シラベーム2モーラの /CVᴿ, CjVᴿ, CwVᴿ/ の形態と、付属語との結合形(第2形)の1シラベーム1モーラの /CV, CjV, CwV/ の形態とが交替する。

2.1.3 アクセント体系のまとめ

アクセント型(アクセント素)としては、次のような体系が認められる。

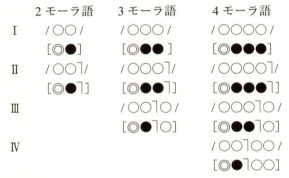

音韻論的には n モーラについて、n 個のアクセント型を認める。

これと付属語との結合における型の変動を、形態音素論的(統語音素論的)な現象であるけれども顕著な事実であるから、それを顧慮して、IIをII′とII″とに、2モーラ語なら、/○○˥/ だけのII′類と、/○○˥/ 〜 /○○=˥/ という異形態(異語形)をもつII″類とに類別できよう。(以後、II″は単独の場合 /○○˥/ というように表記し分けることにする。[実はこれ以前にも登場済みである])

1モーラ語は自立語の単独形としては認められないけれども、前述のように共通語の1モーラ語に対応する単語は、自立語が続くか付属語が続くかという統語的関係によって、単独形で1シラベーム2モーラの /CVᴿ, CjVᴿ, CwVᴿ/ という形を、付属語との結合形で1シラベーム1モーラの /CV, CjV, CwV/ という形をとる。以後、この類を準2モーラ語ということにする。

68 2. アクセント

　参考までに、準2モーラ語A・Bと、ⅡをⅡ'とⅡ"とに分けた場合の体系と仮の名称を上げておく。(平板型については/ ¯/という「音韻論的には剰余的」な記号を付けて特にアクセント核がないことを今後表すこともあるので表のように示しておいた。中高型は、中1高型・中2高型等、下位名称に従って配列を少し変えてある)。所属語彙については後論を参照。

	準2モーラ語	2モーラ語	3モーラ語	4モーラ語	仮名称
①	/○○¯～○=¯/	/○○¯/	/○○○¯/	/○○○○¯/	→ 平板型
②	/○○⌐～○=⌐/	/○○⌐/	/○○○⌐/	/○○○○⌐/	→ 尾高型A
③		/○○⌐'/	/○○○⌐'/	/○○○○⌐'/	→ 尾高型B
④				/○○○⌐○/	→ 中2高型
⑤			/○○⌐○/	/○○⌐○○/	→ 中1高型

○注意すべき点

1. /○⌐○/、/○⌐○○/・・・　いわゆる頭高型が欠如している。これらは方言としては/○○⌐/、/○○⌐○/、…となるためである。この傾向は非常に強く、新しい借り入れ語(外来語)もみんなこうなっていて、共通語の頭高はすべて1モーラ分アクセント核がずれる。核の後退の結果、例えば/よん⌐だこと 'joNᴺda koto/(読んだこと)のように特殊拍にアクセント核が位置することもある。「促め音」は固有語では、例えば/'aQta⌐ koto/(会ったこと)のようにさらに1拍分後にずれるが、新語など語的に/baQ⌐to/(野球のバット)のように1拍しか後にずれないものもある。

例：

　　/zjamu⌐/　　　　　(jam、ジャム)
　　/bata⌐ʀ/　　　　　(butter、バター)
　　/tere⌐bi/　　　　　(televi[sion]、テレビ)
　　/poQ⌐to/　　　　　(pot、ポット)
　　/sjaɴ⌐puʀ/　　　　(shampoo、シャンプー)
　　/raɴ⌐pu/　　　　　(lamp、ランプ)
　　/'aʀ⌐su/　　　　　(earth、アース)　　ナド

2. 共通語(東京方言)では、平板型の語に頭高型以外のアクセント型の単語が音調上の切れ目なく続くとき、音相上、その第1モーラの低が直前の高に同化して高に変わるのがふつうだが、方言ではこの「移り」がそれほど滑らかにいかず、このような場合、その第1モーラがあまり高くならず、前の

高に少し下がって付く傾向がある(初発高度が幾分か低くなるのは一般音声[学]的根拠がある)。しかし、これは次の点でアクセント核の直後の低と区別がつく。

a アクセント核のあるモーラは高くかつ強く、直後のモーラは低くかつ弱い(低くかつ弱くさせられる)。従って、下がり目をはさんで核の高と直後の低とは対比的に高低・強弱が際立つ。このことは、音調上の切れ目なく続く、特に一息で全体がひとまとまりに発音される、尾高型先行語＋後続語の結合部の場合にも当てはまる。(但し、音調上の切れ目がある場合には、尾高型先行語の核と後続語との高低・強弱の対比は際立たなくなる。次の b との違いも際立たなくなる。)

それに対して前述のように、音調上の切れ目がなく続く、平板型先行語＋後続語の結合部の場合、

b 前の高(＝平板型末尾の高)は、高くてもふつう強くないこと(平板型は末尾へ行くほど高さや強さが下がり気味なのはよく知られたことである)。また、それに続く後続語の初頭位は、続く第2モーラの高に比してもそれほど低くなく、かつ(a に比べて)強い。また、特に一息で全体がひとまとまりに発音される場合※には、後続語の初頭位は下がらず前後と平板に推移する。

などの点で両者の違いは(話し手の意識的事実としては)比較的はっきりしている。

※「(音調上の切れ目なく続く、)特に一息で全体がひとまとまりに発音される」ことを、場合によってその前後を「⌒」でつないで示す。

3. 特殊モーラを含むシラベーム(2拍1音節)のアクセント核について

特殊モーラ(/N/, /Q/, /R/, /'i/ [i～ĩ])を含むシラベームにアクセント核のある場合、シラベーム内の下がり目の位置によって互いに弁別される形式(＝単語)がないので、音韻論的には、アクセント核はそのシラベーム全体にかぶさっていると考えるのが妥当である。(/'i/ は /i/ と改める必要が生じる。)

特殊モーラの高低をそれぞれ■・□で仮に表すと、音相的には、アクセント素の初頭位では[●■⌉]が現れ、末尾位では[●⌉□]が多いが[●■⌉]も現れ、その他の位置では[●⌉□]～[●■⌉]が自由変異的に現れる。聞くと[●⌉□]と答えることが多いが、自然の談話では後者[●■⌉]がかなり多く聞かれる。

音韻論的には、両者ともに /○□⌉/(ここでは○□は高低抜きのモーラを

表す）と表記すべきだろうが、この論文ではあえて統一せず、[●˥□]は/○˥□/（ここでは○□は高低抜きのモーラを表す）とも表記している。（方言語彙集でも統一していない）。

4. 語彙的な、所属する型の揺れについて

方言アクセントには、読書音アクセントとの揺れを離れても、なおかつ、所属する型に（主観的にも客観的にも）迷う単語があることを、特に基礎語・日常語でない語彙では、認める必要がある。そういったものは次のものに多い。

a. 長い単語、「多モーラ語（主に4モーラ以上）」において、
- ・アクセント核の後退がない「Ⅱ′（尾高型A）」と、アクセント核の1拍後退がある「Ⅱ″（尾高型B）」、
  （語尾の核が固定している語か移動する語か）
- ・アクセント核のない「Ⅰ（平板型）」と、アクセント核の1拍後退がある「Ⅱ″（尾高型B）」、
  （核がない語か、語尾の核が移動する語か）

の区別が混同されやすく混乱が見られる。（84頁の注を参照）

b. 方言（＝日常語）として耳遠いもの。これらは次のようになる傾向がある。

準2モーラ語 → /○ー˥〜○＝˥/
2モーラ語　→ /○○˥/
3モーラ語　→ /○○˥○/
4モーラ語　→ /○○○˥○/
5モーラ語　→ /○○○○˥○/

（「類別語彙表」にある単語でも、知らない語や耳遠い語は上のように読まれる。）

c. 付属語2モーラのもので、/ma˥de 〜 made˥/（まで）のように副次アクセント核のあるものの一部で
/▷˥▷〜▷▷˥/（前者の方が多少多いようである）。

2.2 アクセント型とその所属語彙

使用する記号と表記について

㊍は「高年層」、㊌は「成年層」を表す。

…> は、（ここでは、）「その後の形式の使用が多い」ことを表す。

→ は、（ここでは、）「ふつうその後の形式が使用される」ことを表す。

音韻の対応関係から、〈成年層 /'i：'e/ に対して高年層 /'ɪ/〉のように、類推可

能なものについては、「2.2.1.2 2モーラ語のアクセント」から後では、見出しの代表形として成年層の語形のみを挙げる。

2.2.1 体言類

2.2.1.1 準2モーラ語のアクセント

A /○ー～○=/(例：「戸」/とー⌒あけた、と・も⌒あけた/)

この型に属する語彙は、「金田一アクセント類別語彙表」※の、一音節名詞第一類・第二類の大部分。

※「金田一アクセント類別語彙表」については62頁の引用文献等参照。以下「第○類」は類別語彙表の「類」の意味で用いる。

所属語：

・第一類：

/㊍'ɪʀ¯ ～ 'ɪ=¯//㊓'eʀ¯ ～ 'e=¯/[柄](→/toQte¯/)
/kaʀ¯ ～ ka=¯/ [蚊]
/koʀ¯ ～ ko=¯/ [子](…>/kodomo¯/)
/ciʀ¯ ～ ci=¯/ [血]
/toʀ¯ ～ to=¯/ [戸]
/hoʀ¯ ～ ho=¯/ [帆](使用が稀。高年層。成年層で/hoʀ˥ ～ ho=˥/)
/miʀ¯ ～ mi=¯/ [実]
/miʀ¯ ～ mi=¯/ [身]
/'joʀ¯ ～ 'jo=¯/ [世](㊍の一部と㊓で/'joʀ˥ ～ 'jo=˥/。…>/'jononaka˥/)

・第二類：

/naʀ¯ ～ na=¯/ [名](→/nameʀ¯/)
/haʀ¯ ～ ha=¯/ [葉](→/haQpa¯/)
/㊍hɪʀ¯ ～ hɪ=¯//㊓hiʀ¯ ～ hi=¯/[日](親しんで/'oteɴto˥sama/とも言う)
/moʀ¯ ～ mo=¯/ [藻](一部に/moʀ˥ ～ mo=˥/)。

B /○ー˥～○=˥/(例：「手」/てー˥⌒いてー、て・が˥⌒いてー/)

所属語：

・第三類：

/㊍'ɪʀ˥ ～ 'ɪ=˥//㊓'eʀ˥ ～ 'e=˥/ [絵]
/'oʀ˥ ～ 'o=˥/ [尾](→/siQpo˥/)
/kiʀ˥ ～ ki=˥/ [木](木treeだけでなく「草の丈」についても言う)

/koʀ˥ ~ ko=˥/　［粉］(→/kona˥'/)
/suʀ˥ ~ su=˥/　［酢］(/suno˥mono/ 酢の物)
/taʀ˥ ~ ta=˥/　［田］(→/taɴnaka¯/)
/teʀ˥ ~ te=˥/　［手］(/teno˥naka ~ teɴ˥naka/ 手の中)
/naʀ˥ ~ na=˥/　［菜］(→/naQpa˥/)
/niʀ˥ ~ ni=˥/　［荷］(→/nimo˥cu/)
/neʀ˥ ~ ne=˥/　［根］(→/neQko˥'/)
/noʀ˥ ~ no=˥/　［野］(→/noQpara˥/)
/㊢ hɪʀ˥ ~ hɪ=˥// ㊍ hiʀ˥ ~ hi=˥/［火］
/hoʀ˥ ~ ho=˥/　［穂］
/meʀ˥ ~ me=˥/　［目］(/meno˥naka ~ meɴ˥naka/ 目の中)
/meʀ˥ ~ me=˥/　［芽］
/'juʀ˥ ~ 'ju=˥/　［湯］
/'joʀ˥ ~ 'jo=˥/　［夜］(→/'joru˥/)
/'waʀ˥ ~ 'wa=˥/　［輪］(…>/'waQka˥/)

・第一類(例外的)：

/hoʀ˥ ~ ho=˥/　［帆］(成年層の一部)
/'joʀ˥ ~ 'jo=˥/　［世］(㊢の一部と㊍。/'jo ŋa˥ 'jo dara/ 世が世なら)

・第二類(例外的)：

/'jaʀ˥ ~ 'ja=˥/　［矢］

・読書音では、このBの型の語は［●˥, ●˥▷］となる傾向がある。

類別語彙とその対応(一音節名詞)

類	東京語アクセント	方言アクセント
第一類「戸」類	○	○ー ~○＝
第二類「名」類	○	○ー ~○＝
第三類「手」類	○˥	○ー˥~○＝˥

2.2.1.2　2モーラ語のアクセント

I　/○○/(例：「酒」/さけ⌒のん˥だ、さけ・わ⌒のん˥だ/)

所属語：

・二音節名詞第一類の殆ど：

/'ame¯/　［飴］　　/'ari¯/　［蟻］(→/'ariɴbo¯/)

/'ika¯/	[烏賊]	/'usi¯/	[牛]
/'ɴme¯/	[梅](成年層の一部で /'ume¯/)		
/'eda¯/	[枝]	/'ebi¯/ ～ 'ibi¯/	[海老]
/ka'o¯/	[顔]	/kaki¯/	[柿]
/kaze¯/	[風]	/kane¯/	[金](おかね…>/zene˥/)
/kabe¯/	[壁]	/kama¯/	[釜]
/kizi¯/	[雉](成年層の一部で /kizi˥/)		
/kiri¯/	[霧]	/kiri¯/	[桐](…>/kirinoki˥/)
/kizu¯/	[傷]	/kuɲi¯/	[釘]
/kuci¯/	[口]	/kubi¯/	[首]
/kosi¯/	[腰]	/sake¯/	[酒]
/sasa¯/	[笹]	/sato¯/	[里](「野方」に対する低地)
/sara¯/	[皿]	/suɲi¯/	[杉](…>/suɲinoki˥/)
/suzu¯/	[鈴]	/suso¯/	[裾]
/soko¯/	[底]	/taki¯/	[滝]
/take¯/	[竹]	/ciri¯/	[塵](→/hokori¯/)
/cume¯/	[爪]	/tori¯/	[鳥]
/tora¯/	[虎]	/ni'wa¯/	[庭](…>/ni'ja¯/)
/nuno¯/	[布](→/kire˥/、kireQko˥ ～ kireQko¯/)		
/hako¯/	[箱]	/hasi¯/	[端](→/hasiQko¯/)
/hana¯/	[鼻]	/hane¯/	[羽]
/hiɲe¯/	[髭](高年層で /siɲe¯/ も聞かれる)		
/hiza¯/	[膝](膝と、股[もも]の前面)		

・第二類(例外的)：
/kita¯/	[北](成年層)	/tera¯/	[寺](成年層の一部)
/hito¯/	[人](高年層は /sito¯/。「この人、その人、あの人」など指示連体詞との連語では /㊵'anosito˥～㊶'anohito˥/ などとなる。) Ⅱ″の /hito˥/ 参照。		

・第四類(例外的)：
/hɪra¯/	[篦](成年層 /hira¯/。(今は /hera¯～hera˥～hera˥/ も聞かれる。))

Ⅱ′ / ○○⌉/（例：「雨」/ あめ⌉⌒ふった、あめ⌉・も⌒ふった /）

所属語：

・第四類の殆ど：

/’ato⌉/	［跡］	/’a’wa⌉/	［粟］
/’iki⌉/	［息］	/’ito⌉/	［糸］
/’ima⌉/	［今］	/’usu⌉/	［臼］
/’umi⌉/	［海］	/’uri⌉/	［瓜］
/’oku⌉/	［奥］	/’obi⌉/	［帯］
/kasa⌉/	［笠］	/kasu⌉/	［糟］
/kazu⌉/	［数］	/kata⌉/	［肩］
/kama⌉/	［鎌］	/kinu⌉/	［絹］
/kiri⌉/	［錐］	/kuzu⌉/	［屑］
/sora⌉/	［空］	/tane⌉/	［種］
/hasi⌉/	［箸］	/hari⌉/	［針］
/macu⌉/	［松］	/muŋi⌉/	［麦］

・第五類の殆ど：

/’aki⌉/	［秋］	/’ase⌉/	［汗］
/’ame⌉/	［雨］	/’a’ju⌉/	［鮎］（…>/’a’i⌉/）
/kaŋe⌉/	［蔭］	/kumo⌉/	［蜘蛛］
/ ㊂ ko’ɪ⌉// ㊅ ko’i⌉ ～ ko’e⌉/	［声］	/saru⌉/	［猿］
/curu⌉/	［鶴］	/haru⌉/	［春］
/huna⌉/	［鮒］（→/huna⌉Qko/）	/mado⌉/	［窓］
/muko⌉/	［婿］（→/moko⌉/）	/’joru⌉/	［夜］

但し、第五類の次の2語は例外：

/’oke⌉′/	［桶］	/cu’ju⌉′/	［露］

・第三類（例外的）：

/ka’i⌉/　［貝］（高年層 →/keʀ⌉/）

/kami⌉/　［神］（成年層。高年層では /kami⌉′/ で「紙」と同音。成年層でも /kamisa⌉ma/ が聞かれ、古くは /kami⌉′/ と推定できる。）

/kumo⌉/　［雲］（成年層。高年層では /kumo⌉′/ で「蜘蛛」とアクセントが異なる。「蜘蛛」は / くも⌉⌒でた、くも⌉・も⌒でた /、「雲」は / くも⌉⌒でた、くも・も⌉⌒でた / となる。）

/kuri⌉/　［栗］（㊅の一部。多くは /kuri⌉′/。）

/ta'iꞁ/　　[鯛]（高年層 →/teʀꞁ/）

・このⅡ′の型のものは、読書音ではふつう[●○、●○▷]となることが多い。

Ⅱ″ /○○⌉～○○＝⌉/（例：「歌」/ うた⌉⁀うたう、うた・も⌉⁀うたう /）

注. このようにアクセントが統語的に変異する語類を、単独の場合 / ○○⌉′/ として、Ⅱ′ の / ○○⌉/ と区別して表記する。

所属語：

・第二類の大部分：

/'isiꞁ′/	[石]（…>/'isiQkoroꞁ/）	/'i'waꞁ′/	[岩]（→/'ju'waꞁ′/）
/'utaꞁ′/	[歌]	/'otoꞁ′/	[音]
/kamiꞁ′/	[紙]	/ka'waꞁ′/	[川]
/kitaꞁ′/	[北]（㊇ /kita¯/）	/tabiꞁ′/	[旅]
/teraꞁ′/	[寺]（…>/'otera¯/、成年層の一部で /tera¯/）		
/nasiꞁ′/	[梨]	/nacuꞁ′/	[夏]（cf. 真夏 /manacu¯/）
/hasiꞁ′/	[橋]	/hataꞁ′/	[旗]
/hiziꞁ′/	[肘]	/hu'juꞁ′/	[冬]（cf. 真冬 /mahuꞁ'ju/）
/hitoꞁ′/	[人]（→㊂ /sitoꞁ′/。平板型の連体語（「/so'i¯, soɴna¯/（そういう、そんな）」等）に続くときに現れ、単独型は /hito¯/ がふつう。）		
/maciꞁ′/	[町]	/muneꞁ′/	[胸]
/muraꞁ′/	[村]	/'jukiꞁ′/	[雪]

・第三類の大部分：

/'asiꞁ′/	[足]	/'amiꞁ′/	[網]
/'a'waꞁ′/	[泡]（…>/'a'wabukuꞁ′ ～ 'abukuꞁ′/）		
/'i'eꞁ′/	[家]（→/'uci¯/。高年層は [ɪɪ～ee] と発音する）		
/'ikeꞁ′/	[池]	/'iroꞁ′/	[色]
/'udeꞁ′/	[腕]	/'ɴmaꞁ′/	[馬]（㊇の一部 /'umaꞁ′/）
/'uraꞁ′/	[裏]	/'oniꞁ′/	[鬼]
/'onoꞁ′/	[斧]	/kaŋiꞁ′/	[鍵]
/kamiꞁ′/	[髪]（→/'atamanoke¯/）		
/kamiꞁ′/	[神]（→/kamisaꞁma/。成年層は /kamiꞁ/）		
/kameꞁ′/	[瓶]	/kisiꞁ′/	[岸]

/kusi˩/	[櫛]	/kusa˩/	[草]
/kucu˩/	[靴]	/kumo˩/	[雲] (成年層 /kumo˩/)
/kura˩/	[倉]	/kuri˩/	[栗] (成年層一部 /kuri˩/)
/koto˩/	[事]	/sa'o˩/	[竿]
/saka˩/	[坂]	/si'jo˩/	[塩]
/sumi˩/	[炭]	/cuki˩/	[月] (親称 /'ocuki˩sama/)
/cuci˩/	[土] (→/doro˩/)	/nami˩/	[波]
/na'wa˩/	[縄]	/nuka˩/	[糠]
/nomi˩/	[蚤]	/hana˩/	[花]
/hone˩/	[骨]		
/'jama˩/	[山] (高い山の他に「森」の意味で使うことが多い。)		
/'wata˩/	[綿]		

- 第五類（例外的）：

/'oke˩/	[桶]	/cu'ju˩/	[露]

- このⅡ″型のものは、読書音では[○●˥]〜○●▷]となることがある。
  こうなると、Ⅱ′と区別がないように思われるかもしれないが、Ⅱ′は前述のように読書音では[●○〜●○▷]となることが多いので、同一の文体レベルでは常に異なり（＝混同することがなく）、日常語で上述のように基本的には区別があるので、生活語彙では型の所属に迷うことは殆どない[筆者自身の内省]。
  Ⅱ′とⅡ″とでは、①普通の付属語が付いたとき、Ⅱ′では /'ato˩ kara kuru/ のように核が移動しないのに対して、Ⅱ″では /'uta ka˩ra hazimaru/ のように核が単語境界を越えて付属語の第1拍に移動し、②連体格助詞 /no/ が付いたとき、Ⅱ′では /'ato˩ no macuri/ のように核が保たれるのに対して、Ⅱ″では /'uta no reNsjuR/ のように核が消え、③状態詞的準体助詞（いわゆる助動詞「みたいだ」）/mite˩R/ が付いたときに、Ⅱ′ /'o'waQta 'ato˩ miteR da/、Ⅱ″ /ga'ikoku no 'uta˩ miteR da/ のように核が保たれるなど、そのふるまい方が類的に異なっていることが、基礎的語彙においては両者の混同を阻止する要因となっていると思われる。同時にこの複雑さが基礎的でない語彙においては混乱のもとにもなっていると思われる。

類別語彙とその対応（二音節名詞）

類	東京語アクセント	方言アクセント
第一類「庭鳥」類	○○ ̄	○○ ̄
第二類「石川」類	○○ ̄┐	○○ ̄┐′
第三類「山犬」類	○○┐	○○┐′
第四類「松笠」類	○┐○	○○┐
第五類「猿聟」類	○┐○	○○ ̄

⇒型は違うけれども、きれいなパラレリズムが見られる。

2.2.1.3　3モーラ語のアクセント

Ⅰ　/○○○ ̄/（例：「形」/かたち ⌒ わる┐い、かたち・ぱ ⌒ わる┐い/）

所属語：

・第一類：

/ˈakubi ̄/	［あくび］	/ˈikada ̄/	［筏］
/ˈikari ̄/	［錨］（→成年層の一部 /ˈikari┐/）		
/ˈinaka ̄/	［いなか］（…>/zeʀ┐, zeʀka┐ta/（在、在方））		
/ˈiˈwasi ̄/	［鰯］（→高年層 /ˈjuˈwasi ̄/）		
/kazari ̄/	［飾り］	/kasumi ̄/	［霞］
/kataci ̄/	［形］	/kacuˈo ̄/	［鰹］（「鰹節」は /kacubusi ̄/）
/kimono ̄/	［着物］（→/kimoɴ ̄/）	/kusari ̄/	［鎖］
/kucuˈwa ̄/	［轡］（稀）	/kuruma ̄/	［車］
/kemuri ̄/	［煙］（→/kemu ̄ ～ kebu ̄/ が本来語。）		
/koˈusi ̄/	［子牛］	/koʀʀi ̄/	［氷］
/koˈjama ̄/	［小山］	/koromo ̄/	［衣］
/sakana ̄/	［魚］	/sjuʀto ̄/	［舅・姑］
/sirusi ̄/	［印］	/cukaˈi ̄/	［使い］（高年層 →/cukeʀ ̄/）
/cukuˈe ̄/	［机］	/tonari ̄/	［隣］（…>/tonaɴ ̄/）
/nikaˈwa ̄/	［膠］	/neŋoto ̄/	［寝言］
/hazime ̄/	［初め］	/hanazi ̄/	［鼻血］
/hisasi ̄/	［庇］（→/sasi ̄, sasiǫko ̄/）		
/hitaˈi ̄/	［額］（→/ˈodeko┐/）	/hicuzi ̄/	［羊］
/humoto ̄/	［麓］（高年層の一部）	/minami ̄/	［南］
/miˈjako ̄/	［都］	/mukasi ̄/	［昔］

2. アクセント

/'joro'iˉ/　　　［鎧］

・第二類：

/'a'idaˉ/　　　［間］(…>/'a'idaQkoˉ/)　　/sakuraˉ/　　［桜］
/cubasaˉ/　　　［翼］(→/haneˉ/)　　　　　/curubeˉ/　　［釣瓶］
/tokaŋeˉ/　　　［蜥蜴］(→/kaŋameQcjoˈl/)
/tobiraˉ/　　　［扉］(→/toˉ/戸)　　　　　/mukadeˉ/　　［百足］(…>/mukazeˉ/)

・第四類：

/'oRŋiˉ/　　　［扇］(高年層)
/ha'jasiˉ/　　［林］(使用が稀。→/'jamaˈl/。一部に /ha'jasiˈl/)
/hiŋasiˉ/　　［東］(一部に /hiŋasiˈl/)
　※固有名詞的に各地で集落の東端にある家を /hiŋasiˈl, hiŋasiˈlnoci/ と言う
　のを聞く。反対方向の集落の西端の家は /nisiˉ, nisinociˈl/ と言っていた。
/hotokeˉ/　　［仏］(一部に /hotokeˈl/)

・第五類：

/'aburaˉ/　　［油］(但し平板型の語に続く「～の油」は /～ no 'abuˈlra/ と
　言うことが多い)
/sudareˉ/　　［簾］

・第六類：

/'usaŋiˉ/　　［兎］(一部に /'usaˈlŋi/)　/'unaŋiˉ/　　［鰻］
/kicuneˉ/　　［狐］　　　　　　　　　　/suzumeˉ/　　［雀］
/senakaˉ/　　［背中］　　　　　　　　　/nezumiˉ/　　［鼠］
/hadakaˉ/　　［裸］　　　　　　　　　　/hibariˉ/　　［雲雀］
/makotoˉ/　　［誠］(人名 /makoˈlto/)
/misa'oˉ/　　［操］(使用が稀。一部に /misa'oˈl/)
/mimizuˉ/　　［蚯蚓］(→/memezuˉ/ が本来語。)

・第七類：

/'usiroˉ/　　［後ろ］(一部に /'usiroˈl/)　/kuziraˉ/　　［鯨］
/tara'iˉ/　　［盥］(→/tareRˉ/)

・その他(類別語彙表にない語)：

/'inaŋoˉ/　　［蝗］　　　　　　　　　　/'iroriˉ/　　［囲炉裏］
/'isusuˉ/　　［石臼］(…>/'isi'usuˉ/)　/'ineŋoˉ/　　(リンパ節の腫れたところ)
/kamukeˉ/　　［川向かい］　　　　　　　/kadanaˉ/　　［川棚］
/gaka'iˉ ～ gakeRˉ/ (体つき)

2.2 アクセント型とその所属語彙　79

/ka'ido ̄ ～ kеʀdo ̄/ ［垣外］(屋敷道、私道)
/seŋare ̄/　　［仵］　　　　　　/tanaŋi ̄/　　［棚木］(天井裏)
/'jacuda ̄/　［やつ田］(台地 /noʀŋata ̄/ の開析谷 /'jacu ̄/ にある湿田。)　ナド

Ⅱ′ /○○○⌐/(例:「眼鏡」/めがね⌐⌒してた、めがね⌐・も⌒してた /)
　所属語:
　・第三類:
　　　/koŋane⌐/　　［黄金］(使用が稀 →/kiɴ⌐/)
　　　/komuŋi⌐/　　［小麦］
　・第四類:
　　　/'icucu⌐/　　［五つ］
　・第五類:
　　　/'inoci⌐/　　［命］　　　　　　/kjuʀʀi⌐/　　［胡瓜］(㊧の一部。→/kjuʀ⌐ri/)
　　　/suŋata⌐/　　［姿］　　　　　　/namida⌐/　　［涙］
　　　/makura⌐/　　［枕］
　　　/manako⌐/　　［眼］(高年層の一部。ふつうは /mana⌐ko/)
　　　/hibasi⌐/　　［火箸］　　　　　/meŋane⌐/　　［眼鏡］
　・第七類:
　　　/kusuri⌐/［薬］(高年層の一部。ふつうは /kusuri ̄/)
　・その他:
　　　/'akute⌐/　　［悪態］　　　　　/'aɴne⌐/　　［姉］
　　　/'itoko⌐/　　［いとこ］　　　　/kinako⌐/　　［黄な粉］
　　　/kinoko⌐/　　［きのこ］　　　　/kibisjo⌐/　　［急須］(古い言葉 →/kjuʀsu⌐/)
　　　/kjuʀsu⌐/　　［急須］　　　　　/koɴda⌐/　　［今度］(/koɴda⌐no'jasumi⌐'/)
　　　/zjuʀno⌐/　　［十能］　　　　　/seɴse⌐/　　［先生］
　　　/seQku⌐/　　［節句］　　　　　/taQpe⌐/　　［霜柱］(「立ち氷(ひ)」から)
　　　/nanacu⌐/　　［七つ］　　　　　/naname⌐/　　［斜め］
　　　/hibaci⌐/　　［火鉢］　　　　　/macuŋe⌐/　　［まつげ］
　　　/mamiŋe⌐/　　［眉毛］(高年層)　/mami'ja⌐/　　［眉毛］(成年層でも使用)
　　　/'jaQke⌐/　　［厄介］　　　　　/razi'o⌐/　　［ラジオ］　ナド
　・読書音としては、方言的語彙を除いて、このⅡ′の型のものは［◎●○、◎●○▷］となることが多く、さらに一部の語では［●○○、●○○▷］となる傾向も生じている。

Ⅱ″ /○○○⏋〜○○○ =⏋/
　　（例：「袋」/ ふくろ⏋⏝いる（要る）、ふくろ・も⏋⏝いる /）
　　注．このようにアクセントが統語的に変異する語類を、単独の場合 /○○○⏋/
　　と表記して、アクセント核が移動しない Ⅱ′ の /○○○⏋/ と区別する。
所属語：
・第一類：
　　/ˈikari⏋/　　［錨］（㓛の一部。多くは /ˈikari⁻/）
　　/humoto⏋/　　［麓］（㓛の一部。多くは /humoto⁻/）
・第二類：
　　/ˈazuki⏋/　　［小豆］　　　　　/kenuki⏋/　　［毛抜き］
　　/hutacu⏋/　　［二つ］（→/hutaQcu⏋/）
　　/hutari⏋/　　［二人］（→/hutaʀʀi⏋/。「二人で」は /hutaɴde⏋/。）
　　/ˈjuʀbe⏋/　　［昨夜］（→/ˈjuɴbe⏋/）
・第三類：
　　/cikara⏋/　　［力］　　　　　　/misaki⏋/　　［岬］（㓛の一部で /misaki⁻/）
・第四類：
　　/ˈatama⏋/　　［頭］（高の一部で /ˈatama⁻/）
　　/ˈitaci⏋/　　［鼬］　　　　　　/ˈurami⏋/　　［恨み］
　　/ˈoʀŋi⏋/　　［扇］（高 /ˈoʀŋi⁻/）　/ˈotoko⏋/　　［男］
　　/ˈomoˈi⏋/　［思い］（/ˈomoˈi⏋/ も多い）　/ˈomote⏋/　　［表］
　　/ˈoɴna⏋/　　［女］　　　　　　/kaɲami⏋/　　［鏡］
　　/kataki⏋/　　［仇］　　　　　　/katana⏋/　　［刀］
　　/kobusi⏋/　　［拳］　　　　　　/koˈjomi⏋/　　［暦］
　　/sakaˈi⏋/　　［境］（/sakaˈi⏋/ も多い）　/takara⏋/　　［宝］
　　/tamoto⏋/　　［袂］　　　　　　/cubaki⏋/　　［唾］
　　/hakama⏋/　　［袴］　　　　　　/hasami⏋/　　［鋏］（鍬形虫は /hasaˑmi/）
　　/hatake⏋/　　［畑］（㓛/hatake⁻/）
　　/haˈjasi⏋/　　［林］（一部。使用が稀 →/ˈjama⏋/。多くは /haˈjasi⁻/）
　　/hiŋasi⏋/　　［東］（一部。多くは /hiŋasi⁻/）
　　/hibiki⏋/　　［響き］　　　　　/hukuro⏋/　　［袋］
　　/hotoke⏋/　　［仏］（一部。多くは /hotoke⁻/）
　　/musiro⏋/　　［筵］
・第五類：

2.2 アクセント型とその所属語彙　81

/kokoro˥/　［心］　　　　　　/tasuki˥/　［襷］
/hasira˥/　［柱］
・その他：
/'imoci˥/　［家持］(分家。「本家 /honke˥/」と対。)
/'osame˥/　［納め］(高年層で「税金」を言う)
/siŋacu˥/　［四月］　　　　　/niŋacu˥/　［二月］
/medama˥/　［目玉］　ナド

・読書音としてはこのⅡ″の型のものは［◎●●˥］、◎●●▷］となる傾向が強い。

Ⅲ　／○○˥○／(例：「瓦」/かわ˥ら⌢とんだ、かわ˥ら・が⌢とんだ/)
所属語：
・第二類：
/'eku˥bo/　［えくぼ］
・第三類：
/'a'wa˥bi/　［鮑］　　　　　/saza˥'e/　［栄螺］
/hata˥ci/　［二十歳］
・第四類：
/'ara˥si/　［嵐］　　　　　　/ka'wa˥ra/　［瓦］(cf./ka'wara ̄/ 川原)
/momi˥zi/　［楓］　　　　　/'wara˥bi/　［蕨］(地名としては /'warabi ̄/)
・第五類：
/'asa˥hi/　［朝日］　　　　　/kare˥R/　［鰈］
/zaku˥ro/　［石榴］(→/zjaku˥ro/)
/nisi˥ki/　［錦］　　　　　　/mana˥ko/　［眼］
・第七類：
/ka'i˥ko/［蚕］(…> 高年層で尊んで /'oko˥sama/。cf.「/'okosama ̄/ お子さま」)
/kabu˥to/　［兜］　　　　　/ta'jo˥ri/　［便り］
/cuba˥ki/　［椿］　　　　　/'jama˥'i/　［病］(→/'jame˥R/)
・その他：
/'ani˥ki/　［兄貴］　　　　/'iQ˥ke/　［一家］(親族集団。一族。)
/'eN˥pi/［円匙］(鋤の一種)　/'oto˥na/　［大人］(㊥一部で /'otona ̄/)
/'o'ja˥zi/　［親父］　　　　/'ora˥ci/　（俺の家）

/'oraˈho/　　（俺の方）　　　/kuŋaˈcu/　　［九月］
/goŋaˈcu/　　［五月］　　　　/konˈdo/　　　［今度］
/taneˈsi/　　　［田螺］　　　　/cikaˈba/　　　［近場］
/tereˈbi/　　　［テレビ］　　　/banaˈna/　　　［バナナ］
/heʀˈbi/　　　［蛇］　　　　　/honˈke/　　　　［本家］（/'imociˈ/ の対語）
/mabuˈta/　　［瞼］　　　　　/mabuˈci/　　　［瞼］（語構成は「目＋縁」）
/moʀˈci/　　　［櫲］（櫲の木。鳥櫲）　ナド

・読書音としてはこのⅢの型のものは［●○○、●○○・］となる傾向が極めて強い。

類別語彙とその対応（三音節名詞）

類	東京語アクセント		方言アクセント
	出自	現代	
第二類「小豆」類	○○○˥	○○○˥	○○○˥′
第四類「頭」類	○○○˥	○○○˥	○○○˥′
第三類「二十歳」類	○○˥○	○˥○○	(○○˥○)※
第五類「命」類	○○˥○	○˥○○	○○○˥
第七類「兜」類	○˥○○	○˥○○	○○˥○
第六類「兎」類	○˥○○	○○○	○○○
第一類「形」類	○○○	○○○	○○○

※所属語彙が少なく独立性の弱い型とされる第三類は次のようになっている。
　/○○˥○/：鮑、栄螺、二十歳
　/○○○˥/：黄金、小麦
　/○○○˥′/：力、岬
　従って、第三類の型としてのは帰属は決定できない。

　この対応表から、この方言のアクセントが東京方言の出自とされたアクセントの区別を反映しつつ、現代東京アクセントとかなりよくパラレリズムを示していることが知られよう。しかし、見落としてはならないことは、例外を含むものの、現代東京方言が第五類、第七類がともに頭高型になっているのに、埼玉県東南部方言は第五類が尾高型 /○○○˥/、第七類が中高型 /○○˥○/ で区別があることである。「アクセント核1拍後退現象」から考え

2.2 アクセント型とその所属語彙　83

て、祖形はそれぞれ、（第五類の祖形は）中高型 /*○○￣○/、（第七類の祖形は）頭高型 /*○￣○○/ で、これはちょうど東京方言アクセントの出自とされるアクセント型そのものである。この方言のアクセント成立と系譜を考える上で非常に大切な点であろう。（特に『国語学辞典』（1960 東京堂）の「国語アクセント類別語彙表」の「東京アクセントの変遷」を参照。）

2.2.1.4　4モーラ語のアクセント

Ⅰ　/○○○○￣/
所属語：

/'imoŋara￣/（里芋・ヤツガシラの茎）　　/'uranari￣/（蔓の先の方に生った実）
/'uraQpo￣/（先っぽ）　　　　　　　　　/'u'wabiru ～ 'u'wabero￣/（上唇）
/'o'iQko￣/（兄弟の子。姪をも言う）　　　/kazeQke￣/（風邪気味）
/kaminari￣/（雷。→/ra'isamaʟ/）　　　/karu'isi￣/［軽石］
/kine'imo￣/［杵芋］（長芋のこと）　　　/kucibiru ～ kucibero￣/（唇）
/sa'ibira￣/（高年層で「サーベル」）　　/sakiQpo￣/［先っぽ］
/sanaburi￣/（田植え明けの祝い）　　　/sitabiru ～ sitabero￣/（下唇）
/sinaŋome￣/（粃の米。実のない米）　　/sinɲiku￣/（春菊）
/seki'jaku￣/［堰枠］（「堰」を言う）　　/taɴnaka￣/（「田んぼ」をこう言う）
/cjaboda'i ～ cjaboder￣/（卓袱台）　　/cjaQcibu￣/［茶渋］
/cubakuro￣/（高年層で「燕」）　　　　 /teɴziku￣/［天竺］（⊛天、空の上）
/tomodaci￣/［友達］　　　　　　　　　/dokudame￣/（ドクダミ）
/nakaQce￣/（中の子。長末子以外の子）　/nera'i'ju￣/（熱湯）
/hataQko￣/［端っこ］　　　　　　　　 /baɴɲata￣/［晩方］（夕方）
/siQkosi￣/［引っ越し］　　　　　　　　/hutokoro￣/（懐ろ）
/hinacuci ～ hinacici￣/（粘土）　　　 /bosa'jama￣/（藪、竹藪）　ナド

Ⅱ′　/○○○○ʟ/
所属語：

/'a'ozoraʟ/［青空］　　　　　　　　/'aɴŋuruʟ/（= /'aŋuraʟ/ 胡座）
/'imotaneʟ/［里芋の種］　　　　　　/karakasaʟ/［唐傘］
/ziɴdaraʟ/（= /zitaɴdaʟ/ 地団駄）　/tanokoroʟ/（畦。畦道は /tanokoroʟmici/）
/taɴŋuruʟ/（= /toŋuroʟ/ とぐろ）　/toʀnasuʟ/［唐茄子］（南瓜）
/mana'itaʟ/［俎］　　　　　　　　　/'wara'janeʟ/［藁屋根］　ナド

Ⅱ″ /○○○○˥～○○○○=˥/(単独の場合 /○○○○˥′/ と表記)
所属語：

/'iciŋacu˥′/　[一月]　　　　/'imoRto˥′/　[妹]
/'otoRto˥′/　[弟]　　　　　/simonoci˥′/　(下の家)
/sjaQcura˥′/　(「顔」の卑称)　/harabata˥′/　[腸]
/mocinaŋe˥′/　(上棟式での餅投げ)　/raisama˥′/　[雷様]
/rokuŋacu˥′/　[六月]　　　/'wata'ire˥′/　[綿入れ]　ナド

注．Ⅰ /○○○○/(平板型)、Ⅱ′/○○○○˥/(尾高型 A 類)、Ⅱ″/○○○○˥′/(尾高型 B 類)は、かなり区別が微妙になっている。一応、①他の語と一息で発音されるときに語尾に核が現れること、②付属語「みたい・だ」との結合で語尾に核が現れることで、/○○○○˥/(尾高型 A 類)と /○○○○˥′/(尾高型 B 類)を /○○○○/(平板型)から区別し、③助詞の「の」との結合で語尾の核が残るか消えるかを目安として、/○○○○˥・の/ のように残れば「尾高型 A 類」、/○○○○・の/ のように消えれば「尾高型 B 類」として区別することが可能ではある。しかし、/○○○○˥′/(尾高型 B 類)については、他の付属語との結合で規則的に 1 拍ずれるかどうかは、2・3モーラ語に比べるとはっきりしなくなっている。これ以上の多モーラ語においても同様である。モーラ数が多くなると、中高型については比較的はっきりした覚識があるのに、話者が、尾高型 A 類にも尾高型 B 類にも平板型にも、どちらにも言う、どちらでもよいという語が多くなる。

Ⅲ　/○○˥○/
所属語：

/'a'isa˥cu ~ 'eRsa˥cu/[挨拶]　　/'asaŋa˥'o/　[朝顔]
/'atoto˥ri/　[跡取り]　　　　　/'aNcja˥N/　[兄ちゃん]
/'oteda˥ma/　[お手玉]　　　　　/'omera˥ci/　(おまえの家)
/'omera˥ho/　(おまえの方)　　　/kake'ja˥si/　[駆け足]
/kakeza˥N/　[掛け算]　　　　　/kaQpa˥ta/　[川端]
/giNŋa˥mi/　[銀紙]　　　　　　/saNŋa˥cu/　[三月]
/tako'a˥ŋe/　[凧揚げ]　　　　　/tasiza˥N/　[足し算]
/deRzi˥N/　[大尽](資産家。金持ち)　/teQku˥bi/　[手首]

/naŋataˈna/ ［菜刀］（包丁） /ninɲjoˈbo/ ［人形ぼ］（「人形」高年層）
/huzisaˈN/ ［富士山］（人により） /hoQpeˈta/ ［頬っぺた］
/motonaˈri/ （根元近くに生った実） /'joQpiˈte/ （「夜一夜」一晩中）　ナド

Ⅳ　/○○˥○○/
所属語：
/'okoˈsama/ （「蚕」の敬称） /'obeˈQka/ ［おべっか］
/kiraˈburi/ （高年層で「装身具」） /geNˈkan/ ［玄関］
/goNˈbeR/ （蟷螂） /ziziˈhaŋe/ （「リュウノヒゲ」草の名）
/taNˈpopo/ ［蒲公英］ /cu'jaˈbuki/ （毒を吸い出す薬草の名）
/nakaˈnoci/ ［中の家］ /neRˈcjaN/ ［姉ちゃん］
/neniˈhani/ （事細かく。副詞） /hiroˈQpa/ ［広場］
/hukuˈROR/ ［梟］（→/boroˈsuke/） /huziˈsaN/ ［富士山］（人により）
/hunaˈQko/ ［鮒っこ］ /ma'iˈ'asa/ ［毎朝］
/ma'iˈnici/ ［毎日］ /ma'iˈbaN/ ［毎晩］
/miŋaˈQte/ ［身勝手］ /mahuˈRaR/ ［マフラー］　ナド

2.2.1.5　5モーラ語のアクセント

Ⅰ　/○○○○○ ̄/
所属語：
/'a'idaQko ̄/ ［間っこ］ /'asazukuri ̄/ （早朝。「朝作り」から）
/'idokorone ̄/ （うた寝） /kataQpazi ̄/ ［片端］
/kataQpara ̄/ （片端、傍ら） /sitoriQke ̄/ （湿気。「湿る /sitoruˈ/」）
/sinaQcubu ̄/ （粃粒） /soraQceki ̄/ ［空咳］
/soRrjoQko ̄/ （長子［長男・長女］） /deQkeRri ̄/ （出戻り［の女性］）
/tobaQkuci ̄/ （端近、入り口） /hanaQkami ̄/ ［鼻紙］（ちり紙）
/hanaQpero ̄/ （空腹漢） /miciQpata ̄/ ［道端］
/'jo'iQpari ̄/ （夜更かしすること、人） /'jokoQpara ̄/ ［横腹］　ナド

Ⅱ'　/○○○○○˥/
所属語：
/deRkoQpaˈ/ （大根の葉） /teNki'ameˈ/ ［天気雨］
/mimiQtaboˈ/ ［耳朶］　ナド

Ⅱ″ / ○○○○○⌐~○○○○○ =⌐/(単独の場合 / ○○○○○⌐/ と表記)
　所属語：
　　/'okamasama⌐/（ガマガエル）　　　/kaŋameQcjo⌐/（蜥蜴）
　　/kubineQko⌐/ ［首根っこ］　　　　/hotokesama⌐/ ［仏様］
　　/'ibinohara⌐/ ~ 'jubinohara⌐/［指の腹］（指の爪の反対側の部分）　ナド

Ⅲ / ○○○○⌐○ /
　所属語：
　　/'ɪŋikeʀ⌐ɾi/（高年層「行き帰り」、但し、「行く」は /'ɪku/）
　　/'isiŋeʀ⌐si/　　（「意趣返し」仕返し）/'okaɴpa⌐ta/　［往還端］（通りの端）
　　/saɴdaʀ⌐ɾa/　　［桟俵］　　　　　　/ziŋokuŋu⌐sa/　［地獄草］（スギナ）
　　/tacimusu⌐bi/　（紐の結び方の一種）/motonanu⌐si/　［元名主］（固有名詞）
　　/'jukimizo⌐ɾe/　［雪霙］　　　　　　/'waruhuza⌐ke/（ふざけ過ぎ）　ナド

Ⅳ / ○○○⌐○○ /
　所属語：
　　/'eɴɴu⌐sita/　　［縁の下］　　　　　/'ocuki⌐sama/　［お月様］
　　/'oni'ja⌐Qko/　（「鬼ごっこ」高年層）/'oQka⌐saɴ/　（母）
　　/kaQte⌐ɴbo/　（ハンセン病患者。差別的）
　　/ciQto⌐ɴbe/　（ほんの少し）
　　/naŋano⌐ʀzi/　［長能持］（長期間）　/hiŋasi⌐noci/　［東の家］（固有名詞的）
　　/'jakuda⌐mici/ ［谷古田道］（古道名）/'wakino⌐sita/ ［腋の下］　ナド

Ⅴ / ○○⌐○○○ /
　　/'aka⌐ŋeʀo/　　［赤蛙］　　　　　　/'aka⌐toɴbo/　　［赤トンボ］
　　/'ina⌐ɾisama/　［稲荷様］　　　　　/'oto⌐Qcaɴ/　（父）
　　/'o'ja⌐kohako/（夫婦と子だけの家族）
　　/kaŋe⌐ɴboci/（「影法師」高年層）
　　/kami⌐'jasiki/［上屋敷］（固有名）　/sana⌐ŋotoku/（思った通り。副詞）
　　/sumi⌐toɴbo/（「オハグロトンボ」）/deʀ⌐Qsama/　［大師様］（西新井大師）
　　/naɾi⌐tasaɴ/　［成田山］（「新勝寺」）/neŋi⌐boʀzu/　［葱坊主］
　　/haka⌐ma'iri ~ haka⌐meʀɾi/［墓参り］/hiʀ⌐ɾuɴbe/（蛭）
　　/momo⌐Qtabo/（もも［股］の膨らんだ部分）　ナド

2.2.1.6 6モーラ語のアクセント

Ⅰ　/○○○○○○/
　所属語：
　　　/'acuqkasira ̄/（頭髪の豊かなこと）　/'aŋariqpana ̄/（上がり口、入り口）
　　　/'omi'jama'iri ̄/（初宮参り）　　　　/tananeɴbucu ̄/（棚念仏。新盆の念仏）
　　　/neɴbucukoʀ ̄/［念仏講］　　　　　　/hukuraqpaɲi ̄/［ふくらはぎ］　ナド

Ⅱ′　/○○○○○○⌐/
　所属語：
　　　/'atamaɴnaka⌐/［頭の中、連語］　　/kokoroɴnaka⌐/［心の中、連語］
　　　/'jano'asaqte⌐ ～ 'jana'asaqte⌐/（明後日の翌日）　ナド

Ⅱ″　/○○○○○○⌐～○○○○○○=⌐/（単独の場合、/○○○○○○⌐/と表記）
　所属語：
　　　/zjuʀ'iciɲacu⌐/［十一月］　　　　　/gorogorosama⌐/（「雷」の幼児語）
　　　/zoʀŋenohana⌐/（高年層の一部、造花）　ナド

Ⅲ　/○○○○○⌐○/
　所属語：
　　　/'imocihoɴ⌐ke/（分家本家の間柄）　/'okamaŋeʀ⌐ro/（ガマガエル）
　　　/ziziqpasjo⌐ri/（着物の裾をちょっとからげたもの）
　　　/siriqpasjo⌐ri/（着物の裾を全部からげたもの）
　　　/simaqpata⌐ke/（じめじめと乾かない畑）
　　　/toriʀcumo⌐zi/（二つある旋毛）　　/deʀʀokute⌐ɴ/（第六天神社）
　　　/huta'imabu⌐ci/（二重瞼）　　　　/memeqcubu⌐ro/（高年層の一部、蝸牛）
　　　/macuqkobu⌐si/（松かさ）
　　　/'jacuqpata⌐ke/（山あいの畑）　ナド

Ⅳ　/○○○○⌐○○/
　所属語：
　　　/'asikeɴ⌐keɴ/（片足跳び。/keɴkeɴ/とも）
　　　/'oteɴto⌐sama/［お天道さま］（「太陽」の親称）
　　　/deʀziŋu⌐sama/［大神宮様］（神棚）　/tanokoro⌐mici/（畦道）

/tanokusa˺tori/ ［田の草取り］   /cuma'aka˺ɲire/（指先にできる輝）
/toNmoro˺kosi/ ［とうもろこし］ /nukutoba˺Qko/（ひなたぼっこ）
/hariɲane˺musi/（昆虫のはらわた） /meʀhara˺buɴ/ ［前原分］(地名) ナド

V ／○○○˥○○○／
所属語：
/'otama˺ɴkero/（おたまじゃくし） /deɴde˺ɴmusi/（カタツムリ。新しい語）
/dorobo˺ʀɲusa/（泥棒草。服に付く） /'oraɲa˺no'jome/（俺らの嫁。連語）ナド

VI ／○○˥○○○○／
所属語：
/kata˺ŋurisama/（＝/kata˺ŋuruma/。肩車）
/nusu˺Qkureʀ/（盗み食い）ナド

以上、述べて来たところから、埼玉県東南部方言の方言アクセントは、通時的には、東京式アクセント体系(『国語学辞典』(1960)の「国語アクセント類別語彙表」p. 994の「東京アクセントの変遷」の「出自」のアクセント体系)から、アクセント核が1モーラ後退する(固有の語では「促め音」や「無声化拍」はさらにもう1拍後退する※)ことによって成立したと概略言うことができる。

※(撥音の)「読んだこと」は/'joɴ˺da koto/だが、(促音の)「取ったこと」は/toQta˺ koto/となる。同様に(有声母音の)「受けたこと」は/'uke˺ta koto/だが、(無声母音の)「起きたこと」は/'okita˺ koto/となる。

2.3 アクセント各説

体言類のアクセントについては前節に述べた。この節では用言のアクセントについて述べる。

2.3.1 動詞のアクセント

動詞のアクセントには次の3種類のものがある。終止＝連体形で代表させると、
A類：アクセント核のないもの。(共通語の平板式動詞に対応する)
B類：末尾のモーラにアクセント核のあるもの。(共通語の起伏式動詞に対応する)

C類：末尾以外のモーラにアクセント核があるもの。（この類は、その諸活用形を通して核の位置が動かないことが特徴で、この類のものも少なからず存在する。）

2.3.1.1 活用形のアクセント

A類：終止＝連体形においてアクセント核のない動詞は、すべて一様のアクセント交替を行う。

B類：末尾のモーラにアクセント核のある動詞は、かなり複雑なアクセント交替を示すが、実現の接尾辞（助動詞）/-ta 〜 -da/ と接合した形のアクセントから

  B類五段動詞は2種（B5 ①、B5 ②）
   B5 ①：イ音便・撥音便型のもの（カ行・ガ行・ナ行・バ行五段動詞）
   B5 ②：サ行五段・促音便型のもの（サ行・タ行・ラ行・ワ行五段動詞）
  B類一段動詞は3種（B1 ①、B1 ②、B1 ③）
   B1 ①：一般型のもの
   B1 ②：カ行・タ行上一段型のもの
   B1 ③：ミル・デル型（カ変もこの型）のもの

に分けておく。

C類：末尾以外のモーラにアクセント核があるもの。この類は、その諸活用形を通して核の位置が動かないことが特徴である。

以下、五段をaとし、一段をbとして示す。

a. 五段動詞のアクセント

A類の例として /'oku/（置く）、B類のB5 ①の例として /'amu˺/（編む）、B5 ②の例として /toru˺/（取る）、C類の例として /'oQko˺tosu/（落とす）をあげる。

	A類	B類（B5 ①）	B類（B5 ②）	C類
終止形式				
終止形	'oku¯	'amu˺	toru˺	'oQko˺tosu
命令形	'oke˺	'ame˺	tore˺	'oQko˺tose
志向形¹	'oko˺ʀ	'amo˺ʀ	toro˺ʀ	'oQko˺tosoʀ
志向形²	'okube˺(ʀ)	'amube˺(ʀ)※	toNbe˺(ʀ)※	'oQko˺tosube(ʀ)
禁止形	'okuna˺	'amu˺na	toN˺na	'oQko˺tosuna
否定志向形	'okume˺(ʀ)	'amume˺(ʀ)	toNme˺(ʀ)	'oQko˺tosume(ʀ)

主張形	ʼoka˥R	ʼama˥R	tora˥R	ʼoQko˥tosaR
確否形	ʼokoNka˥	ʼamo˥Nka	toro˥Nka	ʼoQko˥tosoNka
連体形式				
連体形	ʼoku ̄	ʼamu˥	toru˥	ʼoQko˥tosu
接続形式				
仮定形	ʼokeba(˥)※	ʼame˥ba	toN˥ba	ʼoQko˥toseba
接続形	ʼoʼite ̄	ʼaN˥de	toQte˥	ʼoQko˥tosite
準体形式				
推想形	ʼokiso˥(R)	ʼamiso˥(R)	toriso˥(R)	ʼoQko˥tosiso(R)
強否形	ʼokiQko ̄	ʼami˥Qko	tori˥Qko	ʼoQko˥tosiQko
拡張形式				
否定形	ʼokane(R) ̄	ʼamane˥(R)	toNne˥(R)	ʼoQko˥tosane(R)
願望形	ʼokite(R) ̄	ʼamite˥(R)	torite˥(R)	ʼoQko˥tosite(R)
継続形	ʼoʼiteru ̄	ʼaN˥deru	toQte˥ru	ʼoQko˥tositeru
実現形	ʼoʼita ̄	ʼaN˥da	toQta˥	ʼoQko˥tosita
助詞と結合したときのアクセント				
/-to/	ʼoku-to ̄	ʼamu˥-to	toN˥-to	ʼoQko˥tosu-to
/-kara/	ʼoku-ka˥ra	ʼamu˥-kara	toQ˥-kara	ʼoQko˥tosu-kara
/-noni/	ʼoku-no˥ni	ʼamu˥-noni	toN˥-noni	ʼoQko˥tosu-noni
/-ka/	ʼoku-ka˥	ʼamu˥-ka	toQ˥-ka	ʼoQko˥tosu-ka
/-mite(R)/	ʼoku-mite˥(R)	ʼamu˥-mite(R)	toru˥-mite(R)	ʼoQko˥tosu-mite(R)

※ /ʼokeba(˥)/ や /ʼamu˥be(R)/ 等は、それぞれ /ʼokeba˥/ ～ /ʼokeba/ や /ʼamu˥beR/ ～ /ʼamube˥R/ ～ /ʼamu˥be/ ～ /ʼamube˥/ 等の合成表記であることに注意。

・B類五段の B5 ① と B5 ② の主な違いは、接続形・継続形・実現形で、
　B5 ①は、/○○˥te/、/○○˥teru/、/○○˥ta/、
　B5 ②は、/○○ te˥/、/○○ te˥ru/、/○○ ta˥/
となる点にある。

・A類の「鳴る」「鳴った」と、B類の「生る」「生った」とは単独の発音では区別がつかないが、名詞に連なると、核の有無が顕在化して区別がはっきりする。
　　A　/naru kane, naQta kane/（鳴る鐘）
　　B　/(miR) naru˥ ki, (miR) naQta˥ ki/（実の生る木）

2.3 アクセント各説   91

a′. 五段動詞のアクセント（特例）
- /heʀ˥ru/（/⚅ hıʀ˥ru/ [˦xe:˩ɾɯ˨]。入る）と /ma'i˥ru/（/⚅ meʀ˥ru/。降参する、負ける）は、A・B・C類のいずれとも異なるアクセント交替を行う。
- /'aruku˥/（歩く）はB類に似るが、接続形・継続形・実現形が /'aru˥Qte/・/'aru˥Qteru/・/'aru˥Qta/ となって、アクセント核の位置の点で、B5 ②型と異なってB5 ①型と似て特殊である。

	/heʀ˥ru/	/ma'i˥ru/	/'aruku˥/
終止形式			
終止形	heʀ˥ru	ma'i˥ru	'aruku˥
命令形	heʀ˥re	(ma'i˥re)	'aruke˥
志向形¹	heʀro˥ʀ	[ma'iro˥ʀ]	'aruko˥ʀ
志向形²	heɴ˥beː˥(ʀ)	[ma'iɴbeː˥(ʀ)]	'arukube˥(ʀ)
禁止形	heɴ˥na	(ma'iɴna)	'arukuna
否定志向形	heɴ˥me(ʀ)	[ma'iɴme(ʀ)]	'arukume˥(ʀ)
主張形	heʀ˥raʀ	ma'i˥raʀ	'aruka˥ʀ
確否形	heʀ˥roɴka	ma'i˥roɴka	'aruko˥ɴka
連体形式			
連体形	heʀ˥ru	ma'i˥ru	'aruku˥
接続形式			
仮定形	heɴ˥ba	ma'iɴba	'aruke˥ba
接続形	heQ˥te	ma'i˥Qte	'aru˥Qte
準体形式			
推想形	heʀriso˥(ʀ)	ma'iriso˥(ʀ)	'arukiso˥(ʀ)
強否形	heʀ˥ri˥Qko	ma'i˥ri˥Qko	'aruki˥Qko
拡張形式			
否定形	heɴ˥ne(ʀ)	ma'iɴne(ʀ)	'arukane˥(ʀ)
願望形	heʀrite˥(ʀ)	[ma'irite˥(ʀ)]	'arukite˥(ʀ)
継続形	heQ˥teru	ma'i˥Qteru	'aru˥Qteru
実現形	heQ˥ta	ma'i˥Qta	'aru˥Qta
助詞と結合したときのアクセント			
/-to/	heɴ˥-to	ma'iɴ-to	'aruku˥-to
/-kara/	heQ˥-kara	ma'iQ-kara	'aruku˥-kara
/-noni/	heɴ˥-noni	ma'iɴ-noni	'aruku˥-noni

| /-ka/ | | heQ˥-ka | ma'iQ-ka | 'aruku˥-ka |
| /-mite(R)/ | | heʀ˥ru-mite(ʀ) | ma'iru-mite(ʀ) | 'aruku˥-mite(ʀ) |

b. 一段動詞のアクセント

　A類の例として /'akeru/(開ける)、B類のB1 ① として /tateru˥/(建てる)、B1 ② として /'okiru˥/(起きる)、B1 ③ として /miru˥/(見る) と /kuru˥/(来る)、C類として /tama˥ŋeru/(驚く)をあげる。

		A類	B類(B1 ①)	B類(B1 ②)	B類(B1 ③)
終止形式					
終止形		'akeru⁻	tateru˥	'okiru˥	miru˥
命令形		'akero˥	tatero˥	'okiro˥	miro˥ ～ miɴ˥
志向形¹		ake'jo˥(ʀ)	tate'jo˥(ʀ)	'oki'jo˥(ʀ)	mi'jo˥(ʀ)
志向形²	高	'akebe˥(ʀ)	tatebe˥(ʀ)	'okibe˥(ʀ)	mibe˥(ʀ)
	成	'akeɴbe˥(ʀ)	tate˥ɴbe˥(ʀ)	'oki˥ɴbe˥(ʀ)	miɴ˥be˥(ʀ)
禁止形		'akeɴna˥	tate˥ɴna	'oki˥ɴna	miɴ˥na
否定志向形		'akeme˥(ʀ)	tateme˥(ʀ)	'okime˥(ʀ)	mime˥(ʀ)
主張形		'akera˥ʀ	tatera˥ʀ	'okira˥ʀ	mira˥ʀ
確否形		'akeroɴka˥	tatero˥ɴka	'okiro˥ɴka	miro˥ɴka
連体形式					
連体形		'akeru⁻	tateru˥	'okiru˥	miru˥
接続形式					
仮定形		'akeɴba(˥)	tate˥ɴba	'oki˥ɴba	miɴ˥ba
接続形		'akete⁻	tate˥te	'okite˥	mite˥
準体形式					
推想形		'akeso˥(ʀ)	tateso˥(ʀ)	'okiso˥(ʀ)	miso˥(ʀ)
強否形		'akeQko⁻	tate˥Qko	'oki˥Qko	miQ˥ko
拡張形式					
否定形		'akene(ʀ)⁻	tatene˥(ʀ)	'okine˥(ʀ)	mine˥(ʀ)
願望形		'akete(ʀ)⁻	tatete˥(ʀ)	'okite˥(ʀ)	mite˥(ʀ)
継続形		'aketeru⁻	tate˥teru	'okite˥ru	mite˥ru
実現形		'aketa⁻	tate˥ta	'okita˥	mita˥
助詞と結合したときのアクセント					
/-to/		'akeɴ-to⁻	tate˥ɴ-to	'oki˥ɴ-to	miɴ˥-to

2.3 アクセント各説 　93

	/-kara/	'akeQ-ka˥ra	tate˥Q-kara	'oki˥Q-kara	mi˥Q-kara
	/-noni/	'akeɴ-no˥ni	tate˥ɴ-noni	'oki˥ɴ-noni	mi˥ɴ-noni
	/-ka/	'akeɴ-ka˥	tate˥Q-ka	'oki˥Q-ka	mi˥Q-ka
	/-mite(ʀ)/	'akeru-mite˥(ʀ)	tateru˥-mite(ʀ)	'okiru˥-mite(ʀ)	miru˥-mite(ʀ)

		B類（B1 ③）	C類
終止形式			
	終止形	kuru˥	tama˥ŋeru
	命令形	koʀ˥	(tama˥ŋero)
	志向形 1	koʀ˥〜ki'jo˥(ʀ)	[tama˥ŋe'jo(ʀ)]
	志向形 2	高 kibe˥(ʀ)	[tama˥ŋebe(ʀ)]
		成 kuɴ˥be˥(ʀ)	[tama˥ŋeɴbe(ʀ)]
	禁止形	kuɴ˥na	(tama˥ŋeɴna)
	否認向形	kime˥(ʀ)	tama˥ŋeme(ʀ)
	主張形	kura˥ʀ	tama˥ŋeraʀ
	確否形	kuro˥ɴka	tama˥ŋeroɴka
連体形式			
	連体形	kuru˥	tama˥ŋeru
接続形式			
	仮定形	kuɴ˥ba	tama˥ŋeɴba
	接続形	kite˥	tama˥ŋete
準体形式			
	推想形	kiso˥(ʀ)	tama˥ŋeso(ʀ)
	強否形	kiQ˥ko	tama˥ŋeQko
拡張形式			
	否定形	kine˥(ʀ)	tama˥ŋeneʀ
	願望形	kite˥(ʀ)	[tama˥ŋete(ʀ)]
	継続形	kite˥ru	tama˥ŋeteru
	実現形	kita˥	tama˥ŋeta
助詞と結合したときのアクセント			
	/-to/	kuɴ˥-to	tama˥ŋeɴ-to
	/-kara/	kuQ˥-kara	tama˥ŋeQ-kara
	/-noni/	kuɴ˥-noni	tama˥ŋeɴ-noni

/-ka/   kuQ˥-ka   tama˥ŋeQ-ka
/-mite(ʀ)/   kuru˥-mite(ʀ)   tama˥ŋeru-mite(ʀ)

以上のようにB類一段のB1①、B1②、B1③の違いは、接続形・継続形・実現形において、

B1 ①は、/○○˥te/、/○○˥teru/、/○○˥ta/、
B1 ②は、/○○te˥/、/○○te˥ru/、/○○ta˥/、
B1 ③は、/○te˥/、/○te˥ru/、/○ta˥/

となる点にあり、B1②とB1③はモーラ数の違いを除けば大体似ている。

2.3.1.2 動詞のアクセント型と所属語彙

A類　/○○、○○○、○○○○、・・・/

所属語：

・二音節動詞第一類イ

| /kiru¯/ | [着る] | /suru¯/ | [為る](→/siru¯/) |
| /niru¯/ | [似る] | /neru¯/ | [寝る] |

・二音節動詞第一類ロ

/ʼiku¯/	[行く]	/ʼuru¯/	[売る]
/ʼoku¯/	[置く]	/kaʼu¯/	[買う](…>/kaʀ¯/)
/kiku¯/	[聞く]	/saku¯/	[咲く]
/ciru¯/	[散る]		
/cuku¯/	[突く](一部に/cuku˥/。→/cuQcuku˥/)		
/naku¯/	[泣く]	/naru¯/	[鳴る]
/noru¯/	[乗る]	/huru¯/	[振る](…>/ʼoQpuru˥/)
/maku¯/	[巻く]	/ʼjaku¯/	[焼く]
/ʼjuʀ¯/	[言う]		
/ʼwaru¯/	[割る](→/ʼoQkaku˥/[折る＋割る]。cf. 英語 break)		

・三音節動詞第一類イ

/ʼakeru¯/	[明ける]	/ʼaŋeru¯/	[上げる]
/ʼuʼeru¯/	[植える](→/ʼuʼiru¯/)	/kariru¯/	[借りる]
/kiʼeru¯/	[消える](→/keʀru¯/)	/suteru¯/	[捨てる](→/ʼuQcjaru¯/)
/someru¯/	[染める]	/cukeru¯/	[漬ける]
/hareru¯/	[腫れる]	/makeru¯/	[負ける]
/maŋeru¯/	[曲げる]	/ʼjakeru¯/	[焼ける]

/ˈwareru¯/ ［割れる］(→/ˈoQkakeru˥/)
- 三音節動詞第一類ロ

/ˈaŋaru¯/	［上がる］	/ˈasobu¯/	［遊ぶ］(→/ˈasubu¯/)
/ˈataru¯/	［当たる］	/ˈaraʼu¯/	［洗う］(…>/ˈaraʀ¯/)
/ˈutaʼu¯/	［歌う］(…>/ˈutaʀ¯/)	/ˈodoru¯/	［踊る］
/kazaru¯/	［飾る］	/kataru¯/	［語る］
/kaʼjoʼu¯/	［通う］(…>/kaʼjoʀ¯/)	/kaʼwaru¯/	［変わる］(…>/kaʀru¯/)
/kizamu¯/	［刻む］	/korosu¯/	［殺す］
/saŋasu¯/	［探す］	/sirusu¯/	［記す］
/susumu¯/	［進む］	/tatamu¯/	［畳む］
/ciŋaʼu¯/	［違う］(…>/ciŋaʀ¯/)	/narabu¯/	［並ぶ］
/noboru¯/	［登る］	/hakobu¯/	［運ぶ］
/hiroʼu¯/	［拾う］(…>/hiroʀ¯/)	/moraʼu¯/	［貰う］(…>/moraʀ¯/)
/ˈwataru¯/	［渡る］		

B類 　/○○˥、○○○˥、○○○○˥、・・・/
所属語：
- 二音節動詞第二類イ

/kuru˥/	［来る］	/deru˥/	［出る］
/miru˥/	［見る］		

- 二音節動詞第二類ロ

/ˈaʼu˥/	［会う］(…>/ˈaʀ˥/)	/ucu˥/	［打つ］
/kaʼu˥/	［飼う］(…>/kaʀ˥/)	/kaku˥/	［書く］
/kaku˥/	［掻く］(→/hiQkaku˥～siQkaku˥/)		
/kiru˥/	［切る］	/kuʀ˥/	［食う］
/saku˥/	［裂く］	/suru˥/	［磨る］
/tacu˥/	［立つ］	/cuku˥/	［付く］(→/kuQcuku˥/)
/toru˥/	［取る］	/naru˥/	［成る］
/nomu˥/	［飲む］	/huku˥/	［吹く］
/huru˥/	［降る］	/maku˥/	［蒔く］
/ˈjomu˥/	［読む］		

- 三音節動詞第二類イ

/ˈikiru˥/	［生きる］	/ˈokiru˥/	［起きる］

/'ociru˥/　　［落ちる］(→/'oQko˥ciru/)
/kakeru˥/　　［掛ける］　　　　/saŋeru˥/　　［下げる］
/sameru˥/　　［覚める］　　　　/suɲiru˥/　　［過ぎる］
/tateru˥/　　［建てる］　　　　/cukeru˥/　　［付ける］(…>/kuQcukeru˥/)
/tokeru˥/　　［溶ける］　　　　/naŋeru˥/　　［投げる］
/niŋeru˥/　　［逃げる］　　　　/nobiru˥/　　［伸びる］
/hareru˥/　　［晴れる］

なお、/(mi'e˥ru→)meʀ˥ru/［見える］は C 類。

・三音節動詞第二類ロ
/'amaru˥/　　［余る］　　　　　/'itamu˥/　　［痛む］
/'inoru˥/　　［祈る］　　　　　/'uŋoku˥/　　［動く］(→/'iŋoku˥/)
/'ucuru˥/　　［移る］　　　　　/'uramu˥/　　［恨む］
/'okosu˥/　　［起こす］　　　　/'otosu˥/　　［落とす］(→/'oQko˥tosu/)
/'omo'u˥/　　［思う］(…>/'omoʀ˥/)　　/ka'eru˥/　　［帰る］(→/keʀru˥/)
/kaɲiru˥/　　［限る］　　　　　/kuzusu˥/　　［崩す］
/kumoru˥/　　［曇る］　　　　　/saŋaru˥/　　［下がる］
/tataku˥/　　［叩く］　　　　　/tanomu˥/　　［頼む］
/cukuru˥/　　［作る］　　　　　/toʀru˥/　　［通る］
/nara'u˥/　　［習う］(…>/naraʀ˥/)　　/hikaru˥/　　［光る］(�と。� /sikaru˥/)
/mamoru˥/　　［守る］　　　　　/'wakaru˥/　　［分かる］

・三音節動詞第三類
/'aruku˥/　　［歩く］(但し、接続形・継続形・実現形のアクセントが /'aru˥Qte,
　　　　　　　　'aru˥Qteru, 'aru˥Qta/ となるので特殊)
/kakusu˥/　　［隠す］(→/kakunasu˥/、「隠れる」は /kakuneru˥/)

なお、この B 類の読書音は[●○、◎●○、◎●●○、…]となる傾向が
非常に強い。

C 類
　所属語：
　・個別的・語彙的なもの
　/bita˥cukeru/(叩きつける)　　/boQko˥rosu/(打ち殺す)
　/boQko˥mu/(投げ込む)　　　　/boQpo˥ru/(放り投げる)
　/buNma˥keru/(打ち撒ける)　　/buNna˥ŋuru/(殴る)

/buQca˥ru/(おぶさる)　　　　　　/buQcu˥busu/(細かく壊す)
/buQku˥su/(壊す)　　　　　　　/buQku˥reru/(壊れる)
/buQku˥rasu/(殴る)　　　　　　/buQto˥basu/(殴り飛ばす)
/cuboQkasa˥neru/(積み重ねる)　/'eɴɲa˥miru/(難渋する)
/huɴzu˥biru/(踏みつける)　　　/huɴzu˥busu/(踏み潰す)
/huɴɴe˥ziru/(ねじる)　　　　　/huQka˥ku/(噛みつく)
/'joQpa˥ra'u/(酔う、酔って正体をなくす)/kaɴdo˥kasu/(無理にどかす)
/kaɴma˥su/(掻き回す)　　　　　/kaQku˥su/(大きな土くれを砕く)
/kecu˥mazuku/(蹴つまずく)　　　/keQpo˥ru/(蹴る)
/kusa˥rakasu/(腐らす)　　　　　/kusa˥ru/(腐る)
/kuQcu˥biru/(目をきつくつぶる)　/meʀ˥ru/(見える)
/'ɴɴma˥kasu/(ひっくりかえす)　　/'ɴɴma˥keru/(ひっくりかえす)
/'osa˥ma'iru/(捕まえる)　　　　/'osa˥maru/(捕まる、捕まえられる)
/'osa˥ru/(捕まる、捕まえられる)　/'ose˥ru/(捕まえる)
/'oQko˥ciru/(落ちる)　　　　　　/'oQko˥tosu/(落とす)
/'oQpazi˥meru/(始める)　　　　　/'oQpo˥ridasu/(放り出す)
/'oQtama˥ŋeru/(びっくりする)　　/tama˥ŋeru/(たまげる)
/toQka˥ru/(取り換わる)　　　　　/toQke˥ru/(取り換える)
/'uQcja˥ru/(捨てる)　　　　　　 /'wata˥nuku/(魚などの腸を取る)
/zuQko˥keru/(ずっこける)　ナド

注1. 接頭辞/ぶっ＝～ぶん＝(力を込めて～スル)/や/おっ＝～おん＝(勢いよく～スル)/等が付くものが目立つが、これらの接辞が接頭するものがすべてC類になるというわけではない。

　　例：ぽっこ￣む/(「ぶち込む」から)←→ぶっつく￣/(「ぶち付く」から)

注2. 接合する後部動詞成分の拍数(拍を○で表示)によって次のようなパタンがある。
　　a. 接頭辞/ぶっ＝～ぶん＝、おっ＝～おん＝ ＋○○/
　　　→ ＋○￣○(極く少数)
　　b. 接頭辞/ぶっ＝～ぶん＝、おっ＝～おん＝ ＋○○○/
　　　→ ＋○￣○○
　　c. 接頭辞/ぶっ＝～ぶん＝、おっ＝～おん＝ ＋○○○○/
　　　→ ＋○○￣○○

○類型的・文法的なもの
・動詞連用形を前部成分とする複合動詞
　　　/kaziri˩cuku/　　［かじりつく］　　/koki˩cuka'u/　　［こき使う］
　　　/niɲiri˩cubusu/　［握り潰す］　　　/tataki˩komu/　　［たたきこむ］
　　　/nirami˩cukeru/　［睨みつける］　　/'ju'wa'i˩cukeru/［結わえ付ける］
　　この型の複合動詞はかなり多い。
・アスペクト動詞形成接尾辞による派生動詞
　　/ + hazi˩meru/(「〜始める」。起動相)、/ + cuzu˩keru/(「〜続ける」。持続相)、
　　/ + 'o˩'waru/(「〜終わる」。終了相)
　　例：
　　　/sihazi˩meru/　　（し始める）　　　/mihazi˩meru 〜 mihazimeru ̄/（見始める）
　　　/sicuzu˩keru/　　（し続ける）　　　/micuzu˩keru 〜 micuzukeru ̄/（見続ける）
　　　/si'o˩'waru/　　 （し終わる）　　　/mi'o˩'waru 〜 mi'o'waru ̄/（見終わる）

　　　/'jarihazi˩meru/（やり始める）　　/torihazi˩meru/（取り始める）
　　　/'jaricuzu˩keru/（やり続ける）　　/toricuzu˩keru/（取り続ける）
　　　/'jari'o˩'waru/ （やり終わる）　　/tori'o˩'waru/ （取り終わる）
・軽卑待遇接尾辞(/ 〜 'ja˩ŋaru/「〜やがる」)による派生動詞(厳密には拡張形式。「拡張形式」を参照。)
　　例：
　　　/si'ja˩ŋaru/　　（しやがる）　　　/mi'ja˩ŋaru/　　（見やがる）
　　　/'jari'ja˩ŋaru/ （やりやがる）　　/tori'ja˩ŋaru/　（取りやがる）

2.3.2　形容詞のアクセント

　形容詞のアクセントには次の4種類のものがある。終止＝連体形で代表させると、
A類：終止＝連体形においてアクセント核のないもの
B類：末尾から2番目のモーラに核のあるもの(時に末尾のモーラに核が来ることがあるが自由変異である。)
C類：末尾と末尾から2番目以外のモーラにアクセント核があるもの(この類は、その諸活用形を通して核の位置が動かないことが特徴で、この類のものは少数である。)
D類：2モーラ語で核が末尾のモーラにあるもの

の4類である。

A類の語として /kateR¯ ～ kata'i¯/(堅い)、B類の語として /take˥R ～ taka˥'i/(高い)と /'okasi˥R/(おかしい)、C類の語として /nozi˥naŋeR ～ nozi˥naŋa'i/(期間が長い)、D類の語として /ko'i˥/(濃い)と /neR˥ ～ na'i˥/(無い)と /'iR˥/(良い)をあげる。

	A類	B類	B類
終止形式			
終止形	kate(R)¯ ※	take˥(R)	'okasi˥(R)
志向形	katakaNbe˥(R)	taka˥kaNbe˥(R)※	'okasi˥kaNbe˥(R)
連体形式			
連体形	kateR¯	take˥R	'okasi˥R
連用形式			
連用形	kataku¯	taka˥ku	'okasi˥ku
/-mo/	kataku-mo˥	taka˥ku-mo	'okasi˥ku-mo
接続形式			
仮定形 a	kateRke˥Nba	take˥RkeNba	'okasi˥RkeNba
仮定形 b	kateRki˥rja˥	take˥Rkirja	'okasi˥Rkerja
接続形	katakute(˥)	taka˥kute	'okasi˥kute
逆接形	katakute˥mo	taka˥kutemo	'okasi˥kutemo
準体形式			
推想形	kataso˥(R)	takaso˥(R)	'okasiso˥(R)
拡張形式			
実現形	katakaQta¯	taka˥kaQta	'okasi˥kaQta
助詞と結合したときのアクセント			
/-to/	kateR-to¯	take˥R-to	'okasi˥R-to
/-kara/	kateR-ka˥ra	take˥R-kara	'okasi˥R-kara
/-noni/	kateR-no˥ni	take˥R-noni	'okasi˥R-noni
/-ka/	kateR-ka˥	take˥R-ka	'okasi˥R-ka
/-mite(R)/	kateR-mite˥(R)	take˥R-mite(R)	'okasi˥R-mite(R)

※ /kate(R)/ は、/kateR/ と /kate/ の合成表記。(˥)も同様である。
　/taka˥kaNbe˥(R)/ は、/taka˥kaNbeR/ と /takakaNbe˥R/ と /taka˥kaNbe/ と /takakaNbe˥/ の合成表記。

	C類	D類	D類	D類
終止形式				
終止形	noziɭnaŋe(ʀ)	ko'iɭ	neʀɭ	'iʀɭ
志向形	noziɭnaŋakaɴbe(ʀ)	koʀɭkaɴbe(ʀ)	nakaɭɴbe(ʀ)	'jokaɭɴbe(ʀ)
連体形式				
連体形	noziɭnaŋeʀ	ko'iɭ	neʀɭ	'iʀɭ
連用形式				
連用形	noziɭnaŋaku	koʀɭku	nakuɭ	'jokuɭ
/-mo/	noziɭnaŋaku-mo	koʀɭku-mo	nakuɭ-mo	'jokuɭ-mo
接続形式				
仮定形 a	noziɭnaŋeʀkeɴba	ko'iɭkeɴba	neʀɭkeɴba	'iʀɭkeɴba
仮定形 b	noziɭnaŋeʀkirja	ko'iɭkerja	neʀɭkirja	'iʀɭkerja
接続形	noziɭnaŋakute	koʀɭkute	nakuɭte	'jokuɭte
逆接形	noziɭnaŋakutemo	koʀɭkutemo	nakuɭtemo	'jokuɭtemo
準体形式				
推想形	noziɭnaŋaso(ʀ)	koʀsoɭ(ʀ)	nasasoɭ(ʀ)	'josasoɭ(ʀ)
拡張形式				
実現形	noziɭnaŋakaQta	koʀɭkaQta	nakaɭQta	'jokaɭQta
助詞と結合したときのアクセント				
/-to/	noziɭnaŋeʀ-to	ko'iɭ-to	neʀɭ-to	'iʀɭ-to
/-kara/	noziɭnaŋeʀ-kara	ko'iɭ-kara	neʀɭ-kara	'iʀɭ-kara
/-noni/	noziɭnaŋeʀ-noni	ko'iɭ-noni	neʀɭ-noni	'iʀɭ-noni
/-ka/	noziɭnaŋeʀ-ka	ko'iɭ-ka	neʀɭ-ka	'iʀɭ-ka
/-mite(ʀ)/	noziɭnaŋeʀ-mite(ʀ)	ko'iɭ-mite(ʀ)	neʀɭ-mite(ʀ)	'iʀɭ-mite(ʀ)

2.3.2.1 形容詞のアクセント型と所属語彙

A類 /○○○、○○○○、・・・/

所属語：

・三音節形容詞第一類

/'aka'i⁻/　　［赤い］(…>/'akeʀ⁻/)　　/'asa'i⁻/　　［浅い］(…>/'aseʀ⁻/)

/'acu'i⁻/　　［厚い］　　　　　　　　/'ama'i⁻/　　［甘い］(…>/'ameʀ⁻/)

/'ara'i⁻/　　［荒い］(…>/'areʀ⁻/)　　/'usu'i⁻/　　［薄い］

/'oso'i⁻/　　［遅い］(…>/'oseʀ⁻/)　　/'omo'i⁻/　　［重い］(…>/'omeʀ⁻/)

/kata'iʳ/　　［堅い］(…>/kateʳ/)　　/karu'iʳ/　　［軽い］(→/kaʀruʼiʳ/)
　　/kura'iʳ/　　［暗い］(…>/kureʳ/)　　/toʀ'iʳ/　　　［遠い］
　　/maru'iʳ/　　［丸い］(→/maʀruʼiʳ/)

・その他4音節以上の形容詞：
　　/'akaru'iʳ/　　［明るい］(…>/'akariʀʳ/)
　　/'abuna'iʳ/　　［危ない］(…>/'abuneʳ/)
　　/'omota'iʳ/　　［重たい］(…>/'omoteʳ ～ 'omoQteʳ/)
　　/kiʀro'iʳ/　　［黄色い］
　　/cumeta'iʳ/　　［冷たい］(…>/cumeteʳ ～ cubeteʳ/)
　　/nemuta'iʳ/　　［眠たい］(…>/nemuteʳ ～ nemuQteʳ/)
　　/hirata'iʳ/　　［平たい］(…>/hirateʳ/)
　　/'a'jasiʀʳ/　　［怪しい］
　　/kanasiʀʳ/　　［悲しい］
　　/'acuboQta'iʳ/　［厚ぼったい］(…>/'acuboQteʳ/)
　　/hirabeQta'iʳ/　［平べったい］(…>/hirabeQteʳ/)　　ナド

B類　/○○1○、○○○1○、・・・/
所属語：
・三音節形容詞第二類
　　/'a'ol'i/　　［青い］
　　/'acul'i/　　［暑い］(…>/'aQcul'i ～ 'aQciʀ/)
　　/karal'i/　　［辛い］(…>/kareʀʳ/)　　/kurol'i/　　［黒い］(…>/kureʀʳ/)
　　/samul'i/　　［寒い］(…>/samiʀ ～ sabul'i ～ sabiʀ/)
　　/sirol'i/　　［白い］(…>/sireʀʳ/)　　/semal'i/　　［狭い］(…>/semeʀʳ/)
　　/takal'i/　　［高い］(…>/takeʀʳ/)　　/cikal'i/　　［近い］(…>/cikeʀʳ/)
　　/cu'jol'i/　　［強い］(…>/cu'eʀʳ/)　　/naŋal'i/　　［長い］(…>/naŋeʀʳ/)
　　/ha'jal'i/　　［早い］(…>/ha'eʀʳ/)　　/hikul'i/　　［低い］(…>/sikul'i/)
　　/hirol'i/　　［広い］(…>/hireʀʳ/)　　/hukal'i/　　［深い］(…>/hukeʀʳ/)
　　/hutol'i/　　［太い］(…>/huteʀʳ/)　　/hurul'i/　　［古い］
　　/hosol'i/　　［細い］(…>/hoseʀʳ/)　　/'jasul'i/　　［安い］
　　/'wakal'i/　　［若い］(…>/'wakeʀʳ/)　　/'warul'i/　　［悪い］(…>/'wariʀʳ/)

・その他4音節以上の形容詞：
　　/'urusal'i/　　［煩い］(…>/'useʀʳ/)

/kitanaʔi/　［汚い］　　　　（…>/kitaneㄱR ～ kiQtaneㄱR/）
/komakaʔi/［細かい］　　　（…>/komakeㄱR ～ komaQkaʔi ～ komaQkeㄱR/）
/sjoQpaʔi/　［しょっぱい］（…>/sjoQpeㄱR/［梅干しの味］）
/sukunaʔi/　［少ない］　　（…>/sukuneㄱR（～一部に sukenaʔi ～ sukeneㄱR）/）
/suQpaʔi/　［酸っぱい］　（…>/suQpeㄱR/［夏ミカンの味］）
/ciRsaʔi/　　［小さい］（…>/ciRseㄱR ～ ciQcjaʔi ～ ciQcjeㄱR ～ ciQcaʔi ～ ciQceㄱR/）
/deQkaʔi/　［でっかい］　（…>/deQkeㄱR/）
/mizikaʔi/　［短い］　　　（…>/mizikeㄱR/）
/mizuraʔi/　［見づらい］　（…>/mizureㄱR/「（人に見られて）恥ずかしい」）
/ʔuresiㄱR/　［嬉しい］　　　　　　/kurusiㄱR/　［苦しい］
/kuʔwasiㄱR/　［詳しい］　　　　　/suzusiㄱR/　［涼しい］
/tanosiㄱR/　［楽しい］　　　　　　/mabusiㄱR/　［眩しい］　ナド

　この類のアクセントは、一般的対応型から考えて理論的には尾高型/○○○ㄱ/が期待される。それが/○○ㄱ○/と実現していることには、形容詞の語尾音の形が関係している。

　形容詞の語尾音は、連母音/Vʔi/［(Vi ～)Vī（殆ど後者）］（高年層は［(VI ～)Vī（殆ど後者）］）か、長母音/VR/［Vː］の形をしている。この音声形式（シラベーム）には、音声的には異なる、［Vㄱī］と［Vīㄱ］、［Vㄱː］と［Vːㄱ］（即ち［●ㄱ○（高ㄱ低）］と［●●（高高ㄱ）］）の2種類のアクセントが現れるが、二者間に、最小対語が存在しない。アクセント核の位置はこの環境では弁別的に働かず、いわば中和しており、二者は、音韻論的には同一のアクセント素 accenteme の2つの異アクセント allo-accent と考えることができる。

　なお、本書では、音韻論的には弁別的でないものを、観察された音声に基づいて、/Vʔi/と/Vʔiㄱ/、/VㄱR/と/VRㄱ/のように、表記の上で残していることに注意。ついでに、二重母音や長母音の場合も考えると「類別語彙」の「音節」は「拍」という用語が適切であるが、これも原典の用語のまま残してある。

　2つの異アクセントには分布に傾向性があり、音声的には、単独の発音や音休止の前では［Vㄱī］［Vㄱː］（即ち［●ㄱ○（高ㄱ低）］）が、音休止なく他の単語に続く場合には［Vīㄱ］［Vːㄱ］（即ち［●●（高高ㄱ）］）が現れる傾向がある。

　但し、文の述語の位置に単独で現れる場合、あたかも東京語の/cjoRdaʔi↓/（頂戴。）と /cjoRdaʔiㄱ↓/（頂戴！）とのように、/takaʔi↓/（［値段が］高い。）と /takaʔiㄱ↓/（［値段が］高い！）の二様のアクセントが観察される。（文末の句点

と感嘆符は便宜的につけた。それほど明確な違いがあるわけではない。)
　従って、この類の形容詞には単独の発音や音休止の前での /○○˥○/ の他に、音休止なく他の単語に続く場合や単独の述語位置で /○○˥○/ だけでなく /○○○˥/ も現れることに注意。

C 類
　所属語：
　　/koQ˥camu'i/ [小寒い]
　　/nozi˥naŋa'i/（期間が長い。「長い期間」は /naŋanoʀ˥zi ～ naŋano˥zi/ という。)
　　/racja˥kucjana'i ～ racja˥kucjaneʀ/（乱雑でだらしない）　ナド

D 類
　所属語
　・二音節形容詞第一類：
　　/ko'i˥/ [濃い] (/*keʀ˥/ とはならない。語幹が /koʀ˥-/ となることにも注意)
　・二音節形容詞第二類：
　　/na'i˥ ～ neʀ˥/ [無い]
　　/'iʀ˥/ [良い]
　　<u>二音節のク活用形容詞の第一類と第二類の別が活用形式とアクセント型に反映している</u>ことに注意。(金田一春彦『四座講式の研究』(1964 三省堂) p. 406 参照。)
　・その他：
　　/ka'i˥/（痒い。/ka'i˥ʀ/ の短縮形）

2.3.3 用言の類別語彙とその対応

	東京方言	方言アクセント	
二音節動詞第一類「置く・着る」類	○○	○○	A類
二音節動詞第二類「取る・見る」類	○˥○	○○˥	B類
三音節動詞第一類「当たる・捨てる」類	○○○	○○○	A類
三音節動詞第二類「動く・建てる」類	○○˥○	○○○˥	B類
三音節動詞第三類「歩く」類	○○˥○ (歩く)	○○○˥	B類
	○˥○○ (入る)	○○˥○	特殊

二音節形容詞第一類「濃い」類　　　　○￣○　　　　○○￣　D類
二音節形容詞第二類「良い」類　　　　○￣○　　　　○○￣　D類
三音節形容詞第一類「赤い」類　　　　○○○　　　　○○○　A類
三音節形容詞第二類「白い」類　　　　○￣○￣○　　○○￣○　B類

　上のように、三音節形容詞第二類(→ 前述)を除いて、体言類と同様にきれいな対応が見られる。

2.3.4　付属語のアクセント

　自由形式である付属語(学校文法で言う「付属語」には付属形式である接辞が含まれているので、そういうものはここの議論からは除外される)は、それ自体に固有のアクセント(副次アクセント素)を有すると認められる。しかし、
　①それが結合する自立語が有核語(核のあるアクセント素を有する自立語)の場合、付属語のアクセントは抑圧されて、潜在化する。(潜在化したアクセント核は必要に応じて /￣/ と表記することがある。)
　②それが結合する自立語が無核語(核のないアクセント素を有する自立語)の場合、付属語のアクセントが顕在化する。

　以下、付属語のアクセントについて記述していくが、②の場合に見られるアクセントをもって、(便宜的に)付属語の固有のアクセントと認定することにする。

　有核語か無核語かの認定は難しい場合がある。例えば、「読むから」は /'jomu˥-kara/ で、「呼ぶから」は /'jobu-ka˥ra/ であるが、前者の核が「読む」に属することに問題はない。しかし、後者の核は必ずしも付属語に属するとは言えない。それは /'jobu￣/ の異語形としての /'jobu=˥/ の可能性を厳密には排除できないからである。(東京語との比較からはその可能性の方が高いといえる)。

2.3.4.1　助詞のアクセント

a.　格助詞のアクセント

　主として名詞・状態詞(いわゆる形容動詞語幹を単語と認めてこう命名する。金田一京助『辞海』(1954 三省堂)の語法概説にこの名称が見える)に付いて他の語との関係を表示する助詞を格助詞ということにする。格助詞はアクセントの観点から、次のように分類できる。

　a-1　それ自体にはアクセント核のないもの[Ⅰ類]
　　　(但し、他の付属語と結合するときに現れるそれの異語形 allolog はそ

2.3 アクセント各説

の末尾に核がある。このような語形を「統語的に条件付けられた異語形」syntactically conditioned allolog と言うことができよう。）
/ŋa, ni, ŋe, 'i, to¹, to², de, na¹, na², site, Qte/
格助詞の概略は次のとおり。（便宜的名称と例文）

/ŋa/	:	主格助詞 /dare˥-ka-ŋa kita˥ ↓/（誰かが来た。）
/ni/	:	位格助詞 /soko-ni 'ɪn-no˥-'wa dare˥ ↑/（そこにいるのは誰。）
/ŋe/	:	与格助詞（共通語に対応する語なし） /neko˥-ŋe 'ɪsa kurero˥ ↓/（猫に餌をやれ。）
/'i/	:	方向格助詞 /koko-'i koʀ˥-'jo ↓/（ここへ来いよ。）
/to¹/	:	共同格助詞 /dare˥-to hanasite˥ta-no ↑/（誰と話していたの？）
/to²/	:	引用格助詞 /hito-ko˥to naɴ˥-da-to 'omoQte˥ɴ-da ↓/ （人を何と思っているのだ。）
/de/	:	具格助詞 /naŋata˥-de teʀ˥ kiQta˥ ↓/（包丁で手を切った。）
/na¹/	:	様態連体格助詞（状態詞について連体語を作る格助詞） /kire˥ʀ-na hana˥/（きれいな花）
/na²/	:	所在連体格助詞（場所名詞について所在を表す連体語を作る格助詞。共通語に対応する語なし） /soko-na hoɴ˥ toQte˥ kure ↓/（そこにある本を取ってくれ。）
/site/	:	協同者格助詞 /hutaʀʀi˥-site 'jaQta siŋoto/（二人でやった仕事）
/Qte/	:	内容格助詞（連用＝連体格助詞） /'o'ja˥zi ｜ naɴ-(Q)te 'juQteta ↑/（親父は何と言っていた？） /'usu˥-Qte moɴ-'wa suŋu˥ bareru˥-'jo ↓/ （嘘というものは直ぐにばれるよ。）

/ŋa/ を例にして、そのアクセントを示せば、次のようになる。/〇〇˥/ の例語として /'ame˥/（雨）、/〇〇˥'/ の例語として /hana˥'/（花）、/〇〇˥/ の例語として /hane˥/（羽）を使う。

/'ame˥-ŋa huridasita ↓/（cf./'ame˥ huridasita ↓/）（雨が降り出した。）
/hana-ŋa˥ sa'ita ↓/※（cf./hana˥ sa'ita ↓/）（花が咲いた。）
/hane-ŋa 'oQko˥Qteru ↓/（cf./hane 'oQko˥Qteru ↓/）（羽が落ちてる。）

※ /hana-ŋa˥/ という /ŋa/ の直後の下がり目は、形態音素論的（統語音素論的）には /ŋa/ に属するものではなく、単語 /hana˥'/ に属すると認めるべきである。そのことは /hana˥'/ という単語の分布と /ŋa/

の分布を調べれば分かる。すなわち、/ŋa/ の直後に下がり目が現れるのは、常に一定種類の自立語との結合に限られ、/ŋa/ 自体が常に下がり目を伴うわけではない。しかも、その一定種類の自立語は、/ŋa/ と同様に他の助詞(/ni, ŋe, …/)に対しても同じような現れ(ふるまい)［＝助詞の1モーラ目の直後に下がり目が現れる］をする。このような場合、その下がり目を規定しているのは、ある一定種類の自立語の方であると考えるのが合理的である。

a-2　/○○˥/(尾高型 B)を /○○ ˉ/(平板型・無核型)に変えるもの［特Ⅰ類］ /no/ の一語のみ。

/ˈameˉ-no mizu/　　（雨の水）
/hana-no ˈiroˉ/　　（花の色）
/hane-no naŋaˉsa/　（羽の長さ）

/hana-no/ は、a-1 からはその直後に下がり目が期待されるところであるが、現れていない。このように /○○˥/ を /○○ ˉ/ に変える助詞は /no/ 1 語だけのようである。なお、/cuɲiˉ/（次）、/ˈjosoˉ/（他所）、/miNNaˉ/（皆）などと、数詞で末尾が /～○˥/ の語は、/cuɲi-noˉ mici/（次の道）、/ˈjoso-noˉ ˈuci/（他所の家）、/miNNa-noˉ ˈuci/（皆の家）、/miQcu noˉ ˈuci/（三つの内）、/ˈici noˉ recu/（一の列）、のように、下がり目が現れるので、例外となる。

a-3　無核型の自立語に付いた場合、助詞の第1モーラまで高い型になるもの［Ⅲ類］

(なお、時には、この種の2モーラの付属語(特に /ˈjoˉri, ˈjoˉrika/)では第2モーラまで高いこと(/ˈjoriˉ, ˈjoriˉka/)もある。自由変異。)

/ŋaˉni, koˉto, ˈjoˉri, ˈjoˉrika, zjaˉ～daˉ/

格助詞の概略は次のとおり。

/ŋaˉni/　：能力格助詞※　　　　/kono nekoˉ-ŋani nezumi-ˈwa toreroˉNka↓/
　　　　　　［共通語に対応する語なし］（この猫に鼠は捕れない。）
/koˉto/　：対格助詞　　　　　 /nekoˉ-ŋa ˈinu-koˉto siQkaˈiˉta ↓/
　　　　　　［共通語に対応する語なし］（猫が犬を引っ掻いた。）
/ˈjoˉri, ˈjoˉrika/：比較格助詞　　/ˈinu-koˉto-ˈjori nekoˉ-koto suki-daˉ ↓/
　　　　　　［/ˈjoQˉka/ も使われる］（犬をより猫を好きだ。）

/zja˥〜da˥/：/de˥-'wa/ の融合形で a-1(/zja¯〜da¯/)にもなる。(/de/ 参照)

　　※ /ŋa˥ni/ を「能力格」としているが、特に明治生まれの人には「あの人ガニは財産ガ°ある」「おれガニはおかねガ°要る」など「能力」には収まらない例が精査すると出てきたので、後論する。

/neko˥-koto 'osa˥ma'ita↓/（cf./neko˥ 'osa˥ma'ita↓/）（猫を捕まえた）
/'inu-ko˥to 'osa˥ma'ita↓/（cf./'inu˥ 'osa˥ma'ita↓/）（犬を捕まえた）
/tori-ko˥to 'osa˥ma'ita↓/（cf./tori 'osa˥ma'ita↓/）（鳥を捕まえた）
　/'inu-ko˥to/ の下がり目は、形態音素論的（統語音素論的）には /'inu˥/ の核と /ko˥to/ 自体の核が重複していると解釈される。（現在は、/neko˥-koto/ から考えて、/ko˥to / の核は抑圧されていると考えている。）

b.　副助詞のアクセント
　種々の職能の語と結合し得る助詞を副助詞とすれば、次のようなものが認められる。格助詞のアクセントに準じて分類すれば、次のようになる。（語形から意味が推測されるものは意味注記しない。）

b-1　a-1と同類のもの[Ⅰ類]
/'wa, mo, hodo, Qkiri, dake /
/mo/ は、共通語の第1モーラにアクセント核がある不定（疑問）の指示語類に対応するところの、第2モーラにアクセント核のある不定（疑問）の指示語類に付いた場合、アクセント核がそのまま残る形と、共通語と同様にアクセント核が消える形の二様の発音が観察されるものと、いずれか一方の形しかないものがある。違いの存否など十分明らかではない。
　例 /dare˥ ni mo hanasena˥kaQta↓〜 dare ni mo hanasena˥kaQta↓/
　　（誰にも話せなかった。）
　　/doko˥ ni mo 'ikanakaQta↓〜 doko ni mo 'ikanakaQta↓/
　　（どこにも行かなかった。）
　　/nani˥ mo ka mo siraneʀ↓←→ nani mo siraneʀ↓/（全く知らない）

b-2　a-3と同類のもの[Ⅲ類]
/ko˥so, ko˥sa(←/*ko˥so-'wa/), seʀ(〜sa˥'i)[さえ], de˥mo, da˥Qte, ma˥de, si˥ka〜si˥kja, beʀ[ばかり], na˥ɴka, na˥ɴte /

/ko˥so/ は一つに絞る働き、/ko˥sa/ は一つに絞って取り立てる働きで意味が微妙に違う。/ko˥so-'wa/ とは言わない。

なお、a−3 同様に下がり目がひとつ後退した形も観察される。

b−3 無核型の自立語と結合したとき、第 2 モーラまで高いもの [Ⅳ類]
/dake˥-ni, doko˥ɴ, doko˥ɴ-ka, doko˥ɴ-no/
なお、/doko˥ɴ, …/ は b-5 でも発音する。

b−4 無核型の自立語と結合したとき、第 3 モーラまで高いもの [Ⅴ類]
/baQka˥ri ~ baQka˥si/

b−5 有核型の自立語を無核型に変えて、助詞自体の第 2 モーラまで高くなるもの [特Ⅳ類]
/ŋure˥(ʀ) ~ ŋura˥'i, doko˥ɴ, doko˥ɴ-ka, doko˥ɴ-no /
なお、/doko˥ɴ, …/ は b-3 でも発音する。

c. 準体助詞のアクセント

種々の語に付いて、体言性の連語を作るものを準体助詞とするなら、次のようなものがある。

c−1 a−3 と同類 [Ⅲ類]
/no˥, so˥(ʀ)[伝聞], 'jo˥(ʀ)[様態]/

c−2 b−3 に似るが、/○○˥/(尾高型 B)が /○○˥/ のままで /○○˥/ とならないので特殊。[特Ⅳ類]
/mite˥(ʀ) ~ mita˥'i/

付属語との結合では /○○˥/(尾高型 B)は核の移動が起こるのが原則で、核の移動が起こらないのは自立語との連接の場合であるが、この場合は当該の /mite˥(ʀ)~mita˥'i/ が「~(を)見た様」という自立語に起源することが関連していると考えられる。

例：

/'ame˥-mite(ʀ)-da/（雨みたいダ）　　/neko˥-mite(ʀ)-da/（猫みたいダ）
/hana˥-mite(ʀ)-da/（花みたいダ）　　/'inu˥-mite(ʀ)-da/（犬みたいダ）
/hane-mite˥(ʀ)-da/（羽みたいダ）　　/tori-mite˥(ʀ)-da/（鳥みたいダ）

d. 終助詞のアクセント

種々の語に付くもので、文末に現れるものを終助詞というなら、次のようなものがある。

2.3 アクセント各説　109

d-1　a-1 ないし a-3 に似る（自由変異）。[Ⅰ類〜Ⅲ類]
　　　/ka, na, 'jo, 'wa, 'ja, sa, ze 〜 de, zo 〜 do, ne, ka'i, 'wa'i, 'ja'i/

e.　接続助詞のアクセント
　　用言に付いて、他の語との関係を示す助詞を接続助詞とすれば、次のようなものがある。なお、用言のアクセントの項を参照。
e-1　a-1 と同類[Ⅰ類]
　　　/to/
e-2　a-3 と同類[Ⅲ類]
　　　/si˥, ka˥ra, ke˥do 〜 ke˥ɴdo, no˥ni/
　　　なお、/si˥/ は e-1 型にも発音される。
e-3　無核型の語を末尾に核のある型に変えて、助詞自体は低く付くもの[Ⅱ類]
　　　/ɴde/
　　　例：/'oku˥-ɴde/（置くので）　　/'ake˥ɴde/（開けるので）
　　　　　/kaku˥-ɴde/（書くので）　　/'uke˥ɴde/（受けるので）
e-4　b-3 と同様[Ⅳ類]
　　　/kuse˥-ni, kuse˥-site/

以上をまとめると、助詞には次のようなアクセントが認められる。
（▷は付属語のモーラを示す）

	1モーラ語	2モーラ語	3モーラ語	4モーラ語
Ⅰ類	▷	▷▷	▷▷▷	
Ⅱ類		⌐▷▷		
Ⅲ類	▷⌐	▷⌐▷	▷⌐▷▷	
Ⅳ類		▷▷⌐	▷▷⌐▷	▷▷⌐▷▷
Ⅴ類				▷▷▷⌐

各助詞の分類を上表に当てはめれば、次のようになる。

	a 格助詞	b 副助詞	c 準体助詞	d 終助詞	e 接続助詞
Ⅰ類	a-1(a-2)	b-1		d-1	e-1
Ⅱ類					e-3
Ⅲ類	a-3	b-2	c-1	d-1	e-2
Ⅳ類		b-3(b-5)	(c-2)		e-4
Ⅴ類		b-4			

a-2、b-5、c-2 は特殊例外的なところがあるので()つきで示した。

次項の助動詞も体系としては前々表(モーラ数別の表)に同じである。

2.3.4.2 助動詞のアクセント

比較的自由に多くの職能の異なる語に接続できて、それ自体語形替変があるか職能上それと同様の働きをする付属語を助動詞とするなら、次のようなものがある。(使役 /-ase-ru 〜 -sase-ru/、受身 /-a'i-ru 〜 -ra'i-ru/ など単語未満の派生接尾辞は動詞の活用の派生形式の所で説明する。)

① 活用のない助動詞には次のようなものがある。

/daɭroʀ 〜 daɭro/(単独では /daroɭʀ 〜 daroɭ/)

/deɭsjoʀ 〜 deɭsjo/(単独では /desjoɭʀ 〜 desjoɭ/)

/daɭnbeʀ 〜 daɭnbe 〜 daɴbeɭʀ 〜 daɴbeɭ/(単独では /daɴbeɭʀ 〜 daɴbeɭ/)

例:

/nekoɭ-daɴbe(ʀ)/(猫だろう)

/'inu-daɭnbe(ʀ)/(犬だろう)

/tori-daɭnbe(ʀ) 〜 tori-daɴbeɭ(ʀ)/(鳥だろう)

/'oku-daɭnbe(ʀ)/(置くだろう。cf./'okuɭ-ɴ-daɴbe(ʀ)/ 置くのだろう)

/kakuɭ-daɴbe(ʀ)/(書くだろう。cf./kakuɭ-ɴ-daɴbe(ʀ)/ 書くのだろう)

/'akeɴ-daɭnbe(ʀ)/(開けるだろう。cf./'akeɭɴ-daɴbe(ʀ)/ 開けるのだろう)

/'ukeɴ-daɴbe(ʀ)/(受けるだろう。cf./'ukeɭɴ-daɴbe(ʀ)/ 受けるのだろう)

② (活用のある)助動詞には次のようなものがある。

/daɭ, deɭsu, rasiɭʀ, Qcu'u¯ 〜 Qcuʀ¯(という)/

- /rasiɭʀ/ は /ŋureɭ(ʀ) 〜 ŋuraɭ'i/ と同類(b-5)で、有核型の語を無核型に変えて付く。

例:

/neko-rasiɭʀ/(猫らしい)

/'inu-rasiɭʀ/(犬らしい)

/tori-rasiɭʀ/(鳥らしい)

/'oku-rasiɭʀ/(置くらしい)

/kaku-rasiɭʀ/(書くらしい)

- /daɭ, deɭsu/ は a-3 に同じ。/daɭ, deɭsu/ の活用形のアクセントは次のとおり。

	/daɭ/	/deɭsu/
終止形	-daɭ	-deɭsu
/-to/	-daɭ-to	-deɭsu-to

/-siꜜ/	-daꜜ-si	-deꜜsu-si
/-kaꜜra/	-daꜜ-kara	-deꜜsu-kara
/-keꜜdo/	-daꜜ-kedo	-deꜜsu-kedo
/-noꜜni/	-naꜜ-noni	-deꜜsu-noni
/ꜜ-ɴde/	-naꜜ-ɴde	[-deꜜsu-ɴde]
/-ka/	- φ -ka	-deꜜsu-ka
仮定形	-daꜜra 〜 -daraꜜ	—
実現形	-daꜜQta	-deꜜsita
実現仮定形	-daꜜQtara	-deꜜsitara

単独で文頭に立つときは /da toꜜ sitara, da kaꜜra, da keꜜdo, daraꜜ/ となる。
- /Qcu'uˉ 〜 QcuRˉ/ は a-1 に同じ。ワ行五段型活用をする。

2.3.4.3 連結に伴うアクセント変異
① 付属語の連結に伴うアクセント
  a 《自立語＋付属語¹＋付属語²》の自立語にアクセント核がある場合、付属語のアクセントは抑圧されて潜在化する。（潜在化したアクセント核は必要に応じて /ⱴ/ と表記することがある。）
      例：/ nekoꜜ + koꜜto + maꜜde / → / nekoꜜ koto made /（猫をまで）
  b 《自立語＋付属語¹＋付属語²》の自立語にアクセント核がなければ、付属語のアクセントが顕在化する。その際、付属語¹にアクセント核があれば、付属語²のアクセントは抑圧されて、アクセント節（《 》で示された連語がこれに該当する）全体は、付属語¹のアクセント核に支配されたアクセントとなる。
      例：/ 'ore + koꜜto + maꜜde / → / 'ore koꜜto made /（俺をまで）
  c 《自立語＋付属語¹＋付属語²》において、自立語に核がなく、また、付属語¹に核がないときは、付属語¹の異語形 allolog でその末尾にアクセント核のある形が現れる。すなわち、付属語²の直前に下がり目が現れて、この場合も付属語²のアクセント核は抑圧される。
      例：/ 'ore + kara + maꜜde / → / 'ore karaꜜ made /（俺からまで）
なお、/○○ꜜⱴ/ と付属語との結合（連結）は、例えば /'oto ŋaꜜ sita/（音がした）のように、/○○・▷ꜜ、○○・▷ꜜ▷/ となるが、しかし一方、/○○ꜜⱴ/ と自立語との結合（連接）は、例えば /'otoꜜ sita/（音がした）のように、/○○ꜜ・○○、○○ꜜ・○○○/ となることに注意。

② 自立語と付属語の連結に伴うアクセント変異
　先に述べたところであるが、
a 自立語にアクセント核があるときは、付属語のアクセント核は抑圧される。
b 自立語にアクセント核がないとき、付属語のアクセント核が顕在化する。
　しかし、時に、核のある自立語のアクセント核が抑圧されて、核のある付属語のアクセント核が顕在化するような物言いがある。
　例：
　　通例．/kara˥su-koto 'osa˥ma'ita↓/（カラスを捕まえた。）
　　時に．/karasu-kó⌈to 'osa˥ma'ita↓/（[⌈kó⌊to]のように[kó]に強勢がある）
　　（臨時的発話特徴は音素表記になじまないが便宜的にこう表記しておく。）
　このような物言いは一種の強調型 emphatic pattern と認めることができよう。すなわち、「(カラスが捕まえたのではなく、)カラスを捕まえたのだ」や、「(スズメを捕まえたのではなく、)カラスを捕まえたのだ」というような、他の可能事態に対して、対照的に1つの事態をその焦点を強調して主張する語気を表している。
　類例に次のような物言いがあるが、これは次項とも関係がある。
　　通例．/nani˥ 'jaQteɴ-no˥-'jo↓/
　　→　 /nani-'jaQteɴ-nó˥-'jo↓/
　同類のものに次のようなものがある。この場合は、《自立語＋付属語》だけでなく、《自立語＋付属語》＋《自立語＋付属語》という場合も含めて、全体のアクセントが抑圧されて、末尾の付属語の語尾1音節が卓立される。末尾を除く全体が極めて平坦に(低く)発音され、末尾の音節が強く、かつ長く(多くは下降調[\]に)発音され、直後にポーズを伴う。
　　例：/sora soʀ-da˥-kedo/　　→/sora-soʀ-da-kedóʀ/　　[⌈soraso:dake\dó:]
　　　　/'ano kara˥su-koto/　　→/'ano-karasu-kotóʀ/　　[⌊anokarasko\tó:]
　　　　/suŋo˥ku ha'ja˥'i-naʀ↓/　→/suŋŋo˥ku ha'ja'i-naʀ↓/　[⌈suŋŋo⌊ku ⌈hajai\ná:]
　この物言いには、話し手の強い情意(感動・感嘆)や、話し手の相手への強い持ちかけを表すものであり、前記のものも含めて、アクセントという形式のレベルでは扱えない部面のもの(文ないし発話)であるが、アクセントの無化などアクセントの変容が著しいものなので触れておいた。

以上で、アクセントの記述を終える。

3. 文法

本書で用いる用語と概念の多くは、いわゆる構造主義言語学に負っている。
参考文献：
　フェルヂナン・ド・ソシュール『言語学原論（改訳新版）』(1940 岩波書店)小林英夫訳
　小林英夫『言語学通論』(1937 三省堂)
　E. サピーア『言語 ── ことばの研究』(1957 紀伊國屋書店)泉井久之助訳
　泉井久之助『言語の構造』(1939 弘文堂)
　L. ブルームフィールド『言語と科学』(1958 大修館書店)鳥居次好訳注
　L. ブルームフィールド『言語』(1962 大修館書店)三宅鴻・日野資純訳
　H. A. グリースン『記述言語学』(1970 大修館書店)竹林滋・横山一郎訳
　アンドレ・マルティネ『一般言語学要理』(1972 岩波書店)三宅徳嘉訳
　服部四郎『言語学の方法』(1960 岩波書店)
　服部四郎『英語基礎語彙の研究』(1968 三省堂)
　金田一春彦『世界言語概説下巻』(1955 研究社)（日本語Ⅲ「文法」)
　国広哲弥『構造的意味論』(1967 三省堂)

　下記の術語は、服部四郎（『言語学の方法』[以下『言』と略す]、『国語学辞典』[「言語」その他の服部執筆項目]、『英語基礎語彙の研究』[以下『英』と略す]によっている。重要なので、以下、簡単な説明を与えておく。

発話：
　「音声言語表出行動とその結果生じた音声」(『言』p. 448)
発話段落：
　「その前後に音声のとぎれのある発話断片」
言語作品：
　「同じ言語の話し手たちが同じと認める二つあるいはそれ以上の発話は同じ言語作品に該当する。」(『言』p. 492)
　「言語作品とは発話において認められる社会習慣的特徴である。」(『言』p. 197)
　「言語作品とは一つあるいはそれ以上の「文」から成っている。」(『言』p. 496)
文：
　「文は形の面からみると、音調の型によってその末尾が特徴づけられる。文は文法の面からみると、一つの独立体である。二つ以上の成分より成る文に

3. 文法　115

おいては、どの成分も「統合型」によって互いに統合され、究極において一つに統合されている。」(『言』p. 198)

「文は意義の面から見ると完結している」(『言』p. 197)

「文は「形式」とそれらを統合する「統合型」と、そのうえに加わる「音調型」(および「強調型」)とから構成されています。」(『言』p. 496)

統合型：
「統合型とは1つの文または文断片のシンタクス的構成(syntactic construction)のことである。」(『英』p. 7)

「1単語から成る文の場合でも、1つの成分だけから成る統合型を想定すべきである。」(『英』p. 7)

形式：
「形式は文から音調型(強調型)と統合型を抽出した残り」(参照『言』p. 199、『英』p. 7 等)

自由形式：
「自由形式とは発話段落として(或るものは発話としても)現れることのある形式である。」(『言』p. 461)

付属形式：
「付属形式とは発話或いは発話段落として現れることがなく、常に他の形式と続けて発話される形式のことである。」(『言』p. 461)

単語：
「最小の自由形式を単語という。」(『言』p. 199)

自立語：
「自立語とは発話段落として現れることがあり、而も文に該当する発話或いは発話段落として現れることもある単語のことである。」(『言』p. 461)

付属語：
「付属語とは文に該当する発話或いは発話段落として現れることが殆ど或いは全くなく、普通他の単語と続けて発話される単語のことである。」(『言』p. 461)

自由形式である付属語を付属形式から区別する操作手順は次の原則に従う。(『言』p. 470 以下)

1. 職能や語形変化の異なる色々の自立形式に付くものは自由形式(すなわち「付属語」)である。

2. 二つの形式の間に別の単語が自由に現れる場合には、その各々は自由形式である。従って、問題の形式は付属語である。
3. 結び付いた二つの形式が互いに位置を取りかえて現れ得る場合には、両者ともに自由形式である。

注. 本書では文末の音調型に↓、↑、∨、∧、→ の5つを認めている。
　↓　（下降音調）：急激なものでなく、穏やかな自然下降。末尾ほど弛む。
　↑　（上昇音調）
　∨　（下降＝上昇音調）：前半の下降は急ではなく、後半の急な上昇が目立つ。これのかぶさる音節は長くなる。
　∧　（上昇＝下降音調）：これのかぶさる音節が長くなるのは∨に同じだが、これの現れは少ない。
　→　（平板音調）：末尾へ行っても緊張の弛まない点で↓とは異なり、全体に緊張が持続される。
　なお、文中のはっきりした「音休止・ポーズ」は、「｜」で表す。また、「（音調上の切れ目なく）」続けてひと息でひとまとまりに発音される」ことを場合によって「⌒」でつないで表す。

　最小の形式を形態素というが、単語と形態素との関係については、筆者は次のように考える。
　単語は1つ以上の形態素から成る。1つの形態素から成る単語を単形態素語 monomorphemic word といい、2つ以上の形態素から成る単語を複形態素語 polymorphemic word ということにする。複形態素語には、その形態構造の点から、その直接構成要素 immediate constituent のそれぞれに形も意味も似た自立語があるもの（複合語）と、そうでないものとがある。後者のような構造の単語において、単語の意味上の核 kernel をなす部分を語基 base ※（これには形も意味も似た自立語がある場合もない場合もある）といい、それに付属して単語の機能を決定する部分を接辞 affix（これには語基の場合と違って形も意味も似た自立語が存在することはない）という。
　※語基がまた構造体 construction であることもある。
　接辞は、その機能の違いによって、派生的なものと、屈折的なものとに分けられる。

派生接辞：
　派生接辞が接合してできた形式(結果形式)には、それと同一の職能を有する単形態素語が存在する。また、派生接辞の分布は均斉的でなく、部分的、散発的であることが特徴である。

屈折接辞：
　屈折接辞が接合してできた形式(結果形式)には、それと同一の職能を有する単形態素語がない。また、屈折接辞は、他の職能を同じくする多数の単語に平行的に現れ、その分布が均斉的、体系的である。(用言の語尾もこの類である)。

3.1　品詞分類

　本書は、主として単語のレベルで、文法の記述を進めていく。単語は形式の一種であり、最小の自由形式である。単語は1つ以上の形態素から成る。単語には自立語と付属語とがある。単語は、職能上、形態上、意味上の特徴によって類化され得る。類には階層がある。文法の記述は、単語を類化することによって可能となる。類化するための操作(手順)には色々ある。その選択の仕方、組み合わせ方等によって、品詞分けの上で異なりが生ずる。本書の記述は、便宜的、実用的に従来の品詞分けに近づけてある。しかし、基準の取り方が幾分違うから、従来のそれ(学校文法)と合致しないところがある。

　単語は、職能上、形態上、意味上の共有する特徴によって、以下のように類化される。

語類	自立語	構成的	活用語	断続機能	接続語	連用語	被連用語	連体語	被連体語	品詞
a	+	+	+			−	+	+		動　詞
b	+	+	+			+	+	+		形容詞
c	+	+	−				+		−	状態詞
d	+	+	−	−			±		+	名　詞
e	+	+	−	+	−	+		±		副　詞
f	+	+	−	+	−	−		+		連体詞
g	+	+	−	+	+					接続詞
h	+	−								感動詞
i	−	+	+							助動詞
j	−	+	−	−						準体助詞
k	−	+	−	+						助　詞
l	−	−								間投助詞

用語注.
 構成的：
  構造体 construction の構成要素 constituent として相関的に機能する
 活用：
  職能の異なる一群の単語が、形と意義素とが同じである部分を共有し、両者の事なる部分が、同じ職能の非常に数多くの単語にすべて、あるいは一部分に共通である。そのような場合に、その一群の単語を「同一の単語の種々の替変形式」といい、その「単語」は形（語形）が替変するということがある。（『国語学辞典』「言語」の項。p. 304）、『言語学の方法』p. 468 参照）
  　例えば、この服部の定義を用いれば、次のようになる。
 /toru˥, tore˩, toro˩ɴka/ 等は、それぞれが単語（最小自由形式）であると認められるものの、音形および意義において共通な {tor-}（アクセントは一応除外）および《取る》を有すると認められる。そして、3 つの単語 /toru˥, tore˩, toro˩ɴka/ の異なる部分 /-u, -e, -oɴka/ は他の多数の同じ職能を有する単語（例えば、/'jomu˥, 'jome˩, 'jomo˩ɴka/、/kaku˥, kake˩, kako˩ɴka/ 等）に共通して現れる。このような場合、問題の 3 つの単語 /toru˥, tore˩, toro˩ɴka/ は同一の単語の活用形（替変形）と認められることになる。このような場合、代表的単語を基本形として、例えば、/toru˥/ は活用するという。
 接続語：
  統合 syntagma《A + B》（構成要素は共に単語であるとする）において、B が《A + B》を代表※しない場合、A を接続語、B を被接続語という。
   ※芳賀綏『日本文法教室』（1962 東京堂）（「従属と統率の二種」p. 92 以下参照）
  例：
   /'ɴɴzja˩ʀ　　mata　　kuɴ˩be 'ja↓/（それでは、また来よう。）
   ‾‾‾A‾‾‾　‾‾‾‾‾B‾‾‾‾‾

   /'ikitaka neʀ˩ no ka↑　'ɴɴdara 'jose˩ na↓/（行きたくないのか。それなら止せな。）
   　　　　　‾‾‾A‾‾‾　　‾‾‾B‾‾‾
 連用語・被連用語、連体語・被連体語：
  統合《A + B》（構成要素 AB 共に単語であるとする）において、B が《A +

B》を代表する場合、

① Bが活用語またはそれと職能上等しい（同じ統合型の同じ位置に現れるという点で職能上等しい）語類であるとき、Aを連用語、Bを被連用語という。

連用語には、「名詞＋連用格助詞」からなる「補語」のほか、「状態詞＋連用格助詞 /ni/」と形容詞 /-ku/ 連用形や副詞などが該当する。

例：

/mukasi 'wa tane˥si naɴka 'ira˥ 'ita noni naʀ↓/（昔はタニシなど沢山いたのに。）
　　　　　　　　A　　　　B

/nozi˥naŋaku 'aru˥ɢta ɴde 'ora kutabire˥cjaɢta↓/（長く歩いたので疲れた。）
　A　　　　　B

/suŋo˥ku kire˥ʀ na sito daɢta ɢte 'jo↓/（すごくきれいな人だったとよ。）
　A　　　　B

/ moʀ cjoɢto miɲi no ho˥/（もう少し右の方）
　A　　　B

（→227頁の「3.5 名詞」①の「補語」と「修用語」を参照。）

② Aが「①の《A＋B》のAの位置」に立ち得ない部類の語であるとき、Aを連体語、Bを被連体語という。

連体語には、「名詞＋連体格助詞」のほか、「状態詞＋連体格助詞 /na/」と形容詞・動詞の連体形や連体詞が該当する。

例：

/ soko na 'aka'i 'jacu˥ toɢte˥ kure↓/（そこにある赤いのを取ってくれ。）
　A　　　A　　B

/ ciɢcja˥'i 'oto˥na to deɢka˥'i kodomo/（小さい大人と大きい子供）
　A　　　　B　　　　A　　　B

品詞各論

3.2　動詞

種々の統語法（syntax の一部の構成要素が単語である場合を論じているのでこう言っておく）上の機能を有し、職能の異なりに相応した活用のあることが大きな特徴である。形態上の特徴や連用語の機能を持つ活用形のないことなど

から形容詞から識別される。

動詞の現れる位置
　《述語》統合型の「述語」の位置
　《連体語＋被連体語》統合型の「連体語」の位置
　《接続語＋被接続語》統合型の両方の位置
　《連用語＋被連用語》統合型の「被連用語」の位置

動詞の諸活用形は次のように分類される。

類	再活用	断続機能	断止機能	接続語	連体語	名称
A	−	＋	＋			終止形式
B	−	＋	−	−	＋	連体形式
C	−	＋	−	＋	−	接続形式
D	−	−				準体形式
E	＋					拡張形式

/kaku˩/(「書く」第1種)、/'akeru/(「開ける」第2種)、/kuru˩/(「来る」変格)の諸活用形を上の分類法によって整理して示せば、次のようになる。

　　　　　　　第1種　　　　　第2種　　　　　カ変

A. 終止形式
 1. 終止形　　　kaku˩　　　　'akeru　　　　　kuru˩
 2. 強終止形　　kaku˩'i　　　'akeru˩'i　　　kuru˩'i
 3. 命令形¹　　 kake˩　　　　'akero˩　　　　 koʀ˩
 4. 強命令形　　——　　　　　 'akero˩'i　　　ko'i˩
 5. 命令形²　　 kakina˩　　　'akena˩　　　　 kina˩
 6. 志向形¹　　 kako˩ʀ　　　 'ake'jo˩ʀ　　　koʀ˩ ～ ki'jo˩ʀ
 7. 志向形²　　 kaku˩be˩(ʀ)　'akebe˩(ʀ)�高　 kibe˩(ʀ)�高
　　　　　　　　　　　　　　 ～'akeɴbe˩(ʀ)㊥※ ～kuɴ˩be˩(ʀ)㊥※
 8. 禁止形　　　kaku˩na　　　'akeɴna˩※　　　kuɴ˩na※
 9. 強禁止形　　kaku˩na'i　　'akeɴna˩'i※　　kuɴ˩na'i※
10. 否定推量形　kakume˩(ʀ)　 'akeme˩(ʀ)　　 kime˩(ʀ)
11. 確否形　　　kako˩ɴka　　 'akeroɴka˩　　 kuro˩ɴka
12. 強確否形　　kako˩ɴka'i　 'akeroɴka˩'i　 kuro˩ɴka'i
13. 主張形　　　kaka˩(ʀ)　　 'akera˩(ʀ)　　 kura˩(ʀ)
14. 強主張形　　kaka˩'i　　　'akera˩'i　　　kura˩'i

(15. 尊敬命令形　　kakise˥R　　　　'akese˥R　　　　　kise˥R　　　）

B. 連体形式
  1. 連体形　　　　kaku˥　　　　　'akeru　　　　　　kuru˥

C. 接続形式
  1. 接続形　　　　ka'i˥te　　　　'akete　　　　　　kite˥
  2. 条件形　　　　ka'i˥cja(R)　　'akecja(˥)(R)　　kisja˥(R)
  3. 逆接形¹　　　 ka'i˥temo　　　'akete˥mo(˥)　　 kite˥mo
  4. 逆接形²　　　 ka'i˥taQte　　 'aketa(˥)Qte　　 kita˥Qte
  5. 逆接形³　　　 kake˥baQte　　 'akereba˥Qte　　 kure˥baQte
  6. 例示形　　　　ka'i˥tari　　　'aketa˥ri　　　　kita˥ri
  7. 仮定形ᵃ　　　 kake˥ba　　　　'akeNba(˥)※　　　kuN˥ba ※
     仮定形ᵇ　　　 kakja˥(R)　　　'akerja(˥)(R)　　kurja˥(R)

D. 準体形式
  1. 不定形　　　　kaki˥'　　　　'ake˥'　　　　　　kiR˥ ～ ki˥'
  2. 推想形　　　　kakiso˥(R)　　'akeso˥(R)　　　　kiso˥(R)
  3. 強消形　　　　kaki(˥)Qko　　'akeQko　　　　　　kiQ(˥)ko

E. 拡張形式
  1. 終結形　　　　ka'i˥cja'u　　'akecja'u　　　　kisja˥'u
  2. 予置形　　　　ka'i˥toku　　 'aketoku　　　　 kito˥ku
  3. 継続形　　　　ka'i˥teru　　 'aketeru　　　　 kite˥ru
  4. 軽卑形　　　　kaki'ja˥ŋaru　'ake'ja˥ŋaru　　 ki'ja˥ŋaru
  5. 丁寧形　　　　kakima˥su　　 'akema˥su　　　　kima˥su
  6. 願望形　　　　kakite˥(R)※　'akete(R)※　　　 kite˥(R)※
  7. 否定形　　　　kakane˥(R)※　'akene(R)※　　　 kine˥(R)※
  8. 実現形　　　　ka'i˥ta　　　 'aketa　　　　　 kita˥

F. 派生動詞（付説）
  1. 使役動詞　　　kakaseru˥　　 'akesaseru　　　 kisaseru˥
  2. 二重使役動詞　kakasaseru˥　 'akesasaseru　　 kisasaseru˥

3.	被役動詞	kakasa'iru˥	'akesasa'iru	kisasa'iru˥
4.	受身動詞	kaka'iru˥	'akera'iru	kisa'iru˥ 〜 kira'iru˥
5.	可能動詞	kakeru˥	'akera'iru	kisa'iru˥ 〜 kira'iru˥

　　※　/'akeɴbe˥(ʀ), kuɴ˥be˥(ʀ)/ は /'akerube˥(ʀ), kuru˥be˥(ʀ)/ に回帰可能。
　　　/'akeɴna˥, kuɴ˥na/ は /'akeruna˥, kuru˥na/ に回帰可能。強禁止形も同様。
　　　/'akeɴba(˥), kuɴ˥ba/ は /'akereba(˥), kure˥ba/ に回帰可能。
　　　/kakite˥(ʀ),・・・/ は /kakita˥'i,・・・/ に回帰可能。
　　　/kakane˥(ʀ),・・・/ は /kakana˥'i,・・・/ に回帰可能。

　動詞の諸活用形は上のように整理できる。上の諸活用形はそれら相互を比較することによって、さらに小さい形式に分析することが可能である。このようにして、それらを形態素 morph にまで分析して示すと、後述の表のようになる。

　終止形式・連体形式・接続形式においては、基本的には活用形形成において主要部(核 kernel cf. ブルームフィールド『言語』pp. 295, 296)をなす語幹と、それに接尾して統語法上の諸関係を表す語尾(屈折接尾辞の一種。同じく屈折接尾辞である後述の拡張接尾辞[拡張語尾]と区別して、統語接尾辞[統語語尾]と呼ぶことにする)とに分析することができる。

　準体形式は、語幹と語尾とに分析できることは上のものと同じだが、語尾の機能がそれらと異なり、動詞に[動詞性と]同時に名詞性・状態詞性(=準動詞 verbal 性)を付与する性質が認められ、この点で、統語語尾とは違って、一種の拡張語幹を形成する接尾辞[語尾]と考えられる。

　拡張形式においては、その形態的構造が上に述べてきたものより複雑である。この種の形式は、上の諸形式(諸活用形)と共通する一次語幹(核)と、それに接合して二次語幹を形成する屈折接尾辞(これを拡張接尾辞[拡張語尾]といい、これが接尾してできる二次語幹を拡張語幹という)とさらにそれに接尾して統語法上の諸関係を表す統語語尾(形態素論的には上の終止形式・連体形式・接続形式の語尾と同一のものである)という三重の構造をもっている。

　注．語核 kernel を共通にする[拡張接尾辞の接尾していない]基礎形式(《語核＋統語語尾》という構造をもつ)と[拡張接尾辞の接尾している]拡張形式(《語核＋拡張語尾＋統語語尾》という構造をもつ)とは、統語機能が同一(形態素論的に同一の統語語尾[形態素]が接尾している)であれば、両者ともに同じ統合型の同じ位置に現れ得ると概略的に言うことができる。
　　　また、同じ統合型にあって、それの統率する[諸]形式が同一であれ

ば、それらに対する実質的な(動作の)関与者 participant 間の関係は同じであると言える。これらの点で、語核が同じであっても、派生接尾辞の接尾している派生形式とは異なる。
　例：(ⅰが基礎形式、ⅱが拡張形式、ⅲが派生形式)
(1)　ⅰ /'uci no neko˩ 'wa nezumi ko˩to 'osa˩ma'iru/ (家の猫は鼠を捕る)
　　 ⅱ /'uci no neko˩ 'wa nezumi ko˩to 'osa˩ma'ineʀ/ (家の猫は鼠を捕らない)
　　 ⅲ /'uci no neko˩ 'wa nezumi ko˩to 'osa˩ma'isaseru/ (家の猫は鼠を捕らせる)
(2)　ⅰ /nezumi ko˩to 'osa˩ma'iru neko˩/　(鼠を捕る猫)
　　 ⅱ /nezumi ko˩to 'osa˩ma'ineʀ neko˩/　(鼠を捕らない猫)
　　 ⅲ /nezumi ko˩to 'osa˩ma'isaseru neko˩/ (鼠を捕らせる猫)

以上のようにして分析された形態素 morph は一定の操作手順によって morpheme にまとめることができる※。同一の morpheme の成員は、異形態 allomorph である。
　※平山輝男『日本の方言』(1968 講談社) pp. 213 〜 220
　　H.A. グリースン『記述言語学』(1970 大修館書店) 竹林滋・横山一郎訳注 p. 71 参照
基本的には次の平行関係を認めることができる。

　　　　phone　：allophone　：phoneme
　＝　morph　：allomorph　：morpheme
　＝　log　　　：allolog　　：lexeme

本書では、厳密には「形態 / 単形態：異形態：形態素」「語 / 単語：異語：語素」のように区別すべきところを煩を避けて「形態 / 単形態」と「形態素」を共に「形態素」、「語 / 単語」と「語素」を単に「単語」といっているところがあることに注意。形態素 morpheme は、必要に応じて { } で表示する。allolog は、単語の「異語形」と言い習わしている。
　(「log：allolog：lexeme」という一連の用語は、学術用語としての古典語の造語法をなぞれば、「logos(λόγος)：allologos(αλλόλογος)：logema(λόγημα)」、すなわち「log：allolog：logeme」とでもすると坐りがよいが、あまり見かけない。)

動詞の諸活用形を形態素 morph に分析して示すと、下のようになる。(形態素 morph の切れ目をハイフンで示す。アクセントはしばらく除外。)

		第1種	第2種	カ変
A.	終止形式			
1.	終止形	kak-u	'ake-ru	ku-ru
2.	強終止形	kak-u-'i	'ake-ru-'i	ku-ru-'i
3.	命令形 [1]	kak-e	'ake-ro	k-oʀ
4.	強命令形	—	'ake-ro-'i	k-o-'i
5.	命令形 [2]	kak-ina	'ake-na	ki-na
6.	志向形 [1]	kak-oʀ	'ake-'joʀ	k-oʀ ～ ki-'joʀ
7.	志向形 [2]	kak-ubeʀ	'ake-beʀ 高 ～ 'ake-rubeʀ 成	ki-beʀ 高 ～ ku-rubeʀ 成
8.	禁止形	kak-una	'ake-runa	ku-runa
9.	強禁止形	kak-una-'i	'ake-runa-'i	ku-runa-'i
10.	否定推量形	kak-umeʀ	'ake-meʀ	ki-meʀ
11.	確否形	kak-oɴka	'ake-ʀoɴka	ku-ʀoɴka
12.	強確否形	kak-oɴka-'i	'ake-ʀoɴka-'i	ku-ʀoɴka-'i
13.	主張形	kak-aʀ	'ake-ʀaʀ	ku-ʀaʀ
14.	強主張形	kak-a-'i	'ake-ʀa-'i	ku-ʀa-'i
(15.	尊敬命令形	kak-iseʀ	'ake-seʀ	ki-seʀ)
B.	連体形式			
1.	連体形	kak-u	'ake-ru	ku-ru
C.	接続形式			
1.	接続形	ka'i-te	'ake-te	ki-te
2.	条件形	ka'i-cjaʀ	'ake-cjaʀ	ki-sjaʀ
3.	逆接形 [1]	ka'i-temo	'ake-temo	ki-temo
4.	逆接形 [2]	ka'i-taǫte	'ake-taǫte	ki-taǫte
5.	逆接形 [3]	kak-ebaǫte	'ake-rebaǫte	ku-rebaǫte
6.	例示形	ka'i-tari	'ake-tari	ki-tari
7.	仮定形 [a]	kak-eba	'ake-reba	ku-reba
	仮定形 [b]	kak-jaʀ	'ake-rjaʀ	ku-rjaʀ

D. 準体形式
1. 不定形　　　kak-i　　　　　'ake-φ　　　　ki-φ
2. 推想形　　　kak-isoʀ　　　'ake-soʀ　　　ki-soʀ
3. 強消形　 kak-iQko　 'ake-Qko　 ki-Qko

E. 拡張形式
1. 終結形　　　ka'i-cja'-u　　'ake-cja'-u　　ki-sja'-u
2. 予置形　　　ka'i-tok-u　　 'ake-tok-u　　 ki-tok-u
3. 継続形　　　ka'i-te-ru　　 'ake-te-ru　　 ki-te-ru
4. 軽卑形　　　kak-i'jaŋar-u　'ake-'jaŋar-u　ki-'jaŋar-u
5. 丁寧形　　　kak-imas-u　　 'ake-mas-u　　 ki-mas-u
6. 願望形　　　kak-ita-'i　　 'ake-ta-'i　　 ki-ta-'i
7. 否定形　　　kak-ana-'i　　 'ake-na-'i　　 ki-na-'i
8. 実現形　　　ka'i-ta-φ　　 'ake-ta-φ　　 ki-ta-φ

F. 派生動詞（付説）
1. 使役動詞　　　kak-ase-ru　　　'ake-sase-ru　　ki-sase-ru
2. 二重使役動詞　kak-as-ase-ru　 'ake-sas-ase-ru ki-sas-ase-ru
3. 被役動詞　　　kak-as-a'i-ru　 'ake-sas-a'i-ru ki-sas-a'i-ru
4. 受身動詞　　　kak-a'i-ru　　　'ake-ra'i-ru　　ki-sa'i-ru 〜 ki-ra'i-ru
5. 可能動詞　　　kak-e-ru　　　　'ake-ra'i-ru　　ki-sa'i-ru 〜 ki-ra'i-ru

3.2.1　動詞の形態（論）的特徴による種類分け

動詞は語幹と語尾の形態論的特徴によって、以下のように分類することができる。

（1）　第一種動詞（子音動詞）

語幹が特定の語尾との結合において交替することのある動詞。例えば、/kaku/ の語幹 /kak-/ は語尾 /-ta/ の前では語幹 /ka'i-/ と交替する。/ka'ita/。（/kak-/ と /ka'i-/ は形態素 {kak-} の異形態である。）その交替の条件は次のとおり。

　　㋐第 1 種語尾（この場合 /V/ で始まる形が選択される。「語尾」の項を参照）が接尾する場合、/kak-/ が選択される。（140 頁「語尾の種類」参照）

㋺第2種語尾(「語尾」の項を参照)が接尾する場合、/ka'i-/ が選択される。(141頁「語尾の種類」参照)

　㋑のとき現れる語幹を基本語幹といい、㋺のとき現れる語幹を(「実現の拡張接尾辞 /-ta/ が付く語幹」に因み)「実現語幹」と言う。

この種の動詞は基本語幹が子音で終わるのが特徴的であるから、以下子音動詞と呼ぶことにする。子音動詞は、語幹末尾の子音によって実現語幹の形態が一定している。その関係は次のとおり。(同時に実現語幹の形態によって第2種語尾の頭子音も決定されるので、第2種語尾の例として実現拡張語尾[形態素]{-ta}の異形態を添えておく。)

類	基本語幹末尾	実現語幹末尾	実現形語尾	名　　称
①	-k	-'i/-R	-ta	k^1 子音動詞
①'	-k	-Q	-ta	k^2 子音動詞
②	-ŋ	-'i/-R	-ta	ŋ 子音動詞
③	-s	-si (〜 -Q)	-ta	s 子音動詞
④	-t 〜 -c	-Q	-ta	t 子音動詞
⑤	-n	-N	-da	n 子音動詞
⑥	-b	-N	-da	b 子音動詞
⑦	-m	-N	-da	m 子音動詞
⑧	-r	-Q	-ta	r 子音動詞
⑨	-'w 〜 -' 〜 -φ	-Q	-ta	w 子音動詞

①はいわゆるカ行五段動詞に当たる。
　実現語幹末尾の /-'i/ と /-R/ の出現条件：
　　・基本語幹末尾 /Vk/ の /V/ = /a, u, o/ のとき、/V'i/。
　　・基本語幹末尾 /Vk/ の /V/ = /i, e/ のとき、/VR/。(但し、時に成年層で /V/ = /e/ のとき /'i/ を耳にすることがある)
①' は①の例外をなすもので、/'aruku⌐/(歩く)、/'iku⌐/(行く)、/maruku⌐/(束ねる)の3語しか見つかっていない。カ行五段動詞の実現語幹(いわゆる音便形)はイ音便形を取るのが①のように通則で、この点で①' は促音便形を取るので変則となる。
　例：
　　/naŋano˥Rzi 'aru˥Qte kutabire˥ta↓/(長い間歩いたので疲れた。)
　　/'wara˥ maruQte simaQtoke˥↓/(藁を束ねてしまっておけ。)
②はいわゆるガ行五段動詞に当たる。実現語幹末尾の /-'i/ と /-R/ は①に準じる。なお、共通語と違って実現語尾の頭子音(これは第2種語尾の

すべてに当てはまる)が有声にならないことに注意。
例：
/'ano kiʀl noboQte | miʀ mo'ilte koʀl 'jo↓/
(あの木に登って実をもいでこいよ。)
/'ocja cu'ite kurel↓/(お茶を注いでくれ。)
「注い te」であって「注い de」ではない。共通語的場面でもこの形はよく現れる。(つまり、直りにくい言語習慣の一つで、共通語のガ行五段動詞ではいわゆる助詞の「て」や助動詞の「た」が連濁するということに気が付いていない方言話者が普通にいる。)

③はいわゆるサ行五段動詞に当たる。実現語幹末尾の /-Q/ は第 2 種語尾である終結相の拡張語尾 {-cja'-(u)} の異形態 /-sja'-(u)/ や、条件形統語語尾の {-cja(ʀ)} の異形態 /-sjal(ʀ)/ の前に現れる。
例：
/daQsjal'u〜daQsjaʀ/、/daQsjaʀ/　　(出してしまう、出しては)
/moQsja'u〜moQsjaʀ/、/moQsjaʀ/　　(燃してしまう、燃しては)
/karita moɴ nalɴka naQsjal'i na↓/(借りたものなど返してしまえ。)
/tana kara 'oQkoltoQsjaQta↓/(棚から落としてしまった。)
/*dasicjal'u→daQsjal'u/ は次のような変化の結果と考えられる。
/-sicja-/[-ɕʨa-]→[-ɕʨa-]→[-ɕɕa-] /-sisja-/→[-ɕɕa-] /-Qsja-/。
前後の歯茎硬口蓋音と舌端との摩擦音によって、硬口蓋と舌端との閉鎖が阻害されてこのように変化したと考えられる。ロシア語の「Щ щ」/scja/ にも同様な変化([ɕʨa]→[ɕɕa])が見られることが参考になる。

④はいわゆるタ行五段動詞に当たる。
基本語幹末尾の /-t, -c/ の現れる条件：
・第 1 種語尾の頭音が /a, e, o/ のとき、/-t/。
・第 1 種語尾の頭音が /i, u, j/ のとき、/-c/。

但し、この場合、基本語幹末尾にすべて /-c/ を用いる個人がある。草加市で 2 名 (1 人は 70 代、1 人は 20 代)、八潮市で 1 名 (50 代)、三郷市で 1 名 (60 代) を観察、確認した (1972 年当時)。類推に起源する個人的変異と思われるが、ほかにも気をつけると耳に付き、こういう言い方をする話し手は決して少なくないという印象を受ける。(21 頁の音素 /c/ 参照)

⑤はいわゆるナ行五段活用に当たる。/sinu/ やそれを後部成分とする派生語・複合語に限られ、数が少ない。/'jakesinu˩/(焼け死ぬ)、/notarezinu˩/(のたれ死ぬ)、/'oQcinu˩/(あっけなく死ぬ)など。

　なお、/simu/ という個人が年齢層に関係なく散在する。成年層やそれより若い層だけでなく高年層でもこういう個人が見つかる。

⑥はいわゆるバ行五段活用に当たる。

⑦はいわゆるマ行五段活用に当たる。

⑧はいわゆるラ行五段活用に当たる。

　この型に属する動詞のうち /'aru˩/(有る)のみは、共通語と同様に、否定形が形容詞 /na'i˩〜neʀ˩/ によって補充されるので特殊である。

　基本語幹末尾の /r/ は第 1 種語尾との結合形においては /rV/ がしばしば「音便」(「音韻」の項 53 頁参照)を起こして /N//Q/ に変化するが、これは回帰可能な変化である。

　(注意：例語の 1 単語中に 2 か所アクセント核 /˩/ が現れたり、括弧付きの /(ʀ)/ が現れたりするのは既述のように節約のための合成表記である。)

例：　　　　　　　　/toru˩/(取る)　　　　　/'jaru ̄/(やる)

A.　終止形式

  1.　終止形　　　　toru˩　　　　　　　　'jaru

  2.　強終止形　　　toru˩'i　　　　　　　'jaru˩'i

  3.　命令形¹　　　 tore˩　　　　　　　　'jare˩

  5.　命令形²　　　 torina˩→toɴna˩　　　　'jarina˩→'jaɴna˩

  6.　志向形¹　　　 toro˩ʀ　　　　　　　 'jaro˩ʀ(→'ja'o˩ʀ)※

  7.　志向形²　　　 toru˩be˩(ʀ)→toɴ˩be˩(ʀ)　'jarube˩(ʀ)→'jaɴbe˩(ʀ)

  8.　禁止形　　　　toru˩na→toɴ˩na　　　'jaruna˩→'jaɴna˩

  9.　強禁止形　　　toru˩na'i→toɴ˩na'i　　'jaruna˩'i→'jaɴna˩'i

10.　否定推量形　　torume˩(ʀ)→toɴme˩(ʀ)　'jarume˩(ʀ)→'jaɴme˩(ʀ)

11.　確否形　　　　toro˩ɴka　　　　　　　'jaroɴka˩(→'ja'oɴka˩)※

12.　強確否形　　　toro˩ɴka'i　　　　　　 'jaroɴka˩'i(→'ja'oɴka˩'i)※

13.　主張形　　　　tora˩(ʀ)　　　　　　　'jara˩(ʀ)

14.　強主張形　　　tora˩'i　　　　　　　　'jara˩'i

(15　尊敬命令形　　torise˩ʀ　　　　　　　'jarise˩ʀ)

B.　連体形式

  1.　連体形　　　　toru˩　　　　　　　　'jaru

3.2 動詞　129

C. 接続形式
1. 接続形　　　toQtel　　　　　　　'jaQte
2. 条件形　　　toQcjal(ʀ)　　　　　'jaQcja(l)(ʀ)
3. 逆接形 1　　toQtelmo　　　　　 'jaQtelmo(l)
4. 逆接形 2　　toQtalQte　　　　　'jaQtalQte(l)
5. 逆接形 3　　torelbaQte　　　　 'jarebalQte
6. 例示形　　　toQtalri　　　　　 'jaQtalri
7. 仮定形 a　　toreIba→toNlba　　 'jareba(l)→'jaNba(l)
　 仮定形 b　　torjal(ʀ)　　　　　'jarja(l)(ʀ)

D. 準体形式
1. 不定形　　　toril'　　　　　　 'jaril'
2. 推想形　　　torisol(ʀ)　　　　 'jarisol(ʀ)
3. 強消形　　　tori(l)Qko　　　　 'jariQko

E. 拡張形式
1. 終結形　　　toQcjal'u　　　　　'jaQcja'u
2. 予置形　　　toQtolku　　　　　 'jaQtoku
3. 継続形　　　toQtelru　　　　　 'jaQteru
4. 軽卑形　　　tori'jalŋaru　　　 'jari'jalŋaru
5. 丁寧形　　　torimalsu　　　　　'jarimalsu
6. 願望形　　　toritel(ʀ)　　　　 'jarite(ʀ)
7. 否定形　　　toranel(ʀ)→toNNel(ʀ)　　'jarane(ʀ)→'jaNNe(ʀ)
8. 実現形　　　toQtal　　　　　　 'jaQta

例：　　　　　/heʀlru/（入る）

A. 終止形式
1. 終止形　　　heʀlru
2. 強終止形　　heʀlru'i
3. 命令形 1　　heʀlre
5. 命令形 2　　heʀrinal→heʀNNal→heNNal
6. 志向形 1　　heʀrolʀ
7. 志向形 2　　heʀlrubel(ʀ)→heʀlNbel(ʀ)→heNlbel(ʀ)
8. 禁止形　　　heʀlruna→heʀlNna→heNlna
9. 強禁止形　　heʀlruna'i→heʀlNna'i→heNlna'i

130 3. 文法

   10. 否定推量形　　heʀrumel(ʀ)→heʀnmel(ʀ)→heɴmel(ʀ)
   11. 確否形　　　　heʀlroɴka
   12. 強確否形　　　heʀlroɴka'i
   13. 主張形　　　　heʀlra(ʀ)
   14. 強主張形　　　heʀlra'i
 (15. 尊敬命令形　　heʀriselʀ　　　)
B. 連体形式
   1. 連体形　　　　heʀlru
C. 接続形式
   1. 接続形　　　　heʀQlte→heQlte
   2. 条件形　　　　heʀQlcja(ʀ)→heQlcja(ʀ)
   3. 逆接形[1]　　　heʀQltemo→heQltemo
   4. 逆接形[2]　　　heʀQltaQte→heQltaQte
   5. 逆接形[3]　　　heʀlrebaQte
   6. 例示形　　　　heʀQltari→heQltari
   7. 仮定形[a]　　　heʀlreba→heʀlɴba→heɴlba
     仮定形[b]　　　heʀlrja(ʀ)
D. 準体形式
   1. 不定形　　　　heʀlri
   2. 推想形　　　　heʀrisol(ʀ)
   3. 強消形　　　　heʀlrilQko
E. 拡張形式
   1. 終結形　　　　heʀQlcja'u→heQlcja'u
   2. 予置形　　　　heʀQltoku→heQltoku
   3. 継続形　　　　heʀQlteru→heQlteru
   4. 軽卑形　　　　heʀri'jalŋaru
   5. 丁寧形　　　　heʀrimalsu(→ha'irimalsu)
   6. 願望形　　　　heʀritel(ʀ)
   7. 否定形　　　　heʀlralne(ʀ)→heʀlɴlne(ʀ)→heɴlne(ʀ)
   8. 実現形　　　　heʀQlta→heQlta

※ /'jaru/ は表に示したように /o-/ で始まる第1種語尾との結合で、語幹末尾の /r/ を、例えば /'iQte 'ja'olʀ ka/(行ってやろうか)のように落とす個人が多い。一種の変格だが、理由は不明である。

⑨はいわゆる共通語のワ行五段に当たる。
基本語幹末尾の /-V'w/、/-V'/、/-Vφ /(/V/ = /a, u, o/)の現れる条件：
- 第1種語尾の頭音が /a/ のとき、/-V'w/ が現れることがある。但し、/-a'wa-/ は /-a'a-/[-aa-] や /-aʀ-/[-aː-] に、/-u'wa-/、/-o'wa-/ は /-u'a-/、/-o'a-/ になりやすいが、いずれも回帰可能。
- 第1種語尾の頭音が /a/ 以外のとき、/-V'/。なお、この場合、音韻上の制約から第1種語尾の頭母音 /e/ は、高年層で /ɪ/、成年層で /i/ となる。
- 第1種語尾の頭音が /ʀ/ で始まるとき、/-Vφ/。但し、この /ʀ/ は、上記の(/V'u/→)/Vʀ/ や、(/-a'wa-/→)/-aʀ-/ のような変異形ではいずれも元の形へ回帰可能。

例：　　　　　　　/ka'u〜kaʀ/（買う）　　　　/sjo'u〜sjoʀ/（背負う）

A．終止形式
  1. 終止形　　　　ka'u 〜 kaʀ　　　　　　　sjo'u〜sjoʀ
  2. 強終止形　　　ka'ul'i〜kaʀl'i　　　　　　sjo'ul'i〜sjoʀl'i
  3. 命令形¹　　　 ka'il　　　　　　　　　　sjo'il
  5. 命令形²　　　 ka'inal　　　　　　　　　sjo'inal
  6. 志向形¹　　　 ka'olʀ　　　　　　　　　sjo'olʀ
  7. 志向形²　　　 ka'ubel(ʀ)〜kaʀbel(ʀ)　　sjo'ubel(ʀ)〜sjoʀbel(ʀ)
  8. 禁止形　　　　ka'unal〜kaʀnal　　　　 sjo'unal〜sjoʀnal
  9. 強禁止形　　　ka'unal'i〜kaʀnal'i　　　 sjo'unal'i〜sjoʀnal'i
  10. 否定推量形　　ka'umel(ʀ)〜kaʀmel(ʀ)　sjo'umel(ʀ)〜sjoʀmel(ʀ)
  11. 確否形　　　　ka'oɴkal　　　　　　　　sjo'oɴkal
  12. 強確否形　　　ka'oɴkal'i　　　　　　　 sjo'oɴkal'i
  13. 主張形　　　　ka'u'wal〜kaʀ'wal　　　 sjo'u'wal〜sjoʀ'wal
  14. 強主張形　　　ka'u'wal'i→kaʀ'wal'i　　sjo'u'wal'i〜sjoʀ'wal'i
  (15 尊敬命令形　ka'iselʀ　　　　　　　　sjo'iselʀ　　　　)
B．連体形式
  1. 連体形　　　　ka'u〜kaʀ　　　　　　　sjo'u〜sjoʀ
C．接続形式
  1. 接続形　　　　kaQte　　　　　　　　　sjoQte
  2. 条件形　　　　kaQcja(l)(ʀ)　　　　　　sjoQcja(l)(ʀ)
  3. 逆接形¹　　　 kaQtelmo(l)　　　　　　 sjoQtelmo(l)
  4. 逆接形²　　　 kaQtalQte(l)　　　　　　sjoQtalQte(l)

5.	逆接形³	ka'ibaˈQte	sjo'ibaˈQte
6.	例示形	kaQtaˈriˈ	sjoQtaˈriˈ
7.	仮定形ᵃ	ka'iba(ˈ)	sjo'iba(ˈ)
	仮定形ᵇ	ka'i'ja(ˈ)(ʀ)	sjo'i'ja(ˈ)(ʀ)

D. 準体形式

1.	不定形	ka'iˈ'	sjo'iˈ'
2.	推想形	ka'isoˈ(ʀ)	sjo'isoˈ(ʀ)
3.	強消形	ka'iQko	sjo'iQko

E. 拡張形式

1.	終結形	kaQcja'u	sjoQcja'u
2.	予置形	kaQtoku	sjoQtoku
3.	継続形	kaQteru	sjoQteru
4.	軽卑形	ka'i'jaˈŋaru	sjo'i'jaˈŋaru
5.	丁寧形	ka'imaˈsu	sjo'imaˈsu
6.	願望形	ka'ite(ʀ)	sjo'ite(ʀ)
7.	否定形	ka'wane(ʀ)	sjo'wane(ʀ)
		〜ka'ane(ʀ)〜kaʀne(ʀ)	〜sjo'ane(ʀ)
8.	実現形	kaQta	sjoQta

(2) 第2種動詞（母音動詞）

　すべての活用形を通じて語幹が単一のもので、その末尾が母音 /i/ か /e/ で終わるのが特徴的である。前者はいわゆる上一段動詞、後者はいわゆる下一段動詞に当たる。この種の動詞を母音動詞と言う。

　このうち語幹末尾が /-ki/ のものは、第2種語尾の終結相拡張語尾の {-cja'-(u)} や条件形統語語尾の {-cja(ʀ)} との結合で、その異形態 /-sja'-(u)/ や /-sjaˈ(ʀ)/ を選択する点で特異である。（他のものなら /-cja'-(u)/ や /-cjaʀ/ を選択する。）

例：

　/kisja'u〜kisjaʀ/、/kisjaʀ/（着てしまう、着ては）

　/'akisja'u〜'akisjaʀ/、/'akisjaʀ/（飽きてしまう、飽きては）

　/'ukisja'u〜'ukisjaʀ/、/'ukisjaʀ/（⌘「浮きる」。浮いてしまう、浮いては）

　/'okisjaˈu〜'okisjaʀ/、/'okisjaʀ/（起きてしまう、起きては）

　/dekisjaˈu〜dekisjaʀ/、/dekisjaʀ/（できてしまう、できては）

/-kicja-/［-k̥ʝ̊tɕa-］→［-k̥ç̩tɕa-］→［-k̥ç̩ɕa-］/-kisja-/のように、前後の硬口蓋・歯茎と前舌・舌端との摩擦音によって歯茎硬口蓋と舌端との閉鎖が阻害された結果として /-sja'u〜-sjaʀ/ が成立したと考えられる。（前述の）サ行五段およびサ変の /-sicja-/ にも同様な変化が起こり、/-sisja-/ を経て /-Qsja-/ にまで発達している。

(2′) 第 2 種動詞（母音動詞）に似るが変則的なもの

①使役動詞（派生接尾辞 /-ase-〜-sase-/ による派生語）。

母音動詞に似るが、/t/ で始まる第 2 種語尾（第 1 種語尾ではないことに注意）の前で /-asi-〜-sasi-/ が現れ、第 2 種語尾である終結相の拡張語尾 {-cja'-(u)} の異形態 /sja'-(u)/ や、条件形統語語尾 {-cja(ʀ)} の異形態 /sja˥(ʀ)/ の前で /-aQ-〜-saQ-/ が現れる。第 1 種語尾 /-te˥ʀ/（願望）の前では /-ase-〜-sase-/ である。

例：	/tor-ase-ru˥/（取らせる）	/'ake-sase-ru/（開けさせる）
A. 終止形式		
1. 終止形	toraseru˥	'akesaseru
2. 強終止形	toraseru˥'i	'akesaseru˥'i
3. 命令形 1	torasero˥	'akesasero˥
4. 強命令形	torasero˥'i	'akesasero˥'i
5. 命令形 2	torasena˥	'akesasena˥
6. 志向形 1	torase'jo˥ʀ	'akesase'jo˥ʀ
7. 志向形 2	torasebe˥(ʀ)㊢	'akesasebe˥(ʀ)㊢
	〜torase˥ɴbe˥(ʀ)㊛	〜'akesaseɴbe˥(ʀ)㊛
8. 禁止形	torase˥ɴna	'akesaseɴna˥
9. 強禁止形	torase˥ɴna'i	'akesaseɴna˥'i
10. 否定推量形	toraseme˥(ʀ)	'akesaseme˥(ʀ)
11. 確否形	torasero˥ɴka	'akesaseroɴka˥
12. 強確否形	torasero˥ɴka'i	'akesaseroɴka˥'i
13. 主張形	torasera˥(ʀ)	'akesasera˥(ʀ)
14. 強主張形	torasera˥'i	'akesasera˥'i
(15. 尊敬命令形	torasese˥ʀ	'akesasese˥ʀ　)
B. 連体形式		
1. 連体形	toraseru˥	'akesaseru

C. 接続形式
  1. 接続形　　　torasite˥　　　　　'akesasite
  2. 条件形　　　toraQsja˥(ʀ)　　　'akesaQsja˥(ʀ)
  3. 逆接形¹　　 torasite˥mo　　　 'akesasite˥mo(˥)
  4. 逆接形²　　 torasita˥Qte　　　'akesasita˥Qte(˥)
  5. 逆接形³　　 torasere˥baQte　　'akesasereba˥Qte
  6. 例示形　　　torasita˥ri　　　　'akesasita˥ri˥
  7. 仮定形ᵃ　　 torase˥ɴba　　　　'akesaseɴba(˥)
     仮定形ᵇ　　 toraserja˥(ʀ)　　 'akesaserja(˥)(ʀ)
D. 準体形式
  1. 不定形　　　torase˥′　　　　　'akesase˥′
  2. 推想形　　　toraseso˥(ʀ)　　　'akesaseso˥(ʀ)
  3. 強消形　　　torase(˥)Qko　　　'akesaseQko
E. 拡張形式
  1. 終結形　　　toraQsja˥'u　　　 'akesaQsja'u
  2. 予置形　　　torasito˥ku　　　 'akesasitoku
  3. 継続形　　　torasite˥ru　　　 'akesasiteru
  4. 軽卑形　　　torase'ja˥ŋaru　　'akesase'ja˥ŋaru
  5. 丁寧形　　　torasema˥su　　　 'akesasema˥su
  6. 願望形　　　torasete˥(ʀ)　　　'akesasete(ʀ)
  7. 否定形　　　torasene˥(ʀ)　　　'akesasene(ʀ)
  8. 実現形　　　torasita˥　　　　 'akesasita

②授与動詞 /ku'iru/(「呉れる」。共通語と違い「やる」の意味も併せ持っていて主語の人称制限はない。cf. 英語"give")は、母音動詞に似るが、語幹 /ku'i-/ が /n/ で始まる第1種語尾の前で /kuɴ-/ となり、命令形語幹では /kure-/ となる。命令形は /kure-φ/ と /kure-ro/ の2形があり、自分に向けては /kure-φ/、他者に向けては /kure-ro/ が、/'ore {ŋe/ni} sore kure˥↓/(おれにそれをくれ)、/neko˥ {ŋe/ni} 'ısa˥ kurero˥↓/(猫に餌をやれ)のように使われる。(前者は語尾がφ形態である。後者は第三者向けの行為を聞き手(第二人称者)に命じる形であるが、あまり聞かれなくなっている。)

　なお、語幹 /ku'i-/ は /kure-/ という形で全く現れないわけではない。/kureru/ という形も耳にすることはあるが、/ku'iru/ が卓越すると考えて

3.2 動詞 135

この形で取り上げたものである。

③ /tariru/（足りる）、/sireru/（知れる）。これは第1種否定拡張語尾の前で /taNne(R)//siNne(R)/ となる点で変則的。一般にいわゆるラ行上一段、ラ行下一段のもの（語幹末が /-ri, -re/ で終わる）は語幹の変容がないので、変則と見なされるわけである。なお、/taNne(R)/ は /tarane(R)/ に回帰する話者があり、古いラ行五段（未然形）の化石的な残存形の可能性がある。

④ /'oQkolciru/（落ちる）は第2種語尾の前では /'oQkoQ-/ が現れるので変則である。

例：	/ku'iru/	/tariru/	/'oQkolciru/
A. 終止形式			
1. 終止形	ku'iru	tariru	'oQkolciru
2. 強終止形	ku'irul'i	tarirul'i	'oQkolciru'i
3. 命令形¹	kurel/kurerol	—	'oQkolciro
4. 強命令形	—	—	'oQkolciro'i
5. 命令形²	kuNnal	—	'oQkolcina
6. 志向形¹	ku'i'jolR	—	'oQkolci'joR
7. 志向形²	ku'ibel(R)⑨	—	'oQkolcibe(R)⑨
	~ ku'iNbel(R)⑩		~ 'oQkolciNbe(R)⑩
8. 禁止形	ku'iNnal	—	'oQkolciNna
9. 強禁止形	ku'iNnal'i	—	'oQkolciNna'i
10. 否定推量形	ku'imel(R)	tarimel(R)	'oQkolcime(R)
11. 確否形	ku'ironkal	tarironkal	'oQkolcironka
12. 強確否形	ku'ironkal'i	tarironkal'i	'oQkolcironka'i
13. 主張形	ku'iral(R)	tariral(R)	'oQkolcira(R)
14. 強主張形	ku'iral'i	tariral'i	'oQkolcira'i
(15. 尊敬命令形	kuNselR~ku'iselR	—	—)
B. 連体形式			
1. 連体形	ku'iru	tariru	'oQkolciru
C. 接続形式			
1. 接続形	ku'ite	tarite	'oQkolQte

2.	条件形	ku'icja(˥)(R)	taricja(˥)(R)	'oQko˥Qcja(R)
3.	逆接形 [1]	ku'ite˥mo(˥)	tarite˥mo(˥)	'oQko˥Qtemo
4.	逆接形 [2]	ku'ita˥Qte(˥)	tarita˥Qte(˥)	'oQko˥QtaQte
5.	逆接形 [3]	ku'ireba˥Qte	tarireba˥Qte	'oQkolcirebaQte
6.	例示形	ku'ita˥ri˥	tarita˥ri˥	'oQko˥Qtari
7.	仮定形 [a]	ku'iNba(˥)	tariNba(˥)	'oQkolciNba
	仮定形 [b]	ku'irja(˥)(R)	tarirja(˥)(R)	'oQkolcirja(R)

D. 準体形式

1.	不定形	ku'i˥'	tari˥'	'oQkolci
2.	推想形	ku'iso˥(R)	tariso˥(R)	'oQkolciso(R)
3.	強消形	ku'iQko	tariQko	'oQkolciQko

E. 拡張形式

1.	終結形	ku'icja'u	taricja'u	'oQko˥Qcja'u
2.	予置形	ku'itoku	—	—
3.	継続形	ku'iteru	tariteru	'oQko˥Qteru
4.	軽卑形	ku'i'ja˥ŋaru	tari'ja˥ŋaru	'oQkolci'jaŋaru
5.	丁寧形	ku'ima˥su	tarima˥su	'oQkolcimasu
6.	願望形	ku'ite(R)	—	'oQkolcite(R)
7.	否定形	kuNne(R)	taNne(R)	'oQkolcine(R)
8.	実現形	ku'ita	tarita	'oQko˥Qta

(3) 変格動詞

① /kuru˥/(来る)

　この動詞は語幹に /ki- ～ku- ～k-/ の 3 形がある。

・/ku-/ 語幹は /r/ で始まる第 1 種語尾の前に現れる。

・/k-/ 語幹は、命令形語尾 /-oR[1] ～-o('i)/、および志向形語尾 /-oR[2]/ の前にのみ現れる。

・/ki-/ はその他の位置に現れる。（終結相語尾は /-sja'-(u)/、条件形語尾は /sja˥R/ が選択される。）

　即ち、カ変のいわゆる未然形は「こ」ではなく「き」になっている。/kisaseru˥/(来させる)、/kisa'iru˥～kira'iru˥/(来られる)、/kina˥'i～kine˥R/(来ない)、/ki'jo˥R～ko˥R/(来よう)など。「こ」の形は命令形 /ko˥R/ や志向形 /ko˥R/ にのみ現れる。受身動詞・可能動詞の /kisa'iru˥～kisareru˥/

の形はこの地域に広く行われる。/kira'iɾu/～kiɾaɾeɾu/ の形は少数派である。

② /siru/（為る）
大体、母音動詞に同じであるが、次の点で異なる。
・第2種語尾の、終結相語尾 /-sja'-(u)/（{-cja'-(u)} の異形態）および条件形語尾 /-sja1(ʀ)/（{-cja(ʀ)} の異形態）の前では語幹は /Q/ と交替する。/Qsja'u～QsjaʀV/（してしまう）、/Qsja(1)(ʀ)/（しては）。
/'ɴɴna koto1 QsjaQte,…/（そんなことをしてしまって…）など他の語に直接続けられるときは、通常は「んー｜な｜こ｜とっ｜しゃっ｜て」と分節 syllabicate されるような発音が聞かれるが、発話段落の初め（#）に位置する場合には、[ɕjɕaɯ]～[ɕɕaɯ] などの発音が観察される。[ɕjɕaɯ]～[ɕɕaɯ] の冒頭は、無声化ないし母音脱落した［シ］（「ししゃう」）か成節的促音［ッ］（「っしゃう」）か不分明な発音になっている（≒東京語「薄そう [ɯsɯ̥soː]～[ɯssoː]」 cf.「鬱蒼 [ɯssoː]」）。これらは他の語が先行すれば即、非成節的な促音に替わる。/sisjaʀbe1～'Qsjaʀbe1↓//soʀ ⌒ Qsjaʀbe1↓/（しちゃおう。そうしちゃおう）。従って、発話段落の初頭位という、音声的に条件づけられた異形態として /#'Q-/ のほかに、/#si-/ を立てた方がよいかもしれないが、複雑になるので注記にとどめる。なお、/'Q/ に関して 31・35 頁を参照。
・派生動詞（使役動詞、受身動詞）の語核 kernel としては /s-/ が現れる。/s-ase-ru/（させる）、/s-a'i-ru/（される）。
・可能動詞は補充法 suppletion による語幹 /deki-/ が現れる。
基本的にはいわゆる上一段活用と認めてよいものである。

③ /ciŋa'u～ciŋaʀ/（違う）
この形式は、形容詞型の活用をもち、動形容詞とでも言うべき極めて特異な活用をする。動詞型の活用形と形容詞型の活用形とが共存している活用形と、共存していない活用形とがある。共存しているところでは、動詞型が「別異の事態」を表し、形容詞型が「別異の状態」を表すという意味の差がある。共存していないところでは中和している。終止＝連体形によって一応動詞に摂した。なお、/maciŋa'u1/（間違う）は完全に動詞型に活用する。

活用表：	/kuru˥/	/siru/	/ciŋa’u/
A. 終止形式			
1. 終止形	kuru˥	siru	ciŋa’u～ciŋaR
2. 強終止形	kuru˥’i	siru˥’i	ciŋa’u˥’i～ciŋaR˥’i
3. 命令形[1]	koR˥	siro˥	—
4. 強命令形	ko’i˥	siro˥’i	—
5. 命令形[2]	kina˥	sina˥	—
6. 志向形[1]	koR˥～ki’jo˥R	si’jo˥R	—
7. 志向形[2]	kibe˥(R)(高) ～kuN˥be˥(R)(成)	sibe˥(R)(高) ～siNbe˥(R)(成)	ciŋakaNbe˥(R)（推量形）
8. 禁止形	kuN˥na	siNna˥	—
9. 強禁止形	kuN˥na’i	siNna˥’i	—
10. 否定推量形	kime˥(R)	sime˥(R)	{ ciŋa’ume˥(R)～ciŋaRme˥(R) ciŋaka ’aNme˥(R)
11. 確否形	kuro˥Nka	siroNka˥	{ ciŋa’oNka˥ ciŋaka ’aro˥Nka
12. 強確否形	kuro˥Nka’i	siroNka˥’i	{ ciŋa’oNka˥’i ciŋaka ’aro˥Nka’i
13. 主張形	kura˥(R)	sira˥(R)	ciŋa’u’wa˥～ciŋaR’wa˥
14. 強主張形	kura˥’i	sira˥’i	ciŋa’u’wa˥’i～ciŋaR’wa˥’i
（15. 尊敬命令形	kise˥R	sise˥R	— ）
B. 連体形式			
1. 連体形	kuru˥	siru	ciŋa’u～ciŋaR
G. 連用形式			
1. 連用形			ciŋaku
2. とりたて形			ciŋaka
C. 接続形式			
1. 接続形	kite˥	site	{ ciŋaQte ciŋakute
2. 条件形	kisja˥(R)	Qsja(˥)(R) (～#sisja(˥)(R))	{ ciŋaQcja(˥)(R) ciŋakucja˥(R)
3. 逆接形[1]	kite˥mo	site˥mo(˥)	{ ciŋaQte˥mo(˥) ciŋakute˥mo(˥)

3.2 動詞

4.	逆接形 [2]	kitaꜜQte	sitaꜜQte(ꜜ)	ciŋaQtaꜜQte(ꜜ) / ciŋakuQtaꜜQte(ꜜ)
5.	逆接形 [3]	kureꜜbaQte	sirebaꜜQte	ciŋa'ibaꜜQte / ciŋa(R)kerebaꜜQte
6.	例示形	kitaꜜri	sitaꜜriꜜ	ciŋaQtaꜜriꜜ / ciŋakaQtaꜜriꜜ
7.	仮定形 [a]	kuNꜜba	siNba(ꜜ)	ciŋa'iba(ꜜ) / ciŋa(R)keꜜNba
	仮定形 [b]	kurjaꜜ(R)	sirja(ꜜ)(R)	ciŋa'i'ja(ꜜ)(R) / ciŋa(R)keꜜrja(ꜜ)(R)

D. 準体形式

1.	不定形	kiRꜜ~kiꜜ'	siRꜜ~siꜜ'	ciŋa'iꜜ'
2.	推想形	kisoꜜ(R)	sisoꜜ(R)	ciŋa'isoꜜ(R) / ciŋasoꜜ(R)
3.	強消形	ki(ꜜ)Qko	siQko	ciŋa'iQko

E. 拡張形式

1.	終結形	kisja'u (~#sisja'u)	Qsja'u	ciŋaQcja'u
2.	予置形	kitoꜜku	sitoku	—
3.	継続形	kiteꜜru	siteru	ciŋaQteru
4.	軽卑形	ki'jaꜜŋaru	si'jaꜜŋaru	ciŋa'i'jaꜜŋaru
5.	丁寧形	kimaꜜsu	simaꜜsu	ciŋa'imaꜜsu
6.	願望形	kiteꜜ(R)	site(R)	—
7.	否定形	kineꜜ(R)	sine(R)	ciŋa'(w)ane(R)~ciŋaRne(R) / ciŋaku neRꜜ/ciŋaka neRꜜ
8.	実現形	kitaꜜ	sita	ciŋaQta / ciŋakaQta

F. 派生動詞（付説）

1.	使役動詞	kisaseruꜜ	saseru	—
2.	二重使役動詞	kisasaseruꜜ	sasaseru	—
3.	被役動詞	kisasa'iruꜜ	sasa'iru	—
4.	受身動詞	kisa'iruꜜ ~kira'iruꜜ	sa'iru	—

5.　可能動詞　　　kisa'iru┐　　dekiru┐　　　　―
　　　　　　　　　　　～kira'iru┐

○語尾の種類
　　語尾は基本的には大きく2種類に分けられる。
（1）　第1種語尾：
　　　子音動詞語幹（基本語幹）と母音動詞語幹に付くときで、別の形を取るものを言う。（形態素論的には同一形態素の異形態と解釈される。両者の異なる部分が形態音素である。）
　　ⓐ　子音動詞語幹に接尾するときは、母音で始まる形。
　　ⓑ　母音動詞語幹に接尾するときは、子音で始まる形かφ形態。
　　ⓒ　変格動詞 /kuru┐/（来る）に接尾する形は、母音動詞語幹に付くそれに似るが、一部分異なるところがある。
　　　第1種語尾には次のようなものがある。

	ⓐ（子音語幹＋）	ⓑ（母音語幹＋）	ⓒ（変格語幹＋）
A.　終止形式			
1.　終止形	-u	-ru	-ru
2.　強終止形	-u'i	-ru'i	-ru'i
3.　命令形¹	-e	-ro	-oʀ
4.　強命令形	―	-ro'i	-o'i
5.　命令形²	-ina	-na	-na
6.　志向形¹	-oʀ	-'joʀ	-oʀ～-'joʀ
7.　志向形²	-ubeʀ	-beʀ～-rubeʀ	-beʀ～-rubeʀ
8.　禁止形	-una	-runa	-runa
9.　強禁止形	-una'i	-runa'i	-runa'i
10.　否定推量形	-umeʀ	-meʀ	-meʀ
11.　確否形	-oɴka	-roɴka	-roɴka
12.　強確否形	-oɴka'i	-roɴka'i	-roɴka'i
13.　主張形	-aʀ	-raʀ	-raʀ
14.　強主張形	-a'i	-ra'i	-ra'i
（15.　尊敬命令形	-iseʀ	-seʀ	-seʀ　　）
B.　連体形式			
1.　連体形	-u	-ru	-ru

3.2 動詞

C. 接続形式
  5. 逆接形³   -ebaQte   -rebaQte   -rebaQte
  7. 仮定形ᵃ   -eba   -reba   -reba
     仮定形ᵇ   -jaʀ   -rjaʀ   -rjaʀ
D. 準体形式
  1. 不定形   -i   -φ   -φ
  2. 推想形   -isoʀ   -soʀ   -soʀ
  3. 強消形   -iQko   -Qko   -Qko
E. 拡張形式
  4. 軽卑形   -i'jaŋar-u   -'jaŋar-u   -'jaŋar-u
  5. 丁寧形   -imas-u   -mas-u   -mas-u
  6. 願望形   -ita-'i〜-iteʀ -ta-'i〜-teʀ   -ta-'i〜-teʀ
  7. 否定形   -ana-'i〜-aneʀ -na-'i〜-neʀ   -na-'i〜-neʀ

(2) 第2種語尾

常に子音で始まる形式であり、その頭子音は /t, d, c, s, z/ に限られる。これら子音の現れは、音韻的、形態的に条件付けられている。
（形態音素論的には、/t〜d//c〜s〜z/ はそれぞれ形態音素である。）

頭子音 /t, d, c, s, z/ の選択条件

	先行する形態の種類	語幹末音 後続音	/-a,-e,-o/	/-i,-j/
ⓓ	k¹, ŋ ※子音動詞	-'i〜-ʀ	/-t-/	/-c-/
	k², t, r, w 子音動詞	-Q		
	母音動詞 (ki 母音動詞を除く)	-Ci[C≠k] -Ce		
ⓔ	s 子音動詞	-si(tの前)/-Q(sの前)	/-t-/	/-s-/
	ki 母音動詞	-ki		
	カ変・サ変	-ki,-si(tの前)/-Q(sの前)		
ⓕ	n, b, m 子音動詞	N	/-d-/	/-z-/

※「ŋ 子音動詞」(いわゆるガ行五段動詞)がⓕ類でなくⓓ類の語尾の /t, c/ を取ることに注意。

　　第2種語尾には次のようなものがある。

142   3. 文法

		ⓓ	ⓔ	ⓕ
C.	接続形式			
1.	接続形	-te	-te	-de
2.	条件形	-cjaʀ	-sjaʀ	-zjaʀ
3.	逆接形¹	-temo	-temo	-demo
4.	逆接形²	-taQte	-taQte	-daQte
6.	例示形	-tari	-tari	-dari
E.	拡張形式			
1.	終結形	-cja'-u	-sja'-u	-zja'-u
2.	予置形	-tok-u	-tok-u	-dok-u
3.	継続形	-te-ru	-te-ru	-de-ru
8.	実現形	-ta	-ta	-da

　以上で、動詞の語幹と語尾の一応の整理が終わった。次に、それらから構成される活用形について述べることにする。

【補説】「基本語幹」と「実現語幹」(いわゆる「音便語幹」)について
　「実現語幹」(音便語幹)は「基本語幹」から歴史的には次のように形成されたと推測される。従来の学説は、ある場合は子音脱落、ある場合は母音脱落と ad hoc な処理がなされているが、すべては母音弱化・母音脱落と隣接した子音の同化として説明できると思われる。連用形＋接続助詞「テ」を用いて説明すると次のようになる。(「テ」の子音の口蓋性は不問とする。)

　　　/-VCite/[-VCʲite]→[-VCʲite]→[-VCʲte]　→　…　→　/-V'ite, -VQte, -VNde/
　　　　本来の形 → 母音弱化 → 母音脱落と隣接した子音の同化と音変化 → 音便形

① カ四　[Vk̞ite]　→[Vk̞ʲite]　→[Vk̞te]　　　　→[Vçte]　→[Vite]　→[Vite]
① ガ四　[Vŋgite]　→[Vŋgʲite]　→[Vŋgte]　→[Vŋʲte]　→[Vʝde]　→[Ṽide]　→[Vide]※¹
① サ四　[Vɕite]　→[Vɕʲite]　→[Vɕte]　　　　→[Vçte]　→[Vite]　→[Vite]※²
② タ四　[Vt̞ite]　→[Vt̞ʲite]　→[Vt̞te]　　　　→[Vtte]　—[Vtte]　→[Vtte]
② ナ変　[Vn̞ite]　→[Vn̞ʲite]　→[Vn̞te]　　　　→[Vnde]　→[Vnde]　→[Vnde]
③ ラ四　[Vɾite]　→[Vɾʲite]　→[Vɾte]　→[Vɾte]　→[Vɾte]　→[Vtte]　→[Vtte]
④ ハ四　[Vpite]　→[Vpʲite]　→[Vpte]　　　　→[Vpte]　→[Vtte]　→[Vtte]
④ ハ四′ [Vɸite]　→[Vwʲite]　→[Vwite]　　　　→[Vwte]　→[Vute]　→[V:te]
④ バ四　[Vmbite]　→[Vmbʲite]　→[Vmbte]　→[Vmte]　→[Vmde]　—[Vmde]　→[Vnde]

3.2 動詞　143

④マ四　[Vmite] →[Vm̥ite] →[Vm̥te]　　　　→[Vmde] —[Vmde] →[Vnde]

　カ行・ガ行子音とサ行子音①は口蓋化によって調音位置が硬口蓋寄りになっていて、母音が脱落しても、調音上聴覚上口蓋的特徴が維持されやすい。それに対してハ行・バ行・マ行子音④の口蓋化した両唇子音は前舌の音節主母音が脱落したら口蓋的特徴を維持しにくい。タ行・ナ行子音②の歯裏歯茎音は口蓋化した場合は舌背的 dorsal な調音となり口蓋的特徴を維持できないわけではない。ラ行子音③は弾き音で前舌がスプーン状にくぼみ口蓋化音とは異なる調音特徴を示す。このような違いが母音脱落とその結果としての子音隣接における音韻同化(順行・逆行・相互同化)とその後の音便形の発達に大きく関与しているのは表からも明らかであろう。(「おもろ語」を含む琉球語の「接続形」の語尾形態もこの仮説から導くことができる。付録論文参照)

※¹ 埼玉県東南部方言ガ行五段動詞の「漕いて /ko'iꞏlte/、漕いた /ko'iꞏlta/、漕いちゃった /ko'iꞏlcjaQta/」はカ行五段へ牽引されたその後の改新的変化である。

※² サ行四段イ音便形は古典語・西日本諸方言に見られるもの。

3.2.2 活用形概説

A．終止形式

　《述語》統合型の「述語」の位置に立って、それにかぶさる音調型とともに、述語文を作ることがある形式を一括して終止形式ということにする。終止形式には、次のような活用形がある。なお、《述語》統合型には《主語＋述語》文型や《主語＋目的語＋述語》文型などが含まれる。本論考では「主語・目的語」は「補語」の下位類と考えている。

A−1　終止形　語尾 /-u～-ru/　(第1種語尾)

「不定人称者※の断定を表す。」

※「不定人称者・第一人称者・第二人称者」については、服部四郎「言語学の方法」p. 194 以下参照。

　概略「形式」水準の「話し手」が「第一人称者」で「聞き手」が「第二人称者」、「文」水準の「話し手」が「表現者」で「聞き手」が「理解者」、「発話」水準の「話し手」が「発話者」で「聞き手」が「対話者」である。

・「不定人称者」とは「形式」の水準で、特定の諸形式の表出する判定作

用の主が第一人称者でも第二人称者でもない場合の判定作用の主のことをいう。
・「第一人称者」と「不定人称者」の区別は、上昇音調 /↑/ を末尾に加えることによって自然な「質問文」になるかならないかに依る。なれば「不定人称者」である。

　　　服部四郎『言語学の方法』pp. 208〜209 参照。

　この形式は、文末部以外にも、いろいろな付属語と結合して、種々の統合型のいろいろな位置に立つことができる。
　なお、この形式は、連体形(B-1)と形態的には全く同じであるが、しばらく、その職能上の相違(終止法/連体法)によって分立した※。便宜的処理であって、両者は、分布その他から厳密にいえば同一の形式として処理すべきであると思う。

※体言類(名詞・状態詞)連語の述語的用法「あの人はまだ子どもだ」「あの人がまだ子どものころ」、「あの家はまだきれいだ」「あの家がまだきれいなころ」において、終止法 /kodomo-da, kireɪʀ-da/ と連体法 /kodomo-no, kireɪʀ-na/ が形態的に異なることからすると、用言類の「終止=連体形」も homonymous な 2 形式として処理する可能性もあるが、終止形と連体形を別立てするよりも単一の活用形、「終止=連体形」=基本形を立て、この形式においては終止法と連体法の法的(機能的)対立が中和していると考える方がよいと思う。

　最終モーラが /-ru/ となる、r 子音動詞(いわゆるラ行五段動詞)とすべての母音動詞(いわゆる上下一段活用動詞)は、付属語との結合において、一定の音交替を起こすことが多い(回帰可能)。付属語の頭音によって、
・/', ŋ, s, h, 'j, r, 'w, Q/ で始まる付属語の前では不変化。
・/k-/ で始まる付属語の前で、/ru→Q/。
・/z ※¹, t ※², d, n, b, m, (r), N ※³/ で始まる付属語の前で、/ru→N/。
　　※¹ /z/ はこの場合 /d/ と交替するのが普通。
　　　例：/'iku-zo/(行くぞ)、/'iru-zo→'iN-do/(居るぞ)。
　　※² /to/ は /Q/(促め音)ではなく /N/(撥ね音)に付くことに注意。
　　　例：/sotoɪ-'i 'iku-to/(外へ行くと)、/sotoɪ-'i deNɪ-to/(外へ出ると)。
　　※³ /ruN/ は /N/ になる。
　　　例：/'ikuɪ-Nde/(行くので)、/'iruɪ-Nde→'iNɪde/(居るので)。

　例：/toruɪ//'akeru//kuruɪ/

-ka(ꜜ)[終助詞]	toQꜜka	'akeQ ka(ꜜ)	kuQꜜka
-kaꜜra[接続助詞]	toQꜜkara	'akeQ kaꜜra	kuQꜜkara
-ke(ɴ)do[接続助詞]	toQꜜke(ɴ)do	'akeQ ke(ɴ)do	kuQꜜke(ɴ)do
-ze(ꜜ)[終助詞]	toɴꜜde	'akeɴ de(ꜜ)	kuɴꜜde
-zo(ꜜ)[終助詞]	toɴꜜdo	'akeɴ do(ꜜ)	kuɴꜜdo
-to[接続助詞]	toɴꜜto	'akeɴ to	kuɴꜜto
-daꜜɴbeʀ[助動詞]	toɴꜜdaɴbeʀ	'akeɴ daꜜɴbeʀ ※	kuɴꜜdaɴbeʀ
-noꜜ[準体助詞]	toɴꜜno	'akeɴ noꜜ	kuɴꜜno
-moꜜɴ[終助詞]	toɴꜜmoɴ	'akeɴ moꜜɴ	kuɴꜜmoɴ
-ꜜɴde[接続助詞]	toɴꜜde	'akeꜜɴ de	kuɴꜜde
-ꜜɴ-daɴbeʀ[助動詞]	toɴꜜdaɴbeʀ	'akeꜜɴ daɴbeʀ ※	kuɴꜜdaɴbeʀ

※ 「(たまには占いも)当たるダロウ」と「(どうして占いが)当たるノダロウ」は /('ataru-daꜜɴbeʀ → 'ataɴ-daꜜɴbeʀ/ と /('ataruꜜ-ɴ-daɴbeʀ → 'ataɴꜜ-daɴbeʀ/ のように、アクセント核のない動詞にのみアクセントによる区別が存在する。

A-2　強終止形　語尾 /-u'i～-ru'i/　（第1種語尾）
「不定人称者の強い断定を表す。」

『草加市小山町方言の記述的研究』では「第一人称者の反語的判断を表す。」としたが、その後次のような用例に気づき、筆者自身の内省でも、その例が不自然でなく、むしろ自然であると感じられるので、上のように改めた。もちろん、話し手の反語的判断を表す用例が最も頻繁であるのも確かで、そのために一面的意味の把握に留まってしまったわけである。
例：

① /'ja dáꜜ'i↓ 'ja dáꜜ'i↓ 'ora 'ikuꜜ'i↓ 'ikuꜜ'i↓/（嫌だ。俺は行く。）
強い主張を表し、止められても行かないでなるものか、という強い語気がある。

② /'ome naniꜜ siteruꜜ'i ↓/（おまえは何をしているのか。）
/'ima naɴꜜzi ɴ naruꜜ'i ↓/（今何時になるか。）
それぞれ、/'ome naniꜜ siteru ↓//'ima naɴꜜzi ɴ naru ↓/ より、相手への持ちかけの意味は強く、質問の語気は柔らかくなっているのを感じる。

③ /daʀeꜜ 'ɴɴna kotoꜜ siruꜜ'i ↓/
「誰がそんなことをするものか。」という反語表現の例（疑問語と共起す

④ /'o'i ŋa kaʀri ni 'iQte kureru'i ↑/
「俺の代わりに行ってくれるか。」という多少親しみのこもった、理解者に対する表現者の質問を表す。(/ŋa/ は属格助詞)

上の用例などから、この形式は一種の強調 / 強意を表す表現と見るべきだと思う。反語表現は終止形にも同様に見られるから、文脈的・場面的諸関係から、時に反語ともなると考えるべきであろう。また、④のように上昇の文末音調を伴って自然な質問文ができることから、判定作用の主は「不定人称者」と考えられる。

注．接尾辞 /-'i/ について、ここで述べておく。

/-'i/ の分布は次のとおり。

1. 動詞終止形に接尾する。　　　　　　　/toru'i/　　　　/'akeru'i/
2. 母音動詞命令形[1]に接尾する。　　　　　—　　　　　/'akero'i/
3. 動詞命令形[2]に接尾する。　　　　　　/toɴna'i/　　　/'akena'i/
4. 動詞禁止形に接尾する。　　　　　　　/toɴlna'i/　　　/'akeɴna'i/
5. 動詞確否形に接尾する。　　　　　　　/toroɴka'i/　　/'akeroɴka'i/
6. 動詞主張形に接尾する。　　　　　　　/tora'i/　　　　/'akera'i/
7. 助動詞 /da/ の終止形に接尾する。　　　/da'i/
8. 助詞 /ka, 'ja, 'wa/ に接尾する。　　　　/ka(↑)'i, 'ja(↑)'i, 'wa(↑)'i/
9. 実現の拡張接尾辞 /-ta～-da/ に接尾する。　/-ta'i～-da'i/

以上のようにかなり広く分布するが、①動詞終止形には付くのに、形容詞終止形には付かない。②母音動詞命令形には付くのに、子音動詞命令形には付かない。③助動詞 /da/ には付くのに、/desu/ には付かない。④終助詞 /ka, 'ja, 'wa/ には付くのに、/sa, na/ には付かない。というように、分布が不規則だから、単語とは認めないほうがよい。(①②③④に上げたものの中には、音韻的、意味的な理由で起こりにくいものも含まれている。) 従って、このような観点から、/-'i/ を接尾辞とし、それの付いた形を1単語と認める必要がある (接尾辞に付いた場合は別)。よって、それぞれを単語として、更にあるものは活用形として活用表 paradigma に収めたわけである。

なお、接尾辞 /-'i/ の意味としては「それの接合する形式の示すある種の判断を強める」というようなものが考えられる。

接尾辞 /-'i/ を含む形式はいずれも独話には現れないことからすると、何らか聞き手(形式レベルでは第二人称者)を目当てとする働きが感じ取れる。また、起源的には終助詞 /'jo/ との関連が考えられるが、共時的には /'jo/ は自然な質問文を作れないなど機能的に異なったものになっている。

A-3　命令形[1]　語尾 /-e〜-ro〜-oR/　(第1種語尾)
「第一人称者の、待遇上自己より上位にないと考えられる為手※(=第二人称者)に対する敬意を含まない命令を表す。」
　※為手は聞き手(形式レベルでは第二人称者)と一致するが、命令は、為手(動作主)に対してなされていると考えられる。
　「それはおまえがやれ。」「それは太郎がやれ。」
動詞には、主語として生物類名詞を取り得るものと、取り得ないものとがある。前者を能動詞、後者を所動詞※とすれば、命令形は普通能動詞にしかない。
　※三上章『現代語法序説』(1953 くろしお出版) p. 104 以下
　　佐久間鼎『現代日本語の表現と語法』(1966 厚生閣) p. 209 以下
　　金田一春彦『世界言語概説下巻』(1955 研究社)(日本語Ⅲ文法 p. 169) 参照。
自己より上位にあると見なされるものに対する命令(A-15「尊敬命令形」)は、あるにはあるが、古い活用形らしくあまり盛んでなく、使用も高年層に限られ、ふつうは依頼表現が代用される。
裸の命令形でなく、終助詞 /'jo/na/ などを伴った命令形は、年下の者から年上の者へ、子供から親たちへ使われることは普通に見られる。
・/kuru˥/(来る)の命令形は /koR˥/ である。これは古典語のカ変命令形「こ」の直系の子孫である。
　例：/soNna toko˥N ni 'ine˞de | koQci koR˥ 'jo↓/
　　　(そんなところにいないで、こっちへ来いよ。)
・/miru˥/(見る)の命令形には、/miro˥/、/miro˥'i/、/mina˥/、/mina˥'i/ の他に、/miN˥/ という形があって、接続形に付いて試行の意味を表す補助動詞の命令形として頻用されるが、本動詞の命令形としてはあまり使われないようである。終助詞との結合形は /miN˥ na, miN˥ 'ja, miN˥ 'jo/ が可能。/miN˥/ は起源的には /mina˥/ の弱まり語形に基づくものと以前は考えたが、/mina˥/ と /miN˥/ では終助詞との結合に異なりがある(/*mina˥ 'ja/ は不可だが、/miN˥ 'ja/ は可)ので別のものかもしれない。その場合、尊敬命令形 /mise˥R/ の推定古形 /*miNse˥R/ の下略形に基づく可能性があるかもしれないと現在(2013年)は考

えている。
  例：/kore mite˥ miɴ 'jo↓/(これを見てみろよ。)
    /maQte˥te miɴ↓ kiQto kuQ˥ kara↓/(待っててみろ。きっと来るから。)
・/ku'iru/(呉れる)の２つの命令形(/kure˥/ と /kurero˥/)については 134 頁参照。

A-4　強命令形　語尾 / — ～-ro'i～-o'i/　（第１種語尾）
　前項の命令形¹ に接尾辞 /-'i/ の付いたもの。
　/kuru˥/(来る)の命令形の /koʀ˥/ は /ko/ と交替して、/ko'i˥/ となる。（語尾 /-o/ は前項の命令形語尾 /-oʀ/ の異形態である。）

A-5　命令形²　語尾 /-ina～-na/　（第１種語尾）
　「第一人称者の、待遇上自己より上位にないと考えられる為手(＝第二人称者)に対する、親しみのある命令を表す。」
　例：/materu˥ ɴ dara maQte˥ mina↓/(待てるのなら待ってみな。)

A-6　志向形¹　語尾 /-oʀ～-'joʀ～-oʀ(-'joʀ)/　（第１種語尾）
　「第一人称者の、多少改まった意志を表す。」
　この中に「勧誘」を含めている。勧誘は、自己の意志の表明によって、相手を誘うものと解釈される(国広哲弥(1967)『構造的意味論』p. 70 参照)。
　第一人称者の推量を表すことは殆どないようで、普通分析的に終止形に推量の助動詞 /da˥ro(ʀ), de˥sjo(ʀ), da˥ɴbe(ʀ)/ が結合した形が使用される。
　例：/'ame˥ huɴ˥ daɴbeʀ↓/　(雨が降るだろう。)
    /'ame˥ 'jamu da˥ɴbeʀ↓/(雨が止むだろう。)
母音動詞志向形語尾 /-'joʀ/ の代わりに /-roʀ/ を使う個人が散在する。
　　例：/'okiro˥ʀ/(起きよう)、/'akero˥ʀ/(開けよう)、…
カ変の志向形は、/koʀ˥/ が主として使われるが、他に /ki'jo˥ʀ/ も使われる。一部の話者では /kiro˥ʀ/ が使われるのを観察したことがあるが、普通ではない。
　例：/naɴ da˥ra 'o'i ŋa 'asita koko 'i koʀ˥ kaʀ↑/
    (何なら、俺が明日ここへ来ようか。)
    /soko ma˥de 'iQte koʀ˥ tomoQta ɴ da kedomo …/
    (そこまで行って来ようと思ったのだけど、…)
この形式 /koʀ˥/ の存在によって、この志向形¹ という活用形が単純に共通語から借用されたものでないことが証明される。なぜなら、共通語ではこの場合

「こよう」（一部に「きよう」［東京方言］）と言うからである（江戸語でも大体同じ状況（松村明『日本文法講座3　文法史』(1957 明治書院)(「近代の文法」p. 295)）。

　志向形[1]は、確かに、方言固有の活用形であるとするには疑問がある。筆者自身としては子どものころにこの形式を殆ど使用していなかったように記憶している。しかし、この形式は相当な老人から若い者まで、その使用頻度に異なりはあるものの、使用されている。恐らく、かなり古い時代に借用された形式で、一種の地域共通語的形式として、土着化したものではなかろうか。だから、年長けるに従って習熟するというような対社会的性質をもったものであったのだと考えてよいのではなかろうか。それによって、次項の志向形[2]との文体価値の差（志向形[1] = 共通語的、志向形[2] = 日常語的）も理解し得ると思われる。

　なお、この志向形[1]は次項の志向形[2]を圧迫しつつあり、特に10代以下の若い層では志向形[2]が殆ど聞かれなくなっているような状態である（1972年当時）。

A-7　志向形[2]　語尾 /⑨-ube(R)　〜-be(R)/、/⑩-ube(R)　〜-Nbe(R)/　（第1種語尾）

「第一人称者の意志を表す。」

　志向形[1]より文体価値が低い。この形式の使用はかなり根強いものがあるが、前項で述べたように、若い層では殆ど廃用に帰する状況である。

　r子音動詞（いわゆるラ行五段動詞）では語尾が /-r-ube(R)→-Nbe(R)/ と交替する。母音動詞に付く /-Nbe(R)/（成年層）とともに、/-rube(R)/ に回帰することが、少ないけれど可能であり、実際観察される。

　母音動詞と /kuru1/（来る）に付く形（語尾）が、高年層と成年層で違いがある。高年層では「（いわゆる）連用形 + /-be(R)/」、成年層では「（いわゆる）終止形 + /-be(R)/」と概略的に言える。成年層では有核型の動詞の志向形[2]のアクセントに揺れが見られ、（いわゆる）終止形と同じ位置にアクセント核があるものと、高年層と同じく統語語尾 /-be1(R)/ にアクセント核があるものの2形が併存している。無核型では統語語尾 /-be1(R)/ にアクセント核があるもののみ見られる。大体60代より上の者に /-be(R)/、50代以下の者に /-Nbe(R)/ 形の使用が多い（1972年当時）。

例：　　　　/'okiru1/（起きる）　　/'akeru/（開ける）　　/kuru1/（来る）
　　高年層：'okibe1(R)　　　　　　'akebe1(R)　　　　　　kibe1(R)
　　成年層：'oki1Nbe(R)〜'okiNbe1(R)　'akeNbe1(R)　　kuNbe1(R)〜kuNbe1(R)

A-8　禁止形　語尾 /-una～-ɴna/　（第1種語尾）

「第一人称者の、待遇上自己より上位にないと考えられる為手（＝第二人称者）に対する、敬意を含まない禁止＝否定命令を表す。」(A-3 命令形¹の否定表現)

　r子音動詞（いわゆるラ行五段動詞）では /-r-una→-ɴna/ と交替。但し、母音動詞（いわゆる上下一段活用動詞）とともに /-runa/ と回帰することが可能。

A-9　強禁止形　語尾 /-una'i～-ɴna'i/　（第1種語尾）

　前項のものに強意の接尾辞 /-'i/ の付いたもの。

A-10　否定推量形　語尾 /-ume(ʀ)～-me(ʀ)/　（第1種語尾）
①「第一人称者の否定的推量を表す。」
②「第一人称者の否定的意志を表す。」(A-7 志向形²の否定表現)

　r子音動詞（いわゆるラ行五段動詞）では /-r-ume(ʀ)→-ɴme(ʀ)/ と交替。但し、/-rume(ʀ)/ と回帰することが可能。

　この形式の使用は大体30代から上の者に限られる傾向がある。例外的個人もあるが、それ以下の年齢層の者はこの形式を使用しないと言い得る（1972年当時）。

　大体、高年層を含めて、分析的に
① 'ikumeｌ(ʀ)　　→ 'ikane(ʀ) daｌɴbe(ʀ)　…> 'ikane(ʀ) daｌro(ʀ)
　 mocumeｌ(ʀ)　→ motaneｌ(ʀ) daɴbe(ʀ)　…> motaneｌ(ʀ) daro(ʀ)
② 'ikumeｌ(ʀ)　　→ 'ikane(ʀ)beｌ(ʀ)　　　…> 'ikane(ʀ)'joｌʀ (～'ikana'i'joｌʀ)
　 mocumeｌ(ʀ)　→ motaneｌ(ʀ)beｌ(ʀ)　　…> motaneｌ(ʀ)'joʀ (～motanaｌ'i'joʀ)

　（→ はふつう後の形式が使用されること、…> は後の形式の使用が多いことを表す。）

　否定的推量（①）は、否定拡張形の終止形＋推量の助動詞（形態論的には2語）、否定的意志（②）は、否定拡張形の終止形＋統語語尾（接尾辞）/-be(ʀ)//-'joʀ/（形態論的には1語）と分析的に表現される傾向が著しい。
否定的意志②の例：
/haʀ 'ikaneʀbeｌʀ tomoQta↓/（もう「行かナイベイ」と思った。）
/moʀ 'ikaneʀ'joｌʀ tomoQta↓/（もう「行かナイヨウ」と思った。）

　否定的意志の分析的表現に現れる /-'joʀ/ は、志向形¹の語尾と形態素論的には同一のものと解釈される。語尾 /-'joʀ/ が母音動詞語幹（学校文法的には

一段活用動詞未然形)ではなく、否定の拡張接尾辞 /-ane(ʀ)～-ne(ʀ)/(学校文法的には助動詞の「ない」)に接尾するのは非常に特異なことである。もちろん、形容詞にはこういう形はない。

なお、現在(2015 年)でも /'ikana'i'joʀ/(行くまい)、/sina'i'joʀ/(しまい)というような否定意志の「ナイヨウ」が年齢の高い層で聞かれる。

A−11　確否形　語尾 /-oɴka～-roɴka/　(第 1 種語尾)
「第一人称者の主観的確信に基づいた断言的否定を表す。」
例：/soɴna tokoɴ na˩ɴka saŋasita˩Qte naɴnimo 'aro˩ɴka 'jo ↓/
　　（そんな所などを探してもなにもないよ。）
　　/'imasara 'uso˩ cu'itaQte hazimaroɴka˩ ze ↓/
　　（いまさら、嘘をついても始まらないぜ。）
次の 2 つの例は等しく否定的判断を表しているが、意味が異なる。
　　a.　/'ora siraneʀ ↓/　　b.　/'ora siroɴka˩ ↓/
話し手の内省として、a の方が何か客観的な感じがする。b の方は主観的で相手を突き放した感じがする。

これを《'omeʀ ～ ↑》という文型・音調型に入れてみると、次のようになる。
　　a.　/'omeʀ siraneʀ ↑/　　b.　×/'omeʀ siroɴka˩ ↑/
b の表現は、相手に対する質問としては不可能であって、言えば変に聞こえる。このことから、この二つの形式の示す判断の判断者が異なることが分かる。前者のそれは不定人称者、後者のそれは第一人称者である。これが、前者に客観的否定判断、後者に主観的否定判断という感じになって現れていたわけである。

この形式は、通時的には終助詞「ものか、もんか」が融合して成立したものと考えられるが、話し手の共時的意識においては殆どそのような意識(知識)は存在しない。筆者自身、この形を使っているけれども、初めて、学的関心をもってこの形式を観察し、内省したときですら、共通語の終助詞「ものか、もんか」との関係に気づかなかった。筆者は共通語の「志向形＋か(終助詞)」の変形かと考えたぐらいである。

しかし、これだと、

/kaku˩/　　　kako˩ʀ　　　kako˩ɴka
/'okiru˩/　　'oki'jo˩ʀ　　'okiro˩ɴka
/'akeru/　　'ake'jo˩ʀ　　'akeroɴka˩

/kuru˥/　　　ko˥R　　　　kuro˥ɴka
/siru/　　　si'jo˥R　　　siroɴka˥

のようになって、/'oki'jo˥R, 'ake'jo˥R, si'jo˥R / は、個人的に /'okiro˥R, 'akero˥R, siro˥R / とも言う話者があるので、まだしも説明がつかなくはないが、/ko˥R/ に関しては個人的に /ki'jo˥R, kiro˥R/ となる話者があるけれども、/kuro˥ɴka/ との関係がつかないので考え直さざるを得なかった。しかし、その後、

/kaka˥R, 'okira˥R, 'akera˥R, kura˥R, sira˥R/

などの主張形の例から、これら /kako˥ɴka, 'okiro˥ɴka, 'akeroɴka˥, kuro˥ɴka, siroɴka˥/ を「終止＝連体形＋何か」というふうに考えるに至って、「ものか、もんか」との関係に気づいたのであった。すなわち、次のような変化を想定して、合理的な説明がつくに至ったわけである。

　　kaku˥-moɴka　　→　　kako˥ɴka
　　'okiru˥-moɴka　　→　　'okiro˥ɴka
　　'akeru-moɴka˥　　→　　'akeroɴka˥
　　kuru˥-moɴka　　→　　kuro˥ɴka
　　siru-moɴka˥　　→　　siroɴka˥

従って、共時的には、完全に一つの活用形として確立していると認められる。この形式は、下の例のように終助詞 /ze, zo/ が後続することがあるので、例えば、/kako˥ɴka/ の -ka を終助詞の /ka/ と同一視して、/kako˥ɴ ka/（2 語）とする解釈は取れない。終助詞 /ka/ に終助詞 /ze, zo/ が後続することはないからである。（[通時的]起源的同一性が[共時的]機能的同一性を保証するわけではないことの実例である。）

例：/'ora siroɴka˥ ze ↓/（俺は知らないぞ。）
　　/'a'icu 'wa 'ima˥ ni naQtara sjaɾɾo˥ɴka zo ↓/
　　（あいつはそのうちどうしようもないぞ。[＝どうしようもなくなるぞ。]）

この確否形は、意味の上からは、次次項の A – 13 主張形の否定表現といった性格がある。

A – 12　強確否形　語尾 /-oɴka'i ～ -roɴka'i/　（第 1 種語尾）
　前項の形式に強意の接尾辞 /-'i/ が付いたもの。

A – 13　主張形　語尾 /-a(R) ～ -ra(R)/　（第 1 種語尾）
　「第一人称者の軽い断言的主張を表す。」

例：/da'iɭ ŋani daQte soNna koto ŋureɭʀ 'wakaraɭʀ ↓/
　　（誰にでもそんなことぐらい分かる。）

A－14　強主張形　語尾 /-a'i～-ra'i/　（第1種語尾）
「第一人称者の強い断言的主張を表す。」
　例：/'o'i ŋaɭni daQte soNna koto ŋureɭʀ 'wakaQteɭra'i ↓/
　　（俺にだってそんなことぐらい分かってる。）
　前項の形式の異形態（/ʀ/ を除いた形）に強意の接尾辞 /-'i/ が付いたもの。

A－15　尊敬命令形　語尾 /-iseʀ～-seʀ/　（第1種語尾）
「第一人称者の、待遇上敬意を要すると考えられる為手（＝第二人称者）に対する命令を表す。」
　この形を活用形として認めるべきかどうかには多少疑問がある。一つには、これを使う話者が高年層でも多くは明治生まれ以前に偏していること、今一つには、この形の使用がやはり少ないことによる。筆者は、川口、草加、八潮、三郷、越谷で、
　/ha'jaɭku siseɭʀ ↓/（早くしせえ。）
　/cjoɭQto 'iQte miseɭʀ Qte moN da kara…/（ちょっと行ってみせえというから、）
　/kuNseɭʀ↓/（［店の入り口で］ください。）
　/ku'iseɭʀ↓/（［店の入り口で］ください。）
と言うのを聞いた。発話者はいずれも高齢の人たちであった。成年層以下ではこういう言い方を知らないという者や聞いたことがないという者もある。
　使用者（1892生）に当たって調べた限りでは、いわゆる連用形について為手に対する敬意を表す形式といえるものであった。/'ɪkiseɭʀ/（行きせえ）や/'okiseɭʀ/（起きせえ）なども言えるが、/*sisaQta̗, *misaQta̗/ 等の活用はしないということだった。
　なお、/ku'iseɭʀ/ の異語形 /kuNseɭʀ/ の鼻音要素は、鼻音要素のない /ku'iru/ からは導けないから、鼻音は語尾 /-seɭʀ/ に何らか由来するしかなく、その先行形は当然 /*-Nseɭʀ/ でなければならない。このさらなる祖形は、尊敬の補助動詞 /*-nasa̗'i/ 以外には考えられない。/*-nasa̗'i→*-naseɭʀ→*-Nseɭʀ→-seɭʀ/

B．連体形式
　《連体語＋被連体語》統合型の連体語の位置に立ち得る形式である。なお、連

体語の位置に立つものが統合(例えば《連用語＋被連用語》統合、《接続語＋被接続語》統合の場合など)である場合はその末尾に立つ。
　B-1　連体形　語尾 /-u〜-ru/（第1種語尾）
　　　終止形と同一の形式を、連体法という統語機能によって便宜的に分立したものである。終止形を参照。

C.　接続形式
　《接続語＋被接続語》統合型の接続語の位置に立ち得る形式である。接続語が統合の場合はその末尾に立つ。
　C-1　接続形　語尾 /-te〜-de/（第2種語尾）
　　　「/-te〜-de/ の接合する形式の表す事態の実現が、被接続語の位置に立つ同種の形式の表す事態の実現に先行することを表す。」因果・順逆は文脈から生ずる。接続形と形式動詞・形式形容詞との結合は、一種の「動作態 Aktionsart」表現※（一部は広義の「相 aspect」）をなしている。
　※宮田幸一『日本語文法の輪郭』(1948 三省堂)（「動詞の様態」pp. 80〜95）
　　参照
　例：
　-te 'aru1：
　　　「他動的行為の結果が存在することを表す。」
　-te kuru1：
　　　「行為が第一人称者(の勢力範囲)への空間的・時間的接近を伴ってなされることを表す。」
　-te 'iku → -teku：
　　　「行為が第一人称者(の勢力範囲)からの空間的・時間的離脱を伴ってなされることを表す。」
　-te miru1：
　　　能動詞に付いて、「試みにその行為を行う」ことを表す。
　-te miseru1〜meseru1：
　　　能動詞に付いて、「その行為を他者に示す目的をもって行う」ことを表す。
　-te 'jaru：(授受態・利益態「自行他利態」)※1 ※2
　　　能動詞に付いて、「与益者(の側の者)が、行為の主体として、(恩恵的に)他者に対してその行為を行う」ことを表す。

3.2 動詞　155

-te ku'iru (~ -te kureru)：(授受態・利益態「他行自利態」)※1
　　能動詞に付いて、「他者が、行為の主体として、受益者(の側の者)に
　　対して(恩恵的に)その行為を行う」ことを表す。
-te mora'u：(授受態・利益態「自行自利態」)※3
　　能動詞に付いて、「受益者(の側の者)が、他者に働きかけて、その者
　　を通して、自己の望む(恩恵的)行為を実現する」ことを表す。
なお、/-te sima'u/、/-te 'iru/、/-te 'oku/ の 3 形は、
　　/-te sima'u → -cima'u → -cja'u/
　　/-te 'iru → -teru/
　　/-te 'oku → -toku/
と融合が進んでいるので、それぞれ拡張接尾辞として拡張形式に収めてある。

「接続形＋授受動詞」の 3 形式は「授受態・利益態」ともいわれ、その行為にかかわる関与者 participant を表す格助詞に特徴があるので注意が必要である。
　例：/'ᴺᴺna koto 'wa 'are ŋe 'juQte kureꜜ↓/(そんなことは彼に言ってくれ。)
　　　/sora 'are ŋe ku'ite 'jareꜜ↓/(それは彼にくれてやれ。)
　　　/'ome ni sore 'jaQte mora'ireba tasukaᴺ da kedo naᴿ↓/
　　　(おまえにそれをやってもらえれば助かるのだけれどなあ。)
※1　/'jaru/(やる)と /ku'iru/(くれる)は本動詞と補助動詞とで使い分け方が共通語と非常に異なっている。①本動詞としては /ku'iru/ の専用に近く、話し手に向けての動作に /'jaru/ が使えない点を除けば、両形式にあまり違いがない(共通語と異なる点)。②補助動詞としては共通語と同じ使い分けが見られる。従って、③ /ku'iru/ には、本動詞と補助動詞で主語の人称制限の有無に関して違いがあることに注意。(134 頁②授与動詞 /ku'iru/ 参照)

		/'jaru/(やる)	/ku'iru/(くれる)
本動詞	為手の人称	人称制限なし	人称制限なし
	受け手の人称	非第一人称者	人称制限なし
補助動詞	為手の人称	人称制限なし	非第一人称者
	受け手の人称	非第一人称者	人称制限なし

ひと通りの人称の組み合わせとその能否を上げると次のようになる。

○俺ガお前ゲ手紙φヤッタと思う。
　　　　○俺ガお前ゲ話してヤッタと思う。
　　　○俺ガやつゲ手紙φヤッタと思う。
　　　　○俺ガやつゲ話してヤッタと思う。
　　　×お前ガ俺ゲ手紙φヤッタと思う。
　　　　×お前ガ俺ゲ話してヤッタと思う。
　　　○お前ガやつゲに手紙φヤッタと思う。
　　　　○お前ガやつゲ話してヤッタと思う。
　　　×やつガ俺ゲ手紙φヤッタと思う。
　　　　×やつガ俺ゲ話してヤッタと思う。
　　　○やつガお前ゲ手紙φヤッタと思う。
　　　　○やつガお前ゲ話してヤッタと思う。
　　　○やつガあの人ゲ手紙φヤッタと思う。
　　　　○やつガあの人ゲ話してヤッタと思う。

　　　○俺ガお前ゲ手紙φクレタと思う。
　　　　×俺ガお前ゲ話してクレタと思う。
　　　○俺ガやつゲ手紙φクレタと思う。
　　　　×俺ガやつゲ話してクレタと思う。
　　　○お前ガ俺ゲ手紙φクレタと思う。
　　　　○お前ガ俺ゲ話してクレタと思う。
　　　○お前ガやつゲ手紙φクレタと思う。
　　　　○お前ガやつゲ話してクレタと思う。
　　　○やつガ俺ゲ手紙φクレタと思う。
　　　　○やつガ俺ゲ話してクレタと思う。
　　　○やつガお前ゲ手紙φクレタと思う。
　　　　○やつガお前ゲ話してクレタと思う。
　　　○やつガあの人ゲ手紙φクレタと思う。
　　　　○やつガあの人ゲ話してクレタと思う。
（語形は、対応する共通語に近づけた表記をしている。但し、カタカナ表記の格助詞は方言固有の形式を表す。[内容を分かりやすくするために便宜的に例文に漢字仮名表記を用い、問題の形式のみカタカナで表している]）

3.2 動詞

※² /-te 'jaru/ 形には「他動詞＋テヤル」と「使役動詞＋テヤル」で内容的に微妙に違う表現法がある。赤ん坊のように自分で鼻をかめない者に代わって鼻をかませてやることを /kodomo no hana kaɴde 'jareꜜ↓/ という。子供が自分で鼻をかみ得るようなときに、子供がそうすることを助けてそうさせることは、/kodomo ŋe hana kamasite 'jareꜜ↓/ という。「尻を拭く」などに近いともいえるが、「鼻を拭く」のと「鼻をかむ」のとは違うと思うので考えると妙な感じがする。

※³ 「もらう」に関して、単独の授受動詞文、例えば「この本は先生｛ニ／カラ／×ゲ｝もらった」では与格助詞「ゲ」は現れない。しかし、「〜てもらう」という授受態・利益態（「自行自利態」）表現には２つのテモラウ文があって、①使役的なテモラウ文、例えば「今度はお前｛ニ／ゲ｝行ってもらう」では与格助詞「ゲ」が現れ、②受身的なテモラウ文、例えば「さっき友だち｛ニ／カラ／×ゲ｝教えてもらった」では与格助詞「ゲ」は現れない。このように「もらう」は本動詞および補助動詞①と②とで文法的な振るまいが異なっている。なお、本動詞の場合でも「この本は先生ゲもらった」の「先生ゲ」が間接目的の与格でなく「先生のために」という利害の与格なら可能であることに注意。

C-2　条件形　語尾 /-cjaʀ〜-sjaʀ〜-zjaʀ/　（第2種語尾）
「後件に先行する事態を条件的に提示する。」
/-sjaʀ〜sja/ は次のものに現れる。

/kasu/（「貸す」。いわゆるサ行五段動詞）　　→ kaꜞsja(ꜜ)ʀ 〜kaꜞsja(ꜜ)
/'okiruꜜ/（「起きる」。いわゆるカ行上一段動詞）　→ 'okisjaꜜʀ 〜'okisjaꜜ
/kuruꜜ/（「来る」。いわゆるカ変動詞）　　　→ kisjaʀ 〜kisjaꜜ
/siru/（「為る」。いわゆるサ変動詞）　　　→ ꜞsja(ꜜ)ʀ 〜ꜞsja(ꜜ)

音声的には、/-sicj-//-kicj-/ という音声環境で破擦音 /-cj-/ の破裂的要素が弱まって成立したものである。

C-3　逆接形¹　語尾 /-temo〜-demo/　（第2種語尾）
C-4　逆接形²　語尾 /-taꜞte〜-daꜞte/　（第2種語尾）
C-5　逆接形³　語尾 /-ebaꜞte〜-rebaꜞte/　（第1種語尾）

3形式とも、「前件の成立が後件の成立を拘束しないことを表す。」

　このうち、C–4「タッテ /-taQte/」逆接形がより日常語的(俗語的)で最もよく使われる。C–5「バッテ /-ebaQte/」逆接形は、主として高年層で使われる形式で現在は耳にすることが少なくなっている。この両形式に含まれる /-Qte/ は古い接続助詞「とて」に起源するもので、語源的には、C–4「タッテ /-taQte/」逆接形は[実現形「〜た」+「とて」]、C–5「バッテ /-ebaQte/」逆接形は[仮定形「〜ば」+「とて」]という語構成に基づく形式である。両者の語源的語構成の差を反映して意味のうえでも微妙な違いが感じられる。前者は「事態の実現」を前提としての逆接であり、後者は「事態の仮定的存立」を前提としての逆接であると概略言い得よう。C–3「テモ /-temo/」逆接形が最も特別な色合いのない(中立的)逆接表現と感じられる。

　　例：/dokeɩʀ 'iQteɩmo cu'iɩte kuru↓/([その犬は]どこへ行っテモ付いて来る。)
　　　　/dokeɩʀ 'iQtaɩQte cu'iɩte kuru↓/([その犬は]どこへ行っタッテ…。)
　　　　/dokeɩʀ 'ikebaɩQte cu'iɩte kuru↓/([その犬は]どこへ行けバッテ…。)

C–6　例示形　語尾 /-tari〜-dari/　（第2種語尾）
「例示的取り上げを示す。」

　/siru/(為る)を補助動詞として伴って、いわゆるサ変動詞的構文機能を獲得する用法が多いので、あるいはDの準体形式の一つ(サ変動詞語幹相当 → サ変名詞の一種＝動作名詞の一種)とすべきかもしれない。
　例：/saQkiɩ kara 'iQtaɩri kitaɩri site ｜ naniɩ siteɴ daɴbe ↓/
　　　（さっきから行ったり来たりして、何をしているのだろう。）
　　　/'o'i kara 'jacuɩ ŋe 'juQtariɩ naɴka siteroɴkaɩ ↓/
　　　（俺からやつに言ったりなどしていない。）

C–7　仮定形ᵃ　語尾 /-eba〜-reba/　　（第1種語尾）
　　　仮定形ᵇ　語尾 /-ja(ʀ)〜-rja(ʀ)/　（第1種語尾）
「前件が後件に対して仮定的条件にあることを表す。」

　仮定形ᵃ が本来の形で、仮定形ᵇ の方は母音間の子音 /b/ の唇音退化によって仮定形ᵃ が変化した形である。年齢層が下るほど仮定形ᵃ の使用が減り、仮定形ᵇ が多く使われる傾向がある。
　r子音動詞(いわゆるラ行五段動詞)では語尾が高年層で(例えば、「取れ

ば」/toreˈba → toNˈba のように)/-r-eba → -Nba/ とよく交替する。母音動詞(いわゆる上下一段活用動詞)の語尾も同様に(例えば、「起きれば」/'okireˈba → 'okiNˈba のように)/-reba → -Nba/ とよく交替する。どちらの /-Nba/ も /-reba/ に回帰可能。
　w子音動詞(いわゆるワ行五段動詞)は a・b ともに次のような形を取って特殊である。(/ka'ja(˥)R, 'ju'ja(˥)R, 'omo'ja(˥)R/ でないことに注意。)
　例：

	/ka'u～kaR/ 買う	/('ju'u～)'juR/ 言う	/'omo'u˥～'omoR˥/ 思う
仮定形 a	ka'iba(˥)	'ju'iba(˥)	'omo'iˈba
仮定形 b	ka'i'ja(˥)R	'ju'i'ja(˥)R	'omo'i'ja(˥)R
	～ka'i'ja(˥)	～'ju'i'ja(˥)	～'omo'i'ja(˥)

すなわち、{-eba}、{-jaR} の異形態として /-iba/(高年層 /-ɪba/)、/-i'ja(R)/(高年層 /-ɪ'ja(R)/)が現れる。

D．準体形式

　動詞的性格を核としつつ、名詞的・状態詞的性質を併せ持つような動詞の形態をさしていう。それが統率する先行形式に対しては動詞的に機能しつつ、それが従属する後続形式に対しては名詞的・状態詞的に機能し、それ自体としては何らの断続機能(統語機能)をも示さないのが特徴である。

D-1　不定形　語尾 /-i～-φ/　(第1種語尾)

　動詞的性質を保持しつつ、名詞的機能※を持つ形式で次のように使われる。
　※(補助動詞「する」と結合して使われる)いわゆるサ変動詞の語幹として働く名詞類(サ変名詞＝動作名詞)が、この不定形に最も近似する名詞類であろう。

①往来の意味の動詞(移動動詞)と結合して、その目的を示す。但し、複合語ではない。
　例：/tamaR ni˥ 'wa 'asubi˥ ⌒ ko'i 'jo↓/(たまには遊びに来いよ。)
　　　/'isoŋasi˥kute 'asubi˥ naNka 'ika'iroNka˥↓/(忙しくて遊びになど行けない。)
　　　/'waza˥'waza sini˥ ⌒ 'iQta 'jo na moN da˥-ne-ka↓/
　　　(わざわざ死にに行ったようなものではないか。)
　助詞 /ni/ が間に現れることは殆どない。不定形末尾が /'asubi˥R/ のように長呼されることがなくはない。特に、/miR˥ ⌒ kuru˥/(見に来る)、/neR˥ ⌒ keRru˥/(寝に帰る)、/siR˥ ⌒ modoru˥/(しに戻る)のように、語

幹が1音節の母音動詞(いわゆる上下一段活用動詞の連用形)とカ変・サ変は常に長呼される。(「⌒」は音休止を置かずにひと息に発音されることを表す。)

② 《不定形＋助詞＋形式動詞》という構造で、ある種の、助詞の意義に関連した強調、取り立てを表す。

助詞には次のようなものが現れる。

/'ja(〜'wa), mo, koˈso, koˈsa, deˈmo, naˈɴka, naˈɴte, seˈʀ/

形式動詞としては次のようなものが現れる。

/siru ※, dekiruˈ, saseru, sa'iru/

例：

/kaki 'jaˈ sine(ʀ)/「書きはしない」、/si 'jaˈ sine(ʀ)/「しはしない」、
/kaki moˈ sine(ʀ)/「書きもしない」、/si moˈ sine(ʀ)/「しもしない」、
/kakiˈ demo siɴba 〜 kaki deˈmo siɴba/「書きでもすれば」、
/kaki seˈʀ siɴba/「書きさえすれば」

※形式動詞としての /siru/ には、本動詞にはない /sizu/ という活用形があり、他で触れる機会がないので、ここで述べておく。

・接続形式として次のように使われる。

例：

/'a'icu 'wa naniˈ 'juQtaQte kiki 'jaˈ sizu | hoQtokeˈ 'jo ↓/
(あいつは何を言っても聞きはしないから、放っておけよ。)
/'ɴdaˈ kedo naniˈ siQ ka sire 'jaˈ sizu | hoQtokeQ kaˈ'i ↓/
(だけど、何をするか知れないから、放っておけるかい。)

・終止形式的にも用いられる。

例：

/'imaŋoro seʀ kotoˈ 'ju'wa'itaQte | doʀˈ naru moɴ de mo 'ari 'jaˈ sizu ↓/
(今ごろそういうことを言われても、どうなるものでもない。)

・接尾辞 /-zu/ は、本来は第1種統語語尾で /-azu〜-zu/ という形態(化石的形態としては少なくない単語に現れる)を持ち、否定拡張形式 /-ana'i〜-na'i/ の paradigma のうちの連用形相当の位置を占めるべきものであったろうが、現在は生産的ではなく、形式動詞 /siru/ と接合した /sizu/ の形でのみ用いられる。上記のような例から帰納されるこの形式の意義素としては「非常に主観的な否定的理由の提示を表す。」というところであろう。

/sizu/ は共通語の「せず」に対応するが、厳密にはズレがある。
○「語基形」について補足

　不定形と（アクセントを除き）同一の形のものが派生基・複合基として用いられる。語基として用いられる形なので「語基形」と呼ぶことにする。（「語基形」は単語未満の付属形式であることに注意。）活用図列中に位置づけることが難しいので便宜的にここで触れておく。

　この形式を語基として、次の接尾形式［→ 補助接尾動詞・補助接尾形容詞と呼ぶことにする］が接尾してできる形式は、語彙的ではあるが、比較的に広く分布するので重要である。（アンダーラインのものは頻度が高い。）殆ど共通語から類推可能な形式なので意味・用法は省略に従う。アクセント記号の付いているものは特殊アクセントで、その形式を含む形式は原則としてその位置に、移動しないアクセント核のある派生語・複合語となる。

①補助接尾動詞
　a. 動作態 Aktionsart：
　　ⅰ）起動相：<u>-kakeru</u>, -dasu, -hazi˥meru
　　ⅱ）持続相：<u>-cuzuku</u>, -cuzu˥keru
　　ⅲ）終結相：-'o˥'waru, <u>-kiru</u>, -nuku, -toʀsu, -aŋeru, -'jamu
　　ⅳ）習慣相：<u>-cukeru</u>, -nareru
　　ⅴ）再行相：<u>-na'osu</u>, -keʀsu（返す）
　b. 方向態：
　　ⅰ）接近態：<u>-cuku</u>, -kakaru
　　ⅱ）離脱態：-saru
　　ⅲ）上向態：-'aŋeru
　　ⅳ）下向態：-'orosu, -'otosu, -kudasu
　　ⅴ）前向態：-susumu, -susumeru
　　ⅵ）後向態：-modosu, -keʀsu（返す）
　　ⅶ）内向態：-'ireru, <u>-komu</u>
　　ⅷ）外向態：<u>-dasu</u>
　　ⅸ）巡回態：-ma'waru, -'aruku（cf. -te ma'waru/-te 'aruku）
　　ⅹ）相互態：-'a'u
　c. その他：
　　ⅰ）困難：-'aŋu˥neru, <u>-kaneru</u>

　　　　ⅱ）逸機：-sobireru, -haɭŋuru〜-Qpaɭŋuru
　　　　ⅲ）錯誤：-sokoɭneru, -'otosu
　　　　ⅳ）過度：-suŋiru, -makuru
　　　　ⅴ）十分：-tariru
　　　　ⅵ）乱雑：-Qciraɭkasu
②補助接尾形容詞
　a. 難易：
　　　　ⅰ）容易：-'iɭʀ, -'jasuɭ'i
　　　　ⅱ）困難：-nikuɭ'i, -zuraɭ'i　　ナド

D-2　推想形　語尾 /-iso(ʀ)〜-so(ʀ)/（第1種語尾）
「語幹の表す事態の実現が予想されるような態様にあることを表す。」(状態詞的)
　例：/'ameɭ huriso na soraɭ da na ↓/(雨が降りそうな空だな。)
　　　動詞の「推想形」の意義と形容詞の「D-1 推想形」の「語幹の表す属性の相貌を帯びた態様にあることを表す。」の意義とはそれほど違ったものではない。/'ameɭ ŋa hurisoʀ da/(雨が降りそうだ)と /kono kaki 'amasoʀ da/(この柿、甘そうだ)は、共に /'ameɭ ŋa huridasu/(雨が降りだす)、/kono kaki 'ama'i/(この柿、甘い)が表す現実の事態・感覚に近接した、直前・直近の事態・感覚を表し、直接経験を表せない点で共通性をもっている。語幹が指示する現実の事態・感覚に近接した事態・感覚の印象を表すことがこの形式の意義と思われる。

D-3　強消形　語尾 /-iQko〜-Qko/（第1種語尾）
常に、存在否定を表す /neʀɭ, 'aroɭnka/ 等と結合して、語幹の表す事態(事柄)が「実現するに足る必然的理由を欠いていること」を表す。
　例：/'o'i ŋa 'ome koɭto 'waruɭku 'ju'iQko neʀɭ da-ne-ka ↓/
　　　（俺がお前を悪く言うはずがないではないか。）
　　　/ 'iQkuraɭ tanoɴda karaQte ｜ 'iQte ku'iQko 'aroɭnka 'jo↓/
　　　（いくら頼んだからとて、行ってくれるはずがない。）
　　　/kodomo da 'ari 'jaɭ sizu ｜ 'ɴɴna bakaɭ mite na koto 'o'i ŋaɭni dekiQko neʀɭ da-ne-ka ↓/(子供じゃないんだから、そんな馬鹿みたいなこと、俺にできるはずがないじゃないか。)

なお、/'ikiQko nelʀ/(行きっこない)と/'ikiQko 'arolɴka/(行きっこあろんか)の違いは、例えば/siraneʀ/(知らない)と/siroɴka/(知ろんか)の違いに等しい。「A－11 確否形」151頁参照。

E．拡張形式

形態的特徴については前述した。すなわち、この型の形式は《語幹＋拡張語幹形成接尾辞＋統語接尾辞》という構造を持つ。

例：/kaku1, 'jomu1, miru1/(書く、読む、見る)

		語幹	拡張語幹形成接尾辞	統語接尾辞
E－1	終結形	ka'i-	-cja'-	-u
		'joɴ-	-zja'-	-u
		mi-	-cja'-	-u
E－2	予置形	ka'i-	-tok-	-u
		'joɴ-	-dok-	-u
		mi-	-tok-	-u
E－3	継続形	ka'i-	-te-	-ru
		'joɴ-	-de-	-ru
		mi-	-te-	-ru
E－4	軽卑形	kak-	-i'jaŋar-	-u
		'jom-	-i'jaŋar-	-u
		mi-	-'jaŋar-	-u
E－5	丁寧形	kak-	-imas-	-u
		'jom-	-imas-	-u
		mi-	-mas-	-u
E－6	願望形	kak-	-ita-	-'i
		'jom-	-ita-	-'i
		mi-	-ta-	-'i
E－7	否定形	kak-	-ana-	-'i
		'jom-	-ana-	-'i
		mi-	-na-	-'i
E－8	実現形	ka'i-	-ta-	-ϕ
		'joɴ-	-da-	-ϕ
		mi-	-ta-	-ϕ

厳密には、この構造の3構成要素は、ただ並列的に置かれたものではなく、階層的構造をなしている。例えば、{kakana'i}は一次的には{kakana-}＋{-'i}と分析され、次いで、この「語幹相当部分」が{kak-}

＋ {-ana-} と分析され、そこに、(第一次)語幹と拡張語幹(形成接尾辞)が析出されるという構造をなしている。

注1.
　　/kakite1(R)//kakane1(R)/ では、拡張語尾と統語語尾とが音韻変化の結果、融合形になっている。形態(音素)論的には次の3つの解釈が可能である。
　　① /-iteR//-aneR/ は、拡張語幹形成語尾 /-ita-//-ana-/(cf./kakita1kaQta//kakana1kaQta/)と統語語尾 /-'i/ の融合形態 portemanteau morph/amalgame ※ であるとするもの。
　　　※太田朗(1960)『構造言語学』p. 44 参照。
　　　　アンドレ・マルティネ(1972)『一般言語学要理』三宅徳嘉訳　p. 135 以下参照。
　　② /-iteR//-aneR/ を拡張語尾 /-ita-//-ana-/ の異形態と考え、それに、文法的パラレリズムということから、用言の終止＝連体形語尾 /-u～-ru～'i/ が該当すると解釈される形態素 {RU} のゼロ異形態(φで表す)が接尾していると考えるもの。/kak-iteR-φ //kak-aneR-φ /。
　　③拡張語尾 /-ita-//-ana-/ の異形態として /-ite-//-ane-/ を認め、それに②と同様に、形態素 {RU} の異形態 /R/ が接尾したとするもの。

　　③の解釈は /R/ が現れたり現れなかったりして、/R/ に積極的価値を認めるのは不適当であるから採り難い。
　　②の解釈は /-iteR//-aneR/ が専用される場合に採るべき解釈と思われる。ここでは、「文体的ヴァリアント」(後述204頁)として /kakita1'i/ や /kakana1'i/ が存在すること、従って語尾 /-'i/ が全く現れないのではないことを考慮して①の解釈を採り、/-iteR//-aneR/ を /-ita'i//-ana'i/ の文体的 portemanteau morph/amalgame と解釈し、文体差を伴う非融合・融合の2形が併存すると考える※。
　　　※この点に関して、前述の太田朗『構造言語学』が pp. 51～52 で英語の prove の過去分詞 proved：proven に関して Nida の説を紹介しているのが多少参考になろう。
注2. /ka'ita/ は、厳密には /ka'i-ta-φ / と分析されるべきである。/-ta-/ は拡張語尾、統語語尾は /-φ /({RU} の異形態)と解釈される。

拡張語尾は「相互承接」が可能である。その順序は次のとおり。（形態音素表記）

-Cja'W- 終結	-ToK- 予置	-I'jaŋaR- 軽卑	-Ana- 否定	-Ta 実現
		-Imas- 丁寧		
	-Te- 継続	-Ita- 願望		

以下、拡張形式に属する諸形式はこの順序に従って配列してある。

E-1　終結形　語尾 /-cja'-u〜-sja'-u〜zja'-u/　（第2種語尾）
「動作・作用の過程全体をその終了局面において一括りして把えて表す。」
（「動作・作用が終結（収束）することを瞬間相において把えて表す。」旧版1996）
/-te-ru/ が接合した形式 /-cjaQ-te-ru〜-sjaQ-te-ru〜zjaQ-te-ru/ は結果継続相を表す。
活用はw子音動詞（いわゆるワ行五段動詞）に基本的には同じであるが、形の変容が著しい。一般の動詞の活用にあわせて整理して示すと、下のようになる。（拡張形式は、基礎形式と並行的な活用（いわゆる再活用）をなし、基礎形式と同様にABCDの諸形式をもつことに注意。）
/('jaQ)-cja'-u/（やってしまう）で代表させる。

A.　終止形式
 1.　終止形   ('jaQ)-cja'u〜('jaQ)-cjaʀ〜('jaQ)-cja
 2.　強終止形 ('jaQ)-cja'ul'i〜('jaQ)-cjaʀl'i〜('jaQ)-cjal'i
 3.　命令形[1] ('jaQ)-cja'iɭ
 5.　命令形[2] ('jaQ)-cja'inaɭ
 6.　志向形[1] ('jaQ)-cja'oɭʀ〜('jaQ)-cja'oɭ
 7.　志向形[2] ('jaQ)-cja'ubeɭ(ʀ)〜('jaQ)-cjaʀbeɭ(ʀ)〜('jaQ)-cjabeɭ(ʀ)
 8.　禁止形   ('jaQ)-cja'unaɭ〜('jaQ)-cjaʀnaɭ〜('jaQ)-cjanaɭ
 9.　強禁止形 ('jaQ)-cja'unal'i〜('jaQ)-cjaʀnal'i〜('jaQ)-cjanal'i
 10.　否定推量形 ('jaQ)-cja'umeɭ(ʀ)〜('jaQ)-cjaʀmeɭ(ʀ)〜('jaQ)-cjameɭ(ʀ)
 11.　確否形   ('jaQ)-cja'oɴkaɭ
 12.　強確否形 ('jaQ)-cja'oɴkal'i
 13.　主張形   ('jaQ)-cja'u'waɭ〜('jaQ)-cjaʀ'waɭ〜('jaQ)-cja'waɭ
 14.　強主張形 ('jaQ)-cja'u'wal'i〜('jaQ)-cjaʀ'wal'i〜('jaQ)-cja'wal'i
B.　連体形式

         1. 連体形   ('jaQ)-cja'u～('jaQ)-cjaʀ～('jaQ)-cja
  C. 接続形式
         1. 接続形   ('jaQ)-cjaQte～('jaQ)-ciQte
         2. 条件形   ('jaQ)-cjaQcja(˥)(ʀ)～('jaQ)-ciQcja(˥)(ʀ)
         3. 逆接形¹   ('jaQ)-cjaQte˥mo(˥)～('jaQ)-ciQte˥mo(˥)
         4. 逆接形²   ('jaQ)-cjaQta˥Qte(˥)～('jaQ)-ciQta˥Qte(˥)
         5. 逆接形³   ('jaQ)-cja'iba˥Qte
         6. 例示形   ('jaQ)-cjaQta˥ri˥～('jaQ)-ciQta˥ri˥
         7. 仮定形   ('jaQ)-cja'iba(˥)～('jaQ)-cja'i'ja(˥)(ʀ)
  D. 準体形式
         1. 不定形   ('jaQ)-cja'i˥
         2. 推想形   ('jaQ)-cja'iso˥(ʀ)
         3. 強消形   ('jaQ)-cja'iQko
  E. 拡張形式
         2. 予置形   ('jaQ)-cjaQtoku～('jaQ)-ciQtoku
         3. 継続形   ('jaQ)-cjaQteru～('jaQ)-ciQteru
         4. 軽卑形   ('jaQ)-cja'i'ja˥ŋaru
         5. 丁寧形   ('jaQ)-cja'ima˥su
         6. 願望形   ('jaQ)-cja'ite(ʀ)
         7. 否定形   ('jaQ)-cja'wane(ʀ)～('jaQ)-cja'ane(ʀ)～('jaQ)-cja(ʀ)ne(ʀ)
         8. 実現形   ('jaQ)-cjaQta～('jaQ)-ciQta

注1. 第2種語尾との結合において起こる /-cjaQ- → -ciQ-/ の変化は共通語に見られる「イラッシャッタ→イラッシッタ(→イラシタ)」の変化に似ている。

注2. /-cja'i-, -sja'i-, -zja'i-/ という音連鎖を /-cje-, -sje-, -zje-/ と発音する個人が複数いるが、個人的なものと考えて活用表には入れなかった。
    例：/'a'i to˥ki 'juQcjeba˥ 'jokaQta ɴ da ↓/
       (ああいう時に言ってしまえばよかったのだ。)
       /'ome mite˥ na 'jaro 'wa ha'ja˥ku siɴzje'ja˥ŋare ↓/
       (お前みたいな野郎は早く死んでしまいやがれ。)

注3. 屈折接辞である拡張接尾辞の後に派生接辞が現れる形は「作為」的には作れるが、実際の使用は、可能動詞を除いて見られないようである。

3.2 動詞　167

　　　使役動詞：*('jaQ)-cja'w-ase-ru　　二重使役動詞：*('jaQ)-cja'w-as-ase-ru
　　　被役動詞：*('jaQ)-cja'w-as-a'i-ru　受身動詞　：*('jaQ)-cja'w-a'i-ru
　　　可能動詞：　('jaQ)-cja'-i-ru

E-2　予置形　語尾 /-tok-u 〜 -dok-u/ （第 2 種語尾）
　　能動詞（主として他動詞）に付いて「動作・作用の結果が残存することを目的として予め行うことを表す。」
　　活用は k 子音動詞（いわゆるカ行五段動詞）に同じ。
　　例：/sorecu 'wa 'uci N naka˩ ni simaQtoke˩↓/（それは家の中にしまっておけ。）
　　　　/'ima no 'uci 'asuNdo'i˩ta ho ŋa 'iʀ˩ 'jo↓/（今のうち遊んどいた方がいい。）
　　　　第 2 例のようにアクセント核のない /'asuNdoku ̄/ に第 2 種語尾の付いた形は /'asuNdo'i˩ta/ のように核が現れる。
　　なお、対応する所動詞（変化動詞）をもつ他動詞、例えば /mise˩ 'aketoku/（店を開けておく）などでは、「（いついつ）made ni〜」（期限－処置）と、「（いついつ）made 〜」（期間－設置）が分化しているが、一般の単なる対象目的語をとる他動詞、例えば、/hoN 'joN˩doku/（本を読んでおく）、/sikuda'i 'jaQtoku/（宿題をやっておく）などでは、/'asita˩ made 'joN˩doke↓/ は「明日 made ni 読んでおけ。」（期限）の意味で十分文法的で、/'asita˩ made ni 'joN˩doke↓/ と併行して使われている。これはこれらの動詞では「（いついつ）made ずっと〜」（期間）の読みが /-tok-u/ の意味と矛盾し排除されるためと思われる。
　　注．「予置形」では、屈折接辞である拡張接尾辞の後に派生接尾辞が現れる形、
　　　使役動詞：('jaQ)-tok-ase-ru　　二重使役動詞：('jaQ)-tok-as-ase-ru
　　　被役動詞：('jaQ)-tok-as-a'i-ru　受身動詞　：('jaQ)-tok-a'i-ru
　　　可能動詞：('jaQ)-tok-e-ru
　　が殆ど可能であることを考えると、文法的形式化が形態ほどには進んでおらず、厳密には拡張接尾辞ではなく、連語（補助動詞）に還元してその融合形として処理すべきかもしれない。とりあえず形態を重視してこのままとしておく。

E-3　継続形　語尾 /-te-ru 〜 -de-ru/ （第 2 種語尾）
　　「動作・作用が実現して存続することを表す。」
　　「E-2 予置形」＋「E-3 継続形」という承接（結合）つまり「〜テ＋オイテ＋イル」に対応する形がないのは、それに意味的に接近する /-te 'aru/

(「能動的行為の結果が存在する」)という形があるためと考えられる。小学校一年生の子供が、

/koɴna tokoro˥ ni 'oka˥si 'o'ito˥'iteru ↓/

と言うのを聞いたことがある(1970年頃)が、これは筆者なら、

/koɴna toko˥ɴ ni kasi˥ 'o'ite 'aru˥ ↓/

と言うところであった。

【補説1】 「アスペクト」について——「終結形 /-cja'-u/」と「継続形 /-te-ru/」——

動詞の表す動きは、図式的に、《「前」－[「初」－「中」－「終」]－「後」》の5つの局面で把えることができる。そのどこであるかを、語彙的・文法的に表し分ける仕組みが広義の「アスペクト・相」で、狭義には文法化されている仕組みのみをいう。

動詞の動き自体に固有な局面は《「初」－「中」－「終」》の3つで、これを別な形で言い換えれば、動きとは、開始限界(開始点・出発点・起点)と終了限界(終了点・到達点・着点)という有界性 boundedness をもった過程と把え返すことができる。有界性とは「どこからどこまでがそれ」ということで、モノに関しては英語などで「数」の可算・不可算名詞に文法化されている。動詞では、有界性をもつものが「動態動詞」、有界性もたないものが「状態動詞」で、名詞の可算・不可算名詞に対応する。動態動詞のうち、開始限界と終了限界をもった線分的(開始限界≠終了限界)な動きを表すものが「動作動詞」、開始限界と終了限界の「中」をふつうは括弧入れして、その前後の異なりが問題になるような、点的(開始限界＝終了限界)な動きを表すものが「変化動詞」である。この違いが /-cja'-u/ と /-te-ru/ の意味に反映される。

動作動詞・変化動詞のテイル形のみならずその対立項のル形もアスペクトであるとすると、その違いが問題になる。下記の奥田論文※は筆者の理解では、ル形は過程の全体を1つのまとまりとして一括りして把えているところに、テイル形は過程をその部分において把えているところに、違いがあり、それぞれを「完成相」「不完成相」と名づけている。

本論考のアスペクトは以下の金田一論文※を参考にしていたが、加筆・補足においてはその後の奥田論文なども参照している。

なお、奥田論文は取り上げていないが「テシマウ」形(/-cja'-u/)もアスペクトの体系の中に位置づける必要があると考える。テシマウ形の意味と

しては、①テシマッテイル形に対して、ル形の一種だから「完成相」のアスペクトを表す。②テシマッテイル形が結果継続相を表すことから、終了限界をもつ過程を表す。従って、①＋②から、テシマウ形(/-cja'-u/)は「動きを終了局面において1つのまとまりとして一括りして把えて表す」アスペクト形式であるといえるであろう。

　過程をまとまりとして一括りできる視点は2つあり得る。1つは鳥瞰的・俯瞰的な視点で、1つは過程内在的にその終了限界・終了局面において過程全体を把える視点である。前者がル形の、後者がテシマウ形の視点である。この違いは「彼女に嫌われた」と「彼女に嫌われてしまった(嫌われちゃった)」等にも見て取れると思う。

　※金田一春彦(1947)『国語動詞の一分類』(『日本語動詞のアスペクト』1976 むぎ書房所収)
　　金田一春彦(1954)『日本語動詞のテンスとアスペクト』(『日本語動詞のアスペクト』1976 むぎ書房所収)
　　奥田靖雄(1977)『アスペクトの研究をめぐって―金田一的段階―』(『ことばの研究・序説』1996 むぎ書房所収)
　　奥田靖雄(1978)『アスペクトの研究をめぐって』(『ことばの研究・序説』1996 むぎ書房所収)

【補説2】「E-1 終結形 /-cja'-u/」の終結相について

　「話しテシマウ」と「話しオワル」は共に「終結相」とされる。この論文執筆時には通説に拠りすぎ両者の違いが見えなかったが、その後明らかにできたことの一端を記す。例えば、「秘密を話しテシマウ」のと「秘密を話しオワル」のとはアスペクト的にも意味が大いに異なっている。

　「秘密を話しテシマウ」は、「秘密を話すコト」という過程全体が問題になっており、それを終了局面において一括りして把える表現で、「秘密を話すコト」の全体を「(終わりまで)完全に行うコト」を表している。これはいわば「するコト」の一種である。それに対して、

　「秘密を話しオワル」は、「秘密を話しハジメル → 秘密を話しツヅケル → 秘密を話しオワル」という一連の動きの終了点、「秘密を話すコト」の部分的な一局面としての終了局面を表すに過ぎない。

　「秘密を話しテシマウ」は全体を1つのまとまりとして一括りして表現する点で、「秘密を話す」と等価であり得るが、「秘密を話しオワル」はそ

の意味では「秘密を話す」と等価ではあり得ない。

　また相互承接の可否に関して、「話しオワッテシマウ」が可能で「話しテシマイオワル」が不可なのは、「話しオワル」という出来事はその終了局面で一括りして把えることができるからであり、「話しテシマイオワル」が不可なのは「話しテシマウ」という出来事には内部に「初」−「中」−「終」のような線的過程がないからである。

【補説3】「E-3 継続形 /-te-ru/」の「継続相」について
　　テイル形には「動作継続相(継続相)」と「結果継続相(結果相)」という2つの代表的な意味・用法がある。少し付説する。
1　「子どもが泣いている」のような、テイル形が「動作継続相(継続相)」になる動詞(動作動詞)は、《「初め(開始限界)」+「中」+「終わり(終了限界)」》という動き(過程)自体に注目する意味構造になっている。
2　「明かりが消えている」のような、テイル形が「結果継続相(結果相)」になる動詞(変化動詞)は、「初め(開始限界)」即「終わり(終了限界)」であって、むしろ、動き(過程)自体よりも《「前」−[「初」=「終」]−「後」》における、「前」「後」の異なり(変化・移動)が問題になっている。
① 「動作の継続」とは「始め(開始限界)」以後「終わり(終了限界)」以前のことで、「終わり(終了限界)」は事後的にしか把え得ないから、「動作の継続」とは、即事的には「始め(開始限界)」以後に事態の成立を見て(但し全体トシテ把握サレタ事態デハナイコトニ注意。ダカラ「泣いタ」トハ意味ガ近似シナイ)、「泣いテイル」と言っているのだと思われる※。
② 「結果の継続」とはいうまでもなく、「始め(開始限界)」と不可分一体の「終わり(終了限界)」以後に事態の成立を見て(コレハ全体トシテ把握サレタ事態ソノモノデアルコトニ注意。ダカラ「消えタ」ト意味ガ近似シテイル)、「消えテイル」と言っているのだと思われる。

　このように、両者には「事態の成立」の認定という点で共通の把え方があり、そこに注目して「継続相」とし、下位区分して「動作継続相」「結果継続相」とすることにした。それが2つのテイルの根源にある意味(意義)であろうと思われる。

　　※①に関連して、「(ご飯を)食べチャッテルか。」と電話口で尋ねているような場合、その意味が「もう食べ終わっチャッテルか」の他に、

「もう食べ始めチャッテルか」でありうるのも、開始限界後すなわち「食べ始める」に「食べる」という事態が一応は成立しているとみるから可能な発話である。

注. 動詞はアスペクトおよびテンスの上で次のような体系を持っていると考えられる。

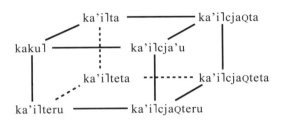

	±終結	±継続	±完成	±以前
kakuɭ	−	−	+	−
kaʼiɭta	−	−	+	+
kaʼiɭteru	−	+	−	−
kaʼiɭteta	−	+	−	+
kaʼiɭcjaʼu	+	−	+	−
kaʼiɭcjaɋta	+	−	+	+
kaʼiɭcjaɋteru	+	+	−	−
kaʼiɭcjaɋteta	+	+	−	+

金田一春彦「時・態・相および法」『日本文法講座1 総論』(1957 明治書院) p. 227 参照。
(この項の図と表は1972年に書いたものだが、これに関しては、前掲の参考文献の奥田論文を参照。氏の「完成相/不完成相」図式はこの表にとってより深い説明と理解をもたらすものになっているが、「テシマウ/-cjaʼ-u/(ちゃう)」が埒外になっている。)

E−4 軽卑形 語尾 /-iʼjaŋar-u 〜 -ʼjaŋar-u/ （第1種語尾）
「不定人称者の、主語に対する軽卑感(時に親愛感)を表す。」
　能動詞のガ格主語だけでなく、所動詞のガニ格主語も軽卑対象となることに注意。主語には軽卑対象であること明示する /〜no ʼjaroɭ/ が付くことが多い。軽卑対象には生物だけでなく擬人的扱いの無生物もなる。

活用は r 子音動詞（いわゆるラ行五段動詞）に準じる。アクセントは固定的なアクセント核が語尾から 3 拍目に置かれて全活用を通じてその位置を動かず特異である。

例：/saQki kono 'inu˩ 'o'i ko˩to ho'i'ja˩ŋaQta↓/（さっきこの犬が俺を吠えた。）
/neko˩ no 'jaro doke˩ 'iQcja'i'ja˩ŋaQta N da↓/（猫はどこへ行ったのだ。）
/basu˩ ｜ moʀ 'iQcja'i'ja˩ŋaQta no ka↑/（バスはもう行っちゃったのか。）
/basu˩ no 'jaro nakanaka ki'ja˩ŋaNNeʀ↓/（バスがなかなか来ない。）
/sana˩ŋotoku 'ame˩ huQte˩ ⌒ ki'jaŋaQta↓/（思った通り雨が降ってきた。）
/'jacu˩ ŋani 'wa sore ŋa 'wakaQte˩'jaŋaQta N da↓/
（やつにはそれが分かっていたのだ。）

注．動詞の形態法として文法化された敬語法組織（「オ・ニナル」「〜レル・ラレル」の類）が発達していないので、「主語尊敬」の「尊敬形」を立てる必要がなかったが、あれば拡張形式としてこの前の位置に置かれるべきものである。「軽卑形」は「主語軽卑」という点で尊敬語の反対物といえる。

E－5　丁寧形　語尾 /-imas-u 〜 -mas-u/　（第 1 種語尾）

「第一人称者の第二人称者に対する敬意を内容とする、不定人称者の断定を表す。」

活用は欠如的で特殊型である。(/('jar)-ima˩s-u/ で代表させる)

A．終止形式
　1．終止形　　　　　('jar)-ima˩s-u
　6．志向形 1　　　　('jar)-imas-jo˩ʀ
B．連体形式
　1．連体形　　　　　[('jar)-ima˩s-u]※ 1
C．接続形式
　1．接続形　　　　　[('jar)-ima˩si-te]※ 1
E．拡張形式
　7．否定形　　　　　('jar)-imas-e˩N ※ 2
　8．実現形　　　　　('jar)-ima˩si-ta

※ 1　[　]で括った形式は普通耳にしないけれども、使われれば文体価値が [　]なしの他のものより高い。

※ 2《丁寧＋否定》型の /('jar)-imas-e˩N/ は、《否定拡張形＋丁寧 desu》型の

(/(ʼjar)-ana-ʼi deꜜsu/)が競争形式としてあり、こちらのほうが優位のようである。/ʼarimaseꜜN/ よりは /naꜜiꜜ desu/ の方をよく耳にする。

E-6 願望形　語尾 /-ite(R) ～ -te(R)/（第１種語尾）
「不定人称者の願望を表す。」
　この形式を派生接尾辞（派生形容詞）と考える立場もあるが、筆者は拡張接尾辞とする考えを取る。なぜなら、この形式が接尾してできる形式は、形容詞と職能上同じではないからである。例えば、/ʼosaꜜmaʼiteR/（捕まえたい）は、動詞的に、
　　/ʼora kono ʼami deꜜ sakana koꜜto nisiki ŋureꜜR ʼwa ʼosaꜜmaʼiteR↓/
　　（俺はこの網で魚を二匹ぐらいは捕まえたい。）
と延長・拡大することができるが、形容詞はこのようには拡大できないからである。
　願望形のとるいわゆる「対象語」は、本方言では生物類名詞が対格専用の格助詞の /koꜜto/ を取ることから、「目的語」であることは形態的にも明らかである。
　例：/nekoꜜ koto mo ʼinu koꜜto mo ʼuci de kaʼiteR↓/（猫も犬も家で飼いたい。）
「願望形」は、第一人称者の直接的願望を表出する場合はふつう「対格・他動詞型」の「～ガ＋～コト＋～タイ」（「おれは猫コト飼いたい」「おれは蝉コトつかまえタイ」）という構文をとるが、「太郎は猫を飼いたいようだ」のような第一人称者の直接的願望の表出ではない文に対応する表現では、「太郎は猫コト飼いたいみたいだ」（他動詞型）、「太郎ガニは猫ガ飼いたいみたいだ」（所動詞型）、「太郎ガニは猫コト飼いたいみたいだ」（混合型）という構文が一応可能である。このうち「～ガ＋～コト＋～タイ」が卓越するのと、派生形容詞とするには前述のような問題があるのとで、拡張接尾辞としている。
　また、人間の生理現象を表す名詞を主語とする所動詞（無意志動詞）/deruꜜ/（出る）の願望形は、人間の生理的現象に関して、本人の意志にかかわらず（本人が欲しないのに）「～シソウダ」という意味で使われる。（クシャミ、咳き、洟などのほか、屁、大小便などが主語となる。）
　例：/kusjaꜜmi (ŋa) detaꜜʼi/（クシャミが出そうだ）
　　　/kusjaꜜmi (ŋa) detaꜜkaQta/（クシャミが出そうだった）
　　　/kusjaꜜmi (ŋa) detaꜜku naQta/（クシャミが出そうになった）

174　3. 文法

　　　　/kusjaˉmi (ŋa) detaˉkute 'ɛɴɲaˉmita/（クシャミが出そうで難儀した）

E-7　否定形　語尾 /-aneʀ 〜 -neʀ/　（第1種語尾）
「不定人称者の否定的判断を表す。」
　活用は形容詞に多少似ているが、かなり特殊である。
　動詞の活用形は大きく肯定系列：否定系列に分けて整理することもできる。筆者はこの方法をこの論文で採用しなかったが、以下、この方法で整理してみると次のようになる。（肯定系列を全部網羅しているわけではない。否定系列に対立するもののみを上げた。/kakuˉ/[書く]を例とする。）

　　　　　　　　　肯定系列　：　否　定　系　列
A.　終止形式　　　　　　　　（普通語）　　　　　：（美化語）※1
　　a.　終止形　　　kakuˉ　　　　kakaneˉ(ʀ)　　　　　：kakanaˉ'i
　　b.　命令形¹　　 kakeˉ　　　　kakuˉna
　　c.　強命令形　　—　　　　　 kakuˉna'i
　　d.　志向形¹　　 kakoˉʀ　　　 kakumeˉ(ʀ)　　　　 ：(kakumaˉ'i)
　　　　　　　　　　　　　　　 →kakaneˉ(ʀ)'joʀ ※2　：kakanaˉ'i'joʀ
　　e.　志向形²　　 kakubeˉ(ʀ)　 kakumeˉ(ʀ)
　　　　　　　　　　　　　　　 →kakaneˉ(ʀ)be(ʀ) ※2
　　f.　推量形　　 (kakubeˉ(ʀ))　⎧ kakumeˉ(ʀ)
　　　　　　　　　　　　　　　　⎨
　　　　　　　　　　　　　　　　⎩ kakanaˉkaɴbe(ʀ)
　　　　　　　→kakuˉdaɴbe(ʀ)　→kakaneˉ(ʀ)daɴbe(ʀ)　：kakanaˉ'i daro(ʀ)
　　g.　断言形　　 kakaˉʀ　　　 kakoˉɴka ※3
　　h.　強断言形　 kakaˉ'i　　　 kakoˉɴka'i
B.　連体形式
　　a.　連体形　　 kakuˉ　　　　kakaneˉ(ʀ)　　　　　：kakanaˉ'i
G.　連用形式（形容詞に特有な形式のため振り番号がGとなっている）
　　a.　連用形　　 —　　　　　　kakanaˉku
C.　接続形式
　　a.　接続形　　 ka'iˉte　　　⎧ kakaneˉ(ʀ)de ※4　：kakanaˉ'ide
　　　　　　　　　　　　　　　　⎨
　　　　　　　　　　　　　　　　⎩ kakanaˉkute ※4
　　b.　条件形　　 ka'iˉcja(ʀ)　⎧ kakaneˉ(ʀ)zja(ʀ)　：kakanaˉ'izja(ʀ)
　　　　　　　　　　　　　　　　⎨
　　　　　　　　　　　　　　　　⎩ kakanaˉkucja(ʀ)

3.2 動詞

    c. 逆接形[1]　　ka'iɭtemo　　⎧ kakaneɭ(ʀ)demo　　　: kakanaɭ'idemo
                                            ⎩ kakanaɭkutemo
    d. 逆接形[2]　　ka'iɭtaQte　　⎧ kakaneɭ(ʀ)daQte ※5　: kakanaɭ'idaQte
                                           ⎩ kakanaɭkuQtaQte
    e. 逆接形[3]　　kakeɭbaQte　　kakaneɭ(ʀ)kerebaQte　: kakanaɭ'ikerebaQte
    f. 逆接形[4]　　—　　　　　　kakaneɭ(ʀ)Qte ※5　　　: kakanaɭ'iQte
    g. 例示形　　　ka'iɭtari　　⎧ kakaneɭ(ʀ)dari　　　: kakanaɭ'idari
                                             ⎨ kakanaɭkaQtari
                                             ⎩ kakanaɭkuQtari
    h. 仮定形[a]　 kakeɭba　　　kakaneɭ(ʀ)keɴba　　　: kakanaɭ'ikereba
       仮定形[b]　 kakjaɭ(ʀ)　　 kakaneɭ(ʀ)kirja(ʀ) ※6 : kakanaɭ'ikerja(ʀ)
  D. 準体形式
    a. 不定形　　　kakiɭ'　　　　(kakanaɭku)
    b. 推想形　　　kakisoɭ(ʀ)　　kakanasoɭ(ʀ) ※7
  E. 拡張形式
    a. 実現形　　　ka'iɭta　　　　kakanaɭkaQta

※1 A-a 終止形・A-d 志向形・B-a 連体形・C-a 接続形・C-b 条件形・C-c 逆接形[1]・C-d 逆接形[2]・C-e 逆接形[3]・C-e 逆接形[4]・C-g 例示形・C-h 仮定形[a]・[b]には、/kakaneɭʀ- 〜 kakaneɭ-/ と /kakanaɭ'i-/（高年層 /kakanaɭ'ɪ-/）の 2 語形（普通語・美化語）が併存している。この 2 形には文体差（語体差）があり、形容詞と同様に前者には日常語的・俗語的語感があり、後者には社交語的・共通語的語感が伴い、場面によって使い分けられている。（形容詞の項を参照。）

※2 A-d 志向形[1]の分析的形式（但し、1 語である）の例：
    /kjoʀɭ 'wa siŋoto 'ikane'joɭ kaʀ ↓/（今日は仕事に行くの止そうか。）
    母音動詞志向形語尾 /-'joʀ/ が形容詞終止形相当の形態（すなわち、この場合 /-na'i/）に直接するのはほかに例がなく極めて特異な形式である。
  A-e 志向形[2]の分析的形式（但し、1 語である）の例：
    /haʀ 'a'icu to 'asubanebeɭ 'jo náɭ ↓/（もうあいつとは遊ぶの止そうよな。）
    /-be(ʀ)/ が形容詞の終止＝連体形相当の形態に直接することは、若い層の一部の個人（複数）を除いて、ないといえ、この形式もやはり特異

なものといえる。

※³ A－11 確否形 /kakoɭNka/ が、A－13 主張形 /kakaɭR/ と下記のような肯否の対、すなわち、A-g 肯定断言形 /kakaɭa/：A-g 否定断言形 /kakoɭNka/ をなすのではないかとするのは、一部の話者の直感と内省の報告を踏まえたものである。共にまともな質問文を作れないなど文法的ふるまいが共通していることなども支えになっていると思われる。

/kakoɭNka/ の勢力の強さ（高等教育を受けた人でさえ方言意識を持たずに使っている）もこのような体系の中に組み入れられていて孤立していないためではないかと考えられる（もちろん、それだけでなく話者に形態的に卑俗な語感がないことなども関係しているであろう）。

/kakuɭ/	： kakaneɭ(R)	/
/kakeɭ/	： kakuɭna	/
/kakoɭR/	： kakaneɭ(R)'joR	/
/kakuɭbeɭ(R)/	： kakaneɭ(R)be(R)	/
/kakaɭR/	： kakoɭNka	/

※⁴ C－a 接続形の 2 形に関して、

① /kakaneɭ(R)de/ は、動詞の /-te/ 接続形に対応する否定接続形で、単に「前件の成立が後件の成立に先立つ」こと（単純接続）を表す。

② /kakanaɭkute/ は、形容詞の /-kute/ 接続形に対応する否定接続形で、「前件の成立が後件の成立に先立つ」だけでなく、前後が因果的に、「原因・理由 → 結果・帰結」として関係づけられること（原因理由接続）を表すことが多い。

/kodomo koɭto miteɭneRde｜dokoɭ 'iQteN da 'jo↓/
（子どもを見ていないで、どこに行っているのだ。）
/saŋasite 'inakuɭte｜soko'irazjuR saŋaQsjaQtaɭ 'jo↓/
（探しても居なくて、そこらじゅう探してしまった。）

※⁵ C－d 逆接形² の /kakaneɭ(R)daQte/ という形態は、
/ka'iɭte/：/kakaneɭ(R)de/ ＝ /ka'iɭtaQte/：χ
　χ ＝ /kakaneɭ(R)daQte/

のような類推によって成立した語形と思われる。逆接機能を持つ

/-daQte/ は他の形式とは結合せずこの形式にのみ現れる。
　　例：/'isoŋasiIRkerja kineIdaQte 'iR 'ja↓/(忙しければ来なくてもいい。)
　C−f 逆接形⁴の /kakaneI(R)Qte/ という形式は、語源的には「タッテ逆接形」(/-taQte ～ -daQte/)や「バッテ逆接形」(/-ebaQte ～ -rebaQte/)の構成要素である /-Qte/ と同じく古語の接続助詞「とて」を含み、「～ない＋とて」という語構成に基づくものである。
　　例：/mitaIku neN dara mineIQte 'iR 'jo↓/(見たくないのなら見なくていい。)

※⁶ C−h 仮定形ᵇの例：
　　　/mitaIku neRkirja mineIkirja 'iR ni↓/(見たくなけりゃ見なけりゃいいに。)
　・仮定形語尾は、共通語では語幹接続であるが、この方言では<u>終止＝連体形相当の形態に接続している</u>。また、仮定形ᵇの語尾は基本形は /-kerja(R)/ であるが、終止＝連体形の語尾が /-eR/(エ段長音)であるものに限って、/-kirja(R)/ が付く。
　・いわゆる助動詞「ない」の仮定形「ないければ」は近世江戸語にも用例が見られるが、埼玉県東南部方言では形容詞の仮定形一般が「終止＝連体形＋ければ」となっていて、変化という点では先を行っている。(cf. 接続助詞「けれど」の起源)

※⁷ D−b 推想形は /kakanasoI(R)/ で、共通語で最近耳にするような /kakanasasoIR/ という言い方はしない。この点でも否定形容詞の /nasasoIR/ とは異なる。
　なお、過度を表現する接尾辞 /-suŋiru/ も同じく /kakanasuŋiruI/ で、/sa/ の介入する /kakanasasuŋiruI/ とは言わない。

E−8 実現形　語尾 /-ta ～ -da/ （第２種語尾）
　「過程が以前に実現したという不定人称者の判断を表す。」
　　国広哲弥「日英両語のテンスについての一考察」『構造的意味論』(1976 三省堂)p. 71
　　金田一春彦「時・態・相および法」『日本文法講座 1 総論』(1957 明治書院)p. 227 参照。
　活用は助動詞 /da/ に似るが、特殊型※¹。

A. 終止形式
　1. 終止形　　　　-ta　　　　　～ -da
　2. 強終止形　　　-ta'i　　　　～ -da'i
　6. 志向形¹　　　 -taro(R)　　 ～ -daro(R)　　 →-ta ～ -da + daro(R)
　7. 志向形²　　　 -taNbe(R)　　～ -daNbe(R)　 →-ta ～ -da + daNbe(R)
　16. 想起形※²　　-taQke　　　 ～ -daQke
B. 連体形式
　1. 連体形　　　　-ta　　　　　～ -da
C. 接続形式
　7. 仮定形　　　　-tara　　　　～ -dara

※¹ 形態(素)論的には次のように分析される。
A. 終止形式
　1. 終止形　　　　-ta-φ　　　 ～ -da-φ　　　　/φ/ は {RU} の異形態
　2. 強終止形　　　-ta-φ-'i　　 ～ -da-φ-'i
　6. 志向形¹　　　 -tar-o(R)　 ～ -dar-o(R)
　7. 志向形²　　　 -taN-be(R)　～ -daN-be(R)
　16. 想起形　　　 -taQ-ke　　 ～ -daQ-ke
B. 連体形式
　1. 連体形　　　　-ta-φ　　　 ～ -da-φ　　　　/φ/ は {RU} の異形態
C. 接続形式
　7. 仮定形　　　　-tar-a　　　～ -dar-a　　　　/-a/ は {Reba} の異形態

実現の拡張接尾辞の語幹部は

　/-ta-～-tar-～-taN-～-taQ-/

　/-da-～-dar-～-daN-～-daQ-/

と交替するので、語幹形態素としては {-TaR-} が立てられよう。終止＝連体形については、拡張形式の(基本)語幹を除いた部分は図式的に拡張語幹形成接尾辞語幹部と統語接尾辞＝統語語尾から成ると定式化できるのでこの場合は終止＝連体形の統語語尾としてφ語尾を仮定せざるを得ない。仮定形語尾は仮定形語尾形態素 {-Reba} の異形態として /-a/ が仮定できよう。

※² 想起形 /-taQke ～ -daQke/
「既に実現している事態に対して今初めて気づいたという第一人称者の

3.2 動詞　179

確認の気持ちを表す。」

　形式 /-ke/ は、ほかには助動詞 /da/ との接合形としてだけ現れる。そして、助動詞 /da/ との接合形においてのみ、既実現の事態に対する「気づき」を表す /soʀ1 daQtaQke/ と、現在の事実に対する「気づき」を表すの /soʀ1 daQke/ が対立しているのが、一般的である。

　しかし、高年層、成年層、若い層の一部の話者に、「気づかずにいた現在の事実にたった今気づいて、その事実を再確認するような気持ち」で、動詞・形容詞の終止＝連体形に /Qke/ を付ける言い方が観察される。

　/soɴna koto mo 'aru1 Qke ka↓/（そんなこともあるっけか。）

　/da to1 siɴ to ｜ so'i koto ɴ naru1 Qke↓/（とするとそういうことになるっけ。）

　/'are 'wa moQto naŋal'i Qke ↓/（あれはもっと長いっけ。）

まだ一般的ではないと考えられるので、/-ke/ を接尾辞（語尾）としたが、上記のような諸個人においては、/Qke/ は終助詞として処理する必要がある。このような諸個人にあっては「気づき・想起」は a のように部分的なものでしかない共通語＝方言の体系に対して、b のようなより整合的な体系が成立している。

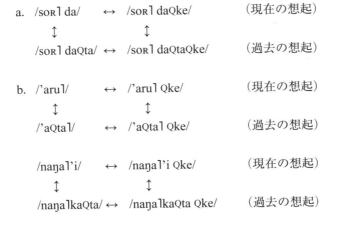

a.　/soʀ1 da/　　↔　/soʀ1 daQke/　　　　（現在の想起）
　　↕　　　　　　　↕
　　/soʀ1 daQta/　↔　/soʀ1 daQtaQke/　　（過去の想起）

b.　/'aru1/　　　↔　/'aru1 Qke/　　　　（現在の想起）
　　↕　　　　　　　↕
　　/'aQta1/　　↔　/'aQta1 Qke/　　　　（過去の想起）

　　/naŋal'i/　　↔　/naŋal'i Qke/　　　（現在の想起）
　　↕　　　　　　　↕
　　/naŋa1kaQta/ ↔　/naŋa1kaQta Qke/　　（過去の想起）

　以上で、動詞の活用形についての説明を終える。次に派生動詞のうちで重要な、使役動詞・二重使役動詞・被役動詞・受身動詞・可能動詞について若干の説明を加える。

F. 派生形式

　　動詞の語幹（複合語幹を含む。kak-, kakihazime-）に派生語幹形成接尾辞が接合してできた派生語幹は、単純な語幹形式と同様に、種々の統語語尾と接合することができる。すなわち、こうしてできた動詞形は、先に述べたような諸活用形を具備している。
このようなものに、
　　F-1　使役動詞
　　F-2　二重使役動詞
　　F-3　被役動詞
　　F-4　受身動詞
　　F-5　可能動詞
がある。以下、これらについて略説する。（派生接尾辞は日本語の語性として必然的に統語語尾（屈折接尾辞）を伴うが、以下の説明ではそれを自明のこととして、特に断らず進めることにする。）

F-1　使役動詞

　派生接尾辞 /-ase-ru ～ -sase-ru/（第1種語尾に準ずる）

　　使役表現や受身表現を含めて、動作の関与者 participant で、直接的な行為の行い手を「行為者」（時に「為手」）といい、それとその者が行う行為との関係を〈行為者－行為〉関係ということにする。
　例えば、共通語で言えば、
　　"Sensei ga seito ni kotaesaseta."（先生が生徒に答えさせた。）
の "seito" と "kotae-" との関係、
　　"Kodomo ga oya ni kawaigarareru."（子どもが親に可愛がられる。）
の "oya" と "kawaigar-" との関係をいう。
《使役表現とは「使役者」（使役表現における動作の関与者で使役の為手。時に「させ手」という）が「行為者」に或る「行為」をなさしめる表現をいう。》すなわち、〈行為者－行為〉関係の上に「使役者」がかぶさって、その者を中心として述べられる〈「使役者」－「行為者」－「行為」〉の三者の関係規定が使役表現であるといえる。基本的には次のような構造を示す。

3.2 動詞　181

使役者	+	行為者	+		行　為
生物類名詞	φ 〜 ŋa	生物類名詞（無生物類名詞）	ⓐ	(高) ŋe 〜 ni / (成) ni	使役動詞
			ⓑ	koꜜto	

例：/ˈNNna koto ˈwa ˈjariter ˈjacuꜜ ŋe ˈjarasenba ˈIRꜜN da ˈjo ↓/
　　（そんなことはやりたいやつにやらせればいいんだよ。）
　　/ˈjaritaka nerꜜ ˈjacu ŋe naniꜜ ˈjarasitaQte muda daꜜ kara ˈjoseꜜ ˈjo ↓/
　　（やりたくないやつに何をやらせたって無駄だから止せよ。）

　使役動詞は能動詞（主として他動詞と一部の自動詞）から作られる形式で、所動詞からの派生は普通ではない。上の図でⓐとしたものが他動詞から派生する使役動詞の使役構造における行為者を表す形式である。使役文の「行為者」は、高年層では与格助詞 /ŋe/ か位格助詞 /ni/ で、成年層以下では位格助詞 /ni/ で表示される。

/kodomo ŋa hatoꜜ koto kaˈuꜜ/（子どもが鳩を飼う）
→ (高) /ˈore ˈwa kodomo {ŋe/ni} hatoꜜ koto kaˈwaseruꜜ cumori da ↓/
　 (成) /ˈore ˈwa kodomo ni hatoꜜ koto kaˈwaseruꜜ cumori da ↓/
　　（おれは子どもに鳩を飼わせるつもりだ。）

　他動詞から派生する使役動詞のうち生物目的語＋ /koꜜto/ をもつものは上記のように「行為者」が /ŋe 〜 ni/ で表示されるが、/kodomo ŋa ˈasiꜜ ˈaraˈu/（子どもが足を洗う）のように目的語が無生物名詞で格助詞を欠く使役形では、次項の自動詞文から派生する使役動詞と同様に「行為者」が /ŋe 〜 ni/ のほかに、ⓑのように /koꜜto/（対格）でも表示されうる。これは共通語に対応するものがない。

例：/kodomo ŋe ˈasiꜜ ˈaraˈwasita/ ≒ /kodomo ni ˈasiꜜ ˈaraˈwasita/（子どもに〜）
　：/kodomo koꜜto ˈasiꜜ ˈaraˈwasita/（子どもヲ足を洗わせた）

　自動詞文から派生する使役動詞はⓐとⓑの両方の構文に現れるものと、ⓑの方にしか現れないものとがある。自動詞で使役動詞の「行為者」をⓐとⓑで表せるものに関しては、ⓐを任意、ⓑを強制の使役としておくが、ⓐの任意使役には名称と実態に問題があり、あるいはⓐとⓑでは使役が「行為者」に対して間接的なものか直接的なものかという把え方の違いで、使役自体には大きな違いはないのかもしれない。ⓑにしか現れないものは、対格助詞 /koꜜto/ をとることから他動詞とすることも考えられる

が、ただ、動詞が同一の形を取っていることと、意味的に接近していることから、一応併せて扱う。

例：

/ka'ımoɴ 'wa kodomo ŋe 'ıkaseroꜜ/(買い物は子供に行かせろ。)

≒ /ka'ımoɴ 'wa kodomo ni 'ıkaseroꜜ/

：/ka'ımoɴ 'wa kodomo koꜜto 'ıkaseroꜜ/(買い物は子供を行かせろ。)

/'akaɴbo ŋe sitoꜜnde 'arukasiteꜜ miɴ 'joꜜ/(赤ちゃんに一人で歩かせて見なよ。)

≒ /'akaɴbo ni sitoꜜnde 'arukasiteꜜ miɴ 'joꜜ/

：/'akaɴbo koꜜto sitoꜜnde 'arukasiteꜜ miɴ 'jo ꜜ/(赤ちゃんを一人で歩かせて〜。)

/kodomo ŋe sumaseruꜜ 'uci (tateꜜtaꜜ)/(子供に住ませる家(を建てた))

≒ /kodomo ni sumaseruꜜ 'uci (tateꜜtaꜜ)/

：/kodomo koꜜto sumaseruꜜ 'uci (tateꜜtaꜜ)/(子供を住ませる家(を建てた))

/kodomo koꜜto nakasite naniꜜ ŋa 'omosireꜜʀ/(子供を泣かせて何が面白いか。)

/hatake de kodomo koꜜto 'asubaQsja dame daꜜ 'joꜜ/(子供を畑で遊ばせるな。)

使役の基本的意味は、《使役者が行為者を使役の受け手として、その者をして或る行為を(強制的に)なさしめる》ことである※1・※2。

活用は不規則で、「3.2.1 動詞の形態(論)的特徴による種類分け」の「(2′) 第2種動詞(母音動詞)に似るが変則的なもの」133 頁を参照。

※1 使役者が能動的使役者でない次のような使役文が存在する。被害者を能動的使役者として把え返した文で、行為者は与位格 /ŋe 〜 ni/ でなく対格 /koꜜto/ で表示される。内容的には受身文(間接受動文)に近いものである。

例：/'ano sitoꜜ sᴇɴsoʀ de seŋare koꜜto sinasiteru ꜜ/

(あの人は戦争で子どもを死なせている。)

≒ /'ano sitoꜜ sᴇɴsoʀ de seŋare ni sina'iteru ꜜ/

(あの人は戦争で子どもに死なれている。)

※2 使役の意味構造は、使役的「テモラウ文」(仮称)に類似していることに注意。

例：① /'o'ja ŋaꜜ kodomo ŋe kusuri ka'ıꜜ 'ıkasita ꜜ/

(親が子供に薬を買いに行かせた。)

② /'o'ja ŋaꜜ kodomo ŋe kusuri ka'ıꜜ 'ıQte moraQta ꜜ/

(親が子供に薬を買いに行ってもらった。)

しかし、次の点で両者は異なっている。①では、「使役者」が一方的に

「行為者」に「行為」を強制しているのに対して、②では、「行為者」の恩恵的な受益者に向けた「行為」を、「受益者」自身(=/'o'jaʎ/)が行為者に働きかけて、行為者を通して自己の望むところを実現するというような、「行為者」に対する気遣い・留意が存在している。使役的「テモラウ文」の行為者は、使役文と同様に与格助詞「ゲ」か位格助詞「ニ」で表示されるのが特徴である。なお、もう1つの(「先生にほめられた」とほぼ同意の「先生にほめてもらった」のような)受動的な「テモラウ文」の行為者には与格の「ゲ」が使えず、位格の「ニ」しか使えない点で両者は構文特徴を異にしている。助詞の分布から「テモラウ文」には2つの「テモラウ文」があることに注意。

○「子どもが橋を渡る」「子どもが行く」の使役文の格表示について
　「子どもが橋を渡る」「子どもが行く」に対応する方言の使役文には次の3形が可能である。
　　①「コト使役文」: /kodomo koʔto hasiʔ 'wataraseru//kodomo koʔto 'ıkaseru/
　　②「ゲ使役文」: /kodomo ŋe hasiʔ 'wataraseru//kodomo ŋe 'ıkaseru/
　　③「ニ使役文」: /kodomo ni hasiʔ 'wataraseru//kodomo ni 'ıkaseru/
　移動動詞の運動の場所は共通語と違って常にφ格表示。高年層話者の内省をまとめると、①はコトで表示される「行為者」に対する使役者の(直接的)強制性が強い。②と③は「行為者」に対する使役者の(直接的)強制性は弱い。さらに②はゲで表示される「行為者」のためにそれをさせる感じがすることがあるが、③にはそういう感じがない、という内容のものであった。
　①の /kodomo koʔto hasiʔ 'wataraseru/ は、共通語に直訳すると「子どもヲ橋ヲ渡らせる」となり、非文法的な文になってしまうが、類例は、自動詞文の /kodomo ŋa hasiʔ 'wataru/(子どもが橋を渡る)に対する他動詞文 /kodomo koʔto hasiʔ 'watasu/(子どもヲ橋ヲ渡す)などにも見つかり、方言としては文法的である。このことは、「橋」が対格目的語ではないことを表している。

○他動詞派生接尾辞「-カス /-kas-u/」について
　ⓑのような結果形式 resultant form が他動詞的に働く使役派生の場合に、主として一段動詞(母音動詞)において、語幹(学校文法的には「未然形・連用形」)に派生接尾辞 /-kas-u/ を付けた形が /-sase-ru/ 使役派生形、およびそれの「代替的他動詞」と「相補的/対立的に共存」している。意味の違いな

ど /-kas-u/ 派生動詞については後述する。なお、「(使役派生形の)代替的他動詞」とは、/'ore ko1to mo 'orosite1 kure ↓/([混んでいるバスから]おれも降ろしてくれ)の /'orosu1/ のように、文法的には自動詞 /'oriru1/ の使役形の /'orisaseru1/ と等価であり、その代替形として働くものをいっている。

　/-sase-ru/ と /-kas-u/ が「相補的/対立的に共存」しているとは、多くの場合、自動詞には /-sase-ru/ が接尾し、所動詞には /-kas-u/ が接尾するというふうに相補的に分布(→ 相補的共存)し、しかし、同じ自動詞から派生する「慣れさせる」(=「慣らす」)においては、

　　　/hato1 koto narasu1/(鳩を慣らす)

　　　/hato1 koto narekasu1/(鳩を慣れかす)

の二者間に、意味に違いがあること(対立的共存)をいっている。

　他動詞形成接尾辞 /-kas-u/ は、主として母音動詞(上下一段動詞)系の所動詞の語幹(いわゆる一段動詞の未然・連用形)について、有意的動作(±作為)を表す他動詞を作る。例えば、同じ所動詞「(泥が)撥ねる」からの二つの派生他動詞でも、/doro1 haneru1/(泥を撥ねる)は「雨垂れが泥を撥ねてる」のように人の意志が関与しない事態の表現に使えるが、/doro1 hanekasu1/ は「車が泥を撥ねかした」のように人間(の意志)が関与した動作を表している。

　/-kas-u/ が接尾した他動詞形が有意性という意味特徴の有標の項、/-kas-u/ が接尾しない単純な他動詞形がその特徴の点で無標な項である。従って、/karekasu¯/(枯れかす)は「薬を使って雑草を枯れかした。」のように有意性がはっきり出ているが、/karasu¯/(枯らす)の「大事な花を枯らしてしまった。」においては有意性の有無が問題になっていないわけである。同様に /hato1 koto narekasu1/(鳩を慣れかす)には飼う人間の側の「早く慣れるようにさせたい」という目的意識的な働きかけの態度が含意され、/hato1 koto narasu1/ では「鳩を飼うことで慣れさせる」という、その意味での他動性がないわけではないが、それにあたっての有意性が前者と対比して前面には押し出されていないという違いがあり、結果的に「鳩を、飼うことで<u>自然と慣れさせる</u>」という感じがでてくる。

　/-kas-u/ は、原則的に所動詞(のうちの母音動詞)に接尾する接尾辞(一部自動詞にも付く例が見つかる)であり、この点で機能的には能動詞に接尾する傾向の強い、いわゆる使役の助動詞 /-ase-ru ～ -sase-ru/ と相補的分布を示す。但し、かなり生産的であるけれども、すべてに規則的派生が行われるわ

けではない。

　なお、意味・用法上、自然的出来事であっても人為的出来事であるかのように表現できることに注意。例えば、歯を腫らして痛がっている人に /soNna ni haRɪ harekasite 'ima made naniɪ siteta N da ↓/(そんなに歯を腫れさせて、今まで何をしていたんだ。)など。

　例：
　/koRri sotoɪ 'i dasito'iɪte tokekaQsjaɪ'i'jaŋaQte sjaRneRɪ 'jaro da naɪR ↓/
　（氷を外に出しておいて解けさせてしまって仕様のないやつだな。）
　/hoQpeɪta harekasite doRɪ sita N da'i ↓/（頬を腫らしてどうしたのだ。）
　/nekozjaraɪsi de nekoɪ koto zjarekasiteɪ 'asuNde'jaɪŋaru ↓/
　（猫じゃらしで猫をじゃれさせて遊んでいやがる。）

(1) 母音動詞(一段動詞)に接尾する例：
/'juRɪ samekasuɪ/（人為的に湯を冷ます）
/kusaɪ ha'ikasuɪ/（当然すべき手入れを怠って草を生やす）
/kodomo koɪto nekasu/（子供を寝かしつける）
/sinabikasu/（水をやるなどすべきことを怠って萎びさせる）など
この形式のみかなり生産的である。（所動詞だけでなく、なかには自動詞にもつく例があるのでそれも含めてあげる）

語例：

/koŋekasuɪ/	（焦げさせる）	/sukekasu ̄/	（透けさせる）
/tokekasuɪ/	（溶けさせる）	/haŋekasuɪ/	（剥げさせる）
/'jasekasu ̄/	（痩せさせる）	/hanekasuɪ/	（撥ねさせる）
/samekasuɪ/	（冷めさせる）	/su'ikasuɪ/	（饐えさせる）
/ha'ikasuɪ/	（生えさせる）	/hu'ikasuɪ/	（殖えさせる）
/'arekasu ̄/	（荒れさせる）	/karekasu ̄/	（枯れさせる）
/tarekasuɪ/	（垂れさせる）	/harekasuɪ/	（腫れさせる）
/'omurekasuɪ/	（蒸らす）	/kabikasuɪ/	（黴びさせる）
/sabikasuɪ/	（錆びさせる）	/nobikasuɪ/	（伸びさせる）
/sinabikasu ̄/	（萎びさせる）	/simikasuɪ/	（滲みさせる）
/cizirekasu ̄/	（縮れさせる）	/dekasuɪ/	（出来させる）
/nekasu ̄/	（寝させる）	/zjarekasuɪ/	（じゃれさせる）
/cukarekasuɪ/	（疲れさせる）	/narekasuɪ/	（慣れさせる）など

(2) 少ないが子音動詞(五段活用動詞)のいわゆる未然形に接尾するもの：

厳密には /cirakasuˉ/ は /cir-akas-uˉ/ と分析され、異形態 /-akas-/ が接尾している。
/cirakasuˉ/　　（散らかす）　　　　/'jarakasuˉ/　（やってのける）
/'wara'wakasuˉ 〜 'warakasuˉ/（笑わせる）　など

(3) 少ないが他の形態と関連する語構成要素としての造語成分に接尾するもの：
/'a'jakasu˩/(cf.「あやす」。子供をあやす。「あやす」は /ha'jasu˩/ もきかれる）
/narakasu˩/(cf.「慣らす」。慣れさせる）
/ha'jakasu˩/(cf.「＊生やす」。卵などをかえす。関連語 /ha'jakeru˩/）
/hi'jakasu˩/(cf.「冷やす」。井戸水に浸けておくなどして冷やす）
/hu'jakasu˩/(cf.「増やす」。水に浸けてふやけさせる。関連語 /hu'jakeru˩/）
　　　　　　　　　　　　　　　　　　　　　　　　など

F-2　二重使役動詞

複合派生接尾辞 /-as-ase-ru 〜 -sas-ase-ru/（第1種語尾に準ずる）
《通常の使役文の主語（使役者）を被使役者とする表現である。》
次のような派生構造を持つ。

　「生徒がレポートを出す。」という事態の使役化表現として「先生が生徒にレポートを出させる。」がまず考えられる。この事態の「使役者」を被使役者とし、「行為者」をあたかも使役者に転身させて（使役文の「させ手」と「為手」とを取り換えて）、［生徒に向かって先生が］「俺にもうレポートなんか出さ<u>さ</u>せるなよ。」と発言することがある。この文の構造は「生徒が、先生である俺に、もうレポートなどという（面倒な）ものを出させるな」ということであり、もっと単純化すれば「生徒が先生にレポートを出させる」という事態把握になるのである。紛らわしいが「出させる」のは「先生」であり、「出させる」のは「生徒」である。しかし、後者の「生徒」は能動的使役者ではなく、往々にして自己のなすべきことをしないことで、（本来の使役者にとっては）迷惑をかける「迷惑のかけ手」であることが特徴的に多い。（能動的使役者ではないが仕向ける者であることもある。）それと上の説明にあるとおり、二重使役文には新たな関与者が登場していないことも注目していいことで、関与者はもとの使役文と同じ人物が役割を新たにしているに過ぎない。（すぐ後の【補足】参照）

　なお、「子供が朝起きる」—（使役化）→「親が子供を起こす」—（二重

使役化)→「(いつまでも)親に朝起こさせる」という派生は、「起こす」を「起きさせる」の等価物と考えれば、実は共通語でも可能なわけであるが、方言の場合、使役派生接尾辞自体の複合という形態を取るのが特別といえる。

　この表現はある種の迷惑を表すものであり、「好ましくない、自分の望まない使役を、自分がしなければならない」という含意がある。

例：/moʀ 'itazura naɴka site roʀka ni tatasaseɴ zja neʀ zo ↓/［自動詞派生］

　　([先生が生徒に向かって]もう悪戯などして廊下に<u>立たさせる</u>のではないぞ。)

　　　この文では、「立つ」のは生徒、「立たせる」のは先生、「立たさせる」のは生徒である。

　/moʀ sa'ikoʀsa naɴka 'ukesasaseɴna 'jo ↓/［他動詞派生］

　　([先生が生徒に向かって]もう再考査など<u>受けささせる</u>なよ。)

　　　この文では、「受ける」のは生徒、「受けさせる」のは先生、「受けささせる」のは生徒である。

【補足】「二重使役の２タイプとその受動形」について

　二重使役文には２つのタイプ①②がある。以下のとおり。

・二重使役「サセル」/-as-ase-ru/（五段動詞［子音動詞］に付く）

　①「子どもガ立つ」→「母親ガ子どもコト立たセル」→「子どもガ母親ニ(自分コト)立たサセル」や、「生徒ガ宿題φ出す」→「先生ガ生徒ニ宿題φ出サセル」→「生徒ガ先生ニ宿題φ出さサセル」のような、新たな登場人物のいない二重使役文。

　②「子どもガ立つ」→「母親ガ子どもコト立たセル」→「医者ガ母親ニ子どもコト立たサセル」（[診察の時]医者が母親に子どもを立たせるように指示して母親にそのようにさせる）のような、使役者に新たな使役者が加わる二重使役文。

　なお、二重使役文の受動態も可能で、上記の例文は「母親ガ医者ニ子どもコト立たサセラレタ」とすることができる。

・二重使役「ササセル」/-sas-ase-ru/（一段動詞［母音動詞］に付く）

　①「子どもガ起きる」→「母親ガ子どもコト起きサセル(≒起こす)」→「(いつまでも)子どもガ母親ニ(自分コト)起きササセル(≒起こさせる)」のような、新たな登場人物のいない二重使役文。

② 「子どもガ°(朝ひとりで)起きる」→「母親ガ°子どもコト(朝ひとりで)起きサセル」→「先生ガ°母親ニ子どもコト(朝ひとりで)起きササセル(よう要望した)」のような、使役者に新たな使役者が加わる二重使役文。
　なお、二重使役文の受動態も可能で、上記の例文は「母親ガ°先生ニ子どもコト起きササセラレた」と言うことができる。

F-3　被役動詞
　複合派生接尾辞 /-as-a'i-ru ～ -sas-a'i-ru/(第1種語尾に準ずる)
　《F-1使役動詞の受身動詞形が被役動詞である。》　次のように派生される。
　a. /tac-ul —(使役化)→ tat-ase-ru1 —(受身化)→ tat-as-a'i-ru1 [tat-as-are-ru1]/
　　(「立つ」→「立たせる」→[(「立たせられる」)さらに「立たされる」])
　b. /'ake-ru —(使役化)→'ake-sase-ru —(受身化)→'ake-sas-a'i-ru ['ake-sas-are-ru]/
　　(「開ける」→「開けさせる」→[「開けさせられる」さらに「開けさされる」])

使役構造

使役者	+	行為者	+		行　為
生物類名詞	φ ～ ŋa	生物類名詞	ⓐ	(高) ŋe ～ ni	使役動詞
				(咸) ni	
			ⓑ	koʟto	

この構造の「行為者」を「受動者」に据えた構造が「被役構造」である。

被役構造

受動者(=行為者)	+	使役者	+	行　為
生物類名詞	φ ～ ŋa	生物類名詞	ni	被役動詞

被役文の「使役者」は、受動文の「行為者」と同じく位格助詞 /ni/ で表示される。使役文の「行為者」の場合と違って与格助詞 /ŋe/ で表示されることはない。
例：/(haha'o'ja ŋa) 'ane ŋe 'ɪmoʀto koʟto bu'wasita1↓/
　　([母親が]姉に妹を負ぶわせた。)
　→/'ane ŋa (haha'o'ja ni) 'ɪmoʀto koʟto bu'wasa'ɪlta↓/
　　(姉が[母親に]妹を負ぶわされた。)

/('o'ja ŋaꜜ) kodomo ŋe sikuda'ꜛ 'jarasita ↓/
（［親が］子供に宿題をやらせた。）
→/kodomo ŋa ('o'ja niꜜ) sikuda'i 'jarasa'ita ↓/
（子供が［親に］宿題をやらされた。）
/seNseꜜ ŋa seRꜛto koto tatasitaꜜ ↓/
（先生が生徒を立たせた。）
→/seRꜛto ŋa seNseꜜ ni tatasa'iꜜta ↓/
（生徒が先生に立たされた。）
/('o'ja ŋaꜜ) kodomo ŋe 'amadoꜜ 'akesasita ↓/
（［親が］子供に窓を開けさせた。）
→/kodomo ŋa ('o'ja niꜜ) 'amadoꜜ 'akesasa'ita ↓/
（子供が［親に］雨戸を開けさせられた。）

　なお、母音動詞の被役形（＝使役受身形）/'akesasa'iru/ は、東京語と同様に /'akesasera'iru/ と言う人もある。この場合は、使役可能形と形態上は区別がつかないことになる。（使役可能形は /'akesasera'iru/ としか言わない。）

　子音動詞の被役形（＝使役受身形）は /tatasa'iruꜜ/ としか言わないので、使役可能形 /tatasera'iruꜜ/ と紛れることはない。（使役可能形は /tatasera'iruꜜ/ としか言わない。）

　また、/-asa'iru 〜 -sasa'iru/ は、改まると /-asareru 〜 -sasareru/ となることもある。

F－4　受身動詞

　派生接尾辞 /-a'i-ru 〜 -ra'i-ru 〜 -sa'i-ru（カ変）/（第1種語尾に準ずる）

　子音動詞（いわゆる五段活用動詞）には /-a'i-ru/（改まれば /-are-ru/ も現れる）が接尾し、母音動詞（いわゆる一段活用動詞）には /-ra'i-ru/（改まれば /-rare-ru/ も現れる）が接尾して作られる。カ変のみは /-sa'i-ru/（改まれば /-sare-ru/ も現れる）が接尾する※。/-sa'i-ru/ の出自は分からない。いわゆる唯一要素 unique element で、ただ一つの結合 /kisa'iruꜜ 〜 kisareruꜜ/ にしか現れない。/kira'iruꜜ 〜 kirareruꜜ/ も少ないが聞かれる。

　※「来る」の受身動詞・可能動詞の /kisa'iruꜜ 〜 kisareruꜜ/ は、川口市・草加市・八潮市・三郷市・吉川市・越谷市での使用が確認される。

《「受動者」が受け手として「行為者」からある「行為」を受けることを表す。》　すなわち、〈行為者－行為〉関係の上に、その行為の「受動者」が

かぶさって、その「受動者」を中心として述べられる「受動者」-「行為者」-「行為」の三者の関係規定が受身表現であると言える。この表現は一種の利害表現で、「受動者」は「行為者」から直接・間接に利害を受けることを表すことが多い。

〈行為者-行為〉関係は「行為」の質、すなわち動詞の性質から、目標性を持たない自動詞・所動詞型の〈行為者-行為〉関係と、目標性を持った他動詞型の〈行為者-目標-行為〉関係を区別できる。

この区別は受身表現のヴァリエーションを説明するうえで有用である。

a. 自動詞・所動詞型※の〈行為者-行為〉関係を基とする受身表現
「受動者」が「行為者」から被害・迷惑(時に恩恵)を被る意味となる。
例：/'juɴbe doroboʀ ni heʀraɭ'ita ↓/(昨夜泥棒に入られた。)
　　/kodomo ni sinaʔite kinodoku da1 ↓/(子供に死なれて気の毒だ。)
　　/nekoǪkoɭ ni 'joQte kisaɭ'ite nacukaʔilciǪta mite da ↓/
　　(子猫に寄って来られて懐かれてしまったようだ。)
　　/'oʀ'ameɭ ni huraɭ'ite 'eɴŋaɭmita ↓/(大雨に降られて難儀した。)
※所動詞は、定義上受身にならない動詞類のことだから、明らかに矛盾するが、よく見ると該当するのは「雨に降られる」と「風に吹かれる」ぐらいで、所動詞一般は受身形にならないことに注意。

このような構造は次のように示せる。

受動者	+	行為者	+	行　為
生物類名詞	φ～ŋa	生物類名詞	ni	受身動詞
		無生物類名詞		

受動文の「行為者」は格助詞 /ni/ で表示される。従って、共通語とは違って、
　①使役文の「行為者」は /ŋe～ni/(/ŋe/ と /ni/ が併用されている)、
　②自動詞派生の他動詞的使役文の生物類名詞に属する「行為者」は /koɭto/、
　③受動文の「行為者」は /ni/(/ni/ 専用である)、
というふうに、使役文と受動文の「行為者」が異なった格助詞で表示される。例えば、「子供に言わせる」と「子供に言われる」は共通語

では「行為者」がどちらも格助詞「に」で表されるが、この方言では、/kodomo {ŋe/ni} 'ju'waseru/ と、/kodomo {*ŋe/ni} 'ju'wa'iru/ というように区別されている。これは両表現における「行為者」の質が異なっていることを如実に表しているものと言える。共通語では見えない違いがあらわになっているわけである。

b. 他動詞型の〈行為者－目標－行為〉関係を基とする受身表現
 イ．「目標」と「受動者」が別異の場合（「間接受動文」）
  例：/'ora moRseɭɴ suriɭ ni sa'ihu suraɭ'ita kotoɭ 'aru ↓/
   （俺はもうだいぶ前スリに財布を掏られたことがある。）
  /da'iɭ daQte zibuɴ no ko koɭto taniɴ {ni/kara} homera'iɭɴba 'wariɭʀ ki sineʀ moɴ da↓/
   （誰でも自分の子をほめられれば、悪い気はしないものだ。）
 この場合も「受動者」が被害・迷惑（時に恩恵）を被る意味となる。「行為者」は /ni/ で表されるが、/kara/ でもよいものがある。

このような文は基本的には次のような構造を持つ。

受動者	+	行為者	+	目標	+	行為
生物類名詞	φ～ŋa	生物類名詞	ni～kara	生物類名詞	φ～koto	受身動詞
				無生物類名詞	φ	

 ロ．「目標」と「受動者」が一致する場合（「直接受動文」）
  例：/kono koɭ 'wa 'obaʀɭcjaɴ {ni/kara} ka'wa'iŋara'iɭteta ↓/
   （この子はお婆ちゃんに可愛がられていた。）
  cf./'obaʀɭcjaɴ 'wa kono koɭ koto ka'wa'iŋaQtelta ↓/
   （お婆ちゃんはこの子を可愛がっていた。）
 このロの場合だけ、いわゆる受動態らしい受動態ができる。受動文の「行為者」は /ni/ 格表示がふつうだが、場合によって /kara/ 格表示も現れる。

このような文の基本的構造は次のようである。

192　3. 文法

受動者＝目標	＋	行 為 者	＋	行　　為
生物類名詞	φ～ŋa	生物類名詞	ni ～ kara	受身動詞

c. 授受動詞型の〈行為者－目標者－目標－行為〉関係を基とする受身表現
　　「目標」のほかに与格表示の「目標者」をもった構文。bに準ずる。
　イ．「目標」・「目標者」と「受動者」が別異の場合（「間接受動文」）
　　　/ˈora seɴseˈ {ni/kara} ˈoˈja ŋeˈ cuʀsiɴˈbo ˈwatasaˈɪte ˈaseQciˈQta ˈjo↓/
　　　（俺は先生に親に通信簿を渡されて焦ってしまった。）
　　　「行為者」は /ni/ のほかに /kara/ でも表示される。「目標者」は
　　　/ŋe/ のほかに /ni/ でも表示される。
　　　この場合、「受動者」が被害・迷惑(時に恩恵)を被る意味となる。

　ロ．「目標」・「目標者」と「受動者」が一致する場合（「直接受動文」）
　　　/hahaˈoˈja ŋa ciciˈoˈja ŋe ˈakaɴbo koˈto ˈwatasita↓/
　　　（母親が父親に赤ちゃんを渡した）
　　　という文を例にとれば、「目標 /ˈakaɴbo/」(対格)が「受動者」と一致す
　　　る場合(第1例)と、「目標者 /ciciˈoˈja/」(与格)が「受動者」に一致する
　　　場合(第2例)の2つがある。
　　　例：/ˈakaɴbo ŋa hahaˈoˈja {ni/kara} ciciˈoˈja ŋe ˈwatasaˈɪta↓/
　　　　　/ciciˈoˈja ŋa hahaˈoˈja {ni/kara} ˈakaɴbo koˈto ˈwatasaˈɪta↓/
　　　このロの場合だけ、受動態らしい受動態ができる。

このような文の基本的構造は次のようである。

受動者＝目標/目標者	＋	行 為 者	＋	行　　為
生物類名詞	φ～ŋa	生物類名詞	ni ～ kara	受身動詞

d. 特異な「二重化された目的語」をとる他動詞の受身表現
　　/taroʀˈ ŋa ziroʀˈ koto ˈatamaˈ tataˈilta↓/（太郎が次郎の頭を叩いた）
　　/hanaˈko ŋa ziroʀˈ koto ˈasiˈ huɴdaˈ↓/（花子が次郎の足を踏んだ）
　　/nekoˈ ŋa ˈinu koˈto hana siQkaˈilta↓/（猫が犬の鼻を引っ掻いた）

という形の他動詞文が「水海道方言」※だけでなくこの方言にも存在する。
　※佐々木冠『水海道方言における格と文法関係』(2004 くろしお出版)
　　により気づかされた。
この構文の特異なところは本来目的語1つをとる他動詞「叩く」「踏む」等が見た目に二重の対格目的語をとっていることである。[次郎コト頭φ]を例に説明すると、この目的語は、「次郎の頭」と実質同じものを指していて、意味的には[次郎コト頭φ]においては前項－後項に「有生所有者－無生所有物」の関係、それも「不可譲渡的」な所有関係が存在するものが多いようで、それが条件となっているようである。このようなものを、単一の目的語[次郎の頭]に対して「二重化された目的語」(二重対格構文)※と仮に呼んでおく。
　※正確にいうと構文的関係は、[次郎コト[頭φ叩いた]]で、動詞句[頭φ叩いた]がさらに目的語[次郎コト]をとっているという二重の動詞句構造をなしているものと思われる。このような階層性を裏づけるものに次のような事実がある。
　①関係節(連体節)の主名詞化に関して、
　　　上位目的語の主名詞化の [太郎ガ[t[頭φ叩いた]]][次郎]は文法的なのに対して、下位目的語の主名詞化の*[太郎ガ[次郎コト[t叩いた]]][頭]は非文法的なこと。
　②受動文の主語化に関して、
　　　上位目的語の主語化の[次郎ガ[太郎ニ[t[頭φ叩か]]]れた]は文法的なのに対して、下位目的語の主語化の*[頭ガ[太郎ニ[次郎コト[t叩か]]]れた]は非文法的なこと(後述)。
　③主題化に関して、
　　　上位目的語の文頭主題化の[次郎コト[太郎ガ[t[頭φ叩いた]]]]は文法的なのに対して、*[頭φ[太郎ガ[次郎コト[t叩いた]]]]は非文法的なこと。
　　　また、主題助詞ワによる上位目的語の主題化の、[次郎(コト)ワ[太郎ガ[t[頭φ叩いた]]]]は文法的なのに対して、下位目的語の主題化の*[頭φワ[太郎ガ[次郎コト[t叩いた]]]]は非文法的なこと。
　　　このように「二重化された目的語」の下位目的語を、上位目的語を差し置いて取り出すことができないという事実は、二者間に階

　　　　　層関係があることを裏づけているものと思われる。
　なお、「二重化された目的語」と、いわゆる「二重主語」の「大主語」
—「小主語」関係にも類似点が見出せる。例えば、「象が鼻が長いこと」
は「［象ガ［鼻ガ長い］］こと」で、主述句［鼻ガ長い］がさらに主語［象ガ］
をとるという「二重の主述句構造」(二重主格構文)をなしているうえ
に、意味的にも、上位の名詞句と下位の名詞句には「次郎ノ頭」「象ノ
鼻」という関係が存在することが共通する。
　　この「二重化された目的語」をとる他動詞構文から作ることができる
直接受動文として、「有生所有者」を主語化した文①②③、そのうち①
は目的語である「所有物」が目的語位置に残留した文、②は主語の次の
位置に移動した文、③は文頭主題化した文で、いずれも文法的だが、
　① /ziroʀ˩ ŋa taroʀ˩ ni ʼatama˩ φ tataka'i˩ta/（次郎が太郎に頭φ叩かれた）
　② /ziroʀ˩ ŋa ʼatama˩ φ taroʀ˩ ni tataka'i˩ta/（次郎が頭φ太郎に叩かれた）
　③ /ʼatama˩ φ ziroʀ˩ ŋa taroʀ˩ ni tataka'i˩ta/（頭φ次郎が太郎に叩かれた）
「所有者」を残して「無生所有物」のみを主語とする受動文④は非文法
的である。
　④ */ʼatama ŋa˩ taroʀ˩ ni ziroʀ˩ koto tataka'i˩ta/（頭が太郎に次郎叩かれた）
なお、「お前ガ［親父コト仕事φ］手伝え」のような［親父の仕事］や、「お
れガ［あの人コト孫φ］ほめたら（喜んでた）」のような［あの人の孫］の関
係まで可能とする話者もある。

F-5　可能動詞

派生接尾辞 /-e-ru ～ -ra'i-ru ～ -sa'i-ru/（カ変）/（第1種語尾に準ずる）
　能動詞に付いて、《動作・作用の実現が可能な状態にあることを表す。》
　子音動詞（いわゆる五段活用動詞）には /-e-ru/ が接尾し、母音動詞（いわ
ゆる一段動詞）には /-ra'i-ru/（改まれば /-rare-ru/ も現れる）が接尾して作ら
れる。
　カ変のみは、/kisa'iru˩ ～ kisareru˩/ のように /-sa'i-ru/（改まれば /-sare-
ru/ も現れる）が接尾する。/-sa'i-ru ～ -sare-ru/ の出自は分からない。いわ
ゆる唯一要素で、この形式にしか現れない。ほかに少ないが /kira'iru˩ ～
kirareru˩/ という話者がある。/korareru/ や /koreru/ という話者はなかった。
　少数の子音動詞には /ʼika'iru/（行かれる）のように /-a'i-ru/ が接尾してい
る。また、母音動詞 /ʼwasu'iru/（忘れる）は不規則な /ʼwasura'iru/ という形

になる。

　以前、「拡張形式 E-4 可能形」としていたのをここに移動して上記のように立項する。

　初め、「可能形」を卒業論文『草加市小山町方言の記述的研究』では派生動詞に入れていた。次いで、修士論文『埼玉県東南部方言の記述的研究』では拡張形式としていた。可能動詞は、格助詞の変動を示す点で派生接尾辞的、拡張接尾辞との相互承接においては拡張接尾辞的(接辞は「語基＋派生＋屈折」の辞順が通則的[有例外])という中間的性質を示している。筆者がこの形式を「派生接尾辞 → 拡張接尾辞 → 派生接尾辞」と処理してきた所以である。現在は格関係の変動を重視して派生接尾辞と考えている。

　「可能形」を、(統語関係を変えない)「拡張形式 E-4 可能形」から(統語関係を変える)「派生形式 F-5 可能動詞」に変更した理由は、後述のように、この形式が複数の文型をとり、そのうちに関与者間の関係に変動が起きるものがあるためである。関与者間の関係に変動がない文型での「可能形」を「拡張形式」とし、変動が起きる文型でのそれを「派生形式」とするのも可能な処理だが、ここでは形式的同一性を重視して一括して「派生形式」とする。

　タイプ①は、「〜ガ＋可能自動詞」(自動詞派生文)、「〜ガ＋〜コト＋可能他動詞」(他動詞派生文)の構文をとるもので、元になった文と格の配置が変わらず、主語の意味役割が「動作主」のままで変動が起きないもの(他動詞型可能動詞)のことである。

　もう1つのタイプ②は、「〜ガニ＋可能動詞」(自動詞派生文)、「〜ガニ＋〜ガ＋可能動詞」(他動詞派生文)の構文をとるもので、元になった文と格の配置が、「主語ガ」→「主語ガニ」/「目的語コト」→「目的語ガ」のように変わり、主語の意味役割が「動作主」から「主体的関与者(経験者)」へと変動が起きるもの(所動詞型可能動詞)で、このタイプ②があるために「可能形」を派生形式とした。

　(拡張形式と考えたときは、①のタイプに注意が行きすぎていた。)

　ほかに①と②の混合型というべきタイプ③「〜ガニ＋〜コト＋可能動詞」が存在する。

　②と③では、目的語を「〜ガ」で表示する②が中立的 neutral で、「〜コト」で表示する③が被動者の対象性に留意した表現という違いがある。

例：

/taroR˥ 'wa 'eRŋo hanasu/（太郎は英語を話す）

→① /taroR˥ ŋa 'eRŋo hanaseru koto 'wa …/（太郎が英語を話せることは…）

〜② /taroR˥ ŋani 'eRŋo ŋa hanaseru koto 'wa …/（太郎に英語が話せることは…）

/kodomo ŋa 'o'ja ko˥to 'okoru˩/（子どもが親を叱る）

→① /kodomo 'wa 'o'ja ko˥to 'okorero˩Nka↓/（子どもは親を叱れない。）

〜② /kodomo ŋa˩ni 'wa 'o'ja ŋa˩ 'okorero˩Nka↓/（子どもには親が叱れない。）

〜③ /kodomo ŋa˩ni 'wa 'o'ja ko˥to 'okorero˩Nka↓/（子どもには親を叱れない。）

/taroR˥ ŋa hana˩ko ŋe teŋami 'watasu/（太郎が花子に手紙を渡す）

→① /taroR˥ ŋa hana˩ko ŋe teŋami 'wataseta↓/（太郎が花子に手紙を渡せた。）

〜② /taroR˥ ŋani hana˩ko ŋe teŋami ŋa 'wataseta↓/（太郎に花子に手紙が渡せた。）

〜③ /taroR˥ ŋani hana˩ko ŋe teŋami 'wataseta↓/（太郎に花子に手紙を渡せた。）

　格助詞 /ŋa˩ni/ の基本的文構造は、「おれガニはやつガ見えなかった」のように、「[主体的関与者（経験者）]ガニ＋[対象的関与者]ガ＋[二項所動詞]」であるが、概して、他動詞からの派生可能動詞文に、「〜ガ＋〜コト＋可能動詞」のほかに、「〜ガニ＋〜コト＋可能動詞」構造がよく現れる。

　能動詞には、一項動詞である「自動詞」と、二項動詞である「他動詞」とがあるが、それぞれの派生可能動詞がとる格助詞の分布をもう一度整理して示すと次のようになる。

　a. 可能動詞の主語は、タイプ①で /ŋa〜φ/、タイプ②③で /ŋa˩ni〜φ/ が基本で、無助詞はどちらの φ 形態かは話し手にとって曖昧な場合がある。例えば、

　　　/'ore φ moR 'arukene˩R↓//'ore 'wa moR 'arukene˩R↓/

　　は、次の２つの名詞節のどちらに対応する格助詞の φ 形態なのかはっきりしない。

　　　/['ore ŋa˩ni moR 'arukene˩R koto] ŋureR 'wakaN˩ daNbe ni ↓/

　　　/['ore ŋa moR 'arukene˩R koto] ŋureR 'wakaN˩ daNbe ni ↓/

　　（おれ{に / が}もう歩けないことぐらい分かるだろうに。）

　　これは、/ŋa˩ni/ が文の主語位置や係助詞 /'wa/ の前で任意に φ 形態がとれることと、/ŋa/ が同じく主語位置で任意に φ を、係助詞 /'wa/ の前で義務的に φ をとることとが重なるためである。

　b. 他動詞派生可能動詞の目的語は、タイプ①と③のように目的語の対

象性に注目して、生物類名詞は対格助詞 /koʔto/ をとることが多い。無生物類名詞の目的語も /koʔto/ 表示されないが平行的に対格と考えられる。但し、目的語がタイプ②「～ガニ＋～ガ＋可能動詞」のように /ŋa～φ/ で表示されることがないわけではない。

例：/kuꭉkaʔka'iso de ｜ mukasi ꭉkara 'inu koʔto nazera'ineʔ N da ↓/
（噛みつかれそうで、昔から犬を撫でられないのだ。）

/teʔ⌒'waruku sitete ｜ 'jacuʔ ŋani 'wa 'omo'i moNʔ moteneʔ N da 'jo ↓/
（手を悪くして、彼には重い物｛が／を｝が持てないのだよ。）

自動詞派生可能動詞文

主体的関与者	+	可能事態
生物類名詞	① ŋa～φ	一項可能動詞
	② ŋaʔni～φ	（自動詞派生）

①の主語 /ŋa/ が通常の「動作主」を表すのに対して、②の主語 /ŋaʔni/ の方には「能力」の所有者としてのあり方に注目している感じがある。

他動詞派生可能動詞文

主体的関与者+		対象的関与者	+	可能事態
生物類名詞	① ŋa～φ	生物類名詞	koʔto～φ	二項可能動詞
		無生物類名詞	φ	（他動詞派生）
	②③ ŋaʔni～φ	生物類名詞	② ŋa～φ／③ koʔto～φ	
		無生物類名詞	φ	

他動詞に牽引されるのか、年齢層を問わず、①「～ガ＋～コト＋可能動詞」や③「～ガニ＋～コト＋可能動詞」がよく聞かれる。

3.2.3 能動詞・所動詞／生物類名詞・無生物類名詞について

動詞は、職能上から大きく二類に分かつことができる。すなわち、能動詞 active verb と所動詞 inactive verb である。

能動詞は、生物類 animate 名詞を主語としてとり、活用形として命令形・禁止形、意志の志向形をもち、予置・願望の拡張形式や使役・受動・可能の派生形式などをもつことを特徴としている。

所動詞は、典型的には無生物類 inanimate 名詞を主語としてとり、活用形として命令形・禁止形、意志の志向形を欠き、予置・願望の拡張形式や使役・受

動・可能の派生形式などを欠くことを特徴としている。
　また能動詞は /kolto/ で表示される目的語（但し、無生物主語はφ表示）を取り得るものと、取り得ないものとに分かたれる。前者が他動詞、後者を自動詞である。
　関連して、所動詞の特徴をもちながらも、/ŋa/ で表示される（無）生物類名詞句のほかに、/ŋalni/ で表示される生物類名詞句をとって、「～ガニ＋～ガ＋所動詞」という構文を構成し、あたかも能動詞における他動詞に相当するような働きをする所動詞がある。この類を仮に「二項所動詞」と呼び、典型的な所動詞の方を「一項所動詞」と呼んでおく。
　（後論の「格助詞」の「コト」「ガニ」の項とその補説を参照。）
　動詞の能動詞と所動詞への二大別と、名詞の生物類名詞と無生物類名詞への二大別とは表裏の関係をなしている。生物類名詞と無生物類名詞の別は、動詞の類別だけでなく、格助詞の対格「コト」と能格「ガニ」および与格「ゲ」との共起の可否をも規定していて、明らかに文法範疇化している。

【補説】「他動詞」と「二項所動詞」について
　「他動詞」構文と「二項所動詞」構文の両者間には、密接な構造的・意味的な対応関係（関連性）と、また当然ながら事柄や出来事に対する微妙な把え方の違いが存在する。これらについてもう少し掘り下げて触れておく。（例文は便宜的に漢字仮名表記）
　例えば、
　　「猫ガ雀コト見てる」（猫が雀を見ている）
　　　↔「猫ガニ雀ガ見えてる」（猫に雀が見えている）
　　「犬ガ呼び声φ聞いてる」（犬が呼び声を聞いている）
　　　↔「犬ガニ呼び声ガ聞こえてる」（犬に呼び声が聞こえている）
のように、他動詞と、それと派生関係にある所動詞の作る構文の類比から、「他動詞文」の「～ガ＋～コト＋他動詞」と「所動詞文」の「～ガニ＋～ガ＋所動詞」に、語順等の文構造や意味役割などに関して密接な平行関係と対応関係を認めることができる。このような構文をとる所動詞が「二項所動詞」である。
　二項所動詞文、例えば「おれガニはお前ガよく分からない」を取り上げると、「おれガニ」は一種の主語として、「お前ガ」は一種の目的語として、文の必須成分であることは明らかで、このいずれを欠いても不完全な文となってし

まうところからも、二項所動詞「分かる」は、典型的な他動詞文「〜ガ＋〜コト＋他動詞」とは違ってはいるものの、一種の他動詞のようにふるまっていることは明らかである。

　上記の「見える」「聞こえる」「分かる」などの所動詞と同様の「〜ガニ＋〜ガ＋所動詞」の格配列を示す主な二項所動詞には、①所有文「この子ガニは音楽の才能ガある」、②所有を結果する出来事文「今度おれガニ子どもガできた」（「おれガニは子どもガある」を結果する出来事）、③必要文「おれガニはもう少し時間ガ要る」、④可能文「あの人ガニは犬ガ撫でられない」などがある。（①②③の「ガニ」は高年層に偏り、成年層以下では「ニ」がふつうになっている。）

　可能動詞は能動詞からしか派生できないが、他動詞から派生した可能動詞は、二項所動詞型の④の構文のほかに、他動詞型の「あの人は犬コト撫でられない」や混合型の「あの人ガニは犬コト撫でられない」の構文をとることができる。こういうところにも、「〜ガニ＋〜ガ＋所動詞」がある種の他動詞性をもち、「〜ガ＋〜コト＋他動詞」と密接な構文上の関係をもつことが認められよう。

　二項所動詞文では、目的語が自動詞の主語および一項所動詞の主語と同形の「〜ガ」で表示され、主語が特別な格形「ガニ」で表示される。これは言語学的には「能格」の現象である。典型的な他動詞文は「〜ガ＋〜コト＋他動詞」という格配列をとるので「対格型」を示している。従って、埼玉県東南部方言は「二項動詞」に関して「分裂格標示 split case marking」を示している言語ということになる。

　なお、他動詞からの文法的派生 /-(r)are-ru/ と区別される、語彙的派生による〈可能動詞〉（通説とは異なる点に注意）も、「二項所動詞」として「〜ガニ＋〜ガ＋可能動詞」構文をとる。例えば「（おれガニは右の腕ガどうしても）挙がらナイ / 曲がらナイ」「（おれガニは玄関の鍵ガうまく）かからナイ / 締まらナイ」などである。

　①〜④、特に④とは違う特異な「〜ガニ＋〜ガ＋所動詞」文が存在するので、ここで触れておく。それは、「おれガニ目ガ見えたら…」「おれガニ耳ガ聞こえない」のような文のことで、これらは上記のものと違って、実質は「［おれの目が］見えたら…」「［おれの耳が］聞こえない」と同じであり、それを「［おれガニ目ガ］見えたら…」、「［おれガニ耳ガ］聞こえない」と言っているわけで、「二重化された目的語」（192頁）と同様に、一種の「二重化された主語」

と考えるべきものと思われる。従って、ここの考察では対象外としている。

　まとめると、基本的に他動詞文と二項所動詞文との相違は、格助詞の配置と事柄の把え方に関して、
　①他動詞は、目的語に「対格」の「〜コト」をとる。(「対格構文」)
　　他動詞句は、主語に「主格」の「〜ガ」をとる。
　　動作の対象性が表面に出て、「動作主―対象性動作」関係を主とした事柄の把え方になっている。
　②二項所動詞は、目的語に「主格」の「〜ガ」をとる。
　　二項所動詞句は、主語に「能格」の「〜ガニ」をとる。(「能格構文」)
　　動作の対象性が括弧入れされ、動作が事態化し、動作主は主体的関与者(経験者)化する。「主体的関与者(経験者)−事態」関係を主とした事柄の把え方になっている。

「太郎ガ＋{次郎コト/山φ}＋見た」↔「太郎ガニ＋{次郎ガ/山ガ}＋見えた」の文構造は、次のように図式化できよう。(主語/主格、目的語/対格の用語法に注意。)

主　語		目　的　語		述語動詞
動作主	主格助詞	対　象	対格助詞	行　為
生物類名詞	ŋa〜φ	生物類名詞	kolto〜φ	他動詞
		無生物類名詞	φ	

主　語		目　的　語		述語動詞
主体的関与者	能格助詞	対　象	主格助詞	事　態
生物類名詞	ŋalni	生物類名詞	ŋa〜φ	二項所動詞
		無生物類名詞		

　なお、「受動動詞」と「所動詞」は文法的に異なっている。「太郎ガ次郎コト見た」の直接受動文の「次郎ガ太郎ニ見られた」と、所動詞文の「太郎ガニ次郎ガ見えた」とは一応は似た事態を描写していると言える。しかし、前者は「次郎」を中心に事態が描かれ、後者は「太郎」を中心に事態が描かれている。主題化はその部分に対してなされる。前者は「次郎は太郎ニ見られた」、後者は「太郎ガニは次郎ガ見えた」となるのが普通である。(「ガニ」がφ化し

3.2　動詞

た「太郎φは次郎ガ見えた」も可能。)「次郎ガ太郎ニは見られた」や「太郎ガニ次郎は見えた」は不自然であったり「対比」であったりして「主題」とはなりづらい。また、受動文「太郎ニ次郎ガ見られた」(「次郎ガ太郎ニ見られた」の語順顛倒)と同じ意味で「太郎ガニ次郎ガ見られた」と言うことはできない。「太郎ガニ次郎ガ見られた」は可能文としてなら文法的(「太郎ガニ次郎コト見られた」も同様に文法的)だが、受動文としては非文法的である。

　これら能所・自他の動詞の文法上の相違点を表にすると、次のようになる。

職能		能所・自他	能動詞 他動詞※1	能動詞 自動詞	所動詞 二項所動詞※2	所動詞 一項所動詞
統合		主語	生物類名詞	生物類名詞	生物類名詞	無生物名詞
		主語の格形	〜ガ	〜ガ	〜ガニ	〜ガ
		目的語	○	×	○	×
		目的語の格形	〜コト	×	〜ガ	×
形態	終止形式	命令形	○	○	×	×
		志向形	意志	意志	(推量)	(推量)
		禁止形	○	○	×	×
		否定推量形	意志・推量	意志・推量	推量	推量
	拡張形式	予置形	○	(○)	×	×
		願望形	○	○	×	×
	派生形式	使役動詞	○	○	×	×
		受身動詞	○	○	×	×
		可能動詞	○	○	×	×

※1 《他動詞文の》「主語」・「目的語」について
　主語・目的語ともに助詞なしで現れることが多い。(格助詞 /ŋa//koɁto/ が付くと多少とも卓立的・強調的になる。)
　その場合、おおむね語順は、「主語−目的語−動詞」の順になる。例えば、
①/ˈore hatoɁ kaQteɁru↓/
　(cf. /ˈore ŋa hatoɁ koto kaQteɁru↓/)(俺は鳩を飼っている。)
②/ˈjacuɁ ˈisiɁ naŋeɁta↓/
　(cf. /ˈjacuɁ ŋa ˈisiɁ naŋeɁta↓/)(やつが石を投げた。)
　①のような生物類名詞の目的語を強調や主題化・焦点化して主語の前に置く場合は、常に目的語は対格助詞 /koɁto/ を伴うようである。

① /ˈhatoˀl koto 'ore kaQteˀlru↓/
　そもそも生物類名詞にのみ対格助詞が付くのは、他動詞の主語も目的語もともに人間名詞のとき、助詞なし表現では主客の別を明らかにし得ないために、表現の明確化を求める欲求に根ざしたものといえよう。(/taroˀlʀ ziroˀlʀ naŋuQtaˀl↓/ では、場合によっては殴ったのがどっちか分からない。)
　無生物類名詞の目的語前置については、他動詞文では言語表現上それが他動詞の目的語であることは常に明らかであるので上のような問題は起こらない。
② /ˈˀisiˀl 'ore naŋeˀlta↓/ (←/naniˀl omeʀ naŋeˀlta no↑/)

　主語・目的語が生物 animate の多重疑問詞疑問文「だれ だれ 見た(のだ?)」や多重不定代名詞文「だれか だれか 見た(はずだ)」の場合も、格が明示されないと文意が不明となる。「だれガだれコト見たの?」/「だれコトだれガ見たの?」、「だれかガだれかコト見たはずだ」/「だれかコトだれかガ見たはずだ」。但し、次のように一つが明示的に格表示されれば他方がφでも十分でもあるようであるが、話者の内省では認容度に差が出るようである。(倒置文では「コト」標示が必須。正置文で主語「ガ」の標示がやや優先。)
　疑問代名詞正置:「○だれガだれφ見たの?」
　　　　　　　　「?だれφだれコト見たの?」
　疑問代名詞倒置:「○だれコトだれφ見たの?」
　　　　　　　　「×だれφだれガ見たの?」
　不定代名詞正置:「○だれかガだれかφ見たはずだ」
　　　　　　　　「○だれかφだれかコト見たはずだ」
　不定代名詞倒置:「○だれかコトだれかφ見たはずだ」
　　　　　　　　「×だれかφだれかガ見たはずだ」
　　正置文:「ガ」あり「コト」なし:○、「ガ」なし「コト」あり:?/○
　　倒置文:「コト」あり「ガ」なし:○、「コト」なし「ガ」あり:×

※[2] 《二項所動詞文の》「主語」・「目的語」について
　主語・目的語ともに助詞なしで現れることがある。(格助詞 /ŋaˀlni//ŋa/ が付くと多少とも卓立的・強調的になる。)
　その場合、おおむね語順は、「主語−目的語−動詞」の順になる。例えば、
① /'ore kodomo meʀˀlnakaQtaˀl↓/

(cf. /'ore ŋalni kodomo ŋa meʀlnakaQta↓/)（俺は子どもが見えなかった。）
② /'ore kuruma meʀlnakaQta↓/

　(cf. /'ore ŋalni kuruma meʀlnakaQta↓/)（俺は車が見えなかった。）

　①のような生物類名詞の目的語を強調や主題化・焦点化して主語の前に置く場合は、基本的に主語は能格助詞 /ŋalni/ を伴うようである。

① /'kodomo 'ore ŋalni meʀlnakaQta↓/（/kodomo 'ore meʀlnakaQta↓/ は両義的）

　そもそも生物類名詞にのみ能格助詞が付くのは、二項所動詞の主語も目的語もともに人間名詞のとき、助詞なし表現では主客の別を明らかにし得ないために、表現の明確化を求める欲求に根ざしたものといえよう。(/tarolʀ zirolʀ meʀlnakaQta↓/ では、場合によっては見えなかったのがどっちか分からない。)

　無生物類名詞の目的語前置については、二項所動詞文では言語表現上それが二項所動詞の目的語であることは一般的に明らかであるので上のような問題は起こらない。

② /'kuruma 'ore meʀlnakaQta↓/（/kuruma 'ore ŋalni meʀlnakaQta↓/ も可）

　主語・目的語が生物 animate の多重疑問詞疑問文「だれ だれ 見えた（のだ？）」や多重不定代名詞文「だれか だれか 見えた（はずだ）」の場合も、格が明示されないと文意が不明となる。「だれガニだれガ見えたの？」/「だれガだれガニ見えたの？」、「だれかガニだれかガ見えたはずだ」/「だれかガだれかガニ見えたはずだ」。但し、次のように一つが明示的に格表示されれば他方が φ でも十分でもあるようであるが、話者の内省では認容度に差が出るようである。(倒置文では「ガニ」標示が優先。正置文で主語「ガニ」の標示が必須。)

　　疑問代名詞正置：「○だれガニだれφ見えたの？」
　　　　　　　　　　「×だれφだれガ見えたの？」
　　疑問代名詞倒置：「×だれガだれφ見えたの？」
　　　　　　　　　　「?だれφだれガニ見えたの？」
　　不定代名詞正置：「○だれかガニだれかφ見えたはずだ」
　　　　　　　　　　「×だれかφだれかガ見えたはずだ」
　　不定代名詞倒置：「×だれかガだれかφ見えたはずだ」
　　　　　　　　　　「○だれかφだれかガニ見えたはずだ」
　　　正置文：「ガニ」あり「ガ」なし：○、「ガニ」なし「ガ」あり：×

倒置文：「ガ」あり「ガニ」なし：×、「ガ」なし「ガニ」あり：？／○

以上で、動詞についての記述を終える。

3.3　形容詞

　動詞と同様、種々の統語法上の機能を有し、職能の異なりに相応する活用のあることが特徴である。形態上の特徴や、動詞と異なって連用語の機能を持つ活用形のあることなどから、動詞と識別される。

　　形容詞の現れる位置
　　　《述語》統合型の述語の位置
　　　《連体語＋被連体語》統合型の連体語の位置
　　　《連用語＋被連用語》統合型の連用語・被連用語両方の位置
　　　《接続語＋被接続語》統合型の接続語・被接続語両方の位置

　形容詞の活用形もまた動詞の場合に準じて整理されるが、連用形式(G)を認める必要がある。

　形容詞には、同一の単語に、特定の活用形で、文体(語の"style"だから「語体」の方がよいが「文体」としておく)のみを異にする2つのヴァリアントが併存すると認める必要のあるものがある。多くの形容詞の終止＝連体形語尾における、長母音形の /-V²ʀ/ 形と、連母音形の /-V¹'i/ 形(高年層 /-V¹'ɪ/ 形)の併存がそれである。しかし一方、少なからざる形容詞で終止＝連体形が1形しかない。長母音形と連母音形の語尾を含む単語を別の単語と認定するにはその分布に問題がある。この両形を、同一の単語 lexeme の文体的レベルを異にする2つの異語形 allolog として処理すれば、両形は、単一の形しかもたないものから見て、相補的分布を示す2つの形をもつ1つの活用形として、単一の形しかないものと併せて、整合的に把えられることになる。

　終止＝連体形に2つの異語形をもつ形容詞の、①長母音形の /V²ʀ/ 形は、「くだけた、ふだんぎの」もの言いの日常語文体の異語形 allolog であり、②連母音形の /V¹'i/(高年層 /V¹'ɪ/)形は、「改まった、よそいきの」もの言いの共通語文体の異語形 allolog である。単一の形しかない形容詞(例えば /'acu'i/(厚い)や /sakuɪ'i/(気さくな)など)についてはこの点での文体的価値は中和していると考えられる。

　次のような対応関係がある。
　　　(通時的音韻変化の方向は②→①だが、共時的使用の実際は①→②である。)

3.3 形容詞

① /V²ʀ/	:	② /V¹'i/
eʀ¹	:	a'i
eʀ²	:	o'i
iʀ	:	u'i

語例：
/naŋeʀ/ : /naŋal'i/ （長い）
/hoseʀ/ : /hosol'i/ （細い）
/'aQciʀ/ : /'aQcul'i/ （熱い）

/V²ʀ/ は形態論的には一種の portmanteau morph/amalgame である。
これらについては「拡張形式」の注(164 頁)を参照。

/naŋeʀ/（ヴァリアント /naŋal'i/）と /'okasiʀ/ を例に活用形を示す。

A. 終止形式
  1. 終止形　　　naŋel(ʀ)[naŋal'i]　　　　　　　'okasil(ʀ)
  2. 推量形　　　naŋalkaɴbe(ʀ)　　　　　　　　'okasilkaɴbe(ʀ)
B. 連体形式
  1. 連体形　　　naŋel(ʀ)[naŋal'i]　　　　　　　'okasil(ʀ)
G. 連用形式
  1. 連用形　　　naŋalku　　　　　　　　　　　'okasilku
  2. 取り立て形　naŋalka　　　　　　　　　　　'okasilka
C. 接続形式
  1. 接続形　　　naŋalkute　　　　　　　　　　'okasilkute
  2. 条件形　　　naŋalkucja(ʀ)　　　　　　　　'okasilkucja(ʀ)
  3. 逆接形 ¹　　naŋalkutemo　　　　　　　　　'okasilkutemo
  4. 逆接形 ²　　naŋalkuQtaQte　　　　　　　　'okasilkuQtaQte
  5. 逆接形 ³　　naŋel(ʀ)kerebaQte[naŋal'ikerebaQte]　'okasil(ʀ)kerebaQte
  6. 逆接形 ⁴　　naŋel(ʀ)Qte[naŋal'iQte]　　　　'okasil(ʀ)Qte
  7. 例示形 ᵃ　　naŋalkaQtari　　　　　　　　　'okasilkaQtari
     例示形 ᵇ　　naŋalkuQtari　　　　　　　　　'okasilkuQtari
  8. 仮定形 ᵃ　　naŋel(ʀ)keɴba[naŋal'ikeɴba]　　'okasil(ʀ)keɴba
     仮定形 ᵇ　　naŋel(ʀ)kirja(ʀ)[naŋal'ikerja(ʀ)]　'okasil(ʀ)kerja(ʀ)
D. 準体形式
  1. 推想形　　　naŋasol(ʀ)　　　　　　　　　　'okasisol(ʀ)
E. 拡張形式
  1. 実現形　　　naŋalkaQta　　　　　　　　　　'okasilkaQta

動詞に比して活用形の少ないことが注意される。以上の形式は更に形態素

morph（単形態）に分析することができる（アクセントは一応除外する）。
- A. 終止形式
  1. 終止形　　　naŋa-'i (naŋeʀ ※)　　　　　　　　　'okasi-ʀ
  2. 推量形　　　naŋa-kaɴbeʀ　　　　　　　　　　　'okasi-kaɴbeʀ
- B. 連体形式
  1. 連体形　　　naŋa-'i (naŋeʀ ※)　　　　　　　　　'okasi-ʀ
- G. 連用形式
  1. 連用形　　　naŋa-ku　　　　　　　　　　　　　'okasi-ku
  2. 取り立て形　naŋa-ka　　　　　　　　　　　　　'okasi-ka
- C. 接続形式
  1. 接続形　　　naŋa-kute　　　　　　　　　　　　'okasi-kute
  2. 条件形　　　naŋa-kucjaʀ　　　　　　　　　　　'okasi-kucjaʀ
  3. 逆接形¹　　naŋa-kutemo　　　　　　　　　　　'okasi-kutemo
  4. 逆接形²　　naŋa-kuQtaQte　　　　　　　　　　'okasi-kuQtaQte
  5. 逆接形³　　naŋa-'i-kerebaQte (naŋeʀ ※ -kerebaQte)　'okasi-ʀ-kerebaQte
  6. 逆接形⁴　　naŋa-'i-Qte (naŋeʀ ※ -Qte)　　　　 'okasi-ʀ-Qte
  7. 例示形ᵃ　　naŋa-kaQtari　　　　　　　　　　　'okasi-kaQtari
     例示形ᵇ　　naŋa-kuQtari　　　　　　　　　　　'okasi-kuQtari
  8. 仮定形ᵃ　　naŋa-'i-kereba (naŋeʀ ※ -kereba)　　'okasi-ʀ-kereba
     仮定形ᵇ　　naŋa-'i-kerjaʀ (naŋeʀ ※ -kirjaʀ)　　'okasi-ʀ-kerjaʀ
- D. 準体形式
  1. 推想形　　　naŋa-soʀ　　　　　　　　　　　　'okasi-soʀ
- E. 拡張形式
  1. 実現形　　　naŋa-kaQta-φ　　　　　　　　　　'okasi-kaQta-φ

※は portmanteau morph。

注.

/naŋalkaɴbe(ʀ), naŋalkute, naŋalkaQta, …/ を /naŋakaɴ-be(ʀ), naŋaku-te, naŋakaQ-ta,…/ と分析しないのは、例えば /naŋalkaɴbe(ʀ)/ や /naŋalkaQta/ を /naŋakaɴ-be(ʀ)/ や /naŋakaQ-ta/ と分析すると、他との比較からさらに /naŋa-kaɴ-/ や /naŋa-kaQ-/ と分析しなければならなくなることは明らかであり、その場合 /-kaɴ-/ や /-kaQ-/ の行き場に窮することになるからである。すなわち、語幹 /naŋa-/ が推量や実現の意味をもった形態素 {-beʀ} や {-ta} と結

3.3 形容詞

合する場合、間に /-kaN-/ や /-kaQ-/ が介入すると解釈すると、「つなぎ」だけの働きをする、意味のない空の形態 empty morph を認めなくてはならなくなるが、こういう処理はなるたけ避ける方がよいと考えられる。(太田朗『構造言語学』(1960) p. 47 参照)

このような場合には、むしろ、語尾形態素 {-beR} や {-ta} に異形態 /-kaNbeR/ や /-kaQta/ を認め、形容詞の語幹形態素に形態素 {-beR} や {-ta} が接尾するときは、異形態 /-kaNbeR/ や /-kaQta/ が選択されると解釈する方が合理的である。そうすれば、動詞の形態が拡張形式を除いて、常に、語幹と語尾との2部分に分析できるのと平行的に解釈でき、一部の形式(「C-5逆接形[3]」、「C-6逆接形[4]」、「C-8仮定形[a・b]」)を除き、構造が均斉的に解釈できることになる。

なお、/naŋakaN-/ や /naŋakaQ-/ を /naŋa-/ の異形態と見ることもよくない。何となれば、その場合 /naŋakute/ も /naŋaku-te/ と分析することになり、/naŋaku-/ も語幹 /naŋa-/ の異形態と見ることになる。形態素 {naŋa-} には、/naŋa- 〜 naŋakaN- 〜 naŋakaQ- 〜 naŋaku-/ のように多数の異形態が存在することになる。これでは却って記述が複雑になってしまう上に、形容詞の形態構造が見えなくなってしまう。

不規則形容詞

大部分の形容詞は上にあげたのと同様の活用をするが、不規則なものが少数ある。
a. /'onazi ̄ 〜 'oNNazi ̄ 〜 'onasi ̄ 〜 'oNNasi ̄/(同じ)
b. /ka'wa1'i/(可愛い)、/ka'i1/(痒い)
c. /ko'i1/(濃い)
d. /'iR1/(良い)

	/'onazi/	/ka'i1/	/ko'i1/	/'iR1/
A. 終止形式				
1. 終止形	'onazi(φ 〜 da)	ka'i1	ko'i1	'iR1
2. 推量形	'onazikaNbe1(R)	ka'i1kaNbe(R)	koR1kaNbe(R)	⎧'joka1Nbe(R) ⎨ ⎩'iR1kaNbe(R)
B. 連体形式				
1. 連体形	'onazi	ka'i1	ko'i1	'iR1

G. 連用形式

1. 連用形　　　'onaziku　　　　ka'iˈku　　　　koʀˈku　　　⎧'jokuˈ
　　　　　　　　　　　　　　　　　　　　　　　　　　　　　　⎨'jukuˈ
　　　　　　　　　　　　　　　　　　　　　　　　　　　　　　⎩'iʀˈku

2. 取り立て形　'onazika(ˈ)　　ka'iˈka　　　　koʀˈka　　　⎧'jokaˈ
　　　　　　　　　　　　　　　　　　　　　　　　　　　　　　⎨'jukaˈ
　　　　　　　　　　　　　　　　　　　　　　　　　　　　　　⎩'iʀˈka

C. 接続形式

1. 接続形　　　'onazikute(ˈ)　　ka'iˈkute　　　koʀˈkute　　⎧'jokuˈteˈ
　　　　　　　　　　　　　　　　　　　　　　　　　　　　　　⎨'jukuˈteˈ
　　　　　　　　　　　　　　　　　　　　　　　　　　　　　　⎩'iʀˈkute

2. 条件形　　　'onazikucjaˈ(ʀ)　ka'iˈkucja(ʀ)　koʀˈkucja(ʀ)　⎧'jokuˈcjaˈ(ʀ)
　　　　　　　　　　　　　　　　　　　　　　　　　　　　　　⎨'jukuˈcjaˈ(ʀ)
　　　　　　　　　　　　　　　　　　　　　　　　　　　　　　⎩'iʀˈkucja(ʀ)

3. 逆接形 [1]　'onazikuteˈmo(ˈ)　ka'iˈkutemo　koʀˈkutemo　⎧'jokuˈteˈmo
　　　　　　　　　　　　　　　　　　　　　　　　　　　　　　⎨'jukuˈteˈmo
　　　　　　　　　　　　　　　　　　　　　　　　　　　　　　⎩'iʀˈkutemo

4. 逆接形 [2]　'onazikuQta(ˈ)Qte　ka'iˈkuQtaQte　koʀˈkuQtaQte　⎧'jokuˈQtaˈQte
　　　　　　　　　　　　　　　　　　　　　　　　　　　　　　⎨'jukuˈQtaˈQte
　　　　　　　　　　　　　　　　　　　　　　　　　　　　　　⎩'iʀˈkuQtaQte

5. 逆接形 [3]　'onazikeˈrebaQte　ka'iˈkerebaQte　ko'iˈkerebaQte　'iʀˈkerebaQte

6. 逆接形 [4]　'onazi(daQte)　ka'iˈQte　ko'iˈQte　'iʀˈQte

7. 例示形 [a]　'onazikaQtaˈriˈ　ka'iˈkaQtari　koʀˈkaQtari　⎧'jokaˈQtari
　　　　　　　　　　　　　　　　　　　　　　　　　　　　　　⎨'jukaˈQtari
　　　　　　　　　　　　　　　　　　　　　　　　　　　　　　⎩'iʀˈkaQtari

　　例示形 [b]　'onazikuQtaˈriˈ　ka'iˈkuQtari　koʀˈkuQtari　⎧'jokuˈQtari
　　　　　　　　　　　　　　　　　　　　　　　　　　　　　　⎨'jukuˈQtari
　　　　　　　　　　　　　　　　　　　　　　　　　　　　　　⎩'iʀˈkuQtari

8. 仮定形 [a]　'onazikeˈɴba　ka'iˈkeɴba　ko'iˈkeɴba　'iʀˈkeɴba
　　仮定形 [b]　'onazike(ˈ)rja(ʀ)　ka'iˈkerja(ʀ)　ko'iˈkerja(ʀ)　'iʀˈkerja(ʀ)

D. 準体形式

1. 推想形　　　'onazisoˈ(ʀ)　ka'isoˈ(ʀ)　koʀsoˈ(ʀ)　⎧'josasoˈʀ
　　　　　　　　　　　　　　　　　　　　　　　　　　⎩'iʀsoˈ(ʀ)

3.3 形容詞　209

E. 拡張形式
1. 実現形　　'onazikaQta　　ka'iʟkaQta　　koʀʟkaQta　　⎧'jokaʟQta
　　　　　　　　　　　　　　　　　　　　　　　　　　　　　⎨'jukaʟQta
　　　　　　　　　　　　　　　　　　　　　　　　　　　　　⎩'iʀʟkaQta

　/'onazi/ には4つのヴァリアントがあるが、あまり区別なく使われている。この形式では、終止＝連体形が語幹と同じ形である点、接続助詞 /kaʟra, keʟndo 〜 keʟdo/ との結合で /da/、接続助詞 /ʟnde, noʟni/ との結合で /na/ が間に介在する点で特殊である。また、準体助詞 /no/ との結合では、/'onazi noʟ/ は「同じもの」という事物（的同一性）を表し、/'onazi naʟ no/ は「同じデアルもの」という事態（的同一性）を表し、意味が異なっている。
　/ka'iʟ, ka'waʟ'iʟ/ は、[-ajui]→[-ai:]→[-ai] という音変化の結果不規則になったものである。
　/ko'iʟ/ は /-'i/ 語尾と結合しない位置で、語幹が /koʀ-/ と交替する点で特殊である。（形容詞のアクセントの項参照）
　/'oʀʟ'i/（多い）と /toʀ'iˉ/（遠い）も、時に /'o'iʟ/、/to'iˉ/ となってこれに似る。
　/'iʀʟ/ は語幹が /'jo-〜'ju-/ と揺れていることと、終止＝連体形に類推して、新しい語幹 /'iʀ-/ ができたために不規則になっているものである。

【補足】終止＝連体形の末尾音 /V²ʀ/ の /V²/ を語幹とする形容詞活用について
　/'uruseʟʀ, kitaneʟʀ, kuseʟʀ, miQtaneʟʀ, mizureʟʀ, moQtaneʟʀ/（煩い、汚い、臭い、みっともない、みづらい［恥ずかしい］、勿体ない）など日常卑近な語彙では、普通に耳にする /'urusa-, kitana-, kusa-, miQtana-, mizura-, moQtana-/ を語幹とする言い方のほかに、話者によっては /'uruse-, kitane-, kuse-, miQtane-, mizure-, moQtane-/ を語幹とする言い方も耳にすることがある。しかし、このようなものは語彙的に比較的少数で、どんな単語でもというわけではない。また個人的選好もあるように見える。
　また、形容詞の終止＝連体形を語幹として専用する、例えば /'oQkaneʟʀkuneʀ/（怖くない）、/'ara 'juʀ koto deQkeʟʀkute…/（あれは言うことが大きくて…）、と言う個人を観察したことがあるが、個人語的特徴と考えて記述から除いた。
　「長持ちする」意味の形容詞 /museʀˉ/ については、/muso'ɪ/ とも /musa'ɪ/ とも言わないと草加・川口（安行周辺）で聞いた話者は言っていた。語幹末母

音がオ段・ア段と交替しないエ段専用になっていて、過去形は /musekaQta⁻/ のように言うと言っていた。このような終止＝連体形以外で語幹がエ段音専用の形容詞は他に例がない。

（その後に、三郷・吉川の辺で /muso'ɪ ～ museʀ/ が使われているのを確認した。あの当時、「むせー」の語形から判断して「むさい」や「むそい」の訛形の可能性を考え、そのようにも言わないかということは念押しして聞いてあった。それで上記の記述となっている。地域差や個人差かもしれないが、一応このままとしておく。）

なお、日本語の形容詞の語幹末母音の分布には著しい傾向性（音韻的制約）があり、語幹形が終止形を兼ねるシク活用形容詞を除くと、語幹に関し、古典語で /-Ci/ 語幹、現代語で /-Ce/ 語幹の形容詞が無いか極めて少ない。従って、/museʀ/ の本来の形が /muso'ɪ/ で、本来 /muso-/ 語幹の形容詞であったと考えることは、語幹末母音の制約から見ても語形の対応から見ても妥当と思われる。

俚言 /museʀ/ には参照すべき共通語 /*muso'i/ がないことが、使用頻度の高い終止＝連体形 /museʀ/ をもととする新しい語幹 /muse-/ の形成とそれによる新しい活用図列の再編という独自の変化の条件となっているとも考えられる。

/moQtane˥(ʀ)/（個人的変種）、/museʀ/ を例として示すと次のようである。

A. 終止形式
   1. 終止形　　　moQtane˥(ʀ)　　　　　　museʀ
   2. 推量形　　　moQtane˥kaɴbe(ʀ)　　　musekaɴbe˥(ʀ)
B. 連体形式
   1. 連体形　　　moQtane˥(ʀ)　　　　　　museʀ
C. 連用形式
   1. 連用形　　　moQtane˥ku　　　　　　museku
   2. 取り立て形　moQtane˥ka　　　　　　museka
C. 接続形式
   1. 接続形　　　moQtane˥kute　　　　　musekute(˥)
   2. 条件形　　　moQtane˥kucja(ʀ)　　　musekucja˥(ʀ)
   3. 逆接形[1]　　moQtane˥kutemo　　　　musekute˥mo
   4. 逆接形[2]　　moQtane˥kuQtaQte　　　musekuQta˥Qte

5.	逆接形 [3]	moQtanel(ʀ)kerebaQte	muse(ʀ)kelrebaQte
6.	逆接形 [4]	moQtanel(ʀ)Qte	muse(ʀ)Qte
7.	例示形 [a]	moQtanelkaQtari	musekaQtalri
	例示形 [b]	moQtanelkuQtari	musekuQtalri
8.	仮定形 [a]	moQtanel(ʀ)keɴba	muse(ʀ)kelɴba
	仮定形 [b]	moQtanel(ʀ)kirja(ʀ)	muse(ʀ)kilrja1(ʀ)

D. 準体形式
  1. 推想形　　moQtanesol(ʀ)　　musesol(ʀ)
E. 拡張形式
  1. 実現形　　moQtanelkaQta　　musekaQta

3.3.1 形容詞活用形概説

A. 終止形式

  A−1　終止形　語尾 /-'i ～ -ʀ/

  「不定人称者の断定を表す。」

　終止形には同一の単語 lexeme について 2 つの異語形 allolog を認めるもの(a)と、1 つの異語形しか認めないもの(b)とがある。前者では、通時的に終止＝連体形語尾 /-'i/ が直前の語幹末母音と融合変化（相互同化）して成立した形と、それの回帰形とが文体的レベルを異にしつつ共存している。その両形を同一の単語 lexeme に該当すると解釈したのが前者である。後者では、唯一的に融合形のないもの※[1] と、融合形しかないもの※[2] とがある。

  a. 異語形が 2 つあるもの

日常語体	共通語体	語幹末母音
-eʀ[1]	-a'i（高年層 -a'ɪ）	/-a/
-eʀ[2]	-o'i（高年層 -o'ɪ）	/-o/
-iʀ	-u'i（高年層 -u'ɪ）	/-u/

　この型のものは語幹末母音が /-a/ のものが非常に多く、語幹末母音 /-a/ のものは原則的にはすべて 2 語形を認めることができるという（話者の内省報告）。語幹末が /-o/ のものも殆ど /-a/ に準ずるようである。語幹末が /-u/ であるものは少ないとはいえないが、語彙的に限られる傾向が強いようである。個人差・年齢差もかなりありそうである。

b. 異語形が1つのもの

語尾形式	語幹末母音
-u'i(高年層 -u'ɪ)	/u/
-iʀ	/i/

※¹ 語尾が /-u'i/ となるものに多い。
難易の /-nikul'i, -jasul'i/、/'acu'i/(厚い)、/'usu'i/(薄い)、/sakul'i/(気さくな)、/sikaku'i/(四角い)など。しかし、/mazul'i 〜 mazilʀ/(不味い)、/'aɢcul'i 〜 'aɢcilʀ/(熱い・暑い)、/'warul'i 〜 'warilʀ/(悪い)、/sabul'i 〜 sabilʀ/(寒い)型の方が多い。なお、唯一的な /-u'i/ は通時的に一度融合して回帰した形なのか、もとからの変化しない形なのか問題になる。融合変化を経ていないものと思われるが、/-u'i/ の融合・不融合の分化の条件を明らかにしえない。

※² 語幹が /-i/ で終わるものの終止＝連体形の末尾は /-iʀ/ となり、/-i'i/ と割るような発音はふつう聞かれない。特に丁寧に1拍ずつ切って言うような発音で、例えば、成年層で /'okasil'i/ [okaɕi⌊i]、高年層で /'okasil'ɪ/ [okaɕi⌊e] と言うのを聞くことがあるが、自然な談話に現れることはない。歌詞の「嬉しいね」を [ɯ-re-ɕi-e-ne] と歌っているのを聞いたことがあるが、これも特別である。

○形容詞の丁寧形について
1. 形容詞には動詞と違って単語形式の丁寧形はなく、形容詞の終止＝連体形と助動詞 /deꜜsu/(およびその活用形)との迂言形が使われる。2つの異語形 /-V²ʀ〜-V¹'i/ のあるものでは、連母音形式 /-V¹'i/ 形と助動詞 /deꜜsu/ との結合形が多く使われる。

例： 　　　　　　　美化語体　　　　　　　丁寧語体
A. 終止形式
　1. 終止形　　　{naŋal'i　　　　　　　{naŋal'i deꜜsu
　　　　　　　　{kata'i⁻　　　　　　　 {kata'i deꜜsu
　2. 推量形　　　{naŋalkaɴbe(ʀ)　　　　{naŋal'i deꜜsjoʀ
　　　　　　　　{katakaɴbel(ʀ)　　　　{kata'i deꜜsjoʀ

3.3 形容詞

E. 拡張形式
1. 実現形 　　　$\begin{cases}\text{naŋa]kaQta} \\ \text{katakaQta}^-\end{cases}$　　　$\begin{cases}\text{naŋa]kaQta desu} \\ \text{katakaQta] desu}\end{cases}$

1′. 実現推量形 　$\begin{cases}\text{naŋa]kaQtaNbe(R)} \\ \text{katakaQta]NbeR}\end{cases}$　$\begin{cases}\text{naŋa]kaQta desjoR} \\ \text{katakaQta] desjoR}\end{cases}$

2. /goza'ima]su/ による表現は少数の慣用的あいさつ言葉に限られて生産的ではない。従って、ウ音便連用形は活用形としては立てなかった。
例：/'oha'joR goza'ima]su ↓/（おはようございます。）
　　/'ariŋato]R goza'imasu ↓/（ありがとうございます。）
　　/'o'acuR goza'ima]su ↓/（暑い季節の時候の挨拶）
　　/'osamuR goza'ima]su ↓/（寒い季節の時候の挨拶）　ナド

A−2　推量形　/-kaNbe(R)/
「第一人称者の推量を表す。」
推量表現は次のように分析的に表現されることが多く、この形式の使用はあまりふるわない。若い層ではあまり使われず、10代では殆ど聞かれない［1972年当時］。
例：/naŋa]kaNbe(R) → naŋe]R daNbe(R), naŋe]R daro(R), naŋa]'i daro(R)/
　　/katakaNbe](R) → kateR da]Nbe(R), kateR da]ro(R), kata'i da]ro(R)/

B. 連体形式
B−1　連体形　語尾 /-'i 〜 -R/
終止形と同一の形式（終止＝連体形）を、連体法という統語機能によって便宜的に分立したものである。終止形を参照。

G. 連用形式
《連用語＋被連用語》統合型の連用語の位置に現れる形式をいう。
G−1　連用形　語尾 /-ku/
連用語（厳密には修用語）として、被連用語の位置にある動詞・形容詞・状態詞および状態副詞を修飾する形式である。
動詞の不定形（D−1）と同じように、《連用形＋助詞＋形式動詞・形式形容詞》という構造で、ある種の、助詞の意義に関連した強調・取り立てを

表す。
　　助詞には次のようなものが現れる。
/ˈwa ※ , mo, kolso, kolsa, delmo, nalɴka, nalɴte, selʀ/
形式動詞・形式形容詞としては次のようなものが現れる。
/ˈarul, neʀl ～ naˈil/
※ /ˈwa/ は、直前の連用形と融合して現れるのが年齢層が高いほどふつうである。次項の「取り立て形」がそれである。

G-2　取り立て形　語尾 /-ka/（厳密には /-k-a/）
　　後続する形式動詞・形式形容詞と結合して「形容詞の表す属性を他とは異なるものとして取り立てる」ことを表す。
　　前項で述べた連用形と助詞 /ˈwa/ との結合に由来する形である。対比的取り立ての意味を際立たせる目的をもって、《連用形 + ʼwa》※ と言うこともあって、併存しているが、単純に自由変異としてあるわけではない。通常、後続形式は否定語であって、否定語に連なる形と言うこともできる。
例：/soɴna kotol saˈicja ˈomosirolka neʀ ↓/
　　（そんなことをされては面白くはない。）
/ˈɴɴnal ɴ zjaʀ | kuQtalQte ˈɴɴmalka ˈaɴme ↓/
　　（そんなのでは食っても旨くはあるまい。）
/ˈɴɴna moɴ zeɴzeɴ ˈomosirolka ˈaroɴka ↓/
　　（そんなものは全然面白くはない。）
　　例文中にもある、《取り立て形 + 形式動詞の否定推量形・確否形》は、次のように融合した形で現れることもある。
　　/-ka ˈaɴmeʀ → -kaɴmeʀ/
　　　例：/ˈɴɴmalka ˈaɴme(ʀ) → ˈɴɴmalkaɴmeʀ/（旨くはあるまい）
　　/-ka ˈaroɴka → -karoɴka/
　　　例：/ˈomosirolka ˈaroɴka → ˈomosirolkaroɴka/（面白いはずがない）
　　※ /ˈara ˈomeʀ ˈwa ˈwarulku ˈwa nelʀ ↓/（あれはおまえは悪くない）

C.　接続形式
　C-1　接続形　語尾 /-kute/
　　「前件の成立が後件のそれに先立つことを表す。」
　　単純接続だけでなく、動詞に比べて、意味的に前件が後件の原因・理由

であることを表すことが多いが、それも上の意味に収めて説明できよう。〈原因－結果／理由－帰結〉関係は〈前件－後件〉関係の特殊態と考えることができる。
（「E－7 否定形」の※4「接続形の2形」176頁を参照。）
例：/ˈasiɿ ˈitaɿkute ˈisja ˈiQta↓/（足が痛くて医者に行った。）
　　/ˈoQkanaɿkute buruɿburu huruˈiteta↓/（怖くてブルブル震えていた。）

C－2　条件形　語尾 /-kucja(ʀ)/
「後件に先行する事態を条件的に提示する。」
　例：/haraɿ kucikucja kuˈitaɿkuQtaQte kuˈiroɿɴka ˈjo↓/
　　　（腹が一杯では食いたくても食えないよ。）

C－3　逆接形¹　語尾 /-kutemo/
C－4　逆接形²　語尾 /-kuQtaQte/
C－5　逆接形³　語尾 /-ˈi-kerebaQte ～ -ʀ-kerebaQte/
C－6　逆接形⁴　語尾 /-ˈi-Qte ～ -ʀ-Qte/
　逆接形¹～逆接形⁴はいずれも、「前件（の成立）が後件（の成立）を拘束しないことを表す。」
　三者の違いについては
① C－5 逆接形³（「ケレバッテ逆接形」）は主として高年層で使われる形式で現在では耳にすることが少なくなっている。
② C－4 逆接形²（「クッタッテ逆接形」）と C－6 逆接形⁴（「ッテ逆接形」）の方が、C－3 逆接形¹（「クテモ逆接形」）に比して、より日常語的で使用頻度も高い。
③ C－4 逆接形²（「クッタッテ逆接形」）の方が語勢が C－6 逆接形⁴（「ッテ逆接形」）より強いようであるが、それは、例えば、
　C－4 逆接形²　　/ˈitaɿkuQtaQte gamaɿɴ siro↓/
　　　cf./ˈitaɿkuQtaQte/ ←「痛かった＋とて」
　C－6 逆接形⁴　　/ˈiteɿQte [ˈitaɿˈiQte] gamaɿɴ siro↓/
　　　cf./ˈitaˈiQte/ ←「痛い＋とて」
のような成立上の異なりが反映しているのであろう。それは、
　/sabuɿkaQtara moQto kiroɿ↓/（寒かったらもっと着ろ。）
　/sabuɿˈikerja moQto kiroɿ↓/（寒ければもっと着ろ。）

のように、前者では「ある事態の実現を仮定」しているのに、後者ではただ「ある事態を仮定」しているに過ぎないから、そこに、前者が強く響く理由があると思われる。

注. 接尾辞 /-Qte/ に関して

起源的には、上記形式も含め次の諸形式に含まれる /-Qte/ は同じものと考えられ、本来は付属語（自由形式）であったと考えられるが、現在では、これの接合した形式の一部、例えば /'italkuQtaQte/ の /'italkuQta-/ は自由形式（単語）と認められないので、単語の語構成要素すなわち接尾辞（付属形式）となっているものと考えられる。

/('ik)-ebalQte/ ← 「（行け）ば＋とて」
/('iQ)-talQte/ ← 「（行っ）た＋とて」
/('itelR)-kerebaQte [('ital-'i)-kerebaQte]/ ← 「（痛）ければ＋とて」
/('itel)-Qte [('ital-'i)-Qte]/ ← 「（痛）い＋とて」
/('ital)-kuQtaQte/ ← 「（痛）かった＋とて」
/〜 dalQte/ ← 「〜だ＋とて」
/〜 dalQtaQte/ ← 「〜だった＋とて」
/karaQte/ ← 「から＋とて」

例：/'usol daQte kama'anel ↓/（嘘だってかまわない。）
　　/'usol daQtaQte kama'anel ↓/（嘘だったってかまわない。）
　　/sоNna tokoN 'il naNka 'iQtalQte sjarrolNka ↓/
　　（そんな所へなど行ったって仕方ない。）
　　/nozol ka'wa'ita karaQte nomisuɲiNlna 'jo ↓/
　　（喉が渇いたからといって飲み過ぎるなよ。）

上記の /-Qte/ 諸形式は、共時的には単一の統語接尾辞（統語語尾）として扱うが、/daQte/ と /karaQte/ は単一の助詞として扱う。

C−7　例示形 a　語尾 /-kaQtari/
　　　例示形 b　語尾 /-kuQtari/

「例示的取り上げを表す。」

　/-kaQtari/ 形の方が多いようだが、/kuQtari/ 形の使用もかなり多い。個人的にはどちらか一方を使う傾向がある。/-kuQtari/ という形は、/-kaQtari/ から音変化した形であるが、恐らくは /-kaQtaQte/ → /-kuQtaQte/ に平行する変化か、あるいはこの変化に類推したものであろう。また、

意味的には /-kaQta/(実現形語尾)との乖離がそれを可能としていよう。
例：/'josibo˥ 'wa keQte˥ kuɴ no ŋa ha'ja˩kuQtari˥ 'osokuQtari˥ site｜naɴ˩zi ɴ naQ ka 'wa 'wakaɴɴe˩ desu↓/（よし坊［人名］は帰って来るのが早かったり遅かったりして何時になるかは分からないです。）

C－8　仮定形 a　語尾 /-'i-keɴba ～ -ʀ-keɴba/（高年層・成年層の一部）
　　　仮定形 b　語尾 /-'i-kerja(ʀ) ～ -(i)ʀ-kerja(ʀ) ～ -(e)ʀ-kirja(ʀ)/
「前件が後件に対して仮定的条件にあることを表す。」
例：/siku˩'ikeɴba/（低ければ）　　/'okasi˩ʀkeɴba/（おかしければ）
　　/siku˩'ikerja(ʀ)/（低けりゃ）　/'okasi˩ʀkerja(ʀ)/（おかしけりゃ）
　　/naŋe˩ʀkeɴba/ [naŋa˩'ikeɴba]（長ければ）
　　/naŋe˩ʀkirja(ʀ)/ [naŋa˩'ikerjaʀ]（長けりゃ）

　改まれば /-'i-kereba/ が現れる。形式 /-kirja(ʀ)/ は /-kerja(ʀ)/ の音韻的に条件づけられた異形態である。直前がエ段長音の /-eʀ/ のときのみ /-kirja(ʀ)/ が現れる。但しこの位置でも /-kerja(ʀ)/ が現れることはある。

　形式 /-keɴba/ は、大体高年層（60代より上の者［1972年当時］）に観察されるが、成年層でも使用する者がある。/-kerja(ʀ)/ は年齢層を問わず一般的に使われている。

　/siku˩'ikerja(ʀ)/（低ければ）等を2語（「低い」＋「けりゃ」）ではなく、1語（「低いけりゃ」）と認定したのは、形式 /-kerja(ʀ)/ が、服部の単語認定の3原則の原則1に抵触して、形容詞［および形容詞に準ずる語形替変をするもの］にしか付かないので、単語（付属語）とは認められないためである。（この場合、終止＝連体形［相当の形態］が語基 base として使われていると見なければならない。）

　もし、将来、/kerja(ʀ)/ が機能を拡大して、動詞・助動詞などに自由に付くようになれば、接続助詞（付属語）と見なければならなくなるであろう。その兆しは、特殊動詞 /ciŋa'u/ の仮定形の /ciŋa'uke˩rja(˧)(ʀ) ～ ciŋaʀke˩rja(˧)(ʀ) ～ ciŋake˩rja(˧)(ʀ)/（「違うけりゃ」～「違けりゃ」）に見て取ることができよう。これは共通語の接続助詞「けれど（も）」（方言 /ke˩ɴdo ～ ke˩do/）の成立の起源と歴史を思わせる。

D．準体形式
　D－1　推想形　語尾 /-so˩(ʀ) ～ (-saso˩(ʀ))/

「語幹の表す属性の相貌を帯びた態様にあることを表す。」
　　(動詞の「D−2 推想形」162頁参照。)
　　複音節語幹には /-sol(ʀ)/ が接尾し、1音節語幹には /-sasol(ʀ)/ が接尾すると概略言える。しかし、1音節語幹の形容詞に関しては例外があり、
　　① /neʀ/(語幹は /na-/) と /'iʀ/(語幹は /'jo-/) には規則通りに /-sasol(ʀ)/ が付いて、/nasasol(ʀ)/(無さそう)、/'josasol(ʀ)/(良さそう)となる。(/'iʀsol(ʀ)/ という改新形も聞かれる。)
　　② /ko'iꜜ/ は /ko-/ の異形態の /koʀ-/ に /-sol(ʀ)/ が付いて /koʀsol(ʀ)/(濃そう) という形になる。
　　①と②が終止＝連体形において「長母音語尾 Vʀ(neʀ, 'iʀ)／連母音語尾 V'i(ko'i)」、その他の活用形の語幹形が「短母音語幹 V(na-, 'jo-)／長母音語幹 Vʀ(koʀ-)」となって、異なったふるまいを見せることと、類聚名義抄や現代京都方言で①と②がアクセントの類を異にすることとは符合するが関連は不明である。
・形容詞型活用の動詞の否定拡張接尾辞(否定拡張語尾)/-ane(ʀ)〜-ne(ʀ)/ の推想形は /-anasol(ʀ)〜-nasol(ʀ)/ で形態を異にする。
　　例：/naɴnimo nasasoꜜʀ ni meʀꜜru↓/(何もなさそうに見える。)
　　　　/naɴnimo siranasoꜜʀ ni meʀꜜru↓/(何も知らなそうに見える。)
・「過度」の接尾辞 /-suɲiru/ は /neꜜꜜ〜na'iꜜ/(形容詞)と結合すると、/nasasuɲiru/ となる。動詞否定拡張語尾との結合は /-anasuɲiru〜-nasuɲiru/ となる。/'iʀꜜ/ は /'josuɲiruꜜ/、/ko'iꜜ/ は /kosuɲiruꜜ/ となる。
　　例：/cjoQꜜto 'otonaŋe nasasuɲiruꜜ↓/(ちょっと大人げなさすぎる。)
　　　　/cjoQꜜto naɴnimo siranasuɲiruꜜ↓/(ちょっと何も知らなすぎる。)

E．拡張形式
　E−1　実現形　語尾 /-kaQta/
　　「語幹の表す事態・属性が以前に現実化したという不定人称者の判断を表す。」
　　例：/kiɴnuꜜ 'wa nomisuɲiꜜte kimoci 'waruꜜkaQta kedo …/
　　　　(昨日は[酒を]飲み過ぎて気持ちが悪かったけど…)
　　　　/maʀ naɴnimo nakuꜜte 'jokaꜜQta↓/(まあ何もなくて良かった。)

H．語幹
　　動詞の派生基・複合基つまり語基形に相当するものは形容詞では語幹であ

る。
　形容詞からの派生語を作る接辞の代表的なものとして次の 2 つをあげることができるであろう。

1. /-sa/：程度の派生名詞を作る接尾辞。
　「赤・青・白・黒 /'akaˑl, 'a'oˑl, siroˑl, kuroˑl/」の色の度合い・程度に言及する名詞は「赤さ・青さ・白さ・黒さ」となるが、このうち赤さだけが /'akasa⁻/ で、他は /'a'olsa, sirolsa, kurolsa/ となっている。この違いはこの程度名詞が色彩名詞からではなく、色彩形容詞 /'aka'i⁻, 'a'ol'i, sirol'i, kurol'i/ から作られたからである。程度性と形容詞の結びつきに気づかせる 1 例である。

2. /-suɲiru/：形容詞の表す属性の「程度が過度」であるという意味の派生動詞を作る接尾辞。/-suɲiru/ という接尾辞は非常に生産的で、動詞語基形（いわゆる連用形で、語幹に /-i 〜 -ɸ/ の付いた形）、形容詞語幹、状態詞、名詞※に接尾する。
　しかし、結果形式 resultant form がその基となった形式の分布とパラレルな分布をするわけではないので、/-suɲiru/ 形を拡張形式と認めるわけにはいかない。
　　例：「飲む → みんなでじっくり酒を飲む」/「飲み過ギル → ？みんなでじっくり酒を飲み過ギル」(cf.「みんなでじっくり酒を飲みタイ」、「みんなでじっくり酒を飲まナイか」)
　※ /-suɲiru/ の接尾しうる名詞は、次の例のように名詞の指示する指示対象 referent のうちの、実体的なものを指示するのではなく、その実体に付随する属性を指示していると認められ、この点では意味的に状態詞に近い。
　　例：/maʀlda kono koˑl 'wa kodomosuɲiruˑl ↓/（まだこの子は子供すぎる。）
　　cf./kodomo na tokoɴ beˑlʀ me niˑl cuku ↓/（子供なところばかりが目につく。）

3.3.2　情意形容詞・感覚形容詞・性状形容詞

　形容詞は、①終止形単独で述語位置に立ったとき主語に人称制限があるかないか、②コト格あるいはガ格の目的語（共通語のいわゆる「対象語」に対応する）をとるかとらないか、で 3 類に分かつことができる。
　終止形単独で断定の述語位置に立ったとき第一人称主語をとり、コト格あるいはガ格の目的語をとるものが「情意形容詞」である。情意形容詞（感情形容

詞ともいわれる）は、「ガ格主語＋コト格目的語」、「ガニ格主語＋ガ格目的語」、「ガ格主語＋ガ格目的語」の述語位置に立つことができる。情意形容詞は、目的語が生物類名詞の場合「ガ格主語＋コト格目的語」の構文で、格助詞 /kolto/ が現れるので、識別は容易である。無生物類名詞が目的語の場合は格表示がないけれども、生物類名詞の場合に準じて※[1] 目的語と考えることができる。

※[1] 品詞が違うけれどもこのことを考えるのに良い例として次のものをあげておく。
    a. /'ore 'are kolto suki da˥ ↓/
    b. /'ore　'are　suki da˥ ↓/
a 文は生物類名詞とのみ結合する対格助詞 /kolto/ を取っているので、代名詞 /'are/ は生物類名詞扱いを受け、/'are/ は人や生き物を指示対象としている目的語ということになる。従って、a 文は「俺はあの人（猫、犬、…）が好きだ。」という意味になる。

b 文は /'are/ に格表示はないが、述語 /suki da˥/ の意味から考えてヒト代名詞 /'ore/ が主語と特定され、/'are/ がその目標と解釈されるのが当然であろう。そして、この /'are/ は a 文との比較から当然対格表示 φ の目的語と解釈されることになる。従って、b 文は「俺はあれ＝あの物（特定の事物）が好きだ。」という意味になる（文脈や場面の助けがあれば /'are/ が生物類名詞扱いを受ける可能性を全く排除するものではない）。

終止形単独で断定の述語位置に立ったときに第一人称主語をとり、ガ格の対象語（目的語）※[2] をとるものが「感覚形容詞」である。
※[2] 従来、感覚形容詞文、例えば「おれは頭ガ痛い」のガ格名詞句を、時に「おれガニは頭ガ痛い」のように「～ガニ＋～ガ＋…」構文でも言うことを根拠に、（ふつうこの構文の「～ガ」は一種の目的語と見られるので）、目的語としてきたが、このガ格名詞句には、「A ガニ＋B ガ＋恋しい」に対応する「A ガ＋B コト＋恋しい」のような対応構文が通常の意味では存在せず、能所構文間の「B コト：B ガ」対応のように積極的に目的語であることを裏づけるものがなく、感覚形容詞の「～ガ＋～ガ＋…」、「～ガニ＋～ガ＋…」という構文自体、意味的にも他動性や対象性は弱いので、やはり目的語とすることには無理があるように思われる。「対象語」あたりが適当かもしれない。

3.3 形容詞

終止形単独で断定の述語位置に立ったとき主語に人称制限がなく、目的語をとらない形容詞が「性状形容詞」である。

情意形容詞と性状形容詞は比喩的に言えば、動詞における他動詞と自動詞の関係(正確には二項所動詞と一項所動詞の関係)に似ている。

例：/'ora 'omeʀ koˈto 'ura'jamasiˈʀ 'jo ↓/
　　(俺はお前ヲ羨ましいよ。cf./'omeʀ koˈto 'ura'jamuˈ/)
　　/'ore ŋaˈni 'wa 'omeʀ ŋa 'ura'jamasiˈʀ 'jo ↓/
　　(俺ニはお前ガ羨ましいよ。)
　　/kono koˈ 'wa kaʀˈcjaɴ koto ko'isiˈʀ miteʀ da ↓/
　　(この子はお母さんヲ恋しいみたいだ。cf./kaʀˈcjaɴ koto ko'isiŋaruˈ/)
　　/kono koˈ ŋani 'wa kaʀˈcjaɴ ŋa ko'isiˈʀ miteʀ da ↓/
　　(この子ニはお母さんガ恋しいみたいだ。)
　　/'ora 'omeʀ koˈto naɴka ciQtomo 'oQkanaˈku neʀ ↓/
　　(俺はお前ヲなど少しも怖くない。cf./'omeʀ koˈto 'oQkanaŋaruˈ/)
　　/kaʀˈcjaɴ 'wa 'o'i koˈto ka'waˈ'iku ne ɴ daro ↓/
　　(母さんは俺ヲ可愛くないのだろう。cf./'o'i koˈto ka'wa'iŋaruˈ/)
　　/'ore 'asiˈ 'iteʀˈ kedo ｜ 'omeʀ dokoˈ 'iteˈʀ ↑/
　　([長距離を走って]俺は足が痛いけど、お前はどこが痛いか。)
　　/'ore ŋaˈni 'wa 'asiˈ 'iteʀˈ kedo ｜ 'omeʀ ŋaˈni 'wa dokoˈ 'iteˈʀ ↑/
　　([長距離を走って]俺には足が痛いけど、お前にはどこが痛いか。)
　　/kjoʀˈ 'wa soraˈ ŋa 'a'oˈ'i ↓ maQca'oˈ da ↓/
　　(今日は空が青い。真っ青だ。)

共通語の「対象語」※に対応する語句の多くが、この方言では形態的に対格であることが明白な格助詞 /koˈto/ で表示され、文法的には明確に「目的語」になっている。しかし、「AはBが形容詞」という構文で、共通語において対象語とされる「B」がすべて対格表示の目的語になっているわけではない。

① 「AはBが恋しい(欲しい、等)」は、共通語と同様の《A ワ B ガ恋しい》という構文のほかに、《A ガ B コト恋しい》という対格構文が可能で、むしろこちらがふつうの表現である。ほかに、《A ガニ B ガ恋しい》という構文も可能である。(例文は便宜的に漢字仮名表記)
　　両構文の違いは敢えて敷衍すれば、
　　《A ガ B コト恋しい》は「A は B コト恋しく{感ジテイル/思ッテイル}」、

《A ガニ B ガ恋しい》は「A ガニは B ガ恋しく{感ジラレル/思ワレル}」というような、心の有りようを他動的に把えて表現しているか、所動的に把えて表現しているかの違いにある、と言えるように思われる。
（さらに《A ガニ B コト恋しい》が存在することが確認できたが、大筋では「〜ガ＋〜ガ＋…」「〜ガ＋〜コト＋…」「〜ガニ＋〜ガ＋…」を基本型とすることに問題はないと思われる。）

② 「A は B が辛[つら]い（痛い、等）」は、共通語と同様の《A ワ B ガ辛い》という構文のほかに《A ガニ B ガ辛い》は可能である。《A ワ B コト辛い》とはふつう言わないが、認容度や文法性判断に揺れがあるけれども、他動詞「感ジル・思ウ」を含意した表現—「A は B コト辛く{感ジテイル/思ッテイル}」—と解釈されることで、成り立ち得ると判断される場合がある。

③ 品詞は違うが、「A は B が苦手だ」は、共通語と同様の《A ワ B ガ苦手だ》のほかに、《A ワ B コト苦手だ》という構文が「A は B コト苦手に{感ジテイル/思ッテイル}」のような意味では十分可能である。

④ 品詞が違うが、「A は B が好きだ」は、共通語と同様の《A ワ B ガ好きだ》という構文のほかに、《A ワ B コト好きだ》という対格構文が可能で、むしろこちらがふつうの表現である。しかし、①②と違って《A ガニ B ガ好きだ》とは言わないと殆どの話者が言うが、「A ガニは B ガ好きみたいだ」なら十分可能と思われる。

なお、動詞の「願望形」、他動詞派生の「可能形」の多くも、同様に「目的語」をとるが、それについては、その項を参照。

※時枝誠記『国語学原論』(1941 岩波書店) p. 373 以下参照

さらに、情意形容詞（情意性の状態詞も同様）が他動詞性を持つことは、「おれは自分コト恥ずかしい」「太郎は自分コト嫌いだ」のように、他動詞「おれは自分コト恥じる」「太郎は自分コト嫌っている」と同じに、再帰代名詞「自分」＋対格助詞「コト」を取ることができる点にも現れている。

当然ながら「象は鼻が長い」「この本は紙が薄い」のような形容詞文に対応する方言の形容詞文には、「〜ガニ＋〜ガ＋形容詞」（能格型）や「〜ガ＋〜コト＋形容詞」（対格型）は存在せず、「〜ガ＋〜ガ＋形容詞」（二重主格型）しか存在しない。これらは第一項名詞と第二項名詞の間に意味的に「（第一項）の（第二項）」という関係が存在することが注目される。

「感覚形容詞」は、例えば「おれは肩ガ寒い」は意味関係も含めてとる構文が似ているが、時に「おれガニは肩ガ寒い」とも言う点で異なっている。

以上で、形容詞の記述を終える。

3.4　状態詞

無活用語で、それ自体としては断続機能（統語機能）を欠いているという点で、名詞に似るが、

①《連用語＋被連用語》統合型の被連用語の位置に立ち得ること、

②格助詞 /ni/ と結合して《連用語＋被連用語》の連用語（厳密には《修用語＋被修用語》の修用語、228 頁の名詞①の注参照）の位置に立ち得ること、

なお、「状態詞＋/ni/」は、被連用語に対して属性修飾的に働くもので、関係規定的に働く補語の「名詞＋/ni/」とは基本的に異なるが一部重複するところがある。

③《連体語＋被連体語》統合型の連体語の位置に助詞 /na/ と結合して現れうること、

また、その指示対象 referent が実体的なものでなく、付随的・属性的なものである点などで名詞から区別される。

その他、状態詞は、

④助動詞 /da/ あるいは不定人称者の断定を表す /φ/ と結合して《述語》統合型の述語の位置に立ち得る。助動詞 /deꜜsu, rasiꜜʀ/ との結合も同じ。

⑤助動詞 /da/ の接続形 /de/ と結合して《接続語＋被接続語》統合型の接続語の位置に立ち得る。

⑥《状態詞¹＋助詞＋状態詞¹》構造［状態詞は同一語、助詞＝/'wa, mo/］（一種の同語反復文型）で強調的表現に用いられる。

例：

/sizuꜜka 'wa sizuꜜka da kedo | sabisisuɲiraꜜʀ ↓/（静かは静かだけど寂しすぎる。）

/beɴꜜri 'wa beɴꜜri da kedo | 'okaɴpaꜜta da kara kuruma ŋa 'urusaꜜkute naʀ↓/

（便利は便利だけど、通りの傍だから車の通りがうるさくて。）

いわゆる「形容動詞」の語幹は、発話や発話段落に該当することがあるので、単語であると認められる。例えば、/kireꜜʀ da/（綺麗だ）の /kireꜜʀ/ という形式は /kore kireꜜʀ ↑/、/'uꜜɴ kireꜜʀ ↓/ という文に該当する発話として現れるの

で、単語と認められる。

　また、形容動詞語尾とされる形式も単語であると認められる。/kire1ʀ da/ の /da/ は、名詞やそれに準ずるものに付いて、断定を表す /da/ と同じものと認めるのに、妨げとなる事実がない（と考えられる）から、それと同一の形式（すなわち、助動詞）と認めることができる。なお、古代語の形容詞の語幹用法に類推して、上の /kire1ʀ/ のような例を形容動詞の語幹用法として解釈する立場も考えられるが、不当である。何となれば、古代語の形容詞語幹は単独で使用される例があるので、やはり単語と認めることができるが、しかし、例えば、/taputosi/（尊し）の /taputo/（語幹＝単語）を除いた /-si/（およびその替変形式の /-ku〜-ki〜-kere/ など）は、形容詞語幹という単一種類の形式にしか接尾し得ないので、単語としての資格を欠くことが明らかである。それゆえ、/taputosi/ は1単語（単語 /taputo/ に接辞 /-si/ が接尾した形）と認められる。対して、/da/ は広く種々の自立形式に付き得るのであるから、単語としての資格を有することは明らかである。従って、両者を単純に同一視することはできない。

　以上のように、形容動詞語幹を単語と認めても、それを名詞と同一視することはできない。両者はその機能が異なるから別扱いしなければならない。従って、この語類を名詞と違った語類として特立し、その意義特徴に基づいて「状態詞」と名づけることにした。また、いわゆる形容動詞語尾 /da, de, ni, na, dara, daɴta, …/ も単語（付属語）と認めたのであるが、この語群は職能上単一の助動詞の替変形と認めることのできないものを含んでいるので、その機能に基づいて、格助詞 /ni//na¹/、および助動詞 /da, na², de, dara, daɴta//daɴbe(ʀ)//daro(ʀ)/ に分属させるべきであると考える。

　なお、いわゆる形容動詞型の活用をする助動詞もやはり2語に分析されるべきである。例えば、/'jo1(ʀ) da/（ようだ）、/mite1(ʀ) da/（みたいだ）の /'jo1(ʀ)//mite1ʀ/ は［状態詞的］準体助詞として扱う。参考にいわゆる形容動詞の活用表を掲げておく。（「⇒」は、「状態詞」説による文法的処理を示す。助動詞 /da/ の替変形のみ下線で示す。）

　A.　終止形式
　　1.　終止形　　　　kire1ʀ da　　　　⇒状態詞＋助動詞 /da/
　　2.　推量形¹　　　kire1ʀ daro(ʀ)　 ⇒状態詞＋助動詞 /daro(ʀ)/
　　3.　推量形²　　　kire1ʀ daɴbe(ʀ)　⇒状態詞＋助動詞 /daɴbe(ʀ)/
　B.　連体形式

3.4 状態詞　225

    1.　連体形¹　　　kire˥ʀ na¹(hana¹′)　⇒状態詞＋格助詞 /na¹/
    2.　連体形²　　　kire˥ʀ na²(no)　　⇒状態詞＋<u>助動詞 /da/</u> の替変形 /na²/
 G.　連用形式
    1.　連用形　　　kire˥ʀ ni　　　　⇒状態詞＋格助詞 /ni/
    2.　取り立て形 ⎰ kire˥ʀ zja¹(neʀ˥)　⇒状態詞＋<u>助動詞 /da/</u> の替変形 /zja¹〜da/
              ⎱ kire˥ʀ da(neʀ˥)
 C.　接続形式
    1.　接続形　　　kire˥ʀ de　　　　⇒状態詞＋<u>助動詞 /da/</u> の替変形 /de/
    2.　条件形　　　kire˥ʀ zja²　　　⇒状態詞＋<u>助動詞 /da/</u> の替変形 /zja²/
    3.　逆接形¹　　　kire˥ʀ demo　　　⇒状態詞＋副助詞 /demo/
    4.　逆接形²　　　kire˥ʀ daQte　　⇒状態詞＋副助詞 /daQte/
    7.　例示形　　　kire˥ʀ daQtari　⇒状態詞＋<u>助動詞 /da/</u> の替変形 /daQtari/
    8.　仮定形　　　kire˥ʀ dara　　　⇒状態詞＋<u>助動詞 /da/</u> の替変形 /dara/
 D.　準体形式
    1.　推想形　　　kireʀso˥ʀ　　　　⇒状態詞＋接尾辞 /-soʀ/
 E.　拡張形式
    1.　実現形　　　kire˥ʀ daQta　　⇒状態詞＋<u>助動詞 /da/</u> の替変形 /daQta/

これらは上記のように文法的に処理されているので各々その項を参照。

例：
  ① /zu'i˥buɴ <u>muda</u> na koto˥ site'ja˥ŋaru ↓/（被連用語）
    （随分むだなことをしていやがる。）
  ② /doʀse 'uso˥ cuku ɴ dara ｜ moQto <u>zjoʀzu ni˥</u> cuke 'jo ↓/（連用語）
    （どうせ嘘をつくなら上手につけ。）
  ③ /'joʀ na˥ kuci kikenede ｜ <u>baka˥</u> na kuci be kiʀteru ↓/（連体語）
    （必要な口が利けないで、馬鹿な口ばかり利いている。）
  ④ /kjoʀ hima↑ kjoʀ˥ 'wa <u>hima da</u> ↓/（述語）
    （今日は暇か？今日は暇だ。）
    /nani˥ 'jaQtaQte ｜ 'are 'wa '<u>iʀkarakaɴ da</u>↓/（述語）
    （何をやってもあの男はいい加減だ。）
    /'a'icu doʀ˥mo 'omeʀ ko˥to <u>suki˥ miteʀ da</u> zo ↓/（述語）
    （あいつはお前ヲ好きらしいぞ。）※
  ⑤ /'jacu˥ 'wa haɴbuɴ <u>baka˥ de</u> haɴbuɴ rikoʀ da ↓/（接続語）

（やつは半分馬鹿で半分利口だ。）
　⑥ /'asuko 'wa sizuˈka 'wa sizuˈka da kedo ｜ beNˈri ŋa 'wariˈʀ ↓/（同語反復）
　　（あそこは静かは静かだけど、不便だ。）
　※この例のように、状態詞も、形容詞と同様に、目的語（・対象語）を取る
　「情意状態詞」（・「感覚状態詞」）と取らない「性状状態詞」に分けること
　ができる。
　（219頁の3.3.2「情意形容詞・感覚形容詞・性状形容詞」の項を参照。）

・特別な状態詞に /koNna, soNna ～ 'NNna, 'aNna, doNˈna/ がある。
　1. 格助詞 /na¹/ を介さないで、直接名詞を修飾すること。/koNna koto/
　2. 準体助詞 /no/ との結合において、
　　a. /koNnaˈ no, soNnaˈ no ～ 'NNnaˈ no, 'aNnaˈ no, doNˈna no/
　　b. /koNnaˈ na no, soNnaˈ na no ～ 'NNnaˈ na no, 'aNnaˈ na no, doNˈna na no/
　　の違いがあり、準体助詞 /no/ が直接する a 形式は「事物」的概念を表
　　し、断定の助動詞 /da/ の連体形 /na²/ を介した b 形式は「事態・様態」
　　的概念を表し、意味的な違いがある。/koNnaˈ no ŋa suki/ は事物を対象
　　とし、/koNnaˈ na no ŋa suki/ は事態・様態を対象としている。

・主として形容詞型の /'onazi ～ 'onasi ～ 'oNnazi ～ 'oNnasi/（同じ）も特殊で部
　分的に状態詞的である。
　1. 断定の助動詞 /da/ と結合して終止形相当の働きをする。（形容詞の項に
　　あるように /'onazi/ だけでも終止し得る。）
　2. 格助詞 /na¹/ を介さないで、直接名詞を修飾する。
　3. 準体助詞 /no/ との結合において、
　　a. /'onazi noˈ/
　　b. /'onazi naˈ no/
　　の違いがあり、準体助詞 /no/ が直接する a 形式は「事物」的同一性を
　　表し、断定の助動詞 /da/ の連体形 /na²/ を介した b 形式は「事態・様
　　態」的同一性を表し、意味的な違いがある。/'onazi noˈ ŋa hosiˈʀ/ は同
　　一の事物を対象とし、/'onazi naˈ no ŋa hosiˈʀ/ は同一の事態・様態を対
　　象としている。
　4. 以上のほかは形容詞型に活用する。（形容詞の項を参照）

【補説】体言の「状態詞」と用言の「形容詞」について

　ラテン語など多くの印欧諸語の形容詞が名詞と形態法上一類をなしていることは、それが"nomen"の下位範疇として、"nomen adjectivum"と"nomen substantivum"と指称されることにも現れている。対して、日本語や朝鮮語の形容詞は動詞とともに形態法上「用言」の下位範疇とされている。このように言語によって、形容詞が名詞と一類をなしたり、動詞と一類をなしたりしていることが知られている。この理由を考えるうえで、生成文法の「$\overline{X}$ 理論」の所説が参考になると思われる。「$\overline{X}$ 理論」では、X^0 レベルの範疇として、2つの語彙素性「±N（名詞素性）」「±V（動詞素性）」（cf.「体言」「用言」）の組み合わせによって規定される4つの語彙範疇（≒品詞）が立てられている。「名詞（[＋N，－V]）」、「動詞（[－N，＋V]）」、「形容詞（[＋N，＋V]）」、「助詞 adposition（[－N，－V]）」である。「形容詞」は、[＋N（名詞素性），＋V（動詞素性）]からなるとされている。これは、形容詞が言語によって形態的・職能的に「名詞類（体言）」か「動詞類（用言）」となっていることとも符合する仮説と思われる。同時に、日本語に名詞的な「状態詞（＝いわゆる形容動詞の語幹）」と動詞的な「形容詞」の二種類の『形容詞 adjective』が存在する事実とも符合するところがあると思われる。状態詞は"nomen adjectivum（形容名詞）"、形容詞は"verbum adjectivum（形容動詞）"として、"adjectivum（『形容詞』）"の下位範疇をなしているという理解も可能である。

3.5　名詞

　無活用語で、それ自体としては断続機能（統語機能）を欠いているという点で、状態詞に似るが、

①《連用語＋被連用語》統合型の連用語（厳密には《補語＋述語》統合型の補語※）（直ぐ後の注を参照）の位置に、格助詞 /ŋa, koꜜto, ni, ŋaꜜlni, 'i, ŋe, to, kara, de, 'jori/ と結合して、時に（主語・目的語の場合に）格助詞なしで立ちうること、

②《連体語＋被連体語》統合型の被連体語の位置に立ち得ること、

③助詞 /no/ と結合して連体語の位置に立ち得ること、

などの点と、その指示対象 referent が実体的なものであるという点などで、状態詞から区別される。

　その他に、名詞は、次の位置に立ちうる。

④助動詞 /da, deꜜsu, rasiꜜlʀ/ や、不定人称者の断定を表す /φ/ と結合して、

《述語》統合型の述語の位置に立ち得る。
⑤助動詞 /da/ の接続形 /de/ と結合して、《接続語＋被接続語》統合型の接続語の位置に立ち得る。
⑥《並立語＋被並立語》統合型の両方の位置に立ち得る。
　《並立語＋被並立語》統合型は構造的には、
　a 《自立語¹・並立助詞＋自立語²・並立助詞》（自立語は単語結合でもよい）
　　前後の自立語は機能的に同類。
　　前後の並立助詞は同一語＝ /ka, to, toka, dano, mo/
　b 《自立語¹・並立助詞＋自立語²》（自立語は単語結合でもよい）
　　前後の自立語は機能的に同類。並立助詞＝ /to, ka,'ja/
の2種がある。
　なお、《接続語＋被接続語》統合型の統合のうち⑥のような構造をもつものを、特に《並立語＋被並立語》統合型という。並立語・被並立語の各々（単語結合を含む、自立語¹・自立語²）は、相互に位置を変えても知的意味に変化はなく、また単独でも《並立語＋被並立語》がおかれていた文中の同じ位置に同じ資格で立ち得る。
例：
　/《'inu to˥ neko˥》koto ka'u˥/（犬と猫を飼う）
　　→/'inu ko˥to ka'u˥/（犬を飼う）＋ /neko˥ koto ka'u˥/（猫を飼う）
　/《'inu ŋe˥ mo neko˥ ŋe mo》'ɪsa kurero˥/（犬にも猫にも餌をやれ。）
　　→/'inu ŋe˥ 'ɪsa kurero˥/ ＋ /neko˥ ŋe 'ɪsa kurero˥/
　　（犬に餌をやれ。）　　（猫に餌をやれ。）
これまでの広義の《接続語＋被接続語》統合型から、《並立語＋被並立語》統合型を除いた、狭義の《接続語＋被接続語》統合型という用語は、構成要素がともに活用語（および、それと機能上等しい単語・単語結合）で、接続語が被接続語に対して意味上何らか制限的である統合ということになる。
※《連用語＋被連用語》統合型の「被連用語」の位置に立つ語類には同時に《述語》統合型の「述語」として文の構成に直接かかわるものがあり、その相関項である「連用語」の「名詞＋格助詞」も、述語が構成する事態の実体的関与者とその関係規定として働いている。この「名詞＋格助詞」は以前から「補語」として別扱いしてきたが、この種の《連用語＋被連用語》統合型を、文を構成する《述語》統合型の1つである《補語（主語・目的語・

…)＋述語》統合型として別に扱うこととする。なお、本論考においては「主語・目的語」を「補語」の下位類と考えている。(《連用語＋被連用語》統合型から《補語＋述語》統合型を除いた残りは、連用語が被連用語に対してその属性／程度修飾的に働くもので、状態詞＋/ni/、形容詞連用形、副詞などがこれに当たる。これらを特に《修用語＋被修用語》統合型という。)

【補説】「補語」について

　本書では「名詞＋格助詞」を「補語」としているが、述語にとって必須な・義務的な補語を「補足語」、それ以外のものを「付加語」とする考え方を採用している。結合価理論を援用して「補足語」を「項」とする用語も用いている。「付加語」は補語に限定して、他の連用語(修用語)に対しては適用していない。

　古典日本語・現代日本語の文の「補足語」としての「補語」には、構造的・機能的に、(二項動詞文を例にすると)、「動詞の補足語」(動詞句内補足語)としての「補語^1」と、「動詞句の補足語」(動詞句外補足語)としての「補語^2」の二種があると考える。補語^{1}は、(主語以外の)目的語を含むいわゆる「補語」で、補語^{2}は、「補語」でも他の補語と階層を異にした１つ上の補語でいわゆる「主語」がそれである。日本語の文は「補語^1＋動詞」と「補語^2＋動詞句」からなる、階層構造―[補語^2＋[補語^1＋動詞]]＝[主語＋[補語^1＋動詞]]―をなしていると考える。動詞句は内部に動詞句を含みうる。

　こう考えないと説明できない文法現象として古典語と現代語の敬語法がある。尊敬語、例えば「なさる、くださる、オ話シニナル、オ話シクダサル」などと、いわゆる謙譲語Ⅰ、例えば「差し上げる、いただく、オ話しスル、オ話しイタダク」などの敬意の対象者は、動詞句の補語^{2}か動詞の補語^{1}か、でしか文法的に決定できない。

　尊敬語は、動詞句の外の「補語^2＝主語」に対する敬語(主語尊敬語)であり、謙譲語Ⅰは、(動詞句の内の)動詞の「補語^1」に対する敬語(補語^{1}尊敬語)である、と考えられる。(「『素材敬語』の『敬意の対象者』の文法的規定について」『静大國語』第15・16号 2014. 参照)

(以上、補説)

　次に、名詞はその職能上の違いによって更に下位部類に分類できる。《修用語＋被修用語》統合型の被修用語の位置に立ち得るか、修用語※の位置に立ち

得るかによって3つの下位部類に分けられる。
　※連用語のうち、被連用語の属性/程度を修飾するものを「修用語」とする（前述）。
　すなわち、狭義の「名詞」、「位置詞」、「時数詞」の3つである。その職能上の相違点は次のとおり。

	被連体語	被修用語	修用語
名　詞	○	×	×
位置詞	○	○	×
時数詞	○	○	○

3.5.1　狭義の「名詞」

　名詞は更に2つの下位部類に分けることができる。すなわち、生物類名詞と無生物類名詞である。結合する格助詞と構文機能との関係を図示すると下記のようになる。

		生物類名詞	無生物類名詞
自動詞の主格（ガ格）補語	（主語）	○	×
他動詞の主格（ガ格）補語	（主語）	○	×
他動詞の対格（コト格）補語	（目的語）	○ N + kolto	○ N + φ ※2
一項所動詞の主格（ガ格）補語	（主語）	○※1	○
二項所動詞の能格（ガニ格）補語	（主語）	○	×
二項所動詞の主格（ガ格）補語	（目的語）	○※1	○
使役動詞の主格（ガ格）補語	（主語）	○	×
受身動詞の主格（ガ格）補語	（主語）	○	×
与格（ゲ格）補語	（間接目的語）	○	×

　このように構文的機能、格助詞との共起制限など文法的ふるまいに関して、生物類名詞と無生物類名詞は大きな違いを見せている。特に方言に特有な格助詞 /kolto, ŋalni, ŋe/ が3つとも生物類名詞としか共起しない点と、それらが構文的機能と深く絡んでいる点に注目する必要がある。

　※[1] 生物類名詞の所動詞の主格補語（主語・目的語）の欄を旧版（1996）で×としていたが、一項所動詞の「あそこに人ガ見える」や二項所動詞の「おれガニは犯人ガ見えた」のように、生物類名詞も所動詞の主格（ガ格）補語（主語・目的語）＝いわゆる「対象語」になりうるので○と訂正する。ただ、このような場合の生物類名詞は、「あそこに人の姿ガ見える」や

「おれガニは犯人の姿ガ見えた」ということと同じで、自動詞や他動詞の主格(ガ格)補語(主語)と同列のものではない。所動詞の主格(ガ格)補語(主語・目的語)に関しては「非対格仮説」や「能格構文」に通底する問題がある。

※2 他動詞の対格補語(目的語)は、「生物類名詞 + koʔto」、「無生物類名詞 + φ」となり、格助詞 /koʔto/ の共起制限にかかるが、いずれも他動詞の目的語になりうる。
「3.2.3 能動詞・所動詞／生物類名詞・無生物類名詞について」197 頁を参照。

また、「名詞」の下位類として、部分的に「状態詞」に似たふるまいを示す名詞の一類に注意が必要である。「名詞」は基本的には実体的な指示対象 referent を持つが、しかし、その実体に特徴的な属性に注目する表現において、あたかも状態詞的(いわゆる形容動詞語幹的)にふるまう名詞がある。このような名詞を特に「属性特徴名詞」ということにする。形式的特徴としては、
　①属性的連体格助詞 /na/ と結合して《連体語＋被連体語》統合型の連体語の位置に現れる。(普通の名詞はこの位置では連体格助詞 /no/ を取り、/na/ を取ることは状態詞の特徴である。) 但し、状態詞と違い、自由に連体法に立つわけではなく、何らか叙述性・述語性を帯びて名詞(多くは形式名詞)に先立つ位置に現れていること
　②《修用語＋被修用語》統合型の被修用語の位置に現れること
　③状態詞と同じように推想の接尾辞 /-soʔ(ʀ)/ と結合し得ること
の 3 点である。
　例：
　/'aɴna gaka'i deQkaʔkute kodomo na hazu 'aroʔɴka ↓/
　(あんなに体が大きくて子供のはずない。)
　/moʀ sukoʔsi 'otoʔna na tokoɴ ŋa 'aɴʔba naʔʀ ↓/
　(もう少し[人物が]大人であれば[いいのだけど]なあ。)
　/mikake 'wa 'otonasoʔʀ da kedo ｜ maʀʔda kodomo daʔ 'jo ↓/
　(見かけは大人らしいけど、まだ子供だ。)

次に、居住地名・組織名の「集合名詞 collective noun」的用法について触れておく。住んでいる所をもって親戚の家族を指称する「場所名詞」の集合名詞

用法が目立つが、会社や役所などの組織名称も同じようなふるまいを示す。つまり、人間を成員とする無生物名詞は、特例を伴いつつ生物名詞と同じように扱われることがある。(なお、後論の「格助詞」を参照。例文は便宜的に漢字仮名表記)

・能動詞の主語は「デ」で表示される。
「浦和デ来た。」(浦和の親戚が来た。)
「草加デ猫コトもらったってよ。」(草加の親戚が猫をもらったそうだよ。)
「電話局デ何か言ってきてるぞ。」(電話局が何か言ってきているぞ。)
「市デ何か祝いφ呉れるってよ。」(市が何か祝いを呉れるそうだよ。)
・二項所動詞の主語は「ガ°ニ」で表示される。
「草加ガ°にんんなことガ°言えろんか。」(草加の親戚に(≒親戚が)そんなことが言えるはずがない。) cf.「草加でんんなことφ言ってた。」(草加の親戚がそんなことを言っていた。)
・可能動詞の主語は「デ」と「ガ°ニ」が可能である。
(「来される」は「きされる」と読んで「来られる」の意味。)
「浦和デ来されたらいいんだけどな。」(浦和の親戚が来られたらいいのだけれどなぁ。)
「浦和ガ°ニ来されるだんべえか。」(浦和の親戚に来られるだろうか。)
・他動詞の目的語は「コト」で表示される。
　「今度は浦和コト呼ぶべえ。」(今度は浦和の親戚を呼ぼう。)
・与格動詞の間接目的語は「ケ°」で表示される。
　「法事のことφ浦和ケ°も報しとくべえ。」
　(法事のことを浦和の親戚にも報せておこう。)

以上のように、人間を成員とする組織を表す無生物名詞は、生物に準じて「コト」「ガ°ニ」「ケ°」と共起できる。能動詞主語に関しては「デ」をとるのが普通である。

3.5.2 位置詞

位置詞とはそのレファレントが空間的な位置に関するもので、被修用語になり得る点で一般の名詞とは異なる。
例:
/moʀ sukoˉlsi meʀˉ ('usiro, 'u'e, sita, saki, 'atoˉl, nakaˉl, hasi, …)/
(もう少し前[後ろ、上、下、先、後、中、端、…])

/moʀ ciQlto hiŋasi (nisi, minami, kita,…)/
（もう少し東[西、南、北 …]）
/moʀ sukolsi hata na toκoɴ no hol ŋa ｜ kiʀl 'u'iɴ nil 'wa 'iʀl daɴbe ↓/
（もう少し傍の方が木を植えるにはいいだろう。）

3.5.3 時数詞

　時間や数量に関する名詞で、《修用語＋被修用語》統合型の両方の位置に立ち得る名詞を時数詞という。被修用語の位置に立つときはその相手の修用語は程度の副詞に限られる。
　例：
/'obalʀsaɴ 'wa moʀl 'ikucul ɴ narimalsitaʀ ↑/
（おばあさんはもう幾つになりましたか。）
/'oral ka'i ↑ 'atol hutaQcu del cjoʀdo hacizjulʀ desu 'jo ↓/
（俺かい？あと二つでちょうど八十ですよ。）
/haʀ saɴlzi da kara 'ocja ni sibel ↓/（もう三時だからお茶にしよう。）
/kaki ŋa'atol miQcu naQtelru ↓/（柿があと三つ実っている。）

3.5.4 代名詞

　この語類は形態的・職能的には（狭義の）名詞と異ならない※が、専ら当事主体である話し手（第一人称者）と聞き手（第二人称者）を中心とした関係（枠組み）を表し、その都度の関係規定的なレファレントしかもたないのが特徴である。
　※但し「特定複数」表現において、複数形と特定数との共起が、「名詞」では不可（「×子どもたち3人」→「子ども3人」）なのに対して、人称代名詞では、「おれら3人」「おまえたち3人」のように複数形が義務的である点などで両者は異なる。

人称代名詞

定　　称			不定称	再帰称
当事人称		第三人称		
第一人称	第二人称			
'ore～'o'i 'o'ira 'atasi～'aQsi 'oral	'ome(ʀ) 'omeʀsaɴ teme(ʀ) 'unu	'are 'jacul 'jarol(ʀ)	darel～da'il	zibuɴ teme(ʀ)

ここで、「人称代名詞」の「定称」の階層性と二重の二項対立について述べておく。

「定称」は、「第一人称」「第二人称」「第三人称」が並列する体系ではなく、上表のように階層的で、二重の二項対立からなっている。まず大きく「当事者・当事人称」の「我々」と、「第三者・第三人称」に、その上で、「当事人称」は「当事主体（話し手）」を表す「第一人称」と、「当事客体（聞き手）」を表す「第二人称」に分けられるような体系をなしていると考えられる。「当事主体」と「当事客体」は対話の当事者で、対話の遂行に当たって交互に主体客体が交換されるので、日本語の共通語では「あなた：わたし」「君：僕」「おまえ：おれ」のように語彙的に対構造をなしている。当事客体をどう待遇するかによって当事主体の自己規定がなされるためである。（「あなた」の「あなた」が「わたし」、「君」の「君」が「僕」、「おまえ」の「おまえ」が「おれ」という関係性の中で自己把握がなされる構造になっている。）

この方言の当事人称は、本来 /'omeRsaN/:/'atasi～'aQsi/、/'omeR～'ome/:/'ore～'o'i/ という対をなしていたと思われる。

第一人称

/'ore～'o'i/、/'o'ira/：

最も一般的なことば。男女別なく、各年齢層で使われているが、20代以下［1972年当時］では女性は使わなくなってきている。/'ore/ は単独形に、/'o'i/ は助詞との結合形に使われる傾向がある。

/'atasi～'aQsi/：

前項のことばに比して、品のよいことばで、多少とも改まった感じで使われる。/'atasi/ は女性語、/'aQsi/ は男性語である。/'aQsi/ は40代［1972年当時］から上ぐらいの者に多く聞かれ、若い層では殆ど聞かれないようである。

/'oraꞎ/：

老人語。/'oreraꞎ/ → /'o'iraꞎ/ → /'oraꞎ/ と転じたものであろう。（但し第一人称の /'o'ira/ は平板型がふつう［1972年当時］。）/'ore + 'wa → 'ora/ とは別形式。

この形式には名詞に直接して、/'oraꞎmura/（我が村）、/'oraꞎmusume/（我が娘）というように「我が～」という連体詞的用法があり、特異である。なお、後述の /'oraꞎci/、/'oraꞎho/ も通時的にはこの /'oraꞎ/ を含むと

考えられる(/'oraɭ + 'uci 家 /、/'oraɭ + hoʀ 方/)。しかし、/-raɭci/、/-raɭho/ を含む形式の分布から考えて、共時的には /'o + raɭci/、'o/ + raɭho/ と分析されるべきであろう(/'o-/ は /'ore/ の異形態)。

第二人称
 /'omeʀ〜'ome/：
  最も一般的なことば。男女別なく、各年齢層で使われている。共通語の「おまえ」ほど相手を見下げた感じのことばではないが、待遇上話し手より上位にある相手に対しては使えない。
 /'omeʀsaɴ/：
  老人たちの間でよく聞くことば。同輩や年下の者に対して使われることばで、多少敬意を含んでいるが、待遇上上位にある者に対しては使われることが少ないようである。
 /temeʀ〜teme/：
  相手を貶めた言い方で、普通の対話では使われない。再帰代名詞の /temeʀ〜teme/ とは異なるので注意。
 /'unu/：
  相手を非常に貶めた言い方。普通の対話で使われることはない。

第三人称
 /'are/：
  もっとも無色な、第三人称者を示すことば。しかし、話し手より待遇上上位にある者を指して言うことはない。
 /'jacuɭ/：
  多少軽卑感(時に親愛感)を込めて、第三人称者を指すことば。もっとも多く使用され、軽卑感も希薄になっているようである。
  なお、共通語の準体助詞「の」の位置に現れる /'jacuɭ/ は機能上別のものだが、対象化された事物・人物という点でか語感的に近しい感じがする。
  例：/sake no 'aQcuɭ'i 'jacu ŋa 'icibaɭɴ da ↓/(酒の熱いのが一番だ。)
 /'jaroɭʀ〜'jaroɭ/：
  第三人称者を貶めた言い方。

不定人称
 /dareɭ〜da'iɭ/：
  [特定化への志向を持ちつつ]特定化しない(できない)人物を指すことば。2 形の使い分けは /'ore〜'o'i/ に同じ。

再帰代名詞
　/zibuɴ/：
　　主語と同一（人）物を指すことば。次項に比べて待遇上無色に感じる。なお、第一人称者を指す /zibuɴ/ は主語に偏るのと、使われることが少ないのとで、混乱はない。（「語彙編」／じぶん ‾zibuɴ ／の項参照）
　/temeʀ〜teme/：
　　主語と同一（人）物を指す。第二人称のそれと違って、貶めた感じは少ないが、上品な言い方ではないと感じられている。（「語彙編」／てめー ‾temeʀ ／の項参照）
　　例：/temeʀ de temeʀ koꜜto homeꜜtecja se'jaꜜ neʀ 'ja↓/
　　　　（自分で自分をほめていては世話ないや。）

人称代名詞と接尾辞との接合形
　/-raꜜ/：不特定多数を表す接尾辞
　　第一人称 /'oreraꜜ(〜 'o'iraꜜ)//'atasiraꜜ//'aQsiraꜜ/
　　　　（/'o'ira//'ora/ には接合形なし）
　　第二人称 /'ome(ʀ)raꜜ//'omeʀsaɴraꜜ//teme(ʀ)raꜜ//'unuraꜜ/
　　第三人称 /'jacuꜜra//'jaroꜜ(ʀ)ra/
　　　　（/'are/ には接合形なし）
　　不定人称（不特定多数の /-ra/ と共起しない。）
　　　　不定称の特定化志向と不特定多数の /-ra/ とは意味志向の方向が違うので共起不能なのであろう。敷衍すると、「誰」というのは情報の欠如であるXなるものを人間として把えその人物を特定化する意図を潜在的に持っていてこそ発せられることばであるが、/-ra/ は問題の事物を不特定化する意図をもったことばなので共存が難しいのだと考えられる。
　　再帰代名詞 /zibuɴraꜜ//temeʀraꜜ/

　/-raꜜci/：その人の所属する家・共同体を表す。
　　第一人称 /'oraꜜci//'atasiraꜜci//'aQsiraꜜci/
　　第二人称 /'omeraꜜci//'omeʀsaɴraꜜci//teme(ʀ)raꜜci//'unuraꜜci/
　　第三人称 /'areraꜜci//'jacuꜜraci//'jaroꜜ(ʀ)raci/
　　不定人称（/-raꜜci/ と共起せず）
　　再帰代名詞 /zibuɴraꜜci//teme(ʀ)raꜜci/

3.5 名詞

/-raɭho/：その人の所属する集団側に属することを表す。
　第一人称 /'oraɭho//'atasiraɭho//'aQsiraɭho/
　第二人称 /'omeraɭho//'omeʀsaɴraɭho//teme(ʀ)raɭho//'unuraɭho/
　第三人称 /'areraɭho//'jacuɭraho//'jaroɭ(ʀ)raho/
　不定人称(/-raɭho/ と共起せず)
　再帰代名詞 /zibuɴraɭho//teme(ʀ)raɭho/

「人称代名詞」の「定称」と同様に「指示代名詞」の「定称」も階層性をもち二重の二項対立からなっている。まず第三者領域と当事者領域への分節があってその後に当事者領域が第一人称者領域と第二人称者領域に分節されている。即ち、第三者領域の /'a-/ に対して当事者領域を代表するのは /ko-/ の系列で、その後で、/ko-/ と /so-/ の系列が対立する体系である。/'areɭkore//'are-mo kore-mo/ や /'aQciɭkoQci//'aQci-mo koQci-mo/、品詞は違うが /'aɴnaɭ koɴna/ や /'aʀdaɭ koʀda/ という連語の存在は第一次の分節に基づいていると思われる。なお、この方言には /'asukoɭ koko/ はないようである。「不定称」/do-/ との対比においても「定称」を代表するのは /ko-/ の系列であることが注意される。/doreɭ-mo kore-mo/ や /do'iɭcu-mo ko'icu-mo/、品詞は違うが /doʀɭ-mo koʀ-mo/ など。

指示代名詞(コソアドことばのうち名詞的なもの)

		定　　称			不定称
		当　事　者　領　域		第三者領域	
		当事主体領域	当事客体領域		
		近　称	中　称	遠　称	不定称
事物	①	kore 〜 ko'i	sore 〜 so'i	'are 〜 'a'i	doreɭ 〜 do'iɭ
	②	korecu	sorecu	'arecu	doreɭcu
人	③	ko'icu	so'icu	'a'icu	do'iɭcu
場所	④	koko	soko	'asuko 〜 'asuku	dokoɭ
	⑤	kokera	sokera	'asukera	dokeɭra
	⑥	kokeraheɴ	sokeraheɴ	'asukeraheɴ	dokeraheɴ
	⑦	kokerazjuʀ	sokerazjuʀ	'asukerazjuʀ	—
方角	⑧	koQciɭ'	soQciɭ'	'aQciɭ'	doQciɭ'

1. ①系列の形式について
    a. 助詞 /'wa/ との結合形は殆ど常に /kora, sora, 'ara/ となる。(/dorel/ は /'wa/ と結合しない。)
    b. 助詞 /dake/ との結合形は常に /koN dake, soN dake, 'aN dake, doNl dake/ となる。
    c. 助詞 /bel(R)/(ばかり) との結合は常に /kore Nbel(R), sore Nbel(R), 'are Nbel(R)/ となる。(/dorel/ は /bel(R)/ と結合しない。)
    d. 上のa・b・c以外の付属語との結合では /-'i/ 形が、単独では /-re/ 形が現れる傾向が強い。
2. ②③系列の形式について
    a. /korecu, sorecu, 'arecu, dorelcu/ の系列は、/kore, sore, 'are, dorel/ と /ko'icu, so'icu, 'a'icu, do'ilcu/ の混淆 contamination に基づく形。しかし、これによって /korecu, sorecu, 'arecu, dorelcu/ の系列は「事物」を、/ko'icu, so'icu, 'a'icu, do'ilcu/ の系列は「人物」を表すというふうに分化してきている。(分化する傾向は顕著だが、分化し切ってはいない。)
    b. /kore, sore, 'are, dorel/ と /korecu, sorecu, 'arecu, dorelcu/ の意味の差ははっきりしないところもあるが、後者の方が個別的・具体的に事物を把えているように感じられる。前者はこれと対比的に、一般的・抽象的に事物や(後者にない)事柄・事態を指示している傾向がある。
    「/kore/ は大事だぞ。」というと、事物のほかに、事柄や状況を指して言っていることもありうるが、「/korecu/ は大事だぞ。」という発話では、何か身近な事物を指して言っているように感じられる。
3. ④系列の形式について
    a. 格助詞 /'i/ との結合形は高年層では、常に /koke, soke, 'asuke, dokel/ となり、方向と位置を表す。(注意:/'asuke/ は /'asuko-'I/ からしか導けないから、この変化の後で /'asuko/ から /'asuku/ ができたと、語形の新古が推定され得る。)
    b. 格助詞 /kara/(奪格) との結合形は常に /koQkara, soQkara, 'asukoQkara ~ 'asukuQkara, doQlkara/ となる。
4. ⑤⑥⑦の系列の形式について
    a. /kokera, sokera, 'asukera, dokelra/ は高年層に多く、成年層では /koko'ilra, soko'ilra, 'asuko'ira, dokol'ira/ となる傾向が強い。
    b. /kokeraheN, sokeraheN, 'asukeraheN, dokeraheN/ も同様で、成年層では

/koko'iraheN, soko'iraheN, 'asuko'iraheN, doko'iraheN/ となる傾向が強い。
- c. /kokerazjuR, sokerazjuR, 'asukerazjuR, ― / も同様で、成年層では
  /koko'irazjuR, soko'irazjuR, 'asuko'irazjuR, ― / となる傾向が強い。
- d. ④と⑤⑥との意味の違いは④は範囲が限定できるような場所を指し、⑤⑥は範囲の漠然としたあまり限定的でない場所を指す点にある。⑦は漠然とした範囲全体を指して「辺り一面」「付近一帯」の意味で使われるが、不定称がない。

ここで、不定称語類と範疇について付言する。「不定称」の「代名詞」「名詞」「副詞」などは品詞横断的な語類を形成していて、「特定の範疇に属するX」に関する情報が欠如していること（特定されていないこと）を表している。いかなる範疇が問題かは次のような表現から知られる。そこからこれら語類が問題とする範疇を代表する一般語がいかなるものかも浮かび上がってくる。

「[誰か いい 人]はいないのか」（誰 →「人」）
「[どれか 好きな もの]を持って行け」（どれ →「もの」）
「[どっちか 好きな(方の) もの]を選べ」（どっち →「もの」）
「[どこか 静かな 所]に行きたい」（どこ →「所」）
「[何か 必要な もの]はないのか」（何 →「もの」）
「[何か いい こと]がありそうだ」（何 →「こと」）
「[いつか ひまな 時]に来るといい」（いつ →「時」）

「不定称語類」が問題とする範疇、即ち（最上位語としての）一般語 general word は、「時」「所」「こと」「もの」「人」ということで、常識的なものになっている。「どう」と「なぜ」はこの表現型に入らないので一般語を帰納できない。

3.6　副詞・連体詞・接続詞・感動詞

特に取り立てて体系的に問題とすべきところがないので記述を省く。ただ、コソアド系の指示語についてだけ述べる。

コソアド系の指示語には次のようなものがある。

			近称	中称	遠称	不定称
副詞		① 様子	koR	soR	'aR	doRꜜ
副詞・連体詞		② 状態	koNna	soNna〜'NNna	'aNna	doNꜜna
連体詞		③ 指定	kono	sono	'ano	donoꜜ
		④ 類別	ko'i	so'i〜seR	'a'i	do'iꜜ

1. ①系列について
   a. 連語 /koʀ siru, soʀ siru, 'aʀ siru, doʀl siru/ の諸活用形のうち、中称・不定称の接続形や実現形の連体形で、

   soʀ site   →   so site
   doʀl site →   dol site〜do silte
   soʀ sita   →   so sita
   doʀl sita →   dol sita〜do silta

   のように指示副詞の短呼が起こる。

   b. 連語 /koʀ 'juʀ, soʀ 'juʀ, 'aʀ 'juʀ, doʀl 'juʀ/ の諸活用形のうち、連体形は、/ko'i, so'i, 'a'i, do'il/ と短縮されて、連体詞化している（→ ④）。高年層では、中称の /so'i/ は更に /seʀ/ となっている。同様に、高年層では中称の /soʀ 'juʀ/ の接続形式や実現形は更に融合変化して、次のようになっている。

   B. 連体形式
      1. 連体形   seʀ (kotol')   「そう言う（こと）」
   C. 接続形式
      1. 接続形   seʀɋte〜seɋte   「そう言って」
      2. 条件形   seʀɋcja(1)(ʀ)〜seɋcja(1)(ʀ) 「そう言っては」
      3. 逆接形 [1] seʀɋtelmo(1)〜seɋtelmo(1) 「そう言っても」
      4. 逆接形 [2] seʀɋtalɋte〜seɋtalɋte 「そう言ったって」
      5. 逆接形 [3] seʀbalɋte   「そう言えばとて」(直訳)
      6. 例示形   seʀɋtalril〜seɋtalril   「そう言ったり」
      7. 仮定形   seʀba(1)   「そう言えば」
   E. 拡張形式
      2. 予置形   seʀɋtoku〜seɋtoku   「そう言っておく」
      3. 継続形   seʀɋteru〜seɋteru   「そう言っている」
      4. 軽卑形   seʀ'jaŋaru   「そう言いやがる」
      8. 実現形   seʀɋta〜seɋta   「そう言った」
      8'. 実現仮定形 seʀɋtara〜seɋtara   「そう言ったら」

2. ②系列について
   a. /konna, sonna, 'anna, donlna/ は単独で副詞的に用いられる。

   例：/konna tanolnden noni 'wakaɋte kunneʀ nol ka ↓/
      （こんなに頼んでいるのに分かってくれないのか。）

3.6 副詞・連体詞・接続詞・感動詞　241

/'ano hanasi 'waꜜ sonna 'omosiroꜜka nakaꜜQta ↓/
(あの話はそんなに面白くはなかった。)
/konna ni, sonna ni, 'anna ni, doɴꜜna ni/ とは普通言わない。

b. 中称 /sonna/ には /'ɴna/ というヴァリアントがある。
このヴァリアントは間投詞的に相手の判断に対する不平・不満・不同意を表すものとして非常に多用され、自己の判断を述べる文の文末にポーズを置かずに一息に発音され相手への不同意の語気を文に与える。

例：/sonna koto 'aroꜜɴka ⌢ 'ɴna ↓/(そんなことあるはずがないンナ。)

c. /konna, sonna, 'anna, doɴꜜna/ は /'jacuꜜ//'jaroꜜ(R)/ と結合すると、
/konne 'jacuꜜ,　　sonne 'jacuꜜ,　　'anne 'jacuꜜ,　　doɴꜜne 'jacu/
/konne 'jaroꜜ(R),　sonne 'jaroꜜ(R),　'anne 'jaroꜜ(R),　doɴꜜne 'jaro(R)/
となる。

3. ③の系列について

a. /kono, sono, 'ano, donoꜜ/ は、/tokiꜜ/(時)、/tokoɴ/(所)、/nakaꜜ/(中)、/cikisjoꜜR/(畜生)と結合すると、次のようになる。

/koɴ tokiꜜ/,　　　soɴ tokiꜜ/,　　　'aɴ tokiꜜ/,　　　doɴꜜ toki/
/koɴ tokoɴ/,　　　soɴ tokoɴ/,　　　'aɴ tokoɴ/,　　　doɴꜜ tokoɴ/
/koɴ nakaꜜ/,　　　soɴ nakaꜜ/,　　　'aɴ nakaꜜ/,　　　doɴꜜ naka/
/koɴ cikisjoꜜ/,　　soɴ cikisjoꜜ/,　　'aɴ cikisjoꜜ/,　　doɴꜜ cikisjo/

b. /kono, sono, 'ano, donoꜜ/ は、/'jacuꜜ//'jaroꜜ(R)/ と結合すると、
/kone 'jacuꜜ,　　sone 'jacuꜜ,　　'ane 'jacuꜜ,　　doneꜜ 'jacu/
/kone 'jaroꜜ(R),　sone 'jaroꜜ(R),　'ane 'jaroꜜ(R),　doneꜜ 'jaro(R)/
となる。

4. ④の系列について

/ko'i, so'i, 'a'i, do'i/ は、/koR 'juR, soR 'juR, 'aR 'juR, doRꜜ 'juR/ が既述のとおり約まったものである。この系列には次のようなa連体詞的・b副詞的連語形式がある。各第2列までは明白に連語である(/na, ni/ を /da/ 等と置き換えることができる)。しかし、各3番目の系列の諸形式は置き換えができないなど連体詞・副詞になっていると考えられる。

a. /ko'i huꜜ na,　so'i huꜜ na (seR huꜜ na),　'a'i huꜜ na,　do'iꜜ hu na/
(～風な…)

           /ko'i 'joꜜna,   so'i 'joꜜna (seʀ 'joꜜna),   'a'i 'joꜜna,   do'iꜜ 'jo na/
           (〜様な…)
           /ko'ina,   so'ina (seʀna),   'a'ina,   do'iꜜna/
       b. /ko'i huꜜ ni,   so'i huꜜ ni (seʀ huꜜ ni),   'a'i huꜜ ni,   do'iꜜ hu ni/
           (〜風に…)
           /ko'i 'joꜜ ni,   so'i 'joꜜ ni (seʀ 'joꜜ ni),   'a'i 'joꜜ ni,   do'iꜜ 'jo ni/
           (〜様に…)
           /ko'ini,   so'ini (seʀni),   'a'ini,   do'iꜜni/
       例：/'jacuꜜ kara ko'i koto kiʀtaꜜ kedo hoɴto ka↑/
           （彼からこういうことを聞いたけど本当か。）
           /kora ko'i huꜜ ni 'jaɴba 'iʀꜜ no ka ↑/
           （これはこういうふうにやればいいのか。）
           /'a'icu ŋa ko'ina koto 'jaru tomo'ineꜜ kedo | hoɴto ka↑/
           （彼がこういうようなことをやると思えないが本当か。）

3.7 助動詞

付属語で活用あるもの（およびそれと機能上等しいもの）を助動詞という。いわゆる学校文法で言う助動詞のナイ・タイ・マス・タなどは、付属語と付属形式に関する服部3原則から単語とは認められないので、用言に接尾する接尾辞（拡張接尾辞）として処理される。

助動詞と認め得るものは次の9語に過ぎない。すなわち、/daꜜ, deꜜsu; daꜜɴbeꜜ(ʀ), daꜜroꜜ(ʀ), deꜜsjoꜜ(ʀ); rasiꜜʀ; Qcu'u〜Qcuʀ, Qte(ʀ); tomo'uꜜ〜tomoʀꜜ/。

意味によって分類すると次のようになる。

1. 断定　　/daꜜ, deꜜsu/
2. 推量　　/daɴbeꜜ(ʀ), daroꜜ(ʀ)/
3. 推定　　/rasiꜜʀ/
4. 判断　　/tomo'uꜜ 〜 tomoʀꜜ/
5. 引用　　/Qcu'u 〜 Qcuʀ, Qte(ʀ)/

次に以上の形式について略説する。
1. 断定　　/daꜜ, deꜜsu/
  ① /daꜜ/：
      名詞・状態詞（およびそれに準ずるもの）と結合して、「繋合詞」copulative

として、「同定・記述」の述語を構成し、それについての第一人称者の断言を表出する。

② /deˈsu/ :
名詞・状態詞（およびそれに準ずるもの）と結合して、「繋合詞」copulative として、「同定・記述」の述語を構成し、それについての第一人称者の断言と、第二人称者に対する敬意を同時に表出する。

注. 「断定の助動詞」の定義を上記のように訂正する。旧版1996の「断定の助動詞」と違って「〈同定・記述〉という関係規定」を組み込んで、「〈断定（断言）〉という心的態度の表出」を表すとしていることに注意。「断定の助動詞」の用語はひとまず残す。

　なお、「同定 identification」とは「A（紫式部）はB（源氏物語の作者）ダ」のような関係規定（A＝B）、「記述 predication」とは「A（紫式部）はB（平安時代の作家）ダ」のような関係規定（A≠B）をいう。同定は（B＝A）が成り立つが、記述は成り立たない。

/daˈ//deˈsu/ の活用形には次のようなものがある。（[ ]は補充形式）
　（活用形の意味・機能が今までの記述から明らかなものは説明を省く。）

A. 終止形式			E-A. 実現拡張形式の終止形式		
1. 終止形	daˈ	deˈsu	1. 終止形	daˈQta	deˈsita
2. 強終止形	daˈ'i	—	2. 強終止形	daˈQta'i	—
3. 推量形¹	[daˈroˈ(ʀ)]	[deˈsjoˈ(ʀ)]	3. 推量形¹	daˈQtaro(ʀ)	—
4. 推量形²	[daˈNbeˈ(ʀ)]	—	4. 推量形²	daˈQtaNbe(ʀ)	—
5. 想起形	daˈQke	—	5. 想起形	daˈQtaQke	deˈsitaQke
B. 連体形式			E-B. 実現拡張形式の連体形式		
1. 連体形	[no 〜 na]	(deˈsu)	1. 連体形	daˈQta	deˈsita
C. 接続形式			E-C. 実現拡張形式の接続形式		
1. 接続形	de	(deˈsite)	1. 接続形	—	—
2. 逆接形¹	(deˈmo)	—	2. 逆接形¹	—	—
3. 逆接形²	daˈQtaQte	—	3. 逆接形²	—	—
4. 逆接形³	(daˈQte)	—	4. 逆接形³	—	—
5. 例示形	daˈQtari	deˈsitari	5. 例示形	—	—
6. 仮定形	daˈra	—	6. 仮定形	daˈQtara	deˈsitara

以下、この表に従って説明していく。

A. 終止形式

  A−1. 終止形　/daˈl//deˈlsu/

    /daˈl/ の補充形 suppletive には /na²/（後述）と /φ/ の2形がある。
「/na²/」は接続助詞 /noˈlni//lNde/ および準体助詞 /no/ の前で /daˈl/ の代わりに現れ、「/φ/」は終助詞 /ka/ の前に現れる。

    注．/na²//φ/ はその形式の判断者が不定人称者であると認められるから、厳密な意味では補充 suppletion というわけにはいかない。分布も完全に相補的とは言えない。例えば、次の例では /daˈl/ と /φ/ とは対立をなしている。

    soʀl da↓（断定文）　　：soʀl φ↓（断定文）　　：　soʀl desu↓（断定文）
    *soʀl da↑（質問文）　　：soʀl φ↑（質問文）　　：*soʀl desu↑（質問文）
    *soʀl da ka↑（質問文）：soʀl φ ka↑（質問文）：　soʀl desu ka↑（質問文）
    soʀl da naʀ↓　　　　：soʀl φ naʀ↓　　　　：　soʀl desu neʀ↓
    soʀl da tomoʀ↓　　　：soʀl φ tomoʀ↓　　　：*soʀl desu tomoʀ↓
    soʀl da sa↓　　　　　：soʀl φ sa↓　　　　　：*soʀl desu sa↓

/*soʀl da ↑/ も /*soʀl desu ↑/ もまともな質問文が作れない。オウム返しの問い返し文にしかならない。従って、/daˈl//deˈlsu/ の判断者は第一人称者である。

  助詞との結合形は次のとおり。

/-kara/	daˈl kara	deˈlsu kara
/-ke(N)do/	daˈl ke(N)do	deˈlsu ke(N)do
/-Nde/	na²l Nde	[deˈlsu Nde]
/-noni/	na²l noni	deˈlsu noni
/-no/	na²l no	[deˈlsu no]
/-ka/	φ ka	deˈlsu ka

  A−2. 強終止形　/da'i, —/

    前項の形式に強意の接尾辞 /-'i/ の付いたもの。

A−3・4. 推量形[1・2]
　見てくれの推量形であり、厳密には分布から見て、断定の助動詞 /da1/ の /ϕ/ 形式＋推量の助動詞 /daro1(ʀ)//daɴbe1(ʀ)/ と見るべきものである。(推量の助動詞参照)

A−5. 想起形　/da1ɋke, — /
　「気づかずにいた現在の事実に、今気づいてその事実を再確認する第一人称者の気持ちを表す。」
　　断定の助動詞では /da：da1ɋta/ に対応する想起形 /da1ɋke：da1ɋtaɋke/ が揃っているが、動詞・形容詞は実現形にのみ想起形があり、体系が不均斉になっている。

断定助動詞	da1	:	da1ɋta	da1ɋke	:	da1ɋtaɋke
動　　詞	'aru1	:	'aɋta1	*'aru1ɋke	:	'aɋta1ɋke
形　容　詞	na'i1	:	naka1ɋta	*na'i1ɋke	:	naka1ɋtaɋke

　ふつう、/*'aru1ɋke//*na'i1ɋke/ が欠けているわけである。この形を一部の個人(複数)が使用するのは、体系の空き間を満たすものである。

B. 連体形式
　/da1//de1su/ いずれも連体形を欠く。連体格助詞がそれを代行する。名詞の後で格助詞 /no/、状態詞の後で格助詞 /na1/ ※が現れる。
　例えば次のように。
/'are 'wa 'ɴmare ŋa toʀkjoʀ no niɴŋeɴ da1 to 'jo ↓/
(あの人は生まれが東京の人間だということだ。)
/'ano sito1 'wa kokoro ŋa1 suna1'o na1 sito da ↓/
(あの人は心が素直な人だ。)
※この格助詞 /na1/ は /da1/ の補充形の助動詞 /na2/ とは異なる形式である。格助詞 /na1/ は《連体語＋被連体語》統合型の連体語の位置に、状態詞とだけ結合して現れ、ふつう名詞と結合して現れることはない。
助動詞 /na2/ は名詞・状態詞いずれとも結合可能である。
　　a ○「あれは素直 na1 人だ」(→ 格助詞 /na1/)
　　　↔ ×「あれは素直 no 人だ」
　　a' ×「あれは東京 na1 人間だ」
　　　↔ ○「あれは東京 no 人間だ」(→ 格助詞 /no/)

b ○「あれは心が素直 na¹·² 人だ」(→ 格助詞 /na¹/ 〜助動詞 /na²/ の境界例)
　↔ ×「あれは心が素直 no 人だ」
b' ○「あれは生まれが東京 na² 人間だ」(→ 助動詞 /na²/)［方言では自然］
　↔ ○「あれは生まれが東京 no 人間だ」(→ 格助詞 /no/)
c ○「あれは心が素直 na² ので好かれている」(→ 助動詞 /na²/)
c' ○「あれは生まれが東京 na² ので好かれている」(→ 助動詞 /na²/)

　なお、「あれは心が素直 na¹·² 人だ」の助動詞性は、「あれは生まれが東京 na² 人間だ」の自然性が高いほど高くなり、逆に「あれは生まれが東京 no 人間だ」の方に自然性が高いほど、「あれは心が素直 na¹·² 人だ」の格助詞性は高くなる。現在いずれの表現も可能であるから、/na/ は文法的には両義的 ambiguous である。

C. 接続形式

C-1. 接続形　/de, (deˈsite)/

　/de/ は動詞不定形・形容詞連用形と同様に、《/de/ ＋ 助詞 ＋ 形式動詞・形式形容詞》という構造で、助詞の意義に関連した /daˈ/ の変容(強調など)を表す。(助詞 = /'wa ※, mo, koˈso, koˈsa, naˈNka, naˈNte, seˈR/、形式動詞・形式形容詞 = /'aruˈ, neRˈ/)。

　/de ＋ 'wa/ はふつう /zja(ˈ) 〜 da(ˈ)/ となる。
/'asuku de 'asunDEN noˈ 'wa 'omeraˈci no kodomo daˈ neR ka↑/
(あそこで遊んでいるのはお前の家の子供ではないか。)
/'ara 'oraˈci no kodomo da 'aroˈNKA↓/
(あれは俺の家の子供ではない。)
本来の形は /zjaˈ 〜 zja/(アクセント核の有無は自由変異)であろうが、終止形に引きつけられるためか /daˈ 〜 da/ がよく聞かれる。
/daˈ 〜 da/ が /zjaˈ 〜 zja/ であっても全く自然な文である。
　なお、/daˈ ne(R) ka 〜 zjaˈ ne(R) ka/ は、/deˈ ＋ 'wa ＋ na'iˈ ＋ ka/ に由来し、「話し手(第一人称者)の疑念・確認、反論・反問などの気持ちを表す。」
/daˈ ne(R) ka 〜 zjaˈ ne(R) ka/(多くは /daˈ ne ka 〜 zjaˈ ne ka/ と言う)は、その分布が、助動詞 /daˈ/ およびその否定表現の /da(ˈ) neRˈ 〜

zja(1) neʀ1/ と異なっているので、/daɴbe1(ʀ)//daro1ʀ/ に準じて処理することもできるが、しばらくは助動詞相当連語としておく。

例：

	+ da1	+ {zja/da} + ne1ʀ	+ {zja/da}-ne-ka
mizu	○	○	○
kire1ʀ	○	○	○
'iku	×	×	○
'iʀ	×	×	○
mizu na1 ɴ	○	○	○
kire1ʀ na ɴ	○	○	○
'iku ɴ	○	○	○
'iʀ ɴ	○	○	○

/de1site/ は /de1su/ よりも文体価値が高く、改まった場面で使用が認められる。

C-2. 逆接形[1] /(de1mo), ― /
C-3. 逆接形[2] /daQtaQte, ― /
C-4. 逆接形[3] /(daQte), ― /

C-2、C-4 の /demo//daQte/ は、接続や分布（名詞だけでなく、名詞・状態詞＋格助詞や動詞・形容詞の連用形や接続形にも付く）から厳密には副助詞として扱うべきものと考えられる。

C-5. 例示形 /da1Qtari, de1sitari/

C-6. 仮定形 /da1ra, ― /

この助動詞 /da1/ の仮定形 /da1ra/ と、共通語の助動詞「ダ」のいわゆる仮定形「ナラ」は次のように職能を異にする。

例：　　　　　　方　　言　　　　　　　共 通 語

	+ da˩	+ da˩ra		+ダ	+ナラ
mizu	○	○	水	○	○
kire˩R	○	○	綺麗	○	○
'iku	×	×	行く	×	○
'i˩R	×	×	いい	×	○
mizu na N	○	○	水なの	○	○
kire˩R na N	○	○	奇麗なの	○	○
'iku N	○	○	行くの	○	○
'i˩R N	○	○	いいの	○	○

　このように、方言の /da˩ra/ は、分布が /da˩/ と全くパラレルであり、/da˩/ の活用形として処理するのに問題はないが、共通語の「ナラ」はその分布から考えて助動詞「ダ」の活用形として処理するには問題がある。「ナラ」は接続助詞と考えるべきだろう。このような場合、助動詞「ダ」は ϕ 形態を取っていると考えられよう。「［水＋ϕ］＋ナラ」、「［きれい＋ϕ］＋ナラ」。

E. 拡張形式
　E-1. 実現形　/da˩Qta, de˩sita/
　　A. 終止形式
　　　1. 終止形　　　　da˩Qta　　　　de˩sita
　　　2. 強終止形　　　da˩Qta'i　　　　—
　　　3. 推量形[1]　　　da˩Qtaro(R)　　—
　　　4. 推量形[2]　　　da˩QtaNbe(R)　—
　　　5. 想起形　　　　da˩QtaQke　　　de˩sitaQke
　　B. 連体形式
　　　1. 連体形　　　　da˩Qta　　　　de˩sita
　　C. 接続形式
　　　6. 仮定形　　　　da˩Qtara　　　de˩sitara

実現の推量形式、即ち推量形[1] /da˩Qtaro(R)/(E-A-3) と推量形[2] /da˩QtaNbe(R)/(E-A-4) は、それぞれ分析的に /da˩Qta daro(R)/ /da˩Qta daNbe(R)/ と言うこともあるが、非分析形の使用も根強いものがある。

2. 推量　/da1ro1(ʀ), da1ɴbe1(ʀ), de1sjo1(ʀ)/

①/daro1ʀ ～ daro1 ～ da1roʀ ～ da1ro//daɴbe1ʀ ～ daɴbe1 ～ da1ɴbeʀ ～ da1ɴbe/：
名詞、状態詞および動詞、形容詞の終止＝連体形に付いて、「第一人称者の推量を表す。」

②/desjo1ʀ ～ desjo1 ～ de1sjoʀ ～ de1sjo/：
名詞、状態詞および動詞、形容詞の終止＝連体形に付いて、「第一人称者の推量と、第一人称者の第二人称者に対する敬意とを同時に表す。」

第一人称者(話し手)の主観的な直感に基づく判断で、根拠のない単なる可能性を表す。/da1ro1(ʀ)//da1ɴbe1(ʀ)//de1sjo1(ʀ)/ は本来断定の助動詞 /da1//de1su/ の推量形に由来するが、現在は次のように職能が異なるので、別立てする。

	+ da1	+ daɴbe(ʀ)/daro(ʀ)	+ de1su	+ desjo(ʀ)
mizu	○	○	○	○
kire1ʀ	○	○	○	○
'iku	×	○	×	○
'iʀ1	×	○	○	○

この形式は活用しないけれども、活用語にのみ付く /kara, keɴdo ～ kedo, si, ni/ と結合し得るので活用語に準ずるものとして助動詞とする。

例：

/sore hodo made1 ni sineǫte 'iʀ1 daɴbe ni ↓/
(それほどまでにしなくてもいいだろうに。)

/naŋa1'i ziɴ1seʀ da moɴ 'iʀ1 koto mo 'aɴ1 daro si │ 'wariʀ1 koto mo 'aɴ1 daro 'jo ↓/
(長い人生だもの、いいこともあるだろうし、悪いこともあるだろうよ。)

3. 推定　/rasi1ʀ/

名詞、状態詞および動詞、形容詞の終止＝連体形に付いて、
「不定人称者の、根拠のある推定を表す。」

第一人称者(話し手)の主観的な(内的な)直感・確信ではなく、客観的な(外的な)情報・伝聞に基づく判断であることを表す。

例：

/'asita 'ame rasi1ʀ 'jo ↓/　　　/'asita 'ame1 huru rasi1ʀ 'jo ↓/
(明日雨らしい。)　　　　　　　(明日雨が降るらしい。)

/'asita1 'wa ta'ihuʀ rasi1ʀ 'jo ↓/　/'asita1 'wa ta'ihu1ʀ kuru rasi1ʀ 'jo ↓/

(明日は台風らしい。)　　　　　(明日は台風が来るらしい。)

アクセントは先行自立語のアクセント核を無化して / + rasiɭʀ/ となり、特異である。

活用は次のとおり。

- A. 終止形式
    1. 終止形　　　　　　rasiɭʀ
- B. 連体形式
    1. 連体形　　　　　　rasiɭʀ
- G. 連用形式
    1. 連用形　　　　　　rasiɭku
    2. 取り立て形　　　　rasiɭka
- C. 接続形式
    1. 接続形　　　　　　rasiɭkute
    2. 条件形　　　　　　rasiɭkucja(ʀ)
    3. 逆接形 1　　　　　rasiɭkutemo
    4. 逆接形 2　　　　　rasiɭkuQtaQte
    5. 逆接形 3　　　　　rasiɭʀkerebaQte
    6. 逆接形 4　　　　　rasiɭʀQte
    7. 例示形 a　　　　　rasiɭkaQtari
       例示形 b　　　　　rasiɭkuQtari
- E. 拡張形式
    1. 実現形　　　　　　rasiɭkaQta

4. 思惟判断　/tomo'uɭ ～ tomoʀɭ/

「その思考内容をなす先行形式を受けて、そういった内容を思考するという、不定人称者の(断定的)思惟判断を表す。」

/tomo'uɭ ～ tomoʀɭ/ は、終止形単独で述語位置に立ったときに、主語に人称制限があり、主語は第一人称者(話し手)に限られる。/tomoQteɭru/ にはこの制限がない。

起源的には、/to'omo'uɭ/ の約まったものであるが、/to'omo'uɭ/ と言わないこともないので、あるいは連語とすべきかも知れない。但し、内容を導く格助詞は、/Qte/ が普通で /to/ はあまり活発でなく、文中では殆どこの形に固定していて、意義が思惟判断に特殊化されていることなどから、1語と認

めることにも理があると思われる。
例：
　/'a'icu no koQta˥ kara kiQto 'jaɴ da˩ɴbe tomoQta˩ra | sana˩ŋotoku 'jaQta˥ 'jo ↓/
　（あいつのことだからきっとやるだろうと思ったら案の定やったよ。）
　/'asita saɴ˩zi made ni 'wa 'ika'iru tomoʀ˥ kara maQte˩te kure ↓/
　（あした3時までには行かれると思うから待っていてくれ。）
　なお、/tomo'u˩ ～ tomoʀ˩/（と思う）を使うと、次のような文末の助動詞・助動詞相当連語の判断の根拠の相違が浮き出てくる。
　　①○（おれは）台風が来るダロウ tomo'u　　（内的・直観・単なる可能性）
　　②○（おれは）台風が来るカモシレナイ tomo'u（内的・直観・低い可能性）
　　③○（おれは）台風が来るニチガイナイ tomo'u（内的・確信・高い可能性）
　　④○（おれは）台風が来るハズダ tomo'u　　（内的・推論・高い可能性）
　　⑤×（おれは）台風が来るヨウダ tomo'u　　（外的・感覚・単なる可能性）
　　⑥×（おれは）台風が来るラシイ tomo'u　　（外的・情報・単なる可能性）
　　⑦×（おれは）台風が来るソウダ tomo'u　　（外的・伝聞・単なる可能性）
　→①②③④は、判断が内的な根拠、話し手の直感・確信・推論などの広義の思考に基づいている。（tomo'u の内部に収まる）
　⑤⑥⑦は、判断の根拠が話し手の側にはなくて外的な根拠、話し手が五感を通して得た様子・情報・伝聞などに基づいている。（tomo'u の内部に収まらない）

5. 引用　/Qcu'u ～ QcuʀQteʀ ～ Qte/
　「その言表内容をなす先行形式を受けて、そういった内容の発言がなされているという不定人称者の（断定的）引用判断を表す。」
　/Qcu'u ～ Qcuʀ/ は w 子音動詞（いわゆるワ行五段動詞）に準ずる活用をする。
　/Qteʀ ～ Qte/ は欠如的 defective な活用をする。
　例：
　/zibuɴ de 'jaru Qcuʀ˥ ɴ da kara 'jarasitoke˩ na ↓/
　（自分でやるというのだからやらせて置けな。）
　/'ora ["ike˩" Qcu'i˩] Qcu'oɴka ↓ ["ikuna˩" Qcu'i˩] QcuQta ɴ da ↓/
　（俺は「『行け』と言え」とは言わない。「『行くな』と言え」と言ったのだ。）
　/naɴ˩ teQtaQte 'ora 'jaʀ˩ na moɴ 'wa 'jaʀ˩ da ↓/
　（何と言っても、俺は嫌なものは嫌だ。）

/kaŋeˉl zja naɴˉl cu'wa'iteQ ka 'wakaroɴˉlka zo ↓/
（陰では何と言われているか分からない。）

次に、思惟判断と引用形式の活用を示す。
A. 終止形式
  1. 終止形　　　tomo'uˉl～tomoʀˉl　　　　　Qcu'u～Qcuʀ　　　　　Qte(ʀ)
  2. 強終止形　 tomo'ul'i～tomoʀl'i　　　　 Qcu'ul'i～Qcuʀl'i　　 ―
  3. 命令形¹　　tomo'iˉl　　　　　　　　　Qcu'iˉl　　　　　　　 ―
  5. 命令形²　　tomo'inaˉl　　　　　　　　Qcu'inaˉl　　　　　　Qteʀnaˉl
  6. 志向形¹　　tomo'oˉlʀ　　　　　　　　Qcu'oˉlʀ　　　　　　 ―
  7. 志向形²　　tomoʀlbel(ʀ)　　　　　　　Qcuʀbel(ʀ)　　　　　 ―
  8. 禁止形　　 tomo'ulna～tomoʀlna　　　　Qcu'unaˉl～Qcuʀnaˉl
  9. 強禁止形　 tomo'ulna'i～tomoʀlna'i　　 Qcu'unal'i～Qcuʀnal'i
 10. 否推形　　tomoʀmel(ʀ)　　　　　　　 Qcuʀmel(ʀ)
 11. 確否形　　tomo'oˉlɴka　　　　　　　　Qcu'oɴkaˉl
 12. 強確否形　tomo'oˉlɴka'i　　　　　　　Qcu'oɴkal'i
 13. 主張形　　tomo'ul'wa～tomoʀl'wa　　　Qcu'u'wal～Qcuʀ'wal
 14. 強主張形　tomo'ul'wa'i～tomoʀl'wa'i　 Qcu'u'wal'i～Qcuʀ'wal'i　 ―
B. 連体形式
  1. 連体形　　 tomo'uˉl～tomoʀˉl　　　　　Qcu'u～Qcuʀ　　　　　Qte(ʀ)
C. 接続形式
  1. 接続形　　 tomoQteˉl　　　　　　　　 QcuQte　　　　　　　 QteQte
  2. 条件形　　 tomoQcjaˉl(ʀ)　　　　　　　QcuQcja(ˉl)(ʀ)　　　 QteQcja(ˉl)(ʀ)
  3. 逆接形¹　　tomoQtelmo(ˉl)　　　　　　QcuQtelmo(ˉl)　　　　QteQtelmo(ˉl)
  4. 逆接形²　　tomoQta(ˉl)Qte　　　　　　QcuQta(ˉl)Qte　　　　QteQta(ˉl)te
  5. 逆接形³　　tomo'ilbaQte　　　　　　　Qcu'ibalQte　　　　　Qteʀbalte
  6. 例示形　　 tomoQtalri　　　　　　　　QcuQtalriˉl　　　　　QteQtalriˉl
  7. 仮定形ª　　tomo'ilba　　　　　　　　 Qcu'iba(ˉl)　　　　　Qteʀba(ˉl)
    仮定形ᵇ　　tomo'i'jaˉl(ʀ)　　　　　　 Qcu'i'jaˉl(ʀ)　　　　 ―
D. 準体形式
  1. 不定形　　 tomo'il'　　　　　　　　　Qcu'il'　　　　　　　 ―
  2. 推想形　　 tomo'isol(ʀ)　　　　　　　Qcu'isol(ʀ)　　　　　―
  3. 強消形　　 tomo'i(ˉl)Qko　　　　　　　Qcu'iQko　　　　　　 ―

E. 拡張形式
    1. 終結形   tomoQcja'u   QcuQcja'u   QteQcja'u
    2. 予置形   tomoQtolku   QcuQtoku   QteQtoku
    3. 継続形   tomoQtelru   QcuQteru   QteQteru
    4. 軽卑形   tomo'i'jalŋaru   Qcu'i'jalŋaru   ―
    5. 丁寧形   tomo'imalsu   Qcu'imalsu   ―
    6. 願望形   tomo'itel(R)   Qcu'ite(R)   ―
    7. 否定形   tomo'wanel(R)   Qcu'wane(R)   ―
    8. 実現形   tomoQtal   QcuQta   QteQta
F. 派生動詞（付説）
    1. 使役動詞 tomo'waserul   Qcu'waseru   ―
    3. 被役動詞 tomo'wasa'irul   Qcu'wasa'iru   ―
    4. 受身動詞 tomo'wa'irul   Qcu'wa'iru   ―
    5. 可能動詞 tomo'irul   Qcu'iru   ―

以上で助動詞を終える。

3.8 準体助詞

付属語で活用がなく、それ自体としては断続の機能を持たない付属語を準体助詞という。また、単語連結を含む自立語と、準体助詞との結合形が、それを統率する後続形式に対して、名詞的にふるまう場合の準体助詞を名詞的準体助詞といい、状態詞的にふるまう場合の準体助詞を状態詞的準体助詞という。

3.8.1 名詞的準体助詞

名詞的準体助詞には次のようなものがある。
1. 関係物を表す /no/（/no/ は、/d- ～ zj-/ で始まる付属語の前で /N/ となる。）
   名詞一般に付いて、広くそれに関係あるモノ・コトの意味を表す。
   /hito nol ŋa zibuN nol 'jori 'jokul meRru ↓/
   （人のが自分のより良く見える。）
   /'uril 'wa 'uranari nol 'jori motonalri no ŋa 'NNmal'i Qte 'jo ↓/
   （瓜はうらなりのより本生りのが旨いということだ。）

2. 所有物を表す /ŋa, ŋal-no/

生物名詞に付いて、その所有するものを表す。
/ŋa/ は、所有主を表す連体格助詞 /ŋa/ に由来する。/ŋal-no/ はこの連体格助詞 /ŋa/ に代名助詞の /no/(次々項参照)が付いた形と解釈される。
/ŋal-no/ は、/d- ～ zj-/ で始まる付属語の前で /ŋal-N/ となる。

/sora 'ore ŋal 'jori riQpa da ↓/(それは俺のより立派だ。)
/hosilRkerja 'o'i ŋal no 'ome ŋe ku'ite 'jaral ↓/
(欲しければ俺のをお前に呉れてやる。)
/sora 'o'i ŋal N da kara ku'ira'ine ↓/
(それは俺のだから呉れられない[＝やれない]。)

3. 所在物を表す /na, na-no/

場所名詞に付いて、場所に関連した事物を表す。
/na/ は、場所名詞に付いて、所在場所を表す連体格助詞 /na/ に由来する。/nal-no/ はこの連体格助詞 /na/ に代名助詞の /no/(→ 次項参照)が付いた形と解釈される。

/koko nal 'jori mokoR nal ŋa 'iR ↓/
(ここにあるのより向こうにあるのがいい。)
/'asuku nal no 'wa da'il ŋa N da ↑/(あそこにあるのは誰のだ。)
/nal-no/ は、/d- ～ zj-/ で始まる付属語の前で /nal-N/ となる。

4. 代名助詞 /no¹/(/no/ は、/d-～zj-/ で始まる付属語の前で /N/ となる。)

動詞・形容詞の連体形・「名詞＋/no/」・「状態詞＋/na/」および機能上これに等しいものに付いて、モノ(コト)の意味を表す。意味的にはモノ的特徴を示す。

場面・文脈から指示対象が明らかな場合に、この /no/ が使われるようである。形式名詞 /'jacul/ と交替可能。

/moQto 'iRl no neRl ka ↑/(もっといいのはないか。)
/'otolna no no to kodomo nol no to hutaQcu kaQte kitel kure ↓/
(直訳：大人ののと子供ののと二つ買って来てくれ。)
/'ocja no ko'il no nomital kaQta ↓/
(お茶の濃いのが飲みたかった。)

最後の例は「同格構文」の主名詞を受けてそれを(前方照応的に)指示する名詞代用(代名作用)の /no/ である。「同格構文」とは、意味構造的に

3.8 準体助詞

は、名詞句「濃いお茶」の主名詞「お茶」を(名詞節内で)主題化して前置した「[[お茶]の[濃いお茶]]」が、「[[お茶]の[濃い no]]」となって成立しているような、一種の強調構造(名詞節内主題化構造)をいう。いちおう「主題化」としているのは、「[[お茶 no[濃い {no/'jacu}]]が飲みたい」と近似した意味の「お茶は[濃い {no/'jacu}]が飲みたい」があることから分かるように、「お茶」は既知・旧情報であると思われるからである。

　なお、この項は、旧版 1996 で次項の「5 名詞化助詞」から分立させて新たに立項した。

5. 名詞化助詞 /no²/ (/no/ は、/d- ～ zj-/ で始まる付属語の前で /ɴ/ となる。)
　動詞・形容詞の連体形・「名詞・状態詞 + /na/」および機能上これに等しいものに付いて、全体として名詞的性質を付与する。意味的にはコト的特徴を示す。
　この形式は、それが結合する動詞・形容詞の主格補語(いわゆる主語)を表すのに、/φ/ や /ŋa/ の他に、/no/ が現れる点で、次項の説明的 /no/ とは異なる。この形式は直後に格助詞 /no/ を取り得ないが、その他の格助詞とは制約はあるけれども、比較的自由に結合し得る点でも多分に名詞的性格を有するものである。
　/'o'i no 'iku no] ŋa 'osoku naQte 'waru]kaQta ↓/
　(俺の行くのが遅くなって悪かった。)

　ここで「代名助詞 no¹」と「名詞化助詞 no²」)について述べておく。
　① /'ocja { ×ŋa/no/? φ} ko'i] {no¹/'jacu} nomita]kaQta ↓/
　(お茶{×が/の/?φ}濃い{の/やつ}[を]飲みたかった。)
　② /kodomo {ŋa/no/ φ} keQte] kuɴ no² 'osokute siɴpa'i sita ↓/
　(子供{が/の/φ}帰ってくるの[が]遅くて心配した。)
　①の /no¹/ は、代名助詞の /no¹/、②の /no²/ が名詞化助詞の /no²/、である。同じように名詞節を構成しているが、
　　・①(代名助詞 /no¹/)は、(見かけの)主格補語(実は同格構文の「(名詞節内)主題」)に /no/ しか取れず、
　　②(名詞化助詞 /no²/)は、主格補語(主語)に /ŋa//no// φ / いずれも可能である。

256　3. 文法

　　　・①(代名助詞)の /no¹/ は形式名詞 /'jacu1/ と交替可能であるが、
　　　　②(名詞化助詞)の /no²/ は形式名詞 /'jacu1/ と交替できない。
　　このように名詞節構成の /no/ には明らかに職能的に異なる2種類の /no/ がある。

6. 説明 /no³/(/no/ は、/d- ～ zj-/ で始まる付属語の前で /N/ となる。)

　　常に断定の助動詞と結合して現れ、根拠のある断定を表す。前項の名詞化助詞の /no²/ と異なり、説明の /no³/ はそれに先行する統合がそれ自体で文たり得る点が特徴である。従って、主語を /no/ で表すことはできない。「名詞・状態詞＋断定の助動詞」の /da/ は、/no/ の前で /na/ と交替する。/no³/ は、/da˥, de˩su; daro˥(R), daNbe˥(R), desjo˥(R)/ との結合では /N/ と交替する。

　　例：
　　　　/hito {ŋa/no/φ} mite˩N no² ŋa ki N naru˥ 'jo na˩R ↓/(名詞化)
　　　　（人 {が / の / φ} 見ているのが気になるよなあ。）
　　　　/'asuko Qkara hito {ŋa/ × no/φ} mite˩N³ da 'jo ↓/(説明)
　　　　（あそこから人 {が / ×の / φ} 見ているのだよ。）

　　終止＝連体形語尾が /-ru/ で終わる r 子音動詞・母音動詞（いわゆるラ行五段動詞と上下一段動詞）では、/-ru＋no＋da/ 等は /-ru N da/ を経て /-N da/ となる。

　　例：（例文で /˩N/ と表記してあるものは /N˩/ とも発音される。自由変異）

　　　「取るのだ」　　　toru˩Nda　　～　toN˩da
　　　「乗るのだ」　　　noru˩Nda　　～　noN˩da
　　　「受けるのだ」　　'ukeru˩Nda　～　'uke˩Nda
　　　「開けるのだ」　　'akeru˩Nda　～　'ake˩Nda

　　　/da˩roR, da˩NbeR/ と /no˥ + daroR, no˥ + daNbeR/ は、有核型（尾高型）の「取る、受ける」では区別がつかないが、無核型（平板型）の「乗る、開ける」などの縮約形式ではアクセントで区別される。

　　　「乗るだろう」　　　noru da˩roR/da˩NbeR　　～　noN da˩roR/da˩NbeR
　　　「乗るのだろう」　　noru˥ N daroR/daNbeR　　～　noN˥ daroR/daNbeR
　　　「開けるだろう」　　'akeru da˩roR/da˩NbeR　～　'akeN da˩roR/da˩NbeR
　　　「開けるのだろう」　'akeru˥ N daroR/daNbeR　～　'ake˩N daroR/daNbeR

3.8 準体助詞

「/no˥ + da ～ N˥ + da/(ノ・ダ)」文の特徴は次のとおり。
①眼前の出来事・事態の描写には使われない。
②眼前の出来事・事態を何かの「結果・帰結」として、その出来事・事態の根拠となる何か、すなわち「原因・理由」を推理・推論して述べる説明の表現である。

これに関しては、接続助詞の「ノデ/～ nde/」が参考になる。「ノデ」は「寒いノとひもじいノとデ死にそうだった」から分かるように、厳密には接続助詞相当連語とすべきもので「ノ・ダ」の替変形「ノ・デ」と考えることもできるからである。

なお、因果関係は、通時的な「異時因果」だけでなく共時的な「同時因果」があり、後者では因果は相対的(相互作用的)に把握されるので視点によって動きうることに注意。

従って、「ノ・ダ」は、(根拠づけ・理由づけの働きをする)推論 inferential の助動詞相当連語と考えられる。

7. 伝聞 /so˥R/
(常に断定の助動詞と結合して、)文的統合を受けて、それを内容とする伝聞を表す。
/mukasi minuma'jor˥su'i ni 'oQko˥ta ko ko˥to tasuke˥ta koto 'aru˥ sor da ↓/
(むかし見沼用水に落ちた子を助けたことがあるそうだ。)

3.8.2 状態詞的準体助詞
1. 様態¹ /hu˥ ～ hu˥R/
連体語を受けて、物の在り方や行動の仕方などの具体的な様態を表す。
/'ore ŋa 'juQta hu˥ ni 'jare ↓/(俺が言ったふうにやれ。)
↔/naru˥ 'jo ni naru˥ sa ↓/(なるようになるさ。)
指示連体詞 /koNna, soNna, 'aNna, doN˥na//ko'i, so'i, 'a'i, do'i˥/ とは結合するが、/kono, sono, 'ano, dono˥/ とは結合しない。

2. 様態² /'jo˥ ～ 'jo˥R/
目の前にあるものと目の前にないものとの感覚的類似性を表す準体助詞で、例えば「お盆のような月 ↔ 月がお盆のようだ」のような直喩表現や、断定の助動詞ダとの結合形(助動詞相当連語)で、例えば「(空の様子

から）雨になるようだ」のような目の前にあること（状況・情報など）から目の前にないこと（出来事など）を推量する感覚的類推判断に用いられる。
　　前項の /hu1 〜 hu1ʀ/ と違い、いずれの指示連体詞とも結合する。

3.　様子　/mite1 〜 mite1ʀ 〜 mita1'i/
　　名詞・状態詞に直接し、動詞・形容詞の終止＝連体形に付く。但し状態詞には「状態詞＋/na/」に付くこともある。見た目の様子を表す。
　　アクセント上の特異性については「付属語のアクセント（準体助詞）」108 頁の c-2 の項を参照。
　　/mite1(ʀ)/ は文末の終止する位置では、女性ことばでなくても、断定の助動詞の /da/ を伴わないで終わることが非常に多い。
　　例：
　　　/'aɴmari noriki zja naka1Qta miteʀ (da)↓/（あまり乗り気ではなかったようだ。）
　　　/saQki1 made no 'ame1 ŋa 'uso1 miteʀ (da)↓/（さっきまでの雨が嘘みたいだ。）
　　　/'asuku 'wa 'uci mo neʀ1 si ｜ sizu1ka (na) miteʀ (da)↓/
　　　（あそこは家もないから静かみたいだ／静かなみたいだ。）
　　このためか、一部の個人では形容詞に類推して、次のような形式を発達させている。

		形容詞型活用	旧来の表現
A.	終止形式		
	1. 終止形	mite1(ʀ)[mita1'i]	mite1(ʀ) da 〜 mite1(ʀ) φ
	2. 推量形	—	
B.	連体形式		
	1. 連体形	mite1(ʀ)[mita1'i]	mite1(ʀ) na
G.	連用形式		
	1. 連用形	mita1ku	mite1(ʀ) ni
	2. 取り立て形	mita1ka	mite1(ʀ) zja 〜 mite1(ʀ) da
C.	接続形式		
	1. 接続形	mita1kute	mite1(ʀ) de
	2. 条件形	mita1kucja(ʀ)	mite1(ʀ) zja
	3. 逆接形 [1]	mita1kutemo	mite1(ʀ) demo
	4. 逆接形 [2]	mita1kuQtaQte	mite1(ʀ) daQtaQte

5. 逆接形³　　　　—　　　　　　　　　　　—
  6. 逆接形⁴　　　　miteˈ1(ʀ)Qte[mitaˈ1'iQte]　　mite1(ʀ) daQte
  7. 例示形 a　　　　mita1kaQtari　　　　　　　mite1(ʀ) daQtari
     例示形 b　　　　mita1kuQtari
  8. 仮定形 a　　　　mite1(ʀ)kereba[mita1'ikereba]
     仮定形 b　　　　mite1(ʀ)kirja[mita1'ikerja]　　mite1(ʀ) dara
  E. 拡張形式
     1. 実現形　　　　mita1kaQta　　　　　　　　mite1(ʀ) daQta

例：
/kinoʀ no teɴ1ki zja 'ame1 huru mitaku naka1Qta noni ↓/
（昨日の天気では雨が降るみたいではなかったのに。）
高年層なら /kiɴɴu no teɴ1ki zja 'ame1 huru mite zja naka1Qta noni ↓/のみ。
/cjoQto mita1 me zja hoɴmono mita1kaQta ↓/
（ちょっと見た目では本物みたいだった。）
こういう個人では /mite1(ʀ)/ は準体助詞ではなく、助動詞とする必要がある。

3.9　助詞

ここでいう助詞は、付属語で活用のない単語であるが、それ自体に断続の機能のある点で準体助詞と異なり、自立語と結合して構造（統合）の構造要素として機能する点で間投助詞とも区別される。助詞は一応便宜的に次のように分類しておく。

名詞 状態詞	動詞 形容詞	先行語＼機能 助詞の種類	補語 連体語	修用語	接続語	並立語	断　止
＋	－	格助詞	＋	±	－	－	－
＋	＋	副助詞	－	＋	－	－	－
－	＋	接続助詞			＋	－	－
＋	＋	並立助詞				＋	－
＋	＋	終助詞					＋

3.9.1　格助詞

名詞・状態詞およびそれらに準ずる形式に付いて、それを統率する他の形式に対する関係を示す機能をもつ助詞を格助詞という。

3. 文法

　格助詞には、連用語を作る連用格助詞と、連体語を作る連体格助詞とがある。前者は名詞に付いて補語を作るものと、状態詞に付いて修用語を作るものとがある。

1. 連用格助詞
   A. 名詞について補語を作る格助詞：
   　　次の助詞を連用格助詞とする。
   　　① /ŋa/、② /koꜜto/、③ /ŋe/、④ /ŋaꜜni/、⑤ /ni/、⑥ /'i/（高年層 /'ɪ/）、⑦ /to¹/、⑧ /site/、⑨ /de/、⑩ /kara ～ Ǭkara/、⑪ /'joꜜri/、⑫ /to²/、⑬ /Ǭte/。
   　　このうち、① /ŋa/、② /koꜜto/、④ /ŋaꜜni/ の3語は、文脈・場面から明らかな場合にはそれがなくても（φと交替しても）、名詞だけ（名詞＋φ）で十分に文法的だと判断されている。特に /ŋa/ が省略されやすく（φと交替しやすく）、ついで、/koꜜto/、/ŋaꜜni/ の順になる。

   ① /ŋa/：
   　　（φに対して）卓立的に、一般述語文の主語を表す。但し、ガニ格主語をとる述語文の場合は目的語（対象語）を表す。概略的に主格 nominative（名格）※を表すと言える。
   　　※形態としての「ガ゚格」を「主格 nominative（名格）」としているが、統語論の「主語」や意味役割としての「動作主」とは異なる、形態論における概念であることに注意。
   　　なお、旧版1972・1996で /ŋa/ を〈卓立的に「について述べられる」主題を表す〉としていたが、それは、/ŋa/ 主語名詞が、無助詞「φ」の主語名詞に対して「exhaustive listing 総記」（語源 exhaurīre は「取り出す」）の意味を帯びやすいことを把えて言ったものであり、「主題」という用語に関しては国広哲弥『構造的意味論』（1967 三省堂）において格助詞「が」の意義素として仮定された《心理的に先に存在する述語の主題を初出の概念として補足的に示す》をふまえたものであった。誤解を生じやすいので、一般的な用語の「主語」を用いて言い直した。

   　　格助詞 /ŋa/ は次のように一般述語文の主語を表す。
   　　　例：/'ore ŋa 'iku ↓/

これと同じ統合型の位置に、助詞なしの名詞も立ち得る。
　例：/ˈore ˈiku ↓/
むしろ、この表現の方がより一般的である。/ˈore ŋa ˈiku/ の /ŋa/ には先行する /ore/ という形式を取り立てる(焦点化する)働きがある。しかし、この /ŋa/ による取り立て(焦点化)は次の点で、/ˈwa/ による取り立て(主題化)とは異なる。/ˈwa/ による取り立て(主題化)は、例えば、/ˈora ˈiku ↓/ (/ˈora/ は /ˈore/ と /ˈwa/ との portmanteau form) では、同位置に入ることのできる同類の他者に対する配慮があり、また /ˈora ˈiku ↓/ では「(俺以外の)他の者は行くかどうか知らないが、俺は行く」などという気持ち(他の可能事態への配慮)があるのに、/ŋa/ による取り立て(焦点化)にはそのような配慮が欠けていて、純粋にそれの結合する先行形式を取り立て(焦点化し)ているといえる。

なお、/ˈore ˈiku ↓/ の /ˈore/ という形式自体は何ら格を表していないと考えるべきである。/ˈome ˈore suki kaˀ ↑/ (≒ /ˈome ˈore koˀto suki kaˀ ↑/) [お前は俺ヲ好きか。]を参考。/ˈore/ という形式が主格補語として現実に機能しているのは、/ˈiku/ という自動詞に前置され、《主格補語＋自動詞述語》統合型の主格補語の位置に /ˈore/ が入っているためであると解釈される。

/ˈore ˈiku ↓/ が /ˈore ŋa ˈiku ↓/ や /ˈora ˈiku ↓/ に比して、素直な無色な表現のように感じられるのは、/ŋa/ の卓立、/ˈwa/ の対比のような余分なものを全然持たないためであると考えられる。便宜的に以下ではこのようなゼロ助詞を「φ」と表記することがある。

/ŋa/ は助詞 /ˈwa//mo/ と共起しない。そのような場合 /φ/ 形態を取るとも言えるが、主格における助詞なし表現と絡んで問題が残る。

【補説】「が」格で表示される共通語のいわゆる「対象語」に対応する表現について
　いわゆる「対象語」は、以下のような述語では、共通語と同様の a「～ガ＋～ガ＋動詞・形容詞・状態詞ダ」構文の他に、b 他動詞型の「～ガ＋～コト＋動詞・形容詞・状態詞ダ」、c 所動詞型の「～ガニ＋～ガ＋動詞・形容詞・状態詞ダ」、d 混合型の「～ガニ＋～コト＋動詞・形容詞・状態詞ダ」の構文をとるものがあって、複雑な対応を見せ、a と c ではガ格(主格)で表示され、b と d ではコト格(対格)で表示されている。特に情意形容詞は、多くは他動詞型の b の構文をとるので、それらにおいては明確に対格目的語として扱われ

ている。例えば「恋しい」は次のような構文がとれる。
    a 「子猫φは親ガ恋しいミタイダ」(形容詞に多い二重主格構文)
    b 「子猫φは親コト恋しいミタイダ」(他動詞のとる構文)
    c 「子猫ガニは親ガ恋しいミタイダ」(所動詞のとる構文)
    d 「子猫ガニは親コト恋しいミタイダ」(他動詞・所動詞混合構文)
bは共通語「〜が＋〜を＋…」に、cは「〜に＋〜が＋…」に対応する構文である。

　しかし、このように多様な構文と、ガ格〜コト格(〜φ格)の対象語をとることができる語類の他に、次のように、ふつうはガ格(〜φ格)の対象語しかとらない語類も一方にはある。
　/mokoʀ ni 'jamaɭ φ meʀru ～ 'jama ŋaɭ meʀru/(向こうに山が見える)。
　/naɴɭka 'otoɭ φ kiko'iru ～ naɴɭka 'oto ŋaɭ kiko'iru/(何か音が聞こえる)。
　/'ore siŋoto φ cureʀ ～ siŋoto ŋa cureʀ/(おれ仕事がつらい)。
　/'ore 'asiɭ φ 'iteʀ ～ 'asi ŋaɭ 'iteʀ/(おれ足が痛い)。

いわゆる対象語が対格 /koɭto/ をとる例は次のようである。これらは、共通語でいわゆる「ヲに通ずるガ」と言われるものに限られている。
　/'ora becuni 'ome koɭto 'ura'jamasiɭʀ 'wake zja neʀɭ kedo …/
　(俺は別にお前ヲうらやましいわけではないけど…)
　/'ome heʀɭbi koto 'oɴkaneɭ ɴ daɴbe ↓/(お前は蛇ヲこわいのだろう。)
　/'ome da'iɭ koto suki naɭ ɴ da ↑/(お前は誰ヲ好きなのだ。)
　/'ora da'iɭ koto mo suki zjaɭ neʀ ↓/(俺は誰ヲも好きではない。)
　/'inu koɭto 'uci de ka'iteɭʀ naɭʀ ↓/(犬ヲ家で飼いたいなあ。)
　/'oraɭci zja semaɭ'i kara 'inu koɭto naɴka ka'iroɭɴka 'jo ↓/
　(俺の家では狭いから、犬ヲなど飼えない。)

② /koɭto/：
　　生物類名詞に付いて、「行為の及ぶ対象(目標)」を示す。すなわち、他動詞の目的語、情意形容詞・情意状態詞の目的語(対象語)を表す。概略的に対格 accusative を表すと言える。
　　なお、典型的な身体的・言語的行為の他に、「情意」も心理的行為と考えることができる。心的活動を心理的行為として、仏教語では、「身業ごう」・「口業くごう」とともに「意業いごう(manas-karman)」ということを参照。
　　例：

/nekoɭ ŋa 'inu koɭto siQkaɭ'ita ↓/
(猫が犬ヲ引っ掻いた。)
/'o'ja koɭto deRzi niɭ siro ↓/
(親ヲ大事にしろ。)
/zu'iɭbuɴ hito koɭto baka ni sita 'jarikata daɭ neR ka ↓/
(ずいぶん人ヲ馬鹿にしたやり方じゃないか。)
/'ora 'inu koɭto 'jori nekoɭ koto suki daɭ ↓/
(俺は犬ヲより猫ヲ好きだ。)

　助詞なしの名詞も、《目的補語＋他動詞述語》統合型、《目的補語＋情意形容詞・情意状態詞述語》統合型の目的補語（いわゆる目的語）の位置に単独で立ち得るが、それとの違いは /ŋa/ 対 /φ/ ほどにははっきりしないが、やはり /koɭto/ との結合形の方が、意味上、対象指示性の度合いが強いように感じられる。

　なお、注意しなければならないことは、/koɭto/ は、例外的な用法を除いて、絶対にと言っていいほど無生物類名詞とは共に起こらないということである。従って、無生物類名詞の目的語は助詞なしで、統合型によってのみ示されることになる。
　例：
/taQta 'ima suzume koɭto 'oQpasiQtaɭ tokoɴ da ↓/
(たった今雀ヲ追い払ったところだ。)
/taQta 'ima teŋami ka'iɭta tokoɴ da ↓/
(たった今手紙[ヲ]書いたところだ。)

この点で共通語の名詞の生物・無生物を選択しない対格助詞「を」と異なる。さらに共通語の「を」と次の点でも異なる。

(イ)「生物名詞のコト対格＋無生物名詞のφ対格」の「二重対格」が禁止されていない。共通語と違って「二重対格構文」が存在する。
　　a「生物主語＋無生物目的語＋他動詞」から作られる使役動詞文
　　　/kodomo ŋa ka'o 'araQta/（子どもが顔を洗った）
　　→/kodomo koɭto ka'o 'ara'wasita/（子どもヲ顔を洗わせた）
　　　/kodomo ŋa nekoɭ no 'asi sa'waQta/（子どもが猫の脚を触った）
　　→/kodomo koɭto nekoɭ no 'asi sa'warasita/（子どもヲ猫の脚を触らせた）
　　b「二重化された目的語」をとる他動詞構文
　　　/kodomo ŋa nekoɭ koto 'asi sa'waQta/（子どもが猫ヲ脚を触った）

/neko˩ ŋa 'inu ko˩to hana siQka˩ʼita/(猫が犬ヲ鼻を引っ掻いた)

なお、共通語の「二重ヲ格禁止」と同様に「二重コト格禁止」の制約が存在することが次の例から知られる。

「子どもガ猫コト触る」→○「子ども{ゲ/ニ}猫コト触らせる」
　　　　　　　　　　　　×「子どもコト猫コト触らせる」
「子どもガ猫ニ触る」　→○「子ども{ゲ/ニ}猫ニ触らせる」
　　　　　　　　　　　→○「子どもコト猫ニ触らせる」

(ロ)/ko˩to/ には「を」と違って、「運動の場」を表す用法がない。このような場合は、

/hasi˩ ʼwataru/(橋[ヲ]渡る)

/sora˩ tobu tori/(空[ヲ]飛ぶ鳥)

のように常に助詞なしで表現される。これらの名詞句の文法上の位置づけは難しいが、少なくとも「対格」の「目的語」とすべき理由は見出せない。

自動詞文「馬φ橋φ渡る」に対応する他動詞文は「馬コト橋φ渡す」、使役動詞文は「馬{ニ/ゲ/コト}橋φ渡らせる」だが、どの場合にも「橋」は格助詞がない形でしか現れない。

(ハ)助詞 /ʼwa//mo/ は /ko˩to/ と結合して現れ得るが、「を」は「は」とは結合せず口語では「も」とも結合しない。(「を」はφ形態を取る。)

/ʼa'icu ʼwa ʼome ko˩to ʼwa ʼwaru˩ku ʼju'wanakaQta↓/
(あいつはお前[ヲ]は悪く言わなかった。)

/ko'icu ʼwa kara˩su koto mo neraQteta↓/
(こいつ[この猫]は[雀だけでなく]カラス[ヲ]もねらっていた。)

但し、/ko˩to/ は、通常、無生物名詞とは結合しえないが、次の a、b、c のような例外がある。

a. 生物(特に人間)を構成員とする団体(集合体)を表す名詞、および、所在地でもって代表させた生物(特に人間)を構成員とする団体(集合体)を表す名詞※には付く。

/zibuɴ no deta˩ ʼuci koto kenasu moɴ da ne˩ʀ↓/
(自分の出た家ヲけなすものではない。)

/soʀ siɴ to | minamizoʀ˩ka koto doʀ˩ siQ ka↓/
(そうすると、南草加にある親類の家(の扱い)ヲどうするか。)

※この種の「所在地でもって代表させた、生物(特に人間)を構成員とする団体(集合体)を表す名詞」は格助詞 /de/ と結合して、能動詞の主格補語(いわゆる主語)になり得る点でも特徴ある語類である。

/saQkiɭ tonaɴ de 'icuɲi daɭ Qte kitaɭ zeʀ ↑/
(さっき、隣デ[隣の人が]、言い継ぎ[伝言]だといって、来たぜ。)

b. 《生物類名詞 + no + koto》構造体、および、《生物(特に人間)を構成員とする団体(集合体)を表す名詞 + no + koto》構造体には付き得る。

/'omeʀ no koto koɭto kusomiso ni 'juQteta ↓/
(お前のことヲくそみそに[悪く]言っていた。)

/heɴɭ na 'jacu ŋa tonaɴ no koto koɭto 'iro'iro kiʀteta ↓/
(変な奴が隣[の家(の人)]のことヲいろいろ聞いていた。)

c. 「対象性」をはっきりさせるためにまれに無生物類名詞に付くことがある。

/maki'wari koɭto 'wa nata toɭ 'wa 'ju'waneʀ ↓/
(「薪割り」ヲ(は)「なた(鉈)」とは言わない。[メタ言語的用法])

/koɭto/ の使用は各年齢層を通して活発で、話し手はこの形式を方言だとは意識していないのが普通である。また、/'o/(「を」)は慣用的語句を除いて日常の談話には現れないのが普通で、現れたとしたら、それは共通語の借用か共通語の使用が考えられる。

◯対格コトの必要性について

《主語＋目的語＋他動詞》構造において、日本語の通則として、主語は生物類名詞に限られる。目的語には生物類名詞も無生物類名詞も共になり得る。主語・目的語の格助詞なし表現がふつうのこの方言でも、《生物類名詞 φ ＋無生物類名詞 φ ＋他動詞》文では主語・目的語はおのずから明らかである。しかし、格助詞のない《生物類名詞¹ φ ＋生物類名詞² φ ＋他動詞》※文では、主語・目的語の倒置が文法上可能なため、いずれの生物類名詞も主語の解釈を受け得るという両義的 ambiguous な状況が出来する。このため、この両義性 ambiguity を避けるために、対格助詞 /koɭto/ が必要とされたものと思われる。こ

のように、格助詞 /koɪto/ が生物類名詞にしか付かないということの意味は表現の明晰性の要求に根差すものと考えられる。格変化がなく語順が自由なスペイン語でも他動詞生物目的語には前置詞"a"が付いて対象性を明確にするというような平行的事例が見いだせる。(格助詞 /ŋaɪni/ 参照。)

※「猫φ＋犬φ＋見てる」では主客が曖昧で言語的には確定できない。原初的にはこのような曖昧さを回避する言語的方略が、他動詞目的語のコト表示だったと思われる。「猫φ＋犬コト＋見てる」、「猫コト＋犬φ＋見てる」。

③ /ŋe/：

生物類名詞に付いて、「行為の向けられる対象者（目標者・相手）」を示す。概略的に与格 dative を表すと言える。成年層では一部の個人を除き使われなくなっている。

なお、「対象者（目標者・相手）」は、何らかの意味で利害関係者（利害関係に入り得る者）として把えられている。その点で、方向格の /'ɪ/（成年層 /'i/）は、単なる（場所的）対象者を表し中立的である。
次のように使用される。

a. 動作の「受け手」を表す。

/tomodaci ŋe teŋami dasuɪ/（友達に手紙を出す）

/kodomo ŋe za'ɪlsaɴ 'juzuru/（子供に財産を譲る）

/nekoɪ ŋe 'ɪsa kureroɪ 'jo ↓/（猫に餌をくれてやれ。）

/hoka ni tanomeruɪ 'jo na sito mo 'ɪneɪ ɴde ｜ 'ome ŋe tanomiteɪ ɴ da kedo …/（他に頼めるような人もいないので、お前に頼みたいのだけど…）

「人に道を聞く(＝尋ねる)」ことは、/sito ŋe mici kiku/ と言う。しかし、「人に聞いた話」は、/sito ni kiʀta hanasiɪ/ と言う。

接触を表す動詞 /sa'waru/（触る）は、対格 /'ore koɪto sa'waQta/（おれを〜）や位格 /'ore ni sa'waQta/（おれに〜）はよいが、与格 /'ore ŋe sa'waQta/ はこのままでは少し変だという話者の内省を聞いた。この内省は /ŋe/ が基本的に方向を表し、接触・密着を表す /ni/ とは異なることに根拠があるようであるが、二項動詞の動詞句の「〜ゲ＋動詞」と「〜ニ＋動詞」に関しては実際の用例のうえでは、併存する「ゲ」と「ニ」との間で際だった違いはないように見える。また

3.9 助詞

別の時の聞き取りでは、/～ ŋe sa'waru/ で通っている。
a'. 「貰う /mora'u/」は「(だれか)から(何か)を貰う /(だれか)に(何か)を貰う」のだが、これに「受益者」が /ŋe/ の形で加わりうる。(cf. ラテン語の dativus commodi)
　　/kora seNseR˩ {kara/ni} kodomo ŋe moraQta moN˩ da ↓/
　　(これは先生から子どもに貰ったものだ。)
/seNseR˩ ni moraQta moN/ は「先生から、貰ったもの」の意味で「起点」、/kodomo ŋe moraQta moN/ は「子どものために(≒子どもへ)、貰ったもの」の意味で「着点」を表し、移動の方向が正反対になる。
b. 「授受態」表現の相手を表す。
　　/'otoRtosaN ŋe kore 'watasite kure˩ ↓/(弟さんにこれを渡してくれ。)
　　/'uci no sito ŋe˩ mo ha'jaIku sirasite 'jare˩ ↓/(家人にも早く知らせてやれ。)
　　/kodomo ŋe tecudaQte˩ moraQta ↓/(子供に手伝ってもらった≒手伝わせた。)
なお、/seNse˩ ni home˩te moraQta/(先生にほめてもらった)を /*seNse˩ ŋe home˩te moraQta/ とは言えない。
c. 使役表現の「行為者」を表す。
　　/'ju'ıteR 'jacu˩ ŋe 'wa 'ju'wasitoke˩ ↓/(言いたいやつには言わせておけ。)
　　/tamesi ni˩ 'are ŋe 'jarasite miN˩ ↓/(試しにあれにやらせてみろ。)
なお、使役表現の「行為者」は /ŋe/ で表されるが、受身表現の「行為者」は /ŋe/ ではなく /ni/ で表される。
　　/sono kizu 'wa da'ı˩ ni 'jara'ita˩ no ↑/(その傷は誰にやられたの。)
○従って、a b c に共通する特徴から<u>共通語における「カラに通うニ」を /ŋe/ と言うことがないということが言える。</u>
d. 評価基準的関与者を表す(関与の与格)
　　/sono huku 'wa˩ 'ore ŋe˩ 'wa deQka˩'ı ↓/(その服はおれゲはでかい。)
　　/koko 'wa˩ 'ore ŋe˩ 'wa samu˩'ı ↓/(ここはおれゲは寒い。)
　この /ŋe/ は「～にとって」という意味で、/sono huku 'wa˩ deQka˩'ı/ /koko 'wa samu˩'ı/ で意味的には完結していて、a～c と違い、文の必須成分ではないが、「(だれそれに)とって」という形で、その事態の評価基準となる人物として文の内容に付加的(非主体的に)に関与している。(cf. ラテン語の dativus judicantis)
　同じような「付加語」的な文脈に次のように /ŋa˩lni/ も現れる。

/'ore ŋaɭni 'wa sono huku 'waɭ deQkaɭ'ɪ ↓/(おれにその服は大きい。)
　≒ /'ore ŋaɭni 'wa sono huku 'waɭ deQkaɭkute kira'ɪneʀ ↓/
　（おれにはその服は大きくて着られない）
/'ore ŋaɭni 'wa kono moɴda'ɪ 'wa muzukasiʀ↓/(おれにこの問題は難しい。)
　≒ /'ore ŋaɭni 'wa kono moɴda'ɪ 'wa muzukasikute tokeneɭʀ ↓/
　（おれにはこの問題は難しくて解けない）

/ŋaɭni/ を使った場合は、≒で示したようなより主体的な読みの含意があって、事態への関与の有りようが違っている。次項④ /ŋaɭni/ と補説参照。

e. 形容詞と共起する /ŋe/ について用例を追加する。

「人に対するふるまいや心的態度」に対する評価を表す形容詞の対象者は /ni/ の他に高年層では /ŋe/ でも表される。
/'a'ɪcu 'wa taniɴ ŋeɭ 'wa kibisiɭʀ ↓/(あの人は他人には厳しい。)
　他に、/'ama'ɪ/(甘い)、/'jasasiʀ/(優しい)、/siɴɭsecu/(親切)、…など。
同様に、「人に対する第一人称者の気持ち」を表す形容詞の対象者は、/ni/ のほかに、高年層では /ŋe/ でも表される。この類の形容詞は主語に第一人称しか取れない。
/ko'ɪ koQ cja | 'ano sitoɭ ŋe 'wariɭʀ/(こういうことではあの人に悪い)
　他に、/sumana1'ɪ/(済まない)、/moʀsi'wakenaɭ'ɪ/(申し訳ない)、…など。
いずれも生物類名詞、特に人間名詞を対象者として「（その人）に対して」という方向性・指向性を帯びた形容詞であることが共通する特徴となっている。

この形式 /ŋe/ は、通常無生物類名詞と結合することはないが、まれに、身近な植物などの無生物を生物並に扱う表現意図（動物に餌を与えるような感覚）から、/hana ŋeɭ mizu kureroɭ↓/(花に水をやれ。)のように、無生物類名詞に付けて言うことがある。（普通には /hanaɭ 'ɪ mizu kureroɭ/ のように方向助詞 /'ɪ/ で表される。）

高年層においては、与格 /ŋe/ の現れる位置には位格 /ni/ が共存・併存しており、成年層では一部の個人（複数）を除いて、与格 /ŋe/ はほぼ位格 /ni/ に置き換わっている。（それでここの音韻表記は高年層の音韻表記をとっている。）

同位置で併存する /ŋe/ と /ni/ は意味的にもよく似ているが、本来的には、例えば「(だれか)ニ渡す」と「(だれか)ゲ渡す」では、位格 /ni/ は渡されるものが接触・密着する相手(結果は相手の許にあることになる)を表すことに視点があり、与格 /ŋe/ の方は渡されるものが目標として(目がけて)移動する相手を表すことに視点がある(移動した結果が相手に接触・密着することを排除しない)という違いがあると考えられる。移動の方向と移動先の位置は格助詞の /'i/ と /ni/ の違いにも通底している。(→280 頁の⑥ /'i/ 参照。)

【補足】 格助詞「コト・ゲ・ニ」と複合動詞「＋つく」と単純動詞について
「＋つく動詞」(泣きつく・抱きつく/吠えつく・噛みつく)と語基の動詞が共起する格助詞について見てみると次のようになる。

a1	×おれコト泣いた	×おれコト泣きついた	
a2	×おれゲ泣いた	△おれゲ泣きついた	○おれゲ泣きついてきた
a3	×おれニ泣いた	△おれニ泣きついた	○おれニ泣きついてきた
b1	△おれコト抱いた	△おれコト抱きついた	
b2	×おれゲ抱いた	○おれゲ抱きついた	◎おれゲ抱きついてきた
b3	×おれニ抱いた	○おれニ抱きついた	◎おれニ抱きついてきた
c1	○おれコト吠えた	△おれコト吠えついた	
c2	△おれゲ吠えた	○おれゲ吠えついた	○おれゲ吠えついてきた
c3	△おれニ吠えた	○おれニ吠えついた	○おれニ吠えついてきた
d1	○おれコト噛んだ	△おれコト噛みついた	
d2	×おれゲ噛んだ	△おれゲ噛みついた	○おれゲ噛みついてきた
d3	×おれニ噛んだ	○おれニ噛みついた	○おれニ噛みついてきた

ここから次のことが読み取れると思われる。
コトは動作の直接的対象、直接目的を表す。
ゲは典型的には動作の方向、「〜ニ向カッテ」という意味を表す。[＋direction][−contact]
ニは典型的には動作の関与者で、接触を伴う相手を表す。[±direction][＋contact]

④ /ŋalni/ː
生物類名詞に付いて、二項所動詞および二項形容詞(情意形容詞・感

覚形容詞）の表す事態の「主体的関与者（経験者）」を示す。文法的には主語の一種で、概略的には「能格 ergative」を表すといえる。

　旧版 1972 の，〈生物類名詞に付いて，「能力の所有者」を表す。〉を上記のように訂正する。

　文構成上 2 つの名詞句を必須とする述語を二項述語という。

　なお，この主語は，対格目的語をとる他動詞文の主語とは違い，他動性の弱い所動詞と情意形容詞が，他動詞文の対格目的語に相当するいわゆる「対象語」の他にとる主語なので，筆者は一種の「能格」と考える。（直ぐ後の【補説】を参照。）

　ガニは，いわゆる「対象語」をとる動詞（所動詞）および形容詞（情意形容詞・感覚形容詞）の主語に当たる名詞句とともに現れる格助詞で，「ガニ格主語＋ガ格対象語＋所動詞／情意・感覚形容詞」という二項述語構文を構成する。いわば共通語の「〜に＋〜が＋所動詞／情意・感覚形容詞」の「〜に」に特化して対応する格助詞である。他動詞のとる構文の「ガ格主語＋コト格目的語＋他動詞」という二項述語文とは異なる独特な言語的秩序を方言文法にもたらしている格助詞である。

　なお，「情意形容詞」は「ガニ格主語＋ガ格対象語＋情意形容詞」と「ガ格主語＋コト格目的語＋情意形容詞」の両様の構文がとれるので注意。

例：

/'ano 'otoko ŋalni soNna koto dekiroLnka ↓/
（あの男にそんなことができるはずがない。）
/'uci no nekol ŋani nusulQkure mite na ki'joLR na mane dekiQko 'aroLnka ↓/
（我が家の猫に盗み食いのような器用なまねができっこない。）
/'o'i ŋalni 'wa doRLmo 'ome ŋa 'juR koto 'joku 'wakaNNeLR kedo ↓/
（俺にはどうもお前の言うことがよく分からないけど。）
/'ome ŋalni 'wa 'jasasiR ka siNNe keldo｜'ore ŋalni 'wa sora muzukasiR na↓/
（おまえには易しいかもしれないが、おれにそれは難しいな。）

追加例：

/'ore ŋalni 'wa zenel naNka 'aroNlka ↓/（おれには金など無い。）
/'jacul ŋani 'wa kane ŋa 'ɪrul N da to 'jo ↓/（彼には金が必要なんだとよ。）
/seŋare ŋalni kodomo ŋa dekital ↓/（息子に子どもができた。）

その他，一項述語文の主語にも /ŋalni/ が現れる例：

/'ore ŋalni 'wa muril da 'jo ↓ haR 'ore ŋalni 'wa 'iQpo mo 'arukeroNlka 'jo↓/

（おれには無理だ。もうおれには一歩も歩けない。）

なお、/'ore ŋalni muril/ といえば /nanil ŋa muril/ なのだろうかと連想されるような、/ ～ ŋalni + [～'ŋa + muril] / という発想の枠組が話者にはあるように、調べているなかで感じられた。

成年層では /ŋalni/ が /ni/ へと置き換わりつつあって、年齢層が若くなるほど /ni/ 専用に傾いているが、/ŋe/ と違い消えてはいない［1972年当時］。

○能格ガニの必要性について

《主語＋目的語（対象語）＋所動詞》構造において、日本語の通則として、主語は生物類名詞に限られる。目的語（対象語）には生物類名詞も無生物類名詞も共になり得る。主語・目的語の格助詞なし表現がふつうのこの方言でも、《生物類名詞φ＋無生物類名詞φ＋所動詞》文では主語・目的語（対象語）はおのずから明らかである。しかし、格助詞のない《生物類名詞^1 φ＋生物類名詞^2 φ＋所動詞》※文では、主語・目的語（対象語）の倒置が文法上可能であるため、いずれの生物類名詞も主語の解釈を受け得るという両義的 ambiguous な状況になる。このため、この両義性 ambiguity を避けるために能格助詞 /ŋalni/ が必要とされたものと思われる。なお、所動詞と対格コトの共起制限にも注意。（格助詞 /kolto/ 参照）

※「猫φ＋犬φ＋見えてる」では主客が曖昧で言語的には確定できない。原初的にはこのような曖昧さを回避する言語的方略が、所動詞主語のガニ表示だったと思われる。「猫ガニ＋犬φ＋見えてる」、「猫φ＋犬ガニ＋見えてる」。

以下補説（271頁～278頁）

【補説1】 旧版1972の、格助詞 /ŋalni/ についての訂正と補足

追加例から明らかなように、その後の調査で高年層にいくほど「能力の所有者」に限らないことが判明した。（例文は便宜的に漢字仮名表記）

この助詞は原則的に共通語の「～に～が…」型の文（即ち三上章の「位格型の文」）の「～に」の位置に現れ、この位置の「に」に対応する格助詞である。（基本的、中立的語順型は「～ガニ～ガ」（「おれガニ数学ガ難しい」）型である

が、主題化・総記化によって「〜は〜ガニ」(「数学はおれガニ難しい」)型・「〜ガ〜ガニ」(「数学ガおれガニ難しい」)型の語順型も現れる。)

つまり、「[生物名詞]ガニ＋[(生物・)無生物名詞]ガ＋[アル・要ル・分カルなどの所動詞／難シイ(・恥ズカシイ)などの難易(・感情)の形容詞]」という構造に現れるのが本来の姿である。年齢層が下がるほど、この構文機能は縮小していき、「所有文」→「必要文」→「可能文」・「難易文」(「アル → 要ル → 分カル」)の順で、格助詞「ガニ」は格助詞の「ニ」に置き換わって失われていく傾向が顕著である。高度経済成長期以前(1970年頃以前)に言語形成期を終えた戦後世代がこの語を生活語とする最後となっているようである。「能力の所有者」は、調査時1970年〜1972年当時で一番よく使われていた語法および筆者の世代の言語直感を把えたものであったと言うことができる。

1909年・明治42年生まれの方言話者の「ガニ」についての言明(2000年8月)を次に記す。

「ガニ(の使用)は子どもの時は多かった」、

「(ガニは)昔の方がよく使っていた。今はニと言う方が多い」、

「ガニはニに比べて古い言い方だ」等

なお、この構造によって明示的に、「[場所名詞]ニ＋[無生物名詞]ガ＋[アルなどの存在動詞]」構造の「存在」構文と、「[生物名詞]ガニ＋[(生物・)無生物名詞]ガ＋[アル]」の「所有」構文とが区別できるようになっている。この助詞の本来の姿での機能は言語学的には「能格 ergative」と言えるものと思われる。但し、典型的な二項動詞である「他動詞」構文でなく、他動性の弱い、非典型的周辺的な二項所動詞構文に現れるという点で、特異な「能格」的現象といえる。

なお、/ŋaɪni/ は、起源的には有生の準体助詞 /ŋa/ と位格 /ni/ の結合からできた複合格助詞で「有生位格」を表すのが本来の機能と思われるが、その表す位置・場所が「内在」的なのを特徴とする。それは、/ŋaɪni/ が基本的に格助詞の /ni/ の分布の中に収まりながらも、しかも /ni/ が接近や離脱も文脈からは担い得る開かれた位置・場所を表すのに対して、/ŋaɪni/ は接近や離脱という「方向性」の意味を排除する閉じられた位置を表すと考えられるからである。/ni/ なら現れ得る位置でも、「*太郎が花子ガニ手紙を渡す」や「*太郎が花子ガニ嫌われている」だと非文法的なことにそれが現れている(→ 正しくは、「太郎が花子ゲ手紙φ渡す」や「太郎が花子{ニ／カラ}嫌われている」)。

この /ŋaɪni/ のもつ意味特性が「(生物名詞)ニ＋(いわゆる対象語)ガ＋所動

詞」構文と「(生物名詞)ニ＋(いわゆる対象語)ガ＋情意形容詞」構文の「ニ」の位置を /ŋaIni/ が占める根拠・理由となり、やがて定着することで、一種の「能格」として文法化していったものと思われる。(198 頁の【補説】「「他動詞」と「二項所動詞」について」、288 頁の【補説 1】「格助詞 /ŋaIni/ と /ŋe/ および準体助詞 /ŋaIno/ の語源について」を参照。)

格助詞ガニの現れる基本的文構造を挙げると、
㊀所有文(「～ガニ～ガ」型):「生物名詞ガニ＋生物・無生物名詞ガ＋アル・ナイ」
　　「おれガニお金ガある」「おれガニ友達ガある」等。
　　「ガ」は「φ」と交替可能。「おれガニ友達φある」。
　　高年層でも「ガニ」は「ニ」に置き換えられる傾向が強い。
㊁「所有の成立を表す文」(＝結果が所有文「～ガニ＋～ガ＋アル・ナイ」と同一の事態を表す文)も、㊀と同じ「生物名詞ガニ＋生物・無生物名詞ガ＋デキル・生マレル」という文型を取る。(「生マレル」の語性が自動詞より所動詞に近いことにも注意)
　　例えば、「(今まで)おれガニはひまガなかった」や「(今まで)おれガニは子どもガなかった」に対して、次のような文表現がある。
　　「(やっと)おれガニもひまガできた」「(やっと)おれガニも子どもガできた」「おれガニもひまガ生まれるから…」「おれガニも子どもガ生まれるから…」等。
㊂必要文(「～ガニ～ガ」型):「生物名詞ガニ＋生物・無生物名詞ガ＋要る・必要ダ」
　　「やつガニはお金ガ要る」「やつガニはおれガ必要だ」等。
　　「ガ」は「φ」と交替可能。「やつガニはおれφ必要だ」。
　　ほぼ同じことを他動詞相当連語の「必要とする」を使って「やつはおれコト必要としている」ということができる。
　　成年層では「ガニ」は「ニ」に置き換えられる。
㊃可能文[1]　(「～ガニ～ガ」型)
　　:「生物名詞ガニ＋生物・無生物名詞ガ＋分かる・見える」
　　「生物名詞ガニ＋生物・無生物名詞ガ＋他動詞由来可能動詞」
　　「おれガニはその車ガ見えなかった」「おれガニはおまえガ分からない」
　　「おれガニは子どもガ怒れない」「(犬が苦手で)おれガニは犬ガ撫でられ

ない」

「ガ」は「φ」と交替可能。「おれガニはその車φ見えなかった」

㈣可能文² (「～ガニ～コト」型)

: 「生物名詞ガニ＋生物名詞コト／無生物名詞φ＋分かる・見える」

「生物名詞ガニ＋生物名詞コト／無生物名詞φ＋他動詞由来可能動詞」

「おまえガニおれコト分かるか」「おれガニはおまえコト見えなかった」

「おれガニは子どもコト怒れない」「(怖くて)おれガニは犬コト撫でられない」

㈣可能文³ (「～ガ～コト」型)

: 「生物名詞ガ＋生物名詞コト／無生物名詞φ＋他動詞由来可能動詞」

「(どうしても)おれは子どもコト怒れない」「おれガ犬コト撫でられないのは…」

「ガ」は「φ」と交替可能。「(どうしても)おれφ子どもコト怒れない」。所動詞「分かる・見える」などは「～ガニ～ガ」型と「～ガニ～コト」型、他動詞由来の可能動詞は、「～ガニ～ガ」型と「～ガニ～コト」型と「～ガ～コト」型のいずれの格配置も可能であるが、「コト」文では対象性が際だち、「ガニ」文では能力主体性が際だつ。「ガ」はそれらの点において際立ちのない中立の語感がある。特に他動詞由来の可能動詞は、所動詞一般がふつう「～ガニ～ガ」構文を取るのに比して、他動詞が取る「～ガ～コト」型や格配置が特異な「～ガニ～コト」型の構文を取りやすいように感じられる。

㈤可能文⁴ : 「生物名詞ガニ＋自動詞由来の可能動詞」

「生物名詞ガ＋自動詞由来の可能動詞」

「おれガニ行ければいいのだけれど…」「(疲れすぎて)おれガニはもう歩けない」

「おれガ行ければいいのだけれど…」「おまえガもう歩けないことぐらい分かる」

「ガニ」「ガ」いずれも可能だが、「ガニ」は主語の能力主体としてのあり方に留意した表現で、「ガ」はその点で中立的な表現であるように感じられる。(「可能文¹」の二項可能動詞文と「可能文⁴」の一項可能動詞文の格助詞「ガニ」の分布はいわゆる「活格 active case」型になっている。)

㈥難易文(「～ガニ～ガ」型):「生物名詞ガニ＋生物・無生物名詞ガ＋難し

い・苦手だ」
　「おれガニは英語ガ難しい」「おれガニは英語ガ易しい」
　「ガ」は「φ」と交替可能。「おれガニは英語φ難しい」。
　「おれはあの母親コト難しい(≒扱いにくい)」と対格構文で使うことはふつうない。

以上の㊀〜㊅の「ガニ」で表される名詞句は「主体的関与者」(補足語complement(必須成分))という共通性を持つが、二次的に、(㊀では不可能だが、)意味上の制限はあるものの㊁〜㊅に関しては、これを与格助詞「ゲ」に変えて「〜にとっては(必要・難易・可能ダ)」という「非主体的関与者」(付加語adjunct(随意成分))(cf. ラテン語の「関与の与格 dative of reference(dativus judicantis)」)とする文を作ることができる場合がある。注意すべき関連構文ということができる。

　方言では、「おれガニはそれガ見えなかった」と「おれゲはそれガ見えなかった」では意味が異なり、前者では「おれ」の主体的能力が直接問題になっているのに対して、後者では「おれ」は能力の当事者であるよりは事態の関与者としての性格が強いと言える。共通語の「おれにはそれが見えなかった」はその点で両義的である。能力主体を中心とする事態を表現する典型的「可能文」について方言話者に質問した結果では、「ガニ」可能文を可とし、「ゲ」可能文は非とするものであった。ただ「〜にとって」と解釈できる場合でのみ認容可能ということであった。

　以上の他に「ガニ」を取るものとして「情意形容詞(感情形容詞)」がある。
㊆「情意形容詞(感情形容詞)」と「他動詞願望形」の格配列：
　「情意形容詞(感情形容詞)」は、「可能文 ^{1}」「難易文」の「〜ガニ〜ガ」型、「可能文 ^{2}」の「〜ガニ〜コト」型の構文のほかに、「可能文 ^{3}」の「〜ガ〜コト」型の構文に現れる。
　さらに形容詞に特徴的な「〜ガ〜ガ」型の構文も可能である。
　例：「〜ガニ〜ガ」型格配置(能格型)
　　　「おれガニはおまえガ羨ましかった」
　　　「おれガニは自分ガ恥ずかしかった」
　　　「おれガニはおまえ(の方)ガおっかない」
　　　「おれガニは犬ガ苦手だ」
　　「〜ガニ〜コト」型格配置(混合型)

「おれガニはおまえコト羨ましかった」
「おれガニは自分コト恥ずかしかった」
「おれガニはおまえコトおっかない」
「おれガニは犬コト苦手だ」
「〜ガ〜コト」型格配置(対格型)
「おれφはおまえコト羨ましかった」
「おれφは自分コト恥ずかしかった」
「おれφは(昔は)おまえコトおっかなかった」
「おれφは犬コト苦手だ」
「〜ガ〜ガ」型格配置(二重主格型)
「おれφはおまえガ羨ましかった」
「おれφは自分ガ恥ずかしかった」
「おれφは(昔は)おまえガおっかなかった」
「おれφは犬ガ苦手だ」

「(他動詞の拡張形式の)願望形(〜タイ)」は、第一人称者の直接的願望以外の願望の表出では、「〜ガニ〜ガ」型、「〜ガニ〜コト」型、「〜ガ〜コト」型、「〜ガ〜ガ」型が可能であるが、第一人称者の直接的願望の表出の場合は、「〜ガ〜コト」型が卓越しているように見える。

「太郎ガニは猫ガ飼いたかったみたいだ」
「太郎ガニは猫コト飼いたかったみたいだ」
「太郎φは猫コト飼いたかったみたいだ」
「太郎φは猫ガ飼いたかったみたいだ」
「おれφは猫コト飼いたい。」

同一の単語が複数の格配列を選択でき、無意識のうちに使い分けがなされているようで面白い文法現象である。

なお、「〜ガ〜コト」「〜ガニ〜ガ」のガをφにして、「〜φ〜コト」「〜ガニ〜φ」と言っても際立ちのない自然な文である。また文脈が許せば、「ガニ」「コト」も「φ」になりうる。

感情語の最たる「好き・嫌い」は対格型の「〜ガ〜コト」を取って、「おれφはあれコト好きだけど、あれφはおれコト嫌いみたいだ」と言い、「おれガニあれガ好きだ」とは言わないと殆どの話者は言う。但し直接的情意の表出でない文では、「あの人ガニはおれのことガ嫌いみたいだ」とも言える。情意を直接に表出する文では、感情形容詞は、対格型が優勢

と思われる。
（「ガニ」には、他に準体助詞「ガ」＋格助詞「ニ」という紛らわしい連語形式がある。調査時に「きのうおまえガニ会った」と言えると被調査者が判断したが、後になって、「きのうお<u>まえガ[友達]ニ</u>会った」→「きのうおまえガφニ会った」と取ってそう判断したのだと分かったことがあった。）

【補説2】「感覚形容詞文と性状形容詞文の特異なガニ」について

共通語の「〜に＋〜が＋形容詞」という形容詞文に対応する埼玉県東南部方言の感覚形容詞文と性状形容詞文に次のような「〜ガニ＋〜ガ＋形容詞」構文がある。この構文 abc のガニは、構文上必須の成分ではなく、以下のように意味的に特異な点がある。

a： おれガニはこのジュースは甘い。　　　≒甘すぎて飲めない／飲みづらい
　　おれガニはこのラーメンはまずい。　　≒まずすぎて食えない／食いづらい
　　おれガニはこのお茶は熱い。　　　　　≒熱すぎて飲めない／飲みづらい
　　おれガニはこの音楽はうるさい。　　　≒うるさすぎて聞けない／聞きづらい

b： おれガニはこの映画は面白かった。　　≒面白く見られた
　　おれガニはその言葉がありがたかった。≒ありがたく感じられた

ab は、意味内容として可能文・難易文的なものを持っていて、それがガニの使用の条件となっていると思われる。つまり、単なる甘さや熱さという属性ではなく、その属性が成立させる事態が当事の関係主体の立場から捉え直されていて、それが主語的付加語のガニ句によって表現されているのだと思われる。またこの構文がとられる背後には、例えば「おれガニはこのジュースは甘いト感ジラレル（＝甘く感ジラレル）」のような、事態の自然可能（文法用語で「自発」）文的な把え方もあるように思われる。

同じようなことが、「大きい」や「むずかしい」にも当てはまる。

c： おれガニはこの服は大きい。
　　おれガニはこの問題はむずかしい。

これらも単なる大小・難易という属性を表現しているのではなく、「衣服などがゆるくて体に合わない（→着られない／着にくい）」・「簡単に分かることではない（→分からない／分かりにくい）」というような可能文・難易文的な内容から理解されるべき用法と思われる。

紛らわしいが、「名詞＋与格ゲ」を用いた上記 abc に似た文が存在する。ラテン語の「関与の与格」dative of reference (dativus judicantis) に似て、「～にとって」のような意味を表す。

a′　このジュースはおれゲは甘い。
b′　その言葉がおれゲはありがたかった。
c′　この服はおれゲ大きい。

「名詞＋ガニ」が多くは文頭に位置し、文の内容の構成者としての主語的な読みが一応成り立つのに対して、「名詞＋ゲ」は例文のように、基本的には主語・主題の後に現れ、文の内容が妥当する対象者を表すなど構文的位置や担う意味に違いがあると考えられる。

（219 頁「3.3.2 情意形容詞・感覚形容詞・性状形容詞」も参照。）

【補説 3】「ガニ名詞句」が主語であることについて

a 「～ガニ＋～ガ＋二項所動詞（分かる）」の構文で再帰詞「自分」は「ガニ名詞句」と照応関係を形成する。
　　〇「おれガニは自分ガ分からなくなった」
　　×「自分ガニはおれガ分からなくなった」
　　〇「やつガニは自分ガ分からなくなっている」
　　×「自分ガニはやつガ分からなくなっている」（自称詞の「自分」なら可）
　　　再帰詞「自分」は「～ガ」の位置に現れて、「～ガニ」位置の名詞句を前方照応的に指示している。

b 「主語軽卑の待遇接尾辞」の「ヤガル」が「ガニ名詞句」への軽卑感を表す。
　「あの男には私（のこと）が分からないだろう」と思っていたら意外にも「あの男には私（のこと）が分かっていた」という状況で、
　　「やつガニはおれガ分かっていやがった」
　と発話することは自然で文法的文である。
　　「ヤガル」は、共通語の「主語尊敬の待遇接尾辞（レル・ラレル）や表現型（オ・ニナル）」と同じく主語に対する待遇表現である。待遇価値が正反対ではあるが。
　　以上の 2 点からガニ名詞句は主語であると考えられる。

以上で 271 頁からの補説終了

⑤ /ni/：

「範囲の明確な限定された位置」を表す。概略的に位格 locative を表すと言える。場合によってその位置への接近・離脱という方向性の意味が生ずるがそれは文脈の意味でこの語の意義素には属さないと考えられる。意味・用法は共通語の「に」に似ていて、多義的である。

なお、次の点では共通語と異なるようである。

/siŋoto de toRkjoR ni 'iQta ↓/（仕事で東京に行った。）
/siŋoto de toRkjoR 'i 'iQta ↓/（仕事で東京へ行った。）
/kiɴnuɭ 'wa dokoɭ ni mo 'ikanakaQta ↓/（昨日はどこにも行かなかった。）
/kiɴnuɭ 'wa dokoɭ 'i mo 'ikanakaQta ↓/（昨日はどこへも行かなかった。）

これらはそれぞれ意味が異なり、/ni/ の方は、そこがはっきり限定的な場所として把えられており、かつその場所への到達（≒東京ニマデ行った）が含意されている。それに対して /'i/ の方は、/ni/ ほど場所が限定的でなく、同時にその場所への方向指示に力点があり必ずしも到達することを含意しない。

共通語の格助詞「に」と違って、この方言の格助詞の /ni/ は、与格の /ŋe/ や能格（能力格）の /ŋaɭni/ と区別されながら、かつ併存している。格助詞 /ni/ の単なる無標の限定的位置という過度に抽象的意味が /ni/ の汎用と併存とを保証しているようにも見える。

「授受動詞」に関連して次の事実に注意が必要である。

〈主語起点－補足語目標〉型の授受動詞と、〈主語目標－補足語起点〉型の授受動詞の補足語が、

「太郎ガ＋花子｛ゲ/(イ)｝＋子猫コト＋くれた」
「花子ガ＋太郎カラ＋子猫コト＋もらった」

のように格助詞「｛ゲ/(イ)｝(目標) ↔ カラ(起点)」で対立しながらも一方で、

「太郎ガ＋花子ニ＋子猫コト＋くれた」
「花子ガ＋太郎ニ＋子猫コト＋もらった」

のように、単一の格助詞「ニ」でも同じ事態が表されることである。

格助詞「ニ」にはこのように、接近・離脱、着点・起点という具体的な方向性を捨象した、抽象的・一般的な単なる限定的位置を表す用法があり、それがこういう方向中和的な位置中心の表現を可能にしていると考えられる。

/ni/ にはまた、特徴ある用法として、「位置」から転じた「資格」(広義)の意味の用法がある。1つは「往来動詞」と共に使われる、

/'jome ni 'iku/(嫁に行く)、/mokoɿ ni kuruɿ/(聟に来る)、
/'jome ni dasuɿ/(嫁に出す)、/mokoɿ ni mora'u/(婿に貰う)など。

もう1つは、次のような対応する2つの認知動詞の構文「〜ガ＋〜コト＋〜ニ＋見る」(他動詞)と「〜ガニ＋〜ガ＋〜ニ＋見える」(所動詞)に現れる /ni/ である。

/hanaɿko 'wa taroRɿ koto kodomo ni miteɿta ↓/
(花子は太郎を子どもに見ていた[≒花子は太郎を子どもだと見ていた]。)

/hanaɿko ŋani 'wa taroRɿ ŋa kodomo ni meRɿta ↓/
(花子には太郎が子どもに見えた[≒花子には太郎が子どもだと見えた]。)

文法関係はいずれも「主語＋目的語＋補語＋動詞」で共通し、動詞の能所(他動詞：二項所動詞)によって格助詞の選択と配置を異にしている。

なお、補足すると、「ニ」しか取らない動詞には、
a 「勝敗動詞」の相手「ニ勝つ・ニ負ける」等、
b 「変化動詞」の変化先「ニなる」(使役形(他動詞形)は「ニしる」)等、
c 「定位動詞」の位置「ニ住む・ニ坐る」／「移動定位動詞」の「ニ乗る」等、
d 「適合」の「ニ似合う・ニ向く」等、などがある。(網羅的ではない)

「ニ／ト」を取る動詞は、
a 「認知動詞」の認知内容「{ニ／ト} 見える・聞こえる・気づく」等、
b 「接触・適合」の相手「{ニ／ト} 会う・合う」等、
c 「類似」の基準「{ニ／ト} 似る」等、などがある(網羅的ではない)。

これらは与格の「ゲ」を取ることがない。

⑥ /'i/ (高年層 /'ɿ/)：

「運動・移動の方向および運動・移動が目標とする場所」を表す。方向格。

主として場所性の無生物類名詞に付くが、生物類名詞にも付く。その場合は、与格の /ŋe/ と併存することになる。この場合、/ŋe/ は利害関係

3.9 助詞

に関わるものとして対象者(相手)を遇しており、/'i/ はそういうことには関心を向けない中立的な無標の運動目標として対象者(相手)を把えていることを表す。

/moQtelru moN miNna koko 'i dasel↓/
(持っているものをみんなここへ出せ。)
/'ural 'i maRQte 'joku saŋasite miN↓/
(裏へ回ってよく捜してみろ。)
/'jacul 'i teŋami kitelta na↓/
(やつへ手紙が来ていたな。)
cf./'jacul ŋe teŋami kitelta na↓/(やつに手紙が来ていたな。)

「場所名詞＋運動・移動動詞」という直接的組み合わせでは助詞 /'i/ が現れないことが多い。
/dokol 'o'ita↑//soko 'o'ita 'jo↓/(どこに置いた？ そこに置いたよ。)
/teŋami dokol 'iQta↑//terelbi N tokoN ni 'aQtal kedo↓/
(手紙はどこに行った？ テレビの所にあったけど。)

「場所名詞＋/ni/＋設置動詞」と「場所名詞＋/'i/＋設置動詞」
「場所名詞＋/ni/＋移動動詞」と「場所名詞＋/'i/＋移動動詞」
設置・移動の動詞と共起する /ni/ と /'i/ には次のような違いがある。例えば「そこニ置く」と「そこイ置く」では、置く運動の結果、対象に接触し密着するか、対象への運動の方向性を表わすか(接触・密着の結果は第二義的)という点で違いが見られる。「仕事で東京ニ行った」と「仕事で東京イ行った」についても同様な違いが見られる。(格助詞⑤ /ni/ を参照。)

⑦ /to¹/：

生物類名詞に付いて、行為の「共同者」・「随伴者」を示す。
/tomodaci tol 'wa nakal'joku siru moN da↓/(友達とは仲良くするものだ。)
/saQkil 'wa darel to 'asuNdetal N da↑/(さっきは誰と遊んでいたのか。)
/to¹/ には 2 種類の /to¹/ がある。1 つは「相互動詞」と共起するもので、例えば「太郎は次郎ト仲直りした」の「名詞＋ト」は省くと不完全な文になってしまうので、義務的な補足語と考えられる。もう 1 つの例えば「太郎は次郎ト遊んでいた」の「名詞＋ト」は省いても不

完全な文とはならないので、随意的な付加語と考えられる。前者を「共同者」、後者を「随伴者」とする。
　「共同者」は、「次郎は太郎ト仲直りした」や「[太郎と次郎]は仲直りした」としても知的意味に違いはない。「随伴者」は、「次郎は太郎ト遊んでいた」や「[太郎と次郎は]遊んでいた」とすると意味が違ってしまう。また、後者だけが /to 'iQsjo ni/ と敷衍することができる。

⑧ /site/：
一定枠の人数を表す数詞（人数詞）と結合して、「動作の協働者」を示す。
/sono siŋoto 'wa 'a'icu to hutaʀriˌ site 'jaQtaˌN da↓/
（その仕事はあいつと二人でやったのだ。）
/'joˌʀ↓ ko'i kara miNnaˌ site 'jacuˌraci 'iQte mineˌ ka↑/
（よう。これからみんなでやつの家へ行ってみないか。）
なお、
　⎰ /miNnaˌ site 'jaQta siŋoto/（みんなシテやった仕事）
　⎱ /miNna deˌ 'jaQta siŋoto/（みんなデやった仕事）
では、意味の違いがある。前者は「全員が協力して、全員が一体となって」というような意味であり、後者は「各人が協同して」のように各人の独立性が意識されていて、前者に比して一体感が弱いと感じられている。このことは、「仕方なく」「嫌々ながら」との共起が、前者ではしにくい、後者は問題ないと感じられることにも見て取ることができる。

⑨ /de/：
「拠りどころ（依拠するもの）」を示す。概略的に具格 instrumental を表すと言える。
/ku'wa de sakuˌ kiru/
（鍬でさくを切る）
/so'i koto 'waˌ gaQko de 'osaQta↓/
（そういうことは学校で教わった。）
家族など人間の作る集合体をそれが存在する場所名称で指称して主語位置に置く場合に /de/ が用いられる。会社・役所などの組織名称も同様に扱われる。

3.9　助詞

/toneri de kiteꜜru/（舎人[地名]に住む親戚の人が来てる）
/saꜛki tonaN de 'jobiꜜ‿kita zo ↓/（さっき隣の人が呼びに来たぞ。）
/deN'waꜛkjoku de naNꜜka 'juꜛte kiteꜜN zo ↓/（電話局が何か言ってきてる。）
/koNꜜdo soꜛRkaꜛsi de 'ju'wa'iꜜ kureru ꜛte 'jo ↓/（今度草加市が祝いを呉れる。）
/'ura'wa deꜜ kisa'iꜜtara 'IRꜜN da kedo ↓/（浦和が来られたらいいのだが。）

これについては、231頁の「居住地名・組織名の「集合名詞」的用法について」の記述を参照。

⑩ /kara ～ ꜛkara/：

「出どころ（出発点・起点・開始点）」を表す。概略的に奪格 ablative を表すと言える。

/'uci kara gaꜛkoR maꜜde 'aruꜛte saNziꜛpuN kakaꜛtaꜜ ↓/
（家から学校まで歩いて30分かかった。）
/kjoRꜜ 'wa gaꜛkko de seNseꜜ kara homera'iꜜta ↓/
（今日は学校で先生からほめられた。）

⑪ /'joꜜri/：

「比較の基準」を表す。
/'u'i 'joꜜri sita ŋa sakuꜜ'i ↓/
（上[の子]より下[の子]が気さくだ。）

/'joꜜrika ～ 'joꜜka/ という言い方も聞かれる。
なお、ヨリの比較の規準となる名詞表現は、例えば「太郎は次郎より速く走る」は「太郎は[次郎ガ°速ク走ル]より速く走る」と延長できることや、「花子はおれコトより太郎コト好きなみたいだ」（花子はおれヲより太郎ヲ好きなようだ）のように他の格助詞に接続し、しかも「花子」は[おれコト好きナ]より太郎コト好きなみたいだ」と延長できることからも、節 clause 的内容をもつこと（＝ヨリの接続詞性）に注意。

⑫ /to^2/：

種々の形式について、「思惟・言表の内容」を示す。
文末部に用いられて、他人の言表を驚きや非難の語気を込めて、引用するときに用いられることが非常に多い。（老人たちの物言いに多く聞かれる。）[終助詞とすることも考えられる。]

/'asuko no seŋare 'wa 'o'ja koˈlto cukama'ite bakaˈl da to 'joˈlʀ ↓/
(あそこの息子は親をつかまえて(親のことを)「馬鹿」だとよ。)

　　引用は、多くは次項の /Qte/ や、引用の助動詞 /Qcu'u 〜 Qcuʀ//Qte(ʀ)/ および思惟判断の助動詞 /tomo'u 〜 tomoʀ/ などによって示され、/to²/ 自体の使用は活発とは言えない。

⑬ /Qte/：

　　「言表の内容」を表す。
　　引用の助動詞 /Qte(ʀ)/ と紛らわしいが、直後に動詞を伴い得る点や、係助詞 /'wa//mo/ などと結合し得る点で区別される。
　　/tasiˈlka ni 'iku Qte 'juQta ↓/
　　(確かに「行く」といった。)
　　/'ora 'iku Qteˈl 'wa 'ju'wanakaQta ↓/
　　(俺は「行く」とは言わなかった。)
　　なお、言表ほど多くはないが、「思惟内容」を表すことがある。
　　/'jacuˈl dara 'jaru Qte 'omoQteˈlta ↓/(彼ならやると思っていた。)

B. 状態詞に付いて修用語を作る格助詞

⑭ /ni/：

　　状態詞に付いて、修用機能（連用修飾機能）を付与する。
　　/'imaˈl zja mazime ni 'jaQteru Qteˈl 'jo ↓/(今では真面目にやっているとよ。)
　　/kotosi 'wa sakura kireˈlʀ ni sa'ita ↓/(今年は桜がきれいに咲いた。)
　　/moʀ ciQˈlto sizuˈlka ni siro ↓/(もう少し静かにしろ。)

2. 連体格助詞

A. 名詞に付いて連体語を作る格助詞

　　名詞に付く連体格助詞には、⑮ /no/ および⑯ /ŋa/ と⑰ /na¹/ の3語あるが、/ŋa/ と /na¹/ が現れる位置に /no/ が並行して現れるのは、/ŋa/ と /na¹/ が特殊具体的な連体関係を表すのに対して、/no/ が一般抽象的な連体関係を表しているからである。/no/ の汎用的である点は格助詞 /ni/ に似ているところがある。

⑮ /no/：

　　それが結合する名詞と、その結合体が統合される被連体語たる名詞と

3.9 助詞　285

が何らかの関係を有することを表す。関係自体は2つの名詞が現実的に取り結ぶ関係によって具体的なものとなる。

　形式名詞 /tokiˑ/, tokoN, nakaˑ/(時、所、中)と連結するときは、その頭子音に同化して /no → N/ となる。

　連体格助詞 /no/ は、「文の主語」を表す /ŋa/ とともに、連体節・名詞節などの「節の主語」も表すが、節内に2つ以上名詞句があると /no/ の使用は不自然になるようである。(例文は便宜的に漢字仮名表記)
　「犬ガ猫コト追っかけてる」→「犬{ガ/ ノ} 追っかけてる猫」
　「猫ガニ雀ガ見えてる」→「雀{ガ/ ノ} 見えてる猫」
　「この犬はあの猫コト好きだ」→「この犬{ガ/ ノ} 好きなあの猫」
　「太郎は花子ゲ手紙φ渡した」→「太郎{ガ/ ?ノ} 手紙φ渡した花子」
　「雨がひどく降ってる」→「雨{ガ/ ノ} ひどく降る(こと、の、話、…)」
　「犬{ガ/ ?ノ} 猫コト追っかけた(こと、の、話、…)」
　「猫ガニ雀{ガ/ ?ノ} 見えてる(こと、の、話、…)」
　「この犬{ガ/ ?ノ} あの猫コト好きな(こと、の、話、…)」
　「太郎{ガ/ ?ノ} 花子ゲ手紙φ渡した(こと、の、話、…)」

/no/ には、名詞節の a 同格補語(同格語)、b 主格補語(主語)を表す用法がある。
　a と b は、見かけが似ているが、構造的に異なっている。例えば、
　　a /ˈocja noⁱ koˈiˑ noˑ nomitaˑkaQta ↓/
　　　(お茶の濃いのが飲みたかった。)
　　b /ˈore noⁱⁱ ˈiku no²ˑ ˈokurete ˈwaruˑkaQta ↓/
　　　(俺の行くのが遅れて悪かった。)
の2文においては、
　　a の /koˈiˑ noˑ/ のみ /koˈiˑ jacu/ と交替可能、
　　b の /ˈore noⁱⁱ/ のみ /ˈore ŋa/ と交替可能である。
a の /ˈocja noⁱ koˈiˑ noˑ/(〜 /ˈocja noⁱ koˈiˑ jacu/ の /ˈocja noⁱ/ は、ちょっと見に名詞節の主語のようだが、これと同じ構造を持つと考えられる、
　　c /ˈimo noⁱ ˈjaˈitaˑ noˑ ŋa ˈNNmaˑˈi/
　　　(芋の焼いたのが美味い。)
についても a と同じく /ˈimo noⁱ ˈjaˈita ˈjacuˑ/ と交替可能から考え

て、名詞節の主語ではない。(なぜなら、「芋」は「焼いた」の主語ではあり得ない。)結局、形式名詞 /'jacul/ と交替可能な代名助詞 /no¹/ は最初の /noⁱ/ の前の名詞と同じものを指しているので、意味的には同格表現「お茶の濃いの」(=「お茶の濃いお茶」)、「芋の煮たの」(=「芋の煮た芋」)ということができる。従って、構造的・意味的特徴から、aおよびcのような /noⁱ/ を「同格名詞節の同格補語」と名づけ、bのような /noⁱⁱ/ を「主述名詞節の主格補語」と名づけることができる。図式的に示すと次のようになる。

詳しい考察については、「3.8.1 名詞的準体助詞4・5」(253・254頁)を参照。

名詞 +	格助詞 +	動詞・形容詞等 +	準体助詞	
お茶	の	濃い	の	
同格補語	格助詞	連体語	代名助詞	同格名詞節
俺	の	行く	の	
主格補語	格助詞	述語	名詞化助詞	主述名詞節

⑯ /ŋa/：

　生物類名詞に付いて、次にくる被連体語たる名詞がその者の所有に属することを表す。所有の意味は前項の /no/ より強く、排他的所有の語感がある。また、次のような連用格の「中立：総記」との間に意味的相関があるようにも感じられている。

　/'ore no moɴ/：/'ore ŋa moɴ/ ＝ /'ore 'iku/：/'ore ŋa 'iku/
例：
/kodomo ŋa kabaɴ/(子供のカバン)
/nekoꜜ ŋa 'esa/(猫の餌)
/'o'i ŋa tokeʀ/(俺の時計)

　なお、主述名詞節の主格補語を表す /ŋa/ について補足しておく。/[kodomo ŋa keɴꜜ no] 'osokute siɴpa'i sita↓/(子供が帰るのが遅くて心配した)の /ŋa/ は、同意の /[kodomo no keɴꜜ no] 'osokute …/ の /no/ が連体格助詞⑮なので有生の連体格助詞⑯と誤認しやすいが、/[huro ŋaꜜ takeɴ noꜜ] 'osokute …/(風呂が焚けるのが遅くて…)が可能なことから分かるように、この /ŋa/ は有生性に関して中立的なので、連用格助詞①と考えられる。(名詞句や名詞節の内部に現れかつ内部に収

まる格助詞の /no/ は、たとえ名詞節の節主語を表示していても、名詞節の主語を表示する連体格助詞 /no/ と考える。単文の述語の補足語(文主語を含む)を表示できるもののみを連用格助詞と考える。従って、節主語を表示していても /no/ は連用格助詞とは考えない。)
古典語の格助詞の「が」に関して大野晋『文法と語彙』(1987 岩波書店)に「ウチなる人間を承けることが圧倒的に多い」とあり、参考になる。共に古典語の「が」に由来する連用格と連体格の /ŋa/ が、連用格は有生性に関して中立的、連体格は有生性に関して生物類選択、というように異なる改新を示している。

⑰ /na¹/ :
場所性の無生物類名詞に付いて、所在する位置を表す。連用格(位格)の /ni/ に対応する。成年層では殆ど聞かれない。
/'asuku na kaki no kiːzjama daː kara kiɢcjaː ka ↓/
(あそこにある柿の木が邪魔だから切ってしまうか。)
/moʀ sukoːsi 'usiro na hoː ŋa 'ɪʀːɴ da ne ka ↑/
(もう少し後ろの方がいいのじゃないか。)
/moko naː ci/(向こうにある家、向こうの家)

B. 状態詞に付いて、連体語を作る格助詞
⑱ /na²/ :
状態詞に付いて、連体機能を付与する。修用機能(連用機能)を付与する /ni/ に対応する。
/mukasi 'wa sizuːka na basjo daɢta 'jo naːʀ ↓/(昔は静かな場所だった。)
/kireːʀ na hanaː sa'iteɴ naːʀ ↓/(きれいな花が咲いてる。)
/tokiː', tokoɴ, nakaː/(時、所、中)が続くと /na → ɴ/ となる。

以上に述べた、名詞に付く格助詞と生物類名詞・無生物類名詞との結合の可否について表にして示すと次のようになる。

	格助詞	（名　　称）	生物類名詞	無生物類名詞
①	/ŋa/	（主格）	○	○
②	/kolto/	（対格）	○	×
③	/ŋe/	（与格）	○	×
④	/ŋalni/	（能格・能力格）	○	×
⑤	/ni/	（位格）	○	○
⑥	/ˀi/	（方向格）	○	○
⑦	/to¹/	（共同格）	○	×
⑧	/site/	（員数的具格）	○	×
⑨	/de/	（具格）	○	○
⑩	/kara/	（奪格）	○	○
⑪	/ˀjolri/	（比較格）	○	○
⑫	/to²/	（思惟・言表内容）	○	○
⑬	/Qte/	（言表内容）	○	○
⑮	/no/	（属格）	○	○
⑯	/ŋa/	（所有格）	○	×
⑰	/na¹/	（所在格）	×	○

　このように格助詞との結合で有生 animate・無生 inanimate による選択が存在することは、名詞を生物類名詞と無生物類名詞に分けるに十分な根拠を与えるものと考えられる。

【補説 1】格助詞 /ŋalni/ と /ŋe/ および準体助詞 /ŋalno/ の語源について
　/ŋalni//ŋe//ŋalno/ の語源としては、それぞれ「が＋に」、「が＋へ」、「が＋の」という助詞複合からできていると考えられる。「が」は所有を表す連体格助詞に起源する準体助詞と同じものであろう。所有格の /ŋa/ は生物類名詞にしか付かない点など /ŋalni//ŋe//ŋalno/ と共通しているからである。「が＋に」「が＋へ」「が＋の」の「が」を除いた「に /ni/」「へ /ˀi/」「の /no/」がそれに対して、本来は生物類名詞・無生物類名詞の別・違いに中立的な一般的な格の性格を持ったものであったのであろう（現実に「に /ni/」「へ /ˀi/」「の /no/」は、現在でも有生性に関して無標で中立的な関係表示機能を保持している）。その意味で生物類名詞の格のみを表す（有生性に関して有標な）/ŋalni//ŋe//ŋalno/ の機能的属性は、本来的には /ŋa/ に基づくものというべきであろう（/ŋa/ を契機として「有生性」は文法化されたと言える）。
　従ってそこから考えられることは、/ŋalni//ŋe//ŋalno/ ※は起源的には「有生

位格」「有生方向格」「有生属格(準体法)」であったろうということである。とりわけ有生位格の /ŋalni/ は、(「与格構文」と誤認されている)「位格構文」の「(生物名詞)ニ＋(いわゆる対象語)が＋所動詞」と「(生物名詞)ニ＋(いわゆる対象語)が＋情意形容詞」の「(生物名詞)ニ」の位置に置かれることで、同じ文型をとる「存在構文」の「～ニ」と区別できること、同時に /ŋalni/ が「位格構文」の指標にもなること、などの点で文法関係を明晰にできることから、この構文的位置を占める格助詞として定着したのだと思われる。有生方向格 /ŋe/ の「与格」化にも、同様の「方向格」/'i/ および「位格」/ni/ との差別化・明晰化への志向が見て取れる。

※明治20年代生まれの話者の調査の中で、一人称代名詞の /'oral/(俺ら)の所有表現に、所有格 /'oral ŋa 'jome/(俺らガ嫁)、属格 /'oral no 'jome/(俺らノ嫁)の他に、/'oral ŋa no 'jome/(俺らガノ嫁)という「有生属格(連体法)」が観察された。親族名詞との結合が殆どで、/'oral ŋa no/ の他は出てこなかった。有生所有格の /ŋa/ と競合するためか、その後も /'oral ŋa no/ の他は耳にしなかった。

【補説2】格助詞 /kolto/ の語源について

　格助詞「コト」の語源については名詞「こと」との関連が考えられるが、詳しいことは分からない。何らかの形式化した「こと」から格助詞に発達したのだろうと推測し、初めは「～のこと」からと考えたこともあったが、これは現在も使用されているので、格助詞「コト」がこれと分化し、しかも併存する条件を明らかにしなければならず、立証困難な仮説に思われた。「の」を介さない「こと」が出自でなければならないというのがその時の見通しであった。それを考える上で示唆的な記述が、小学館『日本国語大辞典(第2版)』の「こと(事)」の項に見出される。それは、「㊂他の語句を受けて、これを名詞化し、その語句の表す行為や事態を体言化する形式名詞。」の次の部分である。

　　⑥「人を表す名詞や代名詞に付く用法」(抜粋)。
　　　㋑その人を指し示したり、…に関して、などの意を添える。
　　・ロドリゲス大文典「ワレラ cotoua(私に関しては)。キデン cotoua(あなたに関しては)」
　　・浮世草子・傾城禁短気「太夫の浮雲事を忘れず」
　　・人情本・恩愛二葉草「三浦屋の傾城勝浦事(コト)、今吾が村の家に、市川屋の計ひを以て、差し置かるる上は」

・浮雲「母事も此頃はめっきり年をとり」
㈤通称と本名を合わせてあげるときに、通称、雅号、芸名などの下に付けていう。
・「六代目菊五郎こと寺島幸三」「南洲こと西郷隆盛」

やはり格助詞「コト」はこのような形式化した「こと」に由来するもののように感じられる。現在のところ語源についての手がかりはこの辺にあるのかもしれないと思っている(2008年3月)。

【補説3】埼玉県東南部方言における対格 /kolto/ と能格 /ŋalni/ の併存問題について

言語類型論(補説末尾の参考文献※を参照)から知られる諸知見をふまえて「コト」と「ガニ」の存在理由と成立の過程を論理的にたどってみたのが以下の論考である。もちろんこの仮説は文献等の史資料によって歴史的に跡づけることは現実には不可能である。

1. 基本的考え：
   ①以下の理由から、「対格言語における能格現象」と把えられる。(「能格言語における対格現象」に逆対応する言語現象として見ることができる。)
   ②従って、起源的に(論理的に)、対格コトが能格ガニに先行する。(目的語をコトで表現しにくいところを主語のガニが補塡する形で、機能を分担している。)
2. 考えられる格表示形成過程：
   ①「(主語)φ＋(目的語)φ＋他動詞」
   ②「(主語)φ＋(目的語)コト＋典型的他動詞(＝能動詞的他動詞)」
   ③「(主語)ガニ＋(目的語)φ＋非典型的他動詞(＝所動詞的他動詞)」

   ③の前段階として「(付加語)ニ＋(主語)φ＋所動詞(非対格動詞)」の段階が考えられる。それは、「付加語＋ニ」の位置に、まず有生性を表示する有生準体助詞ガと格助詞ニの連語形式の「[付加語＋ガ]＋ニ」が入って、その後に「[補足語]＋ガニ」と解釈されることで成立したのが、格助詞ガニと考えられるからである。この後で「補足語＋ガニ」が主語として文法化されて③の構文が成立したと思われる。なお、「名詞句＋ガニ」が主語化していることは、次の関連構文の中での文法的位置と機能から明らかかと思われる。

   「おまえガニ＋おれφ＋見える・か」　(所動詞的他動詞の能格型格表示)
   「おまえφ＋おれコト＋見える・か」　(所動詞的他動詞の対格型格表示)

cf.「おまえφ＋おれコト＋見てる・か」（典型的他動詞の対格型格表示）

主格に先行するニ格の付加語をもつ文「木の先ニ雀ガ見える」とガニ格の主語をもつ文「おれガニ雀ガ見える」はそれぞれは自然な文であるが、「木の先ニおれガニ雀ガ見える」のように1つにすると（非文ではないが）坐りの悪い文になるのも、「木の先ニおれニ雀ガ見える」からも類推できるように、両者の起源的か機能的か形態的か何らかの近さが関係しているのではないかと考えられる。

3. 《能格・対格表示の一般的傾向》：{典型的/非典型的}他動詞と{対格/能格}
   ①どんな能格言語でも、行為性・能動性の強い他動詞は能格構文をとるけれども、行為性・能動性の弱い他動詞は能格構文をとらない傾向がつよい。
   ②どんな対格言語でも、行為性・能動性の強い他動詞は対格構文をとるけれども、行為性・能動性の弱い他動詞は対格構文をとらない傾向がつよい。
   →どんな{能格/対格}言語でも、行為性・能動性の強い他動詞は{能格/対格}構文をとるけれども、行為性・能動性の弱い他動詞は{能格/対格}構文をとらない傾向が強い。

4. 《埼玉県東南部方言の対格表示と能格表示に関する暫定的見解》
   典型的他動詞文＝能動詞二項動詞文 → 対格型格表示（こちらが基本的構文である）

   行為性・能動性・他動性の強い典型的他動詞文は、目的語が有標的に対格表示され、主語は無標的に格表示される。「（主語）φ＋（目的語）コト＋典型的他動詞述語」が原初的形態。後にデフォールトのガがφ位置に置かれるようになり、「（主語）ガ＋（目的語）コト＋典型的他動詞述語」が成立。

   対格言語の主格 nominative は本来的には無標項で、対格 accusative が本来的に有標項と考えられる。

   非典型的他動詞文＝所動詞二項動詞文 → 非対格（能格）型格表示

   行為性・能動性・他動性の弱い非典型的他動詞文は、典型的他動詞文と同じには目的語を有標的に格表示しにくかったので、代わって、主語が有標的に格表示＝能格表示され、目的語は無標的に格表示された。「（主語）ガニ＋（目的語）φ＋非典型的他動詞述語」が原初的形態。後にデフォールトのガがφ位置に置かれるようになって、「（主語）ガニ＋（目的語）ガ＋非典型的他動詞述語」が成立。（既述のように「補足語の主語化」の視点が必要であるが。）

   能格言語の絶対格 absolutive は本来的には無標項で、能格 ergative が本来

的に有標項と考えられる。
　この項は下記文献を参照。
　　柴谷方良『言語の構造』(1982 くろしお出版)
　　角田太作『世界の言語と日本語』(1991 くろしお出版)
　　バーナード・コムリー『言語普遍性と言語類型論』(1992 ひつじ書房)(松本克己・山本秀樹訳)
　　リンゼイ J. ウェイリー『言語類型論入門』(2006 岩波書店)(大堀壽夫・古賀裕章・山泉実訳)
　　『言語学大事典』(「第6巻術語編(1996)、第1巻〜第5巻世界言語編」)等

3.9.2　副助詞

動詞・形容詞の連用形式・接続形式や準体形式、名詞・状態詞、副詞など種々の職能の語と結合し得る助詞を副助詞とする。
　A. 狭義の副助詞
　　連用格助詞に、例えば /'ore dake1 koto/(俺だけを) 〜 /'ore ko1to dake/(俺をだけ)のように、前置されることも後置されることも可能なもの。格助詞に先行するときは形式的には後続語に対して準体助詞的に働くが、意味的には格助詞に先行・後続を含めて先行語句に対して限定的・副詞的に働く。文の「構成要素」にかかわる助詞である。共通語と大差なく、類推できるものは概略だけにとどめる。
/ŋure1 〜 ŋure1ʀ 〜 ŋura1'i/(ぐらい)：大体の程度・見当
/dake/(だけ)：限定
/na1ɴka/(なんか)：例示
/na1ɴte/(なんて)：軽いもの扱いの例示
/be1 〜 be1ʀ/(ばかり)：程度の限定の意味が次項に比べて強い。
　　指示代名詞との結合では /kore ɴbe1ʀ, sore ɴbe1ʀ, 'are ɴbe1ʀ/ となる。
　　程度副詞 /ciQto 1ɴbe/(少しだけ)も同類。/'orebeʀsiki/(自己中心的で「俺が、俺が」とばかり言う人・様子)も「おれ＋べえ＋しき(限定 cf. これしき)」に由来。
　　「ばかり → ばり → ばい → べー」と変化してできた語。/baQka1ri/ と二重語 doublet。
/baQka1ri 〜 baQka1si/(ばかり)：程度の限定の意味が前項に比してやや弱い。
/hodo/(ほど)：程度

/malde ～ made1/(まで)：限度・限界を表す。
　/malde/ は、意味的には開始限界（出発点・起点・開始点）の格助詞 /kara/ に対して終了限界（到達点・着点・終了点）を表すが、機能的には格助詞との結合が /kolto made, ŋe1 made, ŋa1ni made, ni1 made, kara1 made//malde ni, malde de/ のように可能で、これは普通の格助詞には見られず、通常の格関係とは異なる秩序に属していることを示している。象徴的なのが /kara1 made/ で、/kara1 mo/ のような意味で、/tozu1ka kara made korzen ŋa tozu'i1cjaQta↓/（[殆ど行き来のない]戸塚の親戚からマデ香典が届いた）というように使われている。

/ka/(か)：不定・不確定
　不定の指示語に付くときは、それが指定する範疇の成員のだれか・どれかを特定できないこと表す。

/Qkiri/(きり)：限定

/Qcu/(ずつ)：配分
　/hitocu Qcu1, hutaQcu Qcu1, …/（一つずつ、二つずつ、…）。
　/hutaRri ŋure1 Qcu/（二人ぐらいずつ）から分かるように接尾辞ではない。

/doko1N/(どころ)：活用語の終止＝連体形、名詞・状態詞を承けて準体助詞的に、/ka, no, zja na1'i/ と結合して、先行する形式が指示する前件の事態を受けて、前件の事態に対極的 antithetic な事態に言及する。/〜ka/ の他は否定を明示する断定の助動詞の否定形を伴う。
　/'okora'iru doko1N ka gjaku ni homera'i1ta↓/（怒られるどころかほめられた。）
　/'waraQteru doko1N no hanasi zja ne1R 'jo↓/（笑っているどころの話ではない。）
　/'ita1kute netera'iru doko1N zja naka1Qta↓/（[歯が]痛くて寝ていられなかった。）

B. 係助詞
　連用格助詞に、例えば /'ore dake1 'wa/ のように常に後置されるもの。文の「構成」にかかわる助詞である。共通語と大差なく、類推できるものは概略だけにとどめる。

/'wa/(は)：他者・他物を配慮した取り立て（対比）を表す。

/mo/(も)：同類を配慮した取り立てを表す。
　/mo/ は、不定の指示語に付くときは、それが指定する範疇の全ての成員を指す。
　/mo/ は、共通語の頭高型に対応する第2モーラにアクセント核のある

不定の指示語類に付いた場合、アクセント核がそのまま残る形と、共通語と同様にアクセント核が消える形の二様の発音が観察される。
　　例：/dare˥ ni mo ～ dare ni mo/、/doko˥ ni mo ～ doko ni mo/、/nani˥ mo ～ nani mo/ ナド。
　（「b 副助詞のアクセント b−1」107 頁参照。）
/ko˥so ～ koso˥/（こそ）　：話題を一つに絞る働きをする。
/ko˥sa ～ kosa˥/（こそは）：話題を一つに絞って取り立てる働きをする。
　　例えば「親の恩があったればこそ…」を高年層では /…'aQta˥ba koso …/ と言っている。かなりよく耳にする。/siQteta˥ba koso/（知っていたからこそ）。
　/ko˥sa/ は格助詞と結合した例が殆ど見つからない。
　/koN˥do kosa gaNbaru˥↓/（今度こそは頑張る。）
　/'ore ko˥sa 'waru˥kaQta↓/（俺こそ悪かった。）
/se˥ ～ se˥R ～ sa˥'i/（さえ）
/de˥mo ～ demo˥/（でも）：不定の指示語に付くと全成員に妥当することを表す。
/da˥Qte/（だって）
　「子供｛さえ / でも / だって｝できる（ことが、大の大人ができない）。」
　「子供｛さえ / でも / だって｝知っている（のに、大の大人が知らない）。」
　基本的には対極的事柄・事態を前提としていて、そのうち「本来的にはネガティヴ」と考えられている事柄・事態の方を取り上げて、「本来的にはポジティヴ」と考えられている事柄・事態の方の「非本来的なあり方」を類比的に際立たせるのがこれらの助詞の意味機能と考えられる。対比の相手が不特定化すると、事柄の極的提示という性格を帯びた表現となる。/'ocja ni˥ demo siQ ka↑/（お茶にでもするか。）など。
/si˥ka ～ si˥kja/（しか）：排除的限定。必ず否定語を伴う。/si˥kja/ は高年層。

3.9 助詞

格助詞との結合については次の表が得られる。（アクセント記号省略）

	+ 'wa	+ mo	+ se(R)	+ demo	+ daQte	+ sikja
ŋa	φ 'wa	φ mo	φ se(R)	φ demo	φ daQte	φ sikja
koto	koto 'wa	koto mo	koto se(R)	koto demo	koto daQte	koto sikja
ŋe	ŋe 'wa	ŋe mo	ŋe se(R)	ŋe demo	ŋe daQte	ŋe sikja
ŋani	ŋani 'wa	ŋani mo	ŋani se(R)	ŋani demo	ŋani daQte	ŋani sikja
ni	ni 'wa	ni mo	ni se(R)	ni demo	ni daQte	ni sikja
'i	'i 'wa	'i mo	'i se(R)	'i demo	'i daQte	'i sikja
to¹	to 'wa	to mo	to se(R)	to demo	to daQte	to sikja
site	site 'wa	site mo	site se(R)	site demo	site daQte	site sikja
de	zja〜da	de mo	de se(R)	de demo	de daQte	de sikja
kara	kara 'wa	kara mo	kara se(R)	kara demo	kara daQte	kara sikja
'jori	'jori 'wa	'jori mo	—	—	—	—
to²	to 'wa	to mo	to se(R)	to demo	to daQte	to sikja
Qte	Qte 'wa	Qte mo	Qte se(R)	Qte demo	Qte daQte	Qte sikja

この表に関連して次の諸点に注意。

イ．/ŋa/ は、他の格助詞と異なって、すべての係助詞と共起しない。しかし、分布その他から考えて、/ŋa/ がないのではなくφ形態を取って存在すると考えることができる。但し、助詞なしの主格補語（主語）の普通な方言では、やはり問題が残る。

ロ．/koto/ は、係助詞の前で任意にφ形態と交替可能で、「太郎φは犬コトは可愛がる」は、「太郎φは犬φは可愛がる」とふつうに言える。

ハ．/ŋalni/（と同意の /ni/）も任意にφ形態と交替可能で、「おれガニもおまえガ分からない」(「おれニもおまえガ分からない」)は「おれφもおまえガ分からない」とふつうに言える。(「おれガおまえガ分からない（こと・の）」と二重ガ格ではふつうは言わないと思われるので /ŋa/ のφ形態ではないと思われる。)

ニ．時に /ŋa/ のφ形態か、/ŋalni/（と同意の /ni/）のφ形態か曖昧な場合として次のような可能動詞文がある。
「おれガニはもう歩けない」(「おれニはもう歩けない」)→「おれφはもう歩けない」
「赤ちゃんガもう一人で歩けてる」→「赤ちゃんφはもう一人で歩けてる」

3.9.3 接続助詞

「接続語＋被接続語」は、構成要素がともに活用語(および、それと機能上等しい単語・単語結合)で、被接続語が「接続語＋被接続語」を代表せず、接続語が被接続語に対して意味上何らか制限的であるものをいう。次の2類があるが、b類は特殊である。

a. 動詞・形容詞・助動詞の終止形式について、接続語を構成する。

「名詞・状態詞＋/da/＋接続助詞」の/da/の交替する形式を( )入れで示す。次のようなものがある。共通語と大差なく、類推できるものは概略だけにとどめる。

接続助詞のアクセントは、先行語にアクセント核があるときは抑圧される。終止＝連体形でアクセント核がない活用語に付くときに現れる形を表示している。

/(da˥) ka˥ra/(から)：原因・理由。順接。

/(da˥) ka˥raQte/(からとて、からって)：不拘束的な原因・理由。逆接。

/(da˥) ka˥raba/(からには、から)：拘束的な理由。「やるカラバ最後までやれ」、「行くカラバ待ってろ」のように使われる。「からには、からは」からの変化か。

/(da˥) ke˥ɴdo 〜 (da˥) ke˥do/(けれど、けど)：逆接。

/(da˥) si˥/(し)：並列・順接。

/(da˥) to/(と)：一般条件。

/(da˥) mo(˥)no/(もの)：原因・理由。順接。

/(na˥) ˥ɴde/(ので)：根拠のある原因・理由。順接。

/(na˥) no˥ni/(のに)：逆接。

/(da˥) ni/(のに)：逆接。終止形、推量形 /daɴbe˥ʀ, daro˥ʀ/ に付く。文末用法では心残り(遺憾)を表す。/sitara dame da˥ ni↓/(したらだめなのに。)

/kuse˥ni/(くせに)：/名詞＋no＋kuse˥ni、状態詞＋na＋kuse˥ni/。逆接。

/kuse˥site/(くせして)：/名詞＋no＋kuse˥site、状態詞＋na＋kuse˥site/。逆接。

・「接続語－被接続語」言い換えれば「理由節－帰結節」の帰結部分を場面や文脈に委ねて言いさす一種の省略語法が広く聞かれる。特に /ka˥ra/ /ni//si/ が耳立つ。/ka˥ra/ は、終助詞 /na/ と結合して /ka˥ɴ na/ と言うのがふつうである。

例：/maQte˥Q kaɴ na↓/(待ってるからな。)、/sineQte 'iʀ˥ ni↓/(しなくていいのに。)、/'ju'waneQte 'wakaQte˥ɴ daɴbe ni↓/(言わなくても分かって

いるだろうに。)、/kodomo zja 'aɴmeɪ si↓/(子どもじゃあるまいし。)

b. 動詞の不定形※、名詞について、接続語を構成する。
/naŋara/（ながら）：

動作性の形式（動作動詞）との結合形は「同時」を、状態性の形式（状態動詞・名詞）との結合形は「逆接」を表す。

　例：/naki naŋara keQteɪ kita↓/
　　　（泣きながら帰って来た。）
　　　/'uci ɴ nakaɪ ni 'i naŋara damaQteɪ'jaŋaQta↓/
　　　（家の中にいながら黙っていやがった。）
　　　/kodomo naŋaɪra 'iQsjokeɴɪmeʀ daQta ɴ daɴbe naɪʀ↓/
　　　（子供ながら一生懸命だったのだろうなあ。）
　　　/kono seʀseki niɪ 'wa zibuɴ naŋaɪra 'odoro'iɪteru↓/
　　　（この成績には自分ながら驚いている。）

職能を異にする動詞不定形と名詞に付くので付属語と考えるが、共通語に見られる、例えば「この子は小さいながらよくがんばった」や「あの人は真面目ながらもさばけている」という形容詞の終止＝連体形や状態詞（いわゆる形容動詞語幹）に付く用法は実際に聞いたり観察したりしたことがなく、ふつうはそう言わないという話者もあって、いちおう形容詞や状態詞にはつかないとした。（絶対に用例が無いとは言い切れないが、こういう表現は共通語的に感じられる。）

名詞との結合形は、語彙的に偏りがあり、意味も接続的（〜ダケド・ナノニ）なだけでなく、副詞的（〜ノママニ・トトモニ）に働くもの（/namida naŋaɪra/など）があり、名詞との結合自体、接続助詞としては異例であるなど、接尾辞として別扱いすべきかもしれない。名詞との結合形を除外し、形容詞・状態詞に付かないとすると、この形式は付属形式となる。その場合は「動詞＋統語接尾辞」として動詞の接続形式の１つとすべきだが、いちおうこのままにしておく。

※厳密にはアクセントは動詞不定形とは異なる。/naŋara/との結合形全体が１つのアクセント素を持ち、終止＝連体形でアクセント核のない形式はアクセント核のない形に、終止＝連体形でアクセント核が語尾にある形式は /〜 naŋaɪra/ という形になる。語尾以外にアクセント核のある形式はアクセント核はそのままで移動しない。

　例：/naki naŋara/(泣きながら)、/'aruki naŋaɪra/(歩きながら)、

/'oQkoɪci naŋara/（落ちながら）

名詞＋ /naŋara/ のアクセントは全体で / 〜 naŋaɪra/ という形になる。

3.9.4　並立助詞

主として、名詞および名詞相当の機能の語句に付いて「並立語＋被並立語」構造を構成する。一部に活用語の /〜 no 〜 no、〜 dano 〜 dano/ 並立を認める必要がある。

「並立語＋被並立語」の2類型：

a 型：「自立語¹・並立助詞＋自立語²・並立助詞」

　自立語は単語結合でもよい。自立語¹と自立語²は機能的に同類でなければならない。前後の並立助詞は同一語。この類の並立助詞は /ka, to, toka, dano, no（活用語）, mo/。

b 型：「自立語¹・並立助詞＋自立語²」

　自立語は単語結合でもよい。自立語¹と自立語²は機能的に同類でなければならない。この類の並立助詞は /to, ka, 'ja/。

並立助詞には次のようなものがある。（228 頁の「3.5 名詞」の⑥を参照）　共通語と大差なく、類推できるものは概略だけにとどめる。

/ka/（か）：不定・選択。a 型と b 型が可能。

/to/（と）：閉鎖的な並列・列挙。a 型と b 型が可能。

/'ja/（や）：開放的な並列・列挙。a 型と b 型が可能。

/toka/（とか）：代表例示。a 型。

　本来は並列の /to/ に不定化・不特定化の /ka/ が付いたもの。

/dano/（だの）：例示。a 型。名詞の並立

/no/（の）：例示。a 型。活用語の並立

　名詞の並立の /[N¹ da] no [N² da] no/ と、活用語の並立の /V¹ no V² no/ は、本来同じ /no/ による並立で、/dano/ は助動詞 /da/ と /no/ の連語である。

/mo/（も）：同類付加。a 型。

3.9.5　終助詞

文末部に現れ、文を閉じる（断止する）機能を持つ。終助詞には次のようなものがある。共通語と大差なく、類推できるものは概略だけにとどめる。

① /ka 〜 kaʀ/：（終止＝連体形末尾 /-ru/ の動詞類 ＋ /ka/→/-Q ＋ ka/）

　不定人称者の疑問を表す。/daɪ/ と共起しない（/daɪ/→/ φ /）。

② /kaʼi/：(終止＝連体形末尾 /-ru/ の動詞類＋/kaʼi/→/-Q＋kaʼi/)
　前項＋強意の /-ʼi/。
③ /sa 〜 saʀ/：
　第一人称者の確言を表す。共通語と違い、/daꞏ/ と共起もする。
　/ʼare no ʼjuʀ koto ʼwa ʼiculmo hoɴto daꞏ sa ↓/
　(あれの言うことはいつも本当だきさ。)
　これは、/ʼare no ʼjuʀ koto ʼwa ʼiculmo hoɴto φ sa ↓/ とは異なる。前者の方が確言の程度が強い。
④ /ze 〜 zeʀ (de 〜 deʀ)/：
　(終止＝連体形末尾 /-ru/ の動詞類＋/ze/→/-ɴ＋de 〜 ze/)
　第一人称者の、第二人称者に対する多少ぞんざいな告知を表す。
　音便変化については /-ru＋ze →-ɴ＋de/ が普通だが、/-ɴ-ze/ も聞く。自由変異。
⑤ /zo 〜 zoʀ (do 〜 doʀ)/：
　(終止＝連体形末尾 /-ru/ の動詞類＋/zo/→/-ɴ＋do 〜 zo/)
　第一人称者の、第二人称者に対する強意的な告知を表す。
　音便変化については /-ru＋zo →-ɴ＋do/ が普通だが、/-ɴ-zo/ も聞く。自由変異。
⑥ /te 〜 Qte/：
　第一人称者の主張を表す。
　/dareꞏ ŋa soɴna koto siQteru te ↓/
　(誰がそんなことを知っているものかテ。)
　/ʼoʼi daꞏQtara kamaʼaneꞏ te ↓/
　(俺だったらかまわないヨ。放っておいてくれヨ。)
　/madaꞏmada ʼaʼicu ʼwa kodomo daꞏ te ↓/
　(まだまだあいつは子供だヨ。[お前はそう思わないかもしれないが]。)
⑦ /na 〜 naʀ/：(終止＝連体形末尾 /-ru/ の動詞類＋/na/→/-ɴ＋na/)
　a. 第一人称者の感動を表す。
　b. 第一人称者の第二人称者に対する念押しを表す。
　/ʼaʼicu ʼwa madaꞏmada kodomo φ naꞏ ↓/
　/ʼaʼicu ʼwa madaꞏmada kodomo da naꞏ ↓/
　(あいつはまだまだ子供だなあ。)
　男性の言葉でも /daꞏ/ 抜きが普通に聞かれる。前者の方が多少語気が柔ら

かい。

⑧ /ne 〜 neʀ/：(終止＝連体形末尾 /-ru/ の動詞類＋/ne/→/-ɴ＋ne/)
前項の /na 〜 naʀ/ の b に丁寧さが加わったもの。

⑨ /moɴ/：(終止＝連体形末尾 /-ru/ の動詞類＋/moɴ/→/-ɴ＋moɴ/)
第一人称者の第二人称者に対する理由の提示を示す。
/'ɴɴna koto 'o'i daQte siQteɴ moɪɴ↓/(そんなことは俺でも知っているもの。)
/da keɪdo ｜ 'ora soɴna koto siranakaQtaɪ moɴ↓/
(だけど、俺はそんなことを知らなかったもの。)

⑩ /'ja 〜 'jaʀ/：
第一人称者の(詠嘆的)確認を表す。
/moʀ 'iʀɪ 'jaʀ↓/(もういいや。)、/ha'jaɪku 'ikubeɪ 'ja↓/(早く行こうや。)

⑪ /'jo 〜 'joʀ/：
第一人称者の第二人称者に対する告知を表す。

⑫ /'wa/：
第一人称者の軽い断言を表す。
動詞の主張形とは幾分意味が違っている。

⑬ /'ɴɴna/：
発話や文の対話者(理解者)の示した判断を受けて、第一人称者の不同意(不満)を表す。
/'ora siroɴkaɪ ⌒ 'ɴɴna↓/(俺は知らない。[お前が何と言っても。])
/ha'jaɪku 'ikeɪ 'jo ⌒ 'ɴɴna↓/(早く行けよ。[もう。])
　/'ora siroɴkaɪ 'jo ⌒ 'ɴɴna↓/、/'ora siroɴkaɪ 'jo↓ 'ɴɴna↓/ とも なるので、/'ɴɴna/ を自立語として処理すべきかもしれないが、このような自立語が他にないのと、多くは一息に発話されることなどによって、付属語とした。

終助詞と自立語との結合可能性について表にすると次のようになる。

	ka	sa	ze	zo	te	na	moN	'ja	'jo	'wa	'NNna
mizu	○	○	×	×	×	○	×	×	(○)	×	×
kire˥R	○	○	×	×	×	○	×	×	(○)	×	×
kire˥R-da	×	○	○	○	○	○	○	×	○	○	○
kire˥R-daro(R)	○	○	○	×	○	○	×	×	○	×	○
taka˥'i	○	○	○	○	○	○	○	○	○	○	○
taka˥kaNbe(R)	○	○	×	×	○	○	×	○	○	×	○
'iku	○	○	○	○	○	○	×	○	○	×	○
'iku˥'i	×	×	×	×	○	×	×	×	×	×	○
'ike˥	×	×	×	×	○	×	×	○	○	×	○
'ikina˥	×	×	×	×	○	×	×	×	○	×	○
'iko˥R	○	○	○	○	○	○	×	○	○	×	○
'ikube˥(R)	○	×	×	×	○	○	×	○	○	×	○
'iku-daN˥be(R)	○	×	×	×	○	○	×	○	○	×	○
'ikuna˥	×	×	×	×	○	×	×	×	○	×	○
'ikume˥(R)	○	○	×	×	○	○	×	○	○	×	○
'ikoNka˥	×	×	○	○	○	×	×	×	○	×	○
'ika˥(R)	×	×	×	×	×	○	×	×	×	×	○
	ka	sa	ze	zo	te	na	moN	'ja	'jo	wa	'NNna

3.10 間投助詞

間投助詞には次の3語が認められる。いずれも、話し手の聞き手に対する持ちかけ、対話の当事客体として相手を定立する表現である。意味的には終助詞と同じだが、機能・用法上から特立されたものである。

/na 〜 naR/ ：第一人称者の、第二人称者に対する念押しを表す。

/ne 〜 neR/ ：前項＋丁寧さ

/'jo 〜 'joR/ ：第一人称者の第二人称者に対する告知を表す。

4. 構文法

4. 構文法

　構文法 syntax に関しては、その概要については既に触れてはいるものの、主題的に全般にわたり論述することは、1972 年の時点では省略に従った。1996 年の私家版と 2016 年の本書においては、構文法に関連した項目を本文中に補足してかなり注記を行った。以下に、格助詞と構文に関する論考二編を、重複するところが多くまた十分なものではないが、構文法の参考としてあげる。

4.1 埼玉県東南部の方言（旧北足立郡安行村方言）の「統語的格助詞」の配置

関連する構文間で動詞語幹との意味関係においては変化がないにもかかわらず、使役文・受動文・可能文等で動詞派生接尾辞付加に伴い格助詞に交替の見られるものを「統語的格助詞」と呼ぶこととする。

4.1.1 「基本構文」における統語的格助詞の配置
4.1.1.1 一項述語文における統語的格助詞の配置
　　㈠　生ガ 動スル　　　／無生ガ 動スル
　　㈡　生ガ 形ダ　　　　／無生ガ 形ダ

・生は生物名詞、無生は無生物名詞。動スルは動詞形態、形ダは形容詞・形容動詞形態の代わり。（「状態詞＋ダ」連語をひとまず「形容動詞」として記述する。）
・格助詞ガは任意にゼロ「φ」と交替する。但し、ガ形態は総記の意味を担いやすく、ゼロ形態が中立で通常の言い方であるが、格（助詞配置）関係を明らかにするために、多少不自然でもガ形態を示した。以下同様である。
　例：
　　㈠　春夫ガ来た　　／桜ガ咲いた
　　㈡　春夫ガ若い　　／桜ガきれいだ

4.1.1.2 二項述語文における統語的格助詞の配置
　　㈢　　生¹ガ生² コト動スル　　　　／生ガ無生φ動スル
　　㈣a　生¹ガニ生² コト動スル　　　／生ガニ無生φ動スル
　　㈣b　生¹ガニ生²ガ動スル　　　　／生ガニ無生ガ動スル
　　㈤　　生¹ ニ生²ガ動スル　　　　　／生ニ無生ガ動スル
　　㈥　　生¹ガ生²ガ形ダ　　　　　　／生ガ無生ガ形ダ
　　㈦　　生¹ガ生² コト形ダ　　　　　／生ガ無生φ形ダ
　　㈧　　生¹ガニ生²ガ形ダ　　　　　／生ガニ無生ガ形ダ
　　㈨　　生¹ ニ生²ガ形ダ　　　　　　／生ニ無生ガ形ダ

・対格助詞コトは生物名詞にだけ付く。無生物名詞の目的語は助詞ゼロである。動詞だけでなく形容詞・形容動詞の目的語も共通語と異なり、ガでなくコトを取る。これは前述のように主語が通常ゼロ助詞を取ることと関係し、「生物主語＋生物目的語＋他動性述語」（例、「春夫φ夏子φ好きだ。」）においてはゼロが続くと意味が曖昧になることもあって対格助詞コトが発

達したものと思われる。「生物主語＋無生物目的語＋他動性述語」(例、「春夫φ酒φ好きだ。」)においてはこの点で曖昧さが生じない。コトは曖昧さがなければ任意にゼロと交替しうる(例、「春夫φ犬φ飼ってる。」)。ガと同様な理由で、例文では格(助詞配置)関係を明らかにするために、コト形態を示した。

・能格助詞ガニは生物名詞にのみ付き、所有文・必要文・可能文・難易文の主体的関与者(補足語 complement(必須成分))を表示する。可能動詞述語文では生２が対格助詞コトを取る㈣a型が普通であることから、ガニは主格助詞の一種と考えられる(但し、㈣b型でも言う)が、所有文・必要文・難易文では㈣b型のようにしか言わないので、まさに能格構文ということになる。主体的関与者にガニをとる所有・必要・難易の形容(動)詞述語文では意味的に生２と共起するものが少ないのではっきりしないが、コトではなくガを取るように思われる。ガニは年齢層が下るに連れて、所有文→必要文→可能文・難易文の順でニに置き換えられ失われていく傾向が顕著である。従って、㈣a・㈣b、㈧のガニはニと通時的・共時的に交替可能になっている。

・いわゆる与格構文は共通語と異なり、主語の位置に与格助詞が現われない。(但し、次項に述べるように非主体的関与者(付加語 adjunct(随意成分))としての与格構文は存在するが、かなり意味が異なり、通常の共通語の与格構文(実は「位格文」)にそのまま対応する文とは言えない[その意味では非文])。方言の与格助詞はゲで、ガニは能格、ニは位格の助詞である。従って、通常の共通語の「位格型の文」に対応する㈣㈧・㈤㈨の文は能格構文ないし位格構文と考えるべきことになる。

・高年層では㈣㈧の能格助詞「ガニ」を与格助詞「ゲ」に変えることで、動作の主体的関与者(補足語)を非主体的関与者(付加語)(「～にとって」のような意味)とすることができる。(但し、㈣㈧のすべての文が変換可能なのではなく、意味的に不可能なものもある)。このような与格構文は、能格構文と比べて二次的と見られるのでプライムを付けて㈣b′㈧′とした。

例：
　　㈢　春夫ガ犬コト蹴った／春夫ガ石φ蹴った／春夫ガ顔φ洗った
　　㈣a　春夫ガニは夏子コト見えなかった／春夫ガニは車φ見えなかった
　　　　・㈣a型の動詞は、可能動詞の見エル・聞コエル・分カル・出来ルなどが属している。この種の動詞は同時に㈣b型でも使われる。

4.1　埼玉県東南部の方言（旧北足立郡安行村方言）の「統語的格助詞」の配置

④b　春夫ガニは夏子ガ見えなかった／春夫ガニは車ガ見えなかった
- ④a型に属する可能動詞はこの型でも使われる。
- ④b型には、高年層では、可能動詞の他に、所有のアル、必要の要ルなどが属する。但し、所有のアルは⑤型になる傾向が著しい。

④b′　春夫ゲは夏子ガ見えなかった／春夫ゲは車ガ見えなかった
- 「ガニ」を「ゲ」にすることで非主体的関与者（付加語）とすることができる。
（非主体的関与者としての与格名詞句を主格名詞句の前に置いた構文）。
「春夫ニトッテハ夏子ガ（車ガ）見えなかった」という意味になる。

⑤　春夫ニは子供ガある／春夫ニは財産ガある
- ⑤型の動詞は、有ル・要ルなどが属する。
- 高年層では、⑤型は、本来は④b型で言ったと思われ、そのような内省も聞くことができた。

⑥　私φは今の仕事ガ辛い／私φは肩ガ痛い
　春夫φは今の仕事ガ辛いみたいだ／春夫φは肩ガ痛いみたいだ
- 二項ともが主格助詞「ガ」の⑥「〜ガ〜ガ」（二重主格）は、「辛い」「楽しい」などの情意形容詞（感情形容詞）の一部と「痛い」「寒い」などの感覚形容詞が取る構文である。ただ感情形容詞文と感覚形容詞文は内部構造に違いがある。
- 感情形容詞の、ガ格主語は心理的な「主体（感じ手）」、ガ格目的語（対象語）は（「辛く感じる」「楽しく感じる」という心理作用の）「対象」を表す。感情形容詞は⑧「〜ガニ〜ガ」の文型も取り得る。
- 感覚形容詞の「二重主格」は、例えば「私は［肩が寒い］」は、「象は［鼻が長い］」と同じで、［肩が寒い］［鼻が長い］という節構造が上位の主語（「私」「象」）の述語節となっているような階層的文構造をなしていると思われる。意味構造的には「［私の肩］が寒い」「［象の鼻］が長い」という関係が成立するが、疑問詞疑問文を使うとこの二者間に所有関係の違いが現れる。前者は「おれは腰ガ痛いけど、おまえは｛×何／どこ｝ガ痛い？」のように「おまえの｛×何／どこ｝」、後者は「キリンは首ガ長いけど、象は｛何／？どこ｝ガ長い？」のように「象の｛何／？どこ｝」となる。感覚形容詞の二項関係がどういうものかをよく表していると

思われる。感覚形容詞は⑥「〜ガニ〜ガ」の文型も取り得る。
なお、感情形容詞文の「おれは[仕事ガ辛い]」は、前二者と構文的に異なるだけでなく、「[おれの仕事]ガ辛い」とも意味的に異なっている。

⑦ 私φは夏子コト好きだ／私φは桜φ好きだ
春夫ガ夏子コト好きみたいだ／春夫ガ桜φ好きみたいだ
- ⑦型の述語は、「好き・恋しい・憎い」などいわゆる対象語を取る情意性の形容詞や形容動詞がこれに属する。本方言ではこれらの対象語は明瞭に対格助詞コトを取り目的語である。「苦手」も「春夫は夏子コト苦手だ。」のようにこの構文を取ることができる。
- 例えば「〜ガ＋〜コト＋恋しい」は、「〜ガ＋〜コト＋恋しく{感ジテイル／思ッテイル}」と敷衍できるような関係と話者は感じているようである。

但し、第一人称者の直接的情意の表出でない場合、⑥「〜ガ〜ガ」、⑧「〜ガニ〜ガ」も取り得る。「春夫φは夏子ガ好きみたいだ」「春夫ガニは夏子ガ好きみたいだ」。

⑧ 春夫ガニは夏子ガ難しい（≒扱いにくい）／春夫ガニは英語ガ難しい
- ⑧のような難易文は④と違ってコトを取らない。
- 「辛い・楽しい」「痛い・苦しい」などの感情・感覚形容詞もこの文型を取ることがある。「春夫ガニ今の仕事ガ辛いみたいだ」
- ⑧型には、高年層では、ナイ、必要ダなども属する。（cf. 動詞文④b）
- 例えば「〜ガニ＋ガ＋辛い」は、「〜ガニ＋ガ＋辛く{感ジラレル／思ワレル}」と敷衍できるような関係と話者は感じているようである。

⑧′ 春夫ゲは夏子ガ難しい（≒扱いにくい）／春夫ゲは英語ガ難しい
- 「ガニ」を「ゲ」に変えることで非主体的関与者とすることができる。
（非主体的関与者としての与格名詞句を主格名詞句の前に置いた構文）。
「春夫ニトッテハ夏子ガ（英語ガ）難しい」という意味になる。

⑨ 春夫ニは子供ガない／春夫ニは財産ガない
- ⑨型の述語にはナイ・多イなどが属する。（cf. ⑤）

4.1 埼玉県東南部の方言(旧北足立郡安行村方言)の「統語的格助詞」の配置　309

・高年層では、㋨型は㋷型で言うのが本来の形であると思われるが、現在多くは㋨型に言う。(cf. ㋬)

4.1.1.3 三項述語文における統語的格助詞の配置

㊉a　生¹ガ 生²{ゲ/ イ / ニ} 生³コト 動スル
　　／生¹ガ 生²{ゲ/ イ / ニ} 無生φ 動スル
　　／生¹ガ 無生²{ イ / ニ} 無生φ 動スル
㊉b　生¹ガ 生²{カラ / ニ} 生³コト 動スル
　　／生¹ガ 生²{カラ / ニ} 無生φ 動スル

・高年層の与格助詞ゲは生物名詞にのみ付く。ゲは生物への接近的方向性を持ち、この点で生物・無生物に対して中立的な、単なる接近的方向性を表わす方向格助詞の「ヘ/'i/」と限定的・部分的に重なる。

それに対して、ニは位置(文脈から着点の意味が生じる)を表し、両者は微妙に使い分けられている。成年層では与格助詞ゲは方向格イと位置格ニに置き換えられ失われる傾向が顕著である。

離脱的方向性は奪格助詞カラで表わされる。方向性に関して中立的な位置格のニもこの位置に現れ、併存している(文脈から起点の意味が生じる)。

㊉aは主語起点型の授受動詞(与格動詞)、㊉b述語は主語着点型の授受動詞(奪格動詞)である。㊉bのニは坐りが悪いが「夏子ニもらった子猫」「夏子ニもらった贈り物」なら不自然さが感じられない。

例：
　㊉a 春夫ガ夏子 {ゲ/ イ / ニ} 子猫コトくれた(以下必要に応じて「渡す」で代用。)
　　／春夫ガ猫 {ゲ/ イ / ニ} 餌φくれた
　　／春夫ガ草 { イ / ニ} 水φくれた
　㊉b 春夫ガ夏子 {カラ / ニ} 子猫コトもらった
　　／春夫ガ夏子 {カラ / ニ} 贈り物φもらった

4.1.2 「関連派生構文」における統語的格助詞の配置

上記の基本構文を核とする「関連派生構文」における統語的格助詞の配置を、使役文、間接受動文、直接受動文、可能文について記す。

4.1.2.1 「使役文」における統語的格助詞の配置

使役文（使役者＋「基本構文」＋サセル）

使㊀a　使ガ 生ゲ 動サセル　　　　　／　—
使㊀b　使ガ 生コト 動サセル　　　　／使ガ 無生φ 動サセル
使㊁a　使ガ 生¹ゲ 生²コト 動サセル　／使ガ 生ゲ 無生φ 動サセル
使㊁b　　—　　　　　　　　　　　　／使ガ 生コト 無生φ 動サセル
使㊂　　使ガ生¹ゲ生²コト動サセル　　／使ガ生ゲ無生φ動サセル
使㊃a　使ガ生¹ゲ生²ゲ生³コト動サセル／使ガ生¹ゲ生²ゲ無生φ動サセル
使㊃b　使ガ生¹ゲ生²カラ生³コト動サセル
　　　　　　　　　　　　　　　　　／使ガ生¹ゲ生²カラ無生φ動サセル

・使は使役者。動サセルは「動詞語幹＋接尾辞 -Sase-Ru」の複合形態の代表。

例：

使㊀a　太郎ガ春夫ゲ来させた　　　　／　—
使㊀b　太郎ガ春夫コト来させた　　　／太郎ガ桜φ咲かせた
使㊁a　太郎ガ春夫ゲ犬コト蹴らせた
　　　　　　　　　　　　　　　　　／太郎ガ春夫ゲ{石φ蹴らせた／顔φ洗わせた}
使㊁b　　—　　　　　　　　　　　　／太郎ガ春夫コト顔φ洗わせた
使㊂　　太郎ガ春夫ゲ夏子コト分からせた
　　　　　　　　　　　　　　　　　／太郎ガ春夫ゲ（乗る）車φ分からせた
使㊃a　太郎ガ春夫ゲ夏子ゲ子猫コト渡させた
　　　　　　　　　　　　　　　　　／太郎ガ春夫ゲ夏子ゲ贈り物φ渡させた
使㊃b　太郎ガ春夫ゲ夏子カラ子猫コト貰わせた
　　　　　　　　　　　　　　　　　／太郎ガ春夫ゲ夏子カラ贈り物φ貰わせた

・使役の対象者は使㊀bと使㊁bを除き与格助詞のゲ（成年層ではニ）で表わされる。

・使㊀aと使㊀bとは意味が異なり、前者は許容使役、後者は強制使役であるが、この対立は、使㊀と使㊁を除いては中和している。使役の対象者を対格助詞コトで表わすと、基本構文にあった目的語の対格助詞コトと重なり二重コト格となるので忌避され、強制使役も、使役の対象者が与格助詞ゲで表わされるためである。但し、基本構文の目的語が無生物類名詞の時はコトがないので使役の対象者をコトで表わせることがある。

・㊃aは、「生¹ゲ生²ゲ」を続けて言うと理解不能になりやすく、「生¹ゲ」の後に少しの音休止を置いて後は続けて言うと分かりやすくなる。多少の

4.1 埼玉県東南部の方言(旧北足立郡安行村方言)の「統語的格助詞」の配置　311

不自然さはあっても文法的な文と判断される。許容度や文法性の点で二重ゲ格は二重コト格と違っている。

4.1.2.2 「間接受動文」における統語的格助詞の配置
間接受動文(受動者+「基本構文」+サレル)
　間受㊀　受ガ生ニ動サレル　　　　　　／受ガ無生ニ動サレル
　間受㊁　受ガ生^{1}ニ生^{2}コト動サレル　／受ガ生ニ無生φ動サレル
　間受㊂　受ガ生^{1}ニ生^{2}ゲ生^{3}コト動サレル／受ガ生^{1}ニ生^{2}ゲ無生φ動サレル
・受は受動者。動サレルは「動詞語幹と接尾辞 -Rare-Ru」の複合形態の代表。
例：
　間受㊀　太郎ガ春夫ニ来られた　　　　／太郎ガ雨ニ降られた
　間受㊁　太郎ガ春夫ニ犬コト蹴られた　／太郎ガ春夫ニ石φ蹴られた
　間受㊂a 太郎ガ春夫ニ夏子ゲ子猫コト渡された
　　　　　([太郎ガ[春夫ニ夏子ゲ子猫コト渡 s]are-ta])
　　　　　　　　　　　　　　／太郎ガ春夫ニ夏子ゲ贈り物φ渡された
　間受㊂b 太郎ガ春夫ニ夏子カラ子猫コト貰われた
　　　　　　　　　　　　　／太郎ガ春夫ニ夏子カラ贈り物φ貰われた
・直接受動文と異なり「基本構文」の述語動詞が他動詞でなくてもよいことと、間接受動文の主語(受動者)が「基本構文」の中に同定すべき構成素をもっていないことが特徴である。
・受動文の動作主は位格助詞のニで表わされる。
・間受㊂a「太郎ガ春夫ニ夏子ゲ子猫コト渡された」は、「春夫ガ夏子ゲ子猫コト渡した」を基本文とする間接受動文で、[太郎ガ+[春夫(ガ→)ニ夏子ゲ子猫コト渡 S] + Rare-Ta]という意味構造になっている。念のため。
・間受㊂b「太郎ガ春夫ニ夏子カラ子猫コト貰われた」は、「春夫ガ夏子カラ子猫コト貰った」を基本文とする間接受動文で、[太郎ガ+[春夫(ガ→)ニ夏子カラ子猫コト貰 W] + Rare-Ta]という意味構造になっている。念のため。

4.1.2.3 「直接受動文」における統語的格助詞の配置
直接受動文(受動者+「基本構文」+サレル)
　直受㊁　受(=生^2)ガ生^{1}ニ動サレル　　　(←生^{1}ガ生^{2}コト動スル)
　直受㊂a 受(=生^2)ガ生^{1}ニ生^{3}コト動サレル (←生^{1}ガ生^{2}ゲ生^{3}コト動スル)

312   4. 構文法

直受⊕ a′ 受(=生³)ガ生¹ニ生²ゲ動サレル　　（← 生¹ガ生²ゲ生³コト動スル）
直受⊕ b　受(=生²)ガ生¹ニ生³コト動サレル　（← 生¹ガ生² カラ生³コト動スル）
直受⊕ b′ 受(=生³)ガ生¹ニ生² カラ動サレル　（← 生¹ガ生² カラ生³コト動スル）
・受は受動者。動サレルは「動詞語幹＋接尾辞 -Rare-Ru」の複合形態の代表。

例：

直受㊂　　犬ガ春夫ニ蹴られた
直受⊕ a　　夏子ガ春夫｛カラ／ニ｝子猫コト渡された
直受⊕ a′　子猫ガ春夫｛カラ／ニ｝夏子ゲ渡された
直受⊕ b　　?夏子ガ春夫ニ子猫コトもらわれた
直受⊕ b′　子猫ガ春夫ニ夏子カラもらわれた

・直接受動文は「基本構文」の述語動詞が他動詞であること、直接受動文の主語(受動者)が「基本構文」の対格助詞コトか与格助詞ゲで示される目的語と同一者であることが特徴である。
・直接受動文の主語は一般に生物名詞しかなれない。
・主語起点型の授受動詞(与格動詞)では、着点の与格「ゲ」で示される(生物)名詞も、生物目的語も、直接受動文の主語になるが、無生物目的語は直接受動文の主語にはふつうならない。主語着点型の授受動詞では起点の奪格名詞句の受動化はかなり不自然な感じになる。生物目的語の受動化は自然な受動文を作れる。
・受動文の動作主は位格助詞のニで表わされる。主語起点型の授受動詞(与格動詞)をもととした受動文の動作主はカラでも表示される。

4.1.2.4 「可能文」における統語的格助詞の配置

可能文(能力者＋「基本構文」＋デキル)

能㊀　　能ガニ動デキル　　　　　　　　　／ ―
能㊂　　能ガニ生²コト動デキル　　　　　／能ガニ無生φ動デキル
能⊕ a　能ガニ生²ゲ生³コト動デキル　　／能ガニ生²ゲ無生φ動デキル
能⊕ b　能ガニ生² カラ生³コト動デキル／能ガニ生² カラ無生φ動デキル

・能は能力(の所有)者。動デキルは「動詞語幹＋接尾辞 -RARe-Ru」の複合形態の代表。

例：

能㊀　　(まだ一人では)赤ちゃんガニ立ち上がれないようだ

　　　　／(おや)赤ちゃんガ歩けてる
能㊂　春夫ガニ犬コト蹴れた／春夫ガニ石φ蹴れた
　　　／春夫ガニ顔φ洗えた
能㊉a　春夫ガニ夏子ゲ子猫コト渡せた
　　　／春夫ガニ夏子ゲ贈り物φ渡せた
能㊉b　春夫ガニ夏子{カラ/ニ}子猫コトもらえた
　　　／春夫ガニ夏子{カラ/ニ}贈り物φもらえた

・可能文は「基本構文」の述語動詞が能動詞(自動詞と他動詞)で、能力者は
  その「基本構文」の主語であったもの(生1)に限られる。
・可能文の主語(能力者)は能格助詞の<u>ガニ</u>で表される。但し、可能文の「ガ
  ニ」は有標項のようで、主語の能力主体性に関して無標・中立の「ガ」や
  「φ」も共存している。
・可能文の目的語は「コト」がもっとも一般的だが、目的語が「ガ」や「φ」
  の表現も共存している。この場合も、前項同様、目的語の対象性に関し
  て、「コト」が有標の、「ガ」や「φ」が無標・中立の表現となっている。

　　　　　　　　　　　　　　　　　　　　　(1991年作成。1996年修正)

4.2　方言の基本的文型と格助詞

　埼玉県東南部の方言[北足立郡旧安行村(現川口市と草加市の一部)]の格助詞
の体系と用法は、言語学的に非常におもしろいものをもっていると思うので、
以下にその概略を紹介したい。なお、文法性や意味に関する細部にわたる記述
内容に関しては、1909年(明治42年)生まれの北足立郡旧安行村(現草加市)在
住の男性(原田守歳・筆者の父)の個人語 idiolect の継続的な調査(1970年〜
2000年)の結果に基づくところが大きい。

　なお、この方言の研究については、筆者の早稲田大学修士論文『埼玉県東南
部方言の記述的研究』(1972年)と私家出版物[前記論文の補注版＋方言集]
(1996年)ですでに明らかとしているものである。

4.2.1　二項述語文
　まず、典型的な二項述語から見ていきたい。

4.2.1.1　動作主主語をとる典型的な他動詞構文
　2つの格助詞分布が見られる。

①〈生物主語(動作主)—生物目的語(被動者)—他動詞〉
　「太郎 {ガ/φ}　花子 {コト/φ}　叩いた」
②〈生物主語(動作主)—無生物目的語(対象)—他動詞〉
　「太郎 {ガ/φ}　石φ　投げた」

　生物目的語のみ格助詞コトでマークされることができる。無生物目的語は対格表示の格助詞を取ることがない。これは格助詞がφ形態のとき、「太郎φ石φ投げた」においては意味役割に混乱が生じないが、生物名詞が続く「太郎φ花子φ叩いた」では意味役割に混乱が生じるので、明晰化のために対格助詞のコトが必要とされたためであろう。なお、後者の二項とも格助詞の現れない構文の「猫φ犬φ追っかけてる」「犬φ猫φ追っかけてる」のような文は、通常では、第1位名詞句が主語、第2位名詞句が目的語の解釈を受けるが、言語的、非言語的文脈があれば逆の解釈もありえてあいまいさは避けられない。「犬φ餌φ食ってる」はこの点で「餌φ犬φ食ってる」でも両義性は存在しないので、コトはつかないのだと考えられる。

　形態格表示のあるものと、ないφ形態とは意味に違いがあり、形態格は強調、φ形態は中立であることに注意が必要である。すなわち、主格に関しては、描写(中立叙述)ではφ形態が、総記では形態格が現れる傾向が顕著である。対格は、中立叙述ではコトとφの両方が、総記ではコトが現れる傾向がある。多重主格表現では通常第1位名詞句のガはφにはならない。

　「おや、雨φ降ってきた。」
　「あれ、犬φ靴φくわえてる。」
　「だれガ来たのか。」—「花子ガ来た。」〜「(来たのは)花子だ。」)
　「だれコト呼んだのか。」—「太郎コト呼んだ。」〜「(呼んだの)太郎コトだ。」
　「いつ {ガ/*φ} 都合 {ガ/φ} よかったんだ」—「昨日 {ガ/*φ} よかった」
生物対格は、次の2つが可能だが、後者がふつうである。
　「あっ、犬φ猫φ追っかけてる。」
　「あっ、犬φ猫コト追っかけてる。」
いわゆる認識動詞構文ではコトはφにはならない。
　「太郎は次郎 {コト/*φ} (すごく) {馬鹿に/馬鹿だと} 思っている」
　「無生物目的語」は形態格表示はなされなくても、同一の他動詞に対して同位置に立つ「生物目的語」の格表示に準じて抽象的対格付与はなされていると見なされる。
　なお、共通語と違って、格助詞コトは「運動の場所」(「空コト飛ぶ」「橋コト

渡る」などは非文)を表すことがないので、方言では格助詞コトをとる動詞は他動詞であると一義的に言える。
・「運動動詞」の「運動の場所」(「空φ飛ぶ」「往還φ歩く」(大通りを歩く)「橋φ渡る」など)は例文のごとくいかなる場合も格助詞をとらず、共通語のような(対格と同形だが)「経由格」というべき独自の格形態はない
　⇒難しいのは、この場合いかなる格助詞(形態格)もとらないのだから、助詞が格を付与する意味格の助詞句(PP)と考えることができず、格(抽象格)は運動動詞から直接付与されると考えるしかない。しかし、他動詞の対格付与とも明確に異なり、どう考えたらよいのかという点である。(例えば、「子どもが吊り橋を渡る」の使役形は共通語と違って、「子どもゲ吊り橋φ渡らせる」(補文主語は与格)のほかに、「子どもコト吊り橋φ渡らせる」(補文主語は対格)が文法的に可能である。)
・なお、老婆親切ながら、格助詞コトと連語[名詞のこと]の「～のこと」は(共時的には)無関係である。例えば「おれコト嫌いか。」と、「[おれのこと]コト嫌いか。」は、前者が名詞で指示されるモノを直接に対象としているのに対して、後者は名詞で指示されるモノに関係する事柄・知識・情報すなわちコト(＝命題態)を対象としており、指示は間接的なものとなっている。格助詞コトは無生物名詞にはつかないのに、[生物名詞のこと]という連語には例外的につくが、この例の「[おれのこと]コト」が2つの「こと」の別異性を端的に示していよう。

4.2.1.2　特異な「二重化された目的語」をとる他動詞構文

受動文「子どもガだれかニ頭φ叩かれた」に対応する能動文「だれかガ子どもコト頭φ叩いた」に関して特異なのは、本来1つの目的語をとる他動詞「叩く」が見たところ2つの目的語「次郎コト頭φ」をとっていることである(佐々木冠(2004)『水海道方言における格と文法関係』参照)。しかし、意味的には「[次郎コト頭φ]叩いた」は「[次郎の頭φ]叩いた」と同じで、単一の対象を2つに割って表現しているだけで対象が2つあるわけではない。このような目的語を仮に「二重化された目的語」と呼んでおく。このようなことが可能なのは形態的に生物目的語と無生物目的語がコトとφで違って表示される方言のシステムが関係していて、「次郎コト頭φ」だから共起できるわけである。

この構文を考えるうえで、殆ど同じ事態を表す2つの文の振るまいの違いが参考になる。「子どもガ猫の脚φ触った」(対格型二項動詞)は「子どもガ猫コ

ト脚φ触った」と言い換えられるが、「子どもガ猫の脚ニ触った」(非対格型二項動詞)は「子どもガ猫ニ脚ニ触った」や「子どもガ猫ニ脚φ触った」が成り立たないということである。ここから、対格目的語をとる他動詞の目的語でなければ二重化できないことが分かる。

この「次郎コト頭φ叩いた」の構文的関係は、正しくは[次郎コト[頭φ叩いた]]で、動詞句[頭φ叩いた]がさらに目的語[次郎コト]をとっているという二重の動詞句構造をなしているのではないかと思われる。いわゆる「二重主語」の構文にも、例えば「象が鼻が長いこと」の構造関係も「[象ガ[鼻ガ長い]]こと」で、主述句[鼻ガ長い]がさらに主語[象ガ]をとるという二重の主述句構造が見出せる。このように、両者には構造的に平行性があるだけでなく、上位の名詞句と下位の名詞句に「次郎ノ頭」「象ノ鼻」という意味関係が存在する点にも類似性があると思われるからである。この意味関係で注意すべき点は、「だれかガ子どもコト頭φ叩いた」は文法的だけれども、「だれかガ子どもコト財布φ盗った」を文法的とした者はいなかったという点である。これは「コト対格の有生所有者－φ対格の無生所有物」の所有関係が不可分離(不可譲渡)所有でないと所有者を分離できないということのようである。

ついでに紛らわしいが、「子どもコト足φ洗わせる」は「子どもガ足φ洗う」の使役文の1つで関係がないので注意。(192頁のd「特異な「二重化された目的語」をとる他動詞の受身表現」を参照。)

4.2.1.3 動作主主語をとり、目的語に対格以外の格をとる他動詞構文

A ①〈生物主語(動作主)─生物目的語(被動者)─他動詞〉
　　「太郎{ガ/φ}　花子{ゲ/ニ}　触った」
　②〈生物主語(動作主)─無生物目的語(対象)─他動詞〉
　　「太郎{ガ/φ}　壁{イ/ニ}　触った」

B ①〈生物主語(動作主)─生物目的語(被動者)─他動詞〉
　　「太郎{ガ/φ}　花子ニ　負けた」
　②〈生物主語(動作主)─無生物目的語(対象)─他動詞〉
　　「太郎{ガ/φ}　重圧ニ　負けた」

B′①〈生物主語(動作主)─生物目的語(被動者)─他動詞〉
　　「太郎{ガ/φ}　花子{ニ/ト}　会った」
　②〈生物主語(動作主)─無生物目的語(対象)─他動詞〉
　　「太郎{ガ/φ}　災難ニ　会った」

C　①〈生物主語（動作主）—生物目的語（被動者）—他動詞〉
　　「太郎｛ガ/φ｝　花子ト　結婚した」
　②〈生物主語（動作主）—無生物目的語（対象）—他動詞〉
　　「太郎｛ガ/φ｝　仕事ト　結婚した」（比喩的）

対格以外の格には、A「ゲ」を取るものと、B「ゲ」は取らずに「ニ」を取るものと、C「ト」を取るものの3種類がある。

- A類は与格助詞「ゲ」と位格助詞「ニ」を取るものである。与格助詞「ゲ」は無生物名詞とは結合しないので、無生物名詞には方向格の「イ」か位格の「ニ」が現れる。位置の位格「ニ」と方向の与格「ゲ」・方向格「イ」とには意味・用法のうえで区別があるので、「接触動詞」など意味によっては「ゲ」「イ」を現れにくいとする話者がある。なお「ニ」は生物名詞にも付きうるので、いずれの場合にも「ニ」は現れ得るということになる。
- 位格助詞「ニ」は「位置」、与格助詞「ゲ」は「方向」を表す。例えば「ひとニ渡す」と「ひとゲ渡す」では、渡されるものが移動の結果として移動先の相手に接触し密着するか、渡されるものが目標とする移動先の相手への方向性を表わすか（接触・密着の結果は第二義的）という点で違いが見られる。ただ、例えば接触動詞「触る」のような、二項動詞で動詞句を構成する「〜ニ＋触る」と「〜ゲ＋触る」に関しては、後者に違和感がある話者があるけれども、実際の用例のうえでは併存していて、「ニ」と「ゲ」の間で際だった違いはないように見える。授受動詞のいわゆる間接目的語表示の「ゲ」や付加語の「ゲ」については、この項とは別なので省略。
- A類は、「触る」・「抱きつく」・「聞く（尋ネル）」・「答える」・「逆らう」・「はむかう」・「噛みつく」・「吠えつく」・「向かって（来る・行く）」など共通語で格助詞「ニ」を取るものの多くが、方言では「ニ」とともに「ゲ」を取る。次の4.2.1.5のAで述べる「ぶっつく」「ぶつかる」などは、4.2.1.3のA類に属する動詞の多くが格助詞の「ゲ」を「ト」に置き換えることはできないのに、「〜トぶっつく・ぶつかる」とも言える点と直接受動化の可否の点で異なっている。
- A類の「ゲ」に従われる名詞句の多くは、直接受動文の主語になることができる。この点で、BやCと違っている。
　　「花子ガ太郎ニ触られた」「子どもガ犬ニ噛みつかれた」など。
- B類は位格助詞「ニ」を取って、与格助詞「ゲ」は取らないもので、少数で

ある。
- この類は、「勝つ」・「負ける」、「慣れる」など少数である。B′類の「会う」は、「〜ト会う」とも言える点で少し違っている。直接受動文が作れない点で、前項 A に属する多くの動詞とは異なっている。次項の②に近いものと言え、主語の動作主性も弱く、場合により経験者と見ることもできよう。
  なお、多くの場合「ト」に通う「ニ」は「ゲ」と言うことができない。「カラ」に通う「ニ」も同様に「ゲ」とは言えない。
- C 類は「結婚する」・「別れる」、「話し合う」・「分かり合う」などの相互動詞で、共同格「ト」を取り、共通語と同様の振る舞いが見られる。所属する語彙も同様である。

4.2.1.4　経験者主語をとる他動詞構文

他動詞 (4.2.1.1) の①と同様の 2 つの格助詞分布が見られる。
①〈生物主語（経験者）―生物目的語（対象）―他動詞〉
「花子 {ガ/ φ} 太郎 {コト / φ} 羨んだ 'jaQkaNɪda」
②〈生物主語（経験者）―無生物目的語（対象）―他動詞〉
「花子 {ガ/ φ} 別れ φ 悲しんだ」

（以下の論述では、対格目的語に関して、生物名詞ならコト〜φ、無生物名詞なら φ の格表示は、自明のこととし、一括して目的語として話を進めていく。）

4.2.1.5　経験者主語をとり、目的語に対格以外の格をとる他動詞構文

A ①〈生物主語（経験者）―生物目的語（対象）―他動詞〉
「太郎 {ガ/ φ} 花子 {ニ/ゲ/ ト} ぶっついた」
②〈生物主語（経験者）―無生物目的語（対象）―他動詞〉
「太郎 {ガ/ φ} 車 {ニ/ イ/ ト} ぶっついた」
B ①〈生物主語（経験者）―生物目的語（対象）―他動詞〉
「花子 {ガ/ φ} 誰か {ニ/ ト} 似ている」
②〈生物主語（経験者）―無生物目的語（対象）―他動詞〉
「花子 {ガ/ φ} 何か {ニ/ ト} 似ている」
A 類には「ぶっつく」「ぶつかる」など、B 類には異同の関係規定の「似ている」など、それぞれ少数の語が所属するに過ぎない。この類は二項動詞ではあるが、直接受動文が作れないなど他動詞からは遠くなっているが、一応こ

こにいれておく。

4.2.1.6 経験者主語をとる所動詞（非対格動詞）構文
〈生物主語（経験者）―目的語（対象）―所動詞〉
「分かる」「見える」などのいわゆる所動詞（非対格動詞）は以下のように4つの構文がとれる。格配置の型のゆれは、部分的に共通語の可能文のそれに似ている。格助詞配置としては、使用頻度的には、①が、次いで②④が多いと思われる。

なお、所動詞が一種の他動詞であることは、例えば「いま太郎 i ガニは自分 i ガ分からなくなっている（いま太郎には自分が分からなくなっている）」のように、再帰代名詞の「自分」が主語のガニ名詞句を受けて現れることから明らかであろう。再帰代名詞は他動詞の目的語として現れるのを典型としているからである。ほかに、主語軽卑の「ヤガル」が、例えば「やつガニはそれガ分かってヤガッタンだ」（彼にはそれが分かっていたのだ）のように、やはりガニ名詞句を対象に使われていることからも知られる。

①「太郎｛ガニ/ニ｝　花子｛ガ/φ｝　分かった」
　「太郎｛ガニ/ニ｝　花子｛ガ/φ｝　見えた」

　　経験者主語をマークする特有の格助詞ガニが現れ、目的語（いわゆる対象語）は格助詞ガでマークされる。

・これは、自動詞主語と他動詞目的語が同じ格形態を示し、他動詞主語が別の格形態を示す典型的な能格構文である。①の能格型の格配列と、次項②の対格型の格配列とが共存しているのが方言の特異な点であろう。
・所有・必要・可能などの構文の主語の位置に格助詞ガニは現れる。
「太郎ガニ子どもガある」「花子ガニお金ガ要る」「次郎ガニ英語ガ話せる」など。格助詞ガニは、格助詞ニと共存していて通時的には順次格助詞ニに置き換わられつつある。置き換わりの順序は所有→必要→可能の順で、現在日常では高齢者の「可能構文」でガニがよく聞かれる程度で、他は多くは格助詞ニが使われているような状況である。戦後世代ではガニはもう使用語彙ではない。昭和20年代生まれなら人によっては幼いころ使った記憶をもつ者もあり、理解語彙として構文や意味、使用状況などが反省できる者もある。
・所有の「ある」と必要の「要る」は①の格配列しかとれない。但し、「必要」は①のほか後述の②もとれる。例えば、「太郎ガニ花子ガ必要だ」のほか

「太郎は花子コト必要だ」。
（「太郎は花子コト必要だ」は「太郎は花子コト必要トシテイル」を含意する、一種の「はしょり文・はしょり表現」と考えることができるかもしれない。）

・所有の「ある」は、「太郎ガニ子どもガある」のように、「[生物名詞（経験者）]ガニ＋[名詞（対象）]ガ＋ある」であるが、存在の「ある」は「ここニ本ガある」のように、「[無生物名詞（場所）]ニ＋[無生物名詞（対象）]ガ＋ある」となって、構文上異なっている。

・方言には別に与格助詞ゲがあり、このゲ格助詞は、「太郎ガ花子ゲ贈り物φ呉れた（方言の「くれる」は受益者による人称制限がなく使われ、ここでは「やる」の意味）」や「太郎ガ花子ゲ贈り物φ渡した」のように使われる。
この格助詞ゲを使った「*太郎ゲ子どもガある」や「*花子ゲお金ガ要る」などは非文である。

　従って、この構文に対応する共通語の「次郎ニ英語ガ話せる」の「次郎ニ」を「与格主語」と称することがこの学問分野で一般化しているようだが、与格ゲと区別されるガニをもつ方言からはこの見解は受け入れがたい。共通語の「次郎ニ」を「与格」と同定すべき根拠は、方言から見て、はなはだ疑問である。三上章がすでに『現代語法序説』で述べているように、共通語のこの構文の「次郎ニ」は位格であり、言うなら「位格主語」とすべきものと考えられる。

（以下の論述では、状態述語の主語に関して、ガニは高年層では多くの場合にニと併存し、成年層以下ではニへと置き換えが進んでいるので、ガニのみをあげることでニが含意されているものとして了解されたい。なお、ガニは現在すべてニと置き換えられるが、ニはすべてがガニに置き換えられるものではないことに注意。）

②「太郎 {ガ/ φ}　花子 {コト/ φ}　分かった」
　「太郎 {ガ/ φ}　花子 {コト/ φ}　見えた」
他動詞（4.2.1.1）の①②と同様に対格型の格配列をとることができる。この点は共通語では見られない特徴である。
通常の他動詞が前項の①のような格配置はとらないことから見て、所動詞がこの対格型のほかに前項の①の能格型の格配置もとる点で、所動詞の他

動性が他動詞のそれと違っていることが知られる。
　③「太郎｛ガニ/ニ｝　花子｛コト/φ｝　分かった」
　　「太郎｛ガニ/ニ｝　花子｛コト/φ｝　見えた」
　①の能格型の能格主語と、②の対格型の対格目的語が共存する特異な構文が存在する。これは「お前ガニおれコト分かるか。」や、さらに普通には「子どものおれガニ親コトなんか怒れるものか（子どものおれに自分の親をなど叱れない）。」となり、共通語からは異例な、主格助詞ガが存在しない文となる。主格必在原則への反例になる。
　④「太郎｛ガ/φ｝　花子｛ガ/φ｝　分かった」
　　「太郎｛ガ/φ｝　花子｛ガ/φ｝　見えた」
　この形(二重ガ格構文・二重主格構文)のままでは認容度が低く意味が分からないと判断する者が多い。経験者を主題化した「太郎ワ花子ガ見えなかった。」となると、文法性に問題はなくなる。但し、対象を主題化した「花子ワ太郎ガ見えなかった」は、よほどの文脈の支えがなければ、この意味での理解は困難で、むしろ非文であろう。

・係助詞「は[ワ]」による「取り立て形」は、①は「太郎ガニは花子は見えなかった」、②は「太郎は花子コトは見えなかった」と「太郎は花子は見えなかった」、③は「太郎ガニは花子コトは見えなかった」と「太郎ガニは花子は見えなかった」、④は「太郎は花子は見えなかった」となる。このように、主格助詞「ガ」は係助詞「は」とは共起しない。対格助詞「コト」は共通語の「を」と違って「は」との共起不共起は任意である。格助詞の「ガニ」に関しては共起不共起が可能だが、共起することが多いようである。しかし、例のように「太郎は花子は見えなかった」、それに「太郎φ花子φ見えなかった」の「花子は」「花子φ」が「花子コト」に基づく形なのか「花子ガ」に基づく形なのか、はたまた「太郎は」「太郎φ」が「太郎ガ」だけでなく「太郎ガニ」に基づく可能性に関しても、分明ではないところがある。この両義性は、共通語の「太郎は花子が見えなかった」の「太郎は」にも同様の「太郎ニ花子ガ見えなかった」なのか「太郎ガ花子ガ見えなかった」なのか決定できないという問題があって似ているところであろう。「ガニ」や「ニ」のφ化の分布には難しい問題がある。

4.2.1.7　経験者主語をとる情意形容詞構文
　〈生物主語(経験者)―目的語(対象)―情意形容詞〉

「羨ましい」「恥ずかしい」「好き・嫌い」「必要」など、いわゆる対象語をとる情意性の形容詞や状態詞(形容動詞語幹に該当)は、所動詞文の場合と同様に、以下のような4つの構文をとる。格助詞配置としては、使用頻度的には、①が、次いで②が多いと思われる。以下の例文では格関係を明確にするため「こと名詞節」を使う。通常の文は主語を主題化することで得られる。

　なお、情意形容詞(感情形容詞)が一種の他動詞であることは、例文のように再帰代名詞の「自分」をとれることから明らかである。従って、方言において対格助詞コトが現れることも十分納得できることであろう。

①「太郎｛ガ/φ｝　花子｛コト/φ｝　羨ましかった」こと
　「次郎｛ガ/φ｝　自分｛コト/φ｝　恥ずかしかった」こと
　「太郎｛ガ/φ｝　花子｛コト/φ｝　好きだった」こと
　「太郎｛ガ/φ｝　英語φ　　　　　苦手だった」こと
この構文は、上述のように、明白に対格型の他動詞構文である。

②「太郎｛ガニ/ニ｝　花子｛ガ/φ｝　羨ましかった」こと
　「次郎｛ガニ/ニ｝　自分｛ガ/φ｝　恥ずかしかった」こと
　「太郎｛ガニ/ニ｝　花子｛ガ/φ｝　好きだった」こと
　「太郎｛ガニ/ニ｝　英語｛ガ/φ｝　苦手だった」こと
この構文は所動詞の場合と同様に、非対格型の能格構文である。
「欲しい」は「おれガニお金ガ欲しい(こと)」を非文とし、「おれガお金φ欲しい(こと)」や「おれガお金ガ欲しい(こと)」を正文とする話者が多い。これは「欲しい」の他動性が強くて非対格構文が好まれないためであろう。「好き」に関してもガニ構文はひっかかるとする者が多い。特に自分の気持ちの表出としては「おれガニおまえガ好きだ。」や「おれガニおまえコト好きだ。」は変で、「おれφおまえコト好きだ。」でなければならないとする

③「太郎｛ガニ/ニ｝　花子｛コト/φ｝　羨ましかった」こと
　「次郎｛ガニ/ニ｝　自分｛コト/φ｝　恥ずかしかった」こと
　「太郎｛ガニ/ニ｝　花子｛コト/φ｝　好きだった」こと
　「太郎｛ガニ/ニ｝　英語φ　　　　　苦手だった」こと
能格主語と生物対格目的語の組み合わせ構文であるが、所動詞の同様の例文が問題ないのと違って、これに関しては「少し変かもしれない」という直感も述べられている。これは、情意形容詞のもつ他動性が所動詞のそれよりも小さいためかもしれない。

無生物対格目的語は対格コトがつかないため、前項の②と主格ガのφ表示と同じ形式となってしまって外見上区別がつかない。
④「太郎 {ガ/φ}　花子 {ガ/φ}　羨ましかった」こと
　「次郎 {ガ/φ}　自分 {ガ/φ}　恥ずかしかった」こと
　「太郎 {ガ/φ}　花子 {ガ/φ}　好きだった」こと
　「太郎 {ガ/φ}　英語 {ガ/φ}　苦手だった」こと
所動詞(4.2.1.6)④の注記とまったく同じである。

4.2.2　三項述語文

　典型的三項述語文は授受動詞構文である。2種類の格助詞配列がある。A類は対格目的語と着点・目標点の与格／位格の補足語(間接目的語)をとるもの。B類は対格目的語と起点の奪格／位格の補足語をとるもの。A類は「主語起点―与位格補足語着点」、B類は「主語着点―奪位格補足語起点」で、「主語―補足語」間のものの移動の方向が逆方向になっている。

A①
〈生物主語(動作主)―生物与位格補足語(着点)―生物対格目的語(被動者)―授与動詞〉
　「太郎 {ガ/φ}　花子 {ゲ/イ/ニ}　子猫 {コト/φ}　くれた」

A②
〈生物主語(動作主)―生物与位格補足語(着点)―無生物対格目的語(対象)―授与動詞〉
　「太郎 {ガ/φ}　花子 {ゲ/イ/ニ}　贈り物 φ　くれた」

A③
〈生物主語(動作主)―無生物与位格補足語(着点)―無生物対格目的語(対象)―授与動詞〉
　「太郎 {ガ/φ}　草 {*ゲ/イ/ニ}　水 φ　くれた」
A類の動詞：渡す・貸す・売る・払う・呉れる([ヤル＋クレル] = give)、見せる、教える、…等。

B①
〈生物主語(動作主)―生物奪位格補足語(起点)―生物対格目的語(被動者)―授与動詞〉
　「太郎 {ガ/φ}　花子 {カラ/ニ}　子猫 {コト/φ}　もらった」

B②
〈生物主語(動作主)―生物奪位格補足語(起点)―無生物対格目的語(対象)―授与動詞〉
　　「太郎｛ガ/φ｝　花子｛カラ/ニ｝　贈り物φ　もらった」
　　B類の動詞：「｛カラ/ニ｝型」→ もらう・借りる、聞く・習う・教わる、…等。
　　　　　　　「カラ型」→ 買う・受け取る・取る、盗む、…等、

・上記のように、同じ授受動詞(本動詞)でも「くれる」・「やる」と「もらう」はふるまいが異なる。まず「くれる」と「やる」に関して、「くれる」は共通語と違って、受け手の人称制限や内外の別はない。「やる」は受け手の人称制限があって、非1人称か話し手側でない人物を対象とする。しかし、動作の受け手はともに「お前ゲこの本φくれる」「お前ゲこの本φやる」のように格助詞ゲでマークされる(「お前」はいずれも「着点」)。これに対して、「もらう」は「お前ニこの本φもらった」か「お前カラこの本φもらった」であって決して「お前ゲこの本φもらった」と言うことはない。この場合の「お前」が意味役割的に「着点」ではなく「起点」であることに注意。「カラに通うニ」に格助詞ゲを使うことは絶対にないことである。

　なお、接続形(テ形)に続く補助動詞では「くれる」は受け手の人称制限をもち、一人称か話し手側の人物を対象とし、「やる」と対立する。この場合も「あれ(彼)ゲ言ってくれ」「あれゲ言ってやれ」のように受け手はゲでマークされる。

　補助動詞「もらう」は、本動詞ではゲがとれないのに反して、「買い物には花子｛ニ/ゲ｝行ってもらえ」のように意味内容が使役に近いケースではゲが現れることができる。しかし、「太郎は先生｛ニ/カラ｝ほめてもらった」のように意味内容が受身に近い場合ではゲは現れない。

・高年層での授与動詞「くれる」の受け手(間接目的語)の格表示に関して、受け手が、生物なら与格助詞「ゲ」か方向格助詞「イ」、無生物なら「イ」で表示される場合と、どちらも位格助詞の「ニ」で表示される場合とがある。現実の話者の共時的意識においてはどういう違いがあるのか、作例の可否とその内省から聞き取った限りでは、「ゲ」と「イ」は目標・目標点を表し、「ニ」は到達点・着点を表すというふうに微妙だが表し分けられているようである。言い換えれば、方向と位置ということであるが、この使い分けに相当する区別は、「ゲ」を欠きながらも成年層にも見られる。成年層で「生物・無生物＋イ」で方向を、「生物・無生物＋ニ」で位置を表しているのが

それである。実際には受益関係が絡むので後者の形の使用が多い。例示すると次のようになる。

　高年層：
　　「猫{ゲ/イ}＋餌φ＋くれた・か。」↔「猫ニ＋餌φ＋くれた・か。」
　　「草{*ゲ/イ}＋水φ＋くれた・か。」↔「草ニ＋水φ＋くれた・か。」
　成年層：
　　「猫イ＋餌φ＋くれた・か。」↔「猫ニ＋餌φ＋くれた・か。」
　　「草イ＋水φ＋くれた・か。」↔「草ニ＋水φ＋くれた・か。」

このように「ゲ」と「ニ」は意味を異にし、成年層の「イ」と「ニ」の区別にもつながるものなので、一概に旧新の別とするような旧版1972・1996の考え方は訂正を要する。

・与格助詞ゲは生物名詞にのみ付き、動作作用の受け手を表す。主要な出現位置は、単文の場合の授受動詞の間接目的語（着点・受益者）の位置と、使役文の被使役者＝補文動作主の位置である。意味的には、ゲは接近的方向性をもち、この点で無生物名詞（のうちの場所名詞）への接近的方向性を表す方向格助詞「イ」（へ）と相補的である。連体助詞との結合形においても差は明確である。「太郎ゲの土産」（太郎への土産）：「草加イの土産」（草加の家への土産）。

・既述のごとく、共通語のいわゆる与格構文の与格主語の位置に、方言の与格助詞のゲをおいた「おれゲ山ガ見える」というのは非文であって、共通語のいわゆる与格構文に対応する構文においては、方言では「おれガニ山ガ見える」か「おれニ山ガ見える」としか言わない。「おれガニ」の「ガニ」は授受動詞のヒト目的語（受益者）を表すことは絶対になく、専ら所動詞（非対格動詞）の主語（経験者）を表すものである。こんなわけで、日本語方言の視点からは日本共通語の与格構文なるものは既述のごとく疑わしい。

方言には名詞との接続共起に当たって[±生物性]が弁別的に働く一群の助詞がある。対格の「コト」を除くと、それらは能格「ガニ」・与格「ゲ」・所有の連体助詞（準体助詞）「ガ」・所有の連体助詞＋代名助詞（いわゆる準体助詞）連語の「ガノ」である。「ゲ」を除くと、「ガニ」「ガノ」は連体助詞の「ガ」と同じ形態を初めにもっていて、本来は、連体助詞（機能的にはその準体助詞用法）の「ガ」に格助詞「ニ」や代名助詞（いわゆる準体助詞のこと）の「ノ」が結合して成立したものと推定できる。後者の場合は共時的意識においてもたどり得るところである。（ガニのニについては、共通語の受動文の

動作主句のように項付加語 (argument adjunct) 的特徴をもつ「ニ助詞句」や、北原保雄氏※のいう、主格に先行する、付加語的特徴をもつ時格・位格の「ニ助詞句」のニ助詞との機能的類似性が指摘でき、さらにはそれらとの起源的同一性が推定できるものと思われる。)

※北原保雄『日本語助動詞の研究』(1981 大修館書店) p. 146
　北原保雄『日本語文法の焦点』(1984 教育出版) p. 63 参照。

注．主格に先行する位格の付加語をもつ文「木の先に雀ガ見える」とガニ格の主語をもつ文「おれガニ雀ガ見える」はそれぞれは自然な文であるが、「木の先ニおれガニ雀ガ見える」のように1つにすると (非文ではないが) 坐りの悪い文になるのも、「木の先ニおれニ雀ガ見える」からも類推できるように、両者の起源的か機能的か形態的か何らかの近さが関係しているのではないかと考えられる。(後者の場合、2つのニ助詞句のいずれかを主題化して取り出すと坐りが良くなる。)

もしこの推定が正しいとすると、格助詞「ゲ」も同じく「ガ」+「X」で、そのXは意味的関連性からも方向格助詞「イ(ヘ)」であろう。「ガイ (がへ)」が [ゲー] をへて「ゲ」に発達することは無理のないところである。方言において、連体助詞 (準体助詞) の「ガ」は、生物名詞にのみついて排他的「所有関係」を表していて、その点で連体助詞 (準体助詞) の「ノ」が生物名詞にも無生物名詞にもついて中立的「所属関係」を表すのと区別されているものである。

例
・「野良猫が [うちの猫ガ餌] φ取ってった」
　↔「昔は [猫ノ餌] は味噌汁とご飯だった」(自然談話)
・「[おれガ財布] はどこだ」「これは [おれ{ガ/ガの/ガやつ}] よりいい財布だ」「この財布は [おれ{ガ/ガの/ガやつ}] だ」
・「これは [あれ(彼)ノ財布] だ」「これは [あれ{ノ/ノの/ノやつ}] よりいい財布だ」「この財布は [あれ(彼){ノ/ノの/ノやつ}] だ」
・「[鰐皮ノ財布] はどこだ」「これは [鰐皮{ノ/ノの/ノやつ}] よりいい財布だ」「この財布は [鰐皮{ノ/ノの/ノやつ}] だ」など。

では、なぜ助詞の「ガ」なのだろうか。それは、ガのもつ [+生物性] がこの場合 (能格の「経験者」、与格の「受益者」) に必要とされたのだと考えられる。さらにガが含意する [+排他性] は生物の有意志性、有情性をマークするのに欠かせないものだったのではないだろうか。文法機能的には、複合の基

体には、「ガニ」「ゲ←(*がへ)」の「ガ」の場合は準体助詞用法の「ガ」を、「ガノ」の「ガ」は連体助詞用法を考えるべきであろう。いずれにしても連体・準体の別は同一助詞の異機能と見なすことができるものである。
(288 頁の「格助詞 /ŋaɪni/ と /ŋe/ および準体助詞 /ŋaɪno/ の語源についての補説」参照。)

（2000 年作成。2004 年修正）

以上で、文法に関する記述を終える。

以上の記述を通して、埼玉県東南部の方言の大体の骨格は明らかになったと思う。ここに、『埼玉県東南部方言の記述的研究』を終える。
（『修士論文』1972 年 12 月作成。『私家版』1996 年 10 月改訂。
2015 年 1 月加筆増訂）

以上

あとがき

　著者は、高校の頃から学校の勉強の他に、身の回りの習俗や特に言語に関心を持ち始めて、いろいろ聞いたり調べたりするようになった。それには、1957年の旧安行村の分村と草加町への編入によって、小学校五年のとき町なかの小学校へ転校したことが、原体験として伏線になっているように感じられる。初めて経験した、「おめえ－おれ」と「きみ－ぼく」、「勉強しる」と「勉強する」、「まあだ来ねえ」と「まだ来ない」、「おれこと後ろから押っぺした」と「ぼくを後ろから押した」などの自他のことばの違いとその自覚、ことばを変更したという忘れがたい記憶がそれである。

　そんな高校時代に服部四郎博士の『音聲學』に、大学に入ったころに『言語学の方法』に出会って、言語研究へと導かれた。学部は商学部、教育学部、文学部と学んだが、結局は国語学、言語学を専攻することになった。やがて言語を学問として研究することを学んだ者として、自身の言語をきちんと記述して記録に残すことを責務と考えるようになっていった。

　顧みると、著者周辺の地域言語の話者の殆どは自身の言語を否定的にしか把えておらず、特に戦中戦後世代以降の話者は何のためらいもなく母語である方言を捨てて自ら望んで忘れようとしているように見えた。また、このような主体側の条件だけでなく客観的条件においても、人口流入による急激な人口増加によって、地域言語の担い手としての村落共同体は大きく変容し、方言の次世代への伝承は途絶え、方言の崩壊と消滅はどうにも避けがたいこととして目の前に迫ってきているように思われた。

　こういう内外の危機的状況を前にして、地域言語を言語として、価値中立的に、構造言語学的方法に基づいて、それまでの調査と研究をもとに、記述したものが1970年の学士論文と1972年の修士論文だった。その後も、引き続いて調査と研究を続けたが、それは著者にとって同時に旧世代の言語（方言）を学び直すことでもあった。特に父は著者にとってよい教え手となった。このようにして、折に触れ見聞し調査した言語事実を記録し、その言語学的意味についての考察と論考を書き加えて、今日に至った。50歳になるのを機に、前年の1996年にそれまでの記録と考察・論考を本文（＝修士論文）に組み入れて合わせて一冊の本として私家版として出版した。これはワープロ書院文書だったので、記憶容量の関係で語彙集は大幅に語彙を減らしたものになった。パソコン

で文書作成するようになり、変換ソフトを使って一太郎文書への変換をはかったが、結果は外字(発音記号)が全部だめになり、文字や記号が別のものになったり混線したりしたものになっていた。手の付けようもなく長らく放っておくことになってしまった。退職後時間ができ、やっと、文書の復元と補訂が2013年に完成した。大学院以来の久しい友人である久島茂氏(現在、・静岡福祉大学教授・静岡大学名誉教授)にこんなものをまとめたからと送ったところ、思いがけずも、氏はこれをくろしお出版に紹介してくれ、さらに新村出記念財団の出版助成への応募にも骨を折ってくれた。おかげで新村出記念財団の助成を受けた上で出版できることとなった。新たに私家版での出版を考えていたものが、氏と出版社と財団の善意と好意によってこのような形で出版できることになった。

　久島氏、くろしお出版(担当・池上達昭氏)、新村出記念財団に対して、深く感謝を申し上げる。とりわけ、ややもすれば言語研究プロパーから遠ざかる著者を、折々の氏からの電話と便り、時々の再会が言語へと呼び戻してくれたのであった。氏の繊細な言語感覚と緻密な論理構成にもとづく意味論の研究はいつも著者にとっては啓蒙的で刺激的なものであった。氏との交流において今日があるのだと今さらに思う。最後に、久島茂氏には本書の草稿段階から数々の助言をいただき、おかげで内容と表現を検討し誤りを訂正する機会を数多く与えられた。本書は氏なくしては成らなかった。改めてお礼を申し上げる。

2015年9月
原田伊佐男

原田伊佐男氏の学問

　原田伊佐男氏は昭和46年に早稲田大学大学院修士課程に入学した。私と同期であった。4月に初めて会った時、原田氏は自分の方言の記述・分析に取り組んでおり、自分を知るためには自分の言語の総体を明らかにする必要があると思うと言った。その背景には、常時仏典を読み込んでいて、唯識や中観の言語観への傾倒があった。既に服部四郎博士の音声の聞き取り、音韻解釈、言語分析、米構造言語学の方法を習得していたが、その知識を確実なものとするために、東京言語研究所で行われていた博士の「音声学」の授業を受講した。授業では博士の著書の不備な点を数箇所指摘し、それを博士も承認した。修了試験後に、博士は自分の教えた以上のことを正確に理解していると絶賛して満点を超える評価を与え、授業料を免除とした。

　当時大学院間の単位互換制度があり、原田氏は強い関心を持つ教授の言語学の講義を慶応大学まで受けに行ったが、教授から、私の方針として早稲田の学生には単位を出さない、それでよければ授業を受けてもよいと言われ、受講を中止した。これは、原田氏よりも教授にとって大変な損失だったと思われる。正式に授業に参加すれば、原田氏の発言がどれ程出てきたか分からない。教授の性格からすれば、すぐに場を設け、原田氏との議論を開始したに違いない。原田氏は、代わりに、学習院大学大学院で馬渕和夫博士の国語音韻史の授業を受け、テキストの『音曲玉淵集』の記述を詳細に読解、分析し、いちいちその発音を示した。年度末に提出した、同書の音声と音韻体系を明らかにしたレポートは学会誌に投稿するよう勧められたが、差し控えた。その後、博士の授業を受講した早大の後輩によって、博士の原田氏賞賛の言葉が数年間伝えられた。指導教員の辻村敏樹先生は原田氏が博士課程に進学しないことを知ると地方大学への就職を斡旋しようとしたが、原田氏は丁重に断った。そして翌年の4月には地元の公立の高等学校教員となった。この頃、早大の学会で大野晋氏の動詞活用形成立の講演があり、最後に、大野氏が質問を求めると、週末だったので参加していた原田氏がただ一人手を挙げて、已然形については、連体形にaiが接尾したと考えられないか、どの活用型も説明でき、アクセントについても問題がないと述べた。連体形も已然形も説明できなかった大野氏は驚いた様子で少しの間考えてから、それはどういう単語かと聞いた。原田氏は、理論的に構築したもので、実証的には確かめていないと答えた。大野氏は丁寧に名前を聞き書き留めた。こうした最先端の研究にも原田氏は独自の見解を持って

いた。

　大学から離れると、図書館の利用も難しく、専門誌を見ることも不自由になったが、厖大な数の専門論文を為した。中でも、昭和62年にまとめた琉球方言の動詞活用形成立の論考は、類推による説明を極力排し、音韻的条件を厳しく適用して統一的解釈を下したもので、この分野の最重要論文であることを疑わない(電子版に付録として収録)。これらの論文はすべて、本人の慎重な態度によって未発表のままだった。ただ、例外的に、静大国語教育学会誌『静大国語』15・16号(平成26年)に文法論、音声・音韻論、敬語論、語源論(全77頁)が掲載されている。これは、原田氏定年退職後の平成24年、25年に合計6回の授業を静岡大学の学部生・院生のためにお願いした時の学生用資料が基になっている。第2論文では、森博達氏の日本書紀α群の万葉仮名研究に対して、音韻論的観点から、ラ行子音やエ段乙類・オ段乙類の主母音について異論を唱えている。原田氏は、森氏の傑出した、高度に専門的な研究について議論しうる、数少ない研究者の一人である。また、第4論文では、梵語の音訳語「閼伽」とラテン語由来の英語 aqua を同一起源とする通説に対して、サンスクリット原語の意味と印欧祖語形の意味を検討し、両者は無関係であることを論証した。(その代わりに、仏教語の「劫」と英語の half こそが同一の起源であることを指摘した。)この通説は旺文社の古語辞典が載せていたものであるが、原田氏の数年前の同一内容の指摘によって、削除された。これら4論文は学生用に書かれたものであるが、創見に満ちたものである。

　このような学識を基に音声・音韻・アクセント・形態・構文・語彙を徹底分析した本書『埼玉県東南部方言の記述的研究』(CD-ROM版「埼玉県東南部方言語彙集」付)は、同名の修士論文(昭和48年)を最新の言語理論を導入して増補したもので、原田氏の研究の根幹を成すものである。増補版は平成8年の手製の大判(研究篇180頁、語彙篇136頁)で既に完成していた(私はこの本を所持している)が、原田氏はなおも最良の被調査者である父親の言語調査を続行した。補聴器が役に立たなくなると、メガホンを使った。思いのほか声がよく届いて、格助詞の昔の使い方など細かに教えてくれた。遂に父親がすべての言葉を出し尽くした時、本書が完結した。自分の言語の総体を明らかにしなければならないと語った信念は、45年を経て実現したのである。本書は(無理な話であるが)服部博士に読んでいただくべきものであった。言語の理想的な研究が出現したという博士の声が私の耳には聞こえて来るのである。

　　　　　　　　　　　(久島　茂　静岡福祉大学教授　静岡大学名誉教授)

索　引

記号

⌐(アクセント記号)　64, 68
=⌐(アクセント記号)　66
⌐(アクセント記号)　64
⌐′(アクセント記号)　67, 75, 80
⌒(ひと息)　69, 116
↑(上昇音調)　116
↓(下降音調)　116
→(平板音調)　116
｜(音休止)　116
/*a'e/ → /eʀ/ (→ /e/)　50
/*a'i/ → /eʀ/　46
/da/(助動詞・断定)　242
/daNbeʀ/(助動詞・推量)　249
/daroʀ/(助動詞・推量)　249
/de/(具格)　282
/de/(助動詞・接続形)　246
/desjoʀ/(助動詞・推量)　249
/desu/(助動詞・断定)　242
/huʀ/(状態詞的準体動詞・様態)　257
/'i/(方向格)　280
/*i'e/ → /eʀ/ (→ /e/)　50
/'joʀ/(状態詞的準体助詞・様態)　257
/'jori/(比較格)　283
/kara/(奪格)　283
/koto/(対格)　262
/miteʀ ～ mitai/(状態詞的準体助詞・様子)　258
/na, na-no/(名詞的準体助詞・所在物)　254
/na/(所在格)　287
/na/(助動詞・補充形)　244
/na/(連体格・属性)　287
/ni/(位格)　279
/ni/(格助詞・修用語)　284
/no/(名詞的準体助詞・関係物)　253
/no/(名詞的準体助詞・代名詞)　254
/no/(名詞的準体助詞・所在物)　255
/no/(名詞的準体助詞・説明)　256
/no/(格助詞・属格)　285
/no-da/(助動詞相当連語・説明)　257
/ŋa, ŋa-no/(名詞的準体助詞・所有物)　253
/ŋa/(主格)　260
/ŋa/(所有格)　286
/ŋani/(能格)　269
/ŋani//ŋe//ŋano/ の語源　288
/ŋe/(与格)　266
/*o'e/ → /eʀ/　51
/*o'i/ → /eʀ/　49
/Qcu'u/(助動詞・引用)　251
/Qte/(格助詞・思惟現表内容)　284
/Qteʀ/(助動詞・引用)　251
/rasiʀ/(助動詞・推定)　249
/site/(員数的具格)　282
/soʀ/(名詞的準体助詞・伝聞)　257
/to/(格助詞・思惟言表内容)　283
/to/(共同格・随伴格)　281
/tomo'u/(助動詞・思惟判断)　250
/*u'i/ → /iʀ/　49

あ

秋永一枝　63
ア行・ヤ行・ワ行の初頭位置に仮定される子音　28
アクセント核　65, 69
アクセント核の1拍後退　61, 66, 82, 88
アクセント型とその所属語彙　70
アクセント素　102
アクセント体系　63, 67
アクセントの型　64
アクセントの相　63
アスペクト　168

索 引

頭高型 68
ア段の母音 16

い

異アクセント 102
「イ・エ」「ヒ・ヘ」の合流(中和) 42
位格 279
位格主語 320
異形態 123
異語形 123, 204, 211
一項述語文 305
一項所動詞 198
位置詞 232
一次語幹(核) 122
一段動詞のアクセント 92
一般抽象的な連体関係 284
「イ＋ワ」の「ユワ」への変化 43
引用 251

う

受身的なテモラウ文 157, 183
受身動詞 189
ウ段の母音 14
運動の場所 315

お

修用語＋被修用語 229
尾高型 A 68, 70, 84
尾高型 A 類(Ⅱ′)と尾高型 B 類(Ⅱ″)の区別 76, 84
尾高型 B 68, 70, 84
オ段の母音 16
音韻変化 40
音素体系 3
音素の数とその種類 3
音素の分布の制限 5
音調上の切れ目 63, 69
音便語幹 142

か

係助詞 293
カ°行[ガ行鼻音]の子音 27
ガ行[ガ行濁音]の子音 26
カ行の子音 26
格助詞 259
格助詞のアクセント 104
拡張形式 122, 163, 218
拡張語幹 122
拡張語幹形成接尾辞 163
拡張接尾辞[拡張語尾] 122
確否形 151
仮定形 158, 217, 247
仮定拍 66
可能動詞 194
可能文 273, 312
「カラ」に通う「ニ」 318
カラに通うニ 267, 324
空の形態 empty morph 207
感覚形容詞 220
感覚形容詞文 277
感覚状態詞 226
完成的音韻変化 42
間接受動文 191, 192, 311
間投助詞 301
願望形 173
関与の与格 267, 275, 278

き

基礎形式 122
基本構文 305
基本語幹 142
逆接形 1〜3(動詞) 157
逆接形 1〜4(形容詞) 215
強確否形 152
狭義の副助詞 292
強禁止形 150
強終止形 145

強主張形 153
強消形 162
強調的な子音の gemination（音重複）39
共同者 281
強命令形 148
禁止形 150
金田一アクセント類別語彙表 62, 71

く

具格 282
屈折接辞 117
クッタッテ逆接形 215
クテモ逆接形 215

け

経験者主語をとる情意形容詞構文 321
繋合詞 242
形式 115
継続形 167
継続形 /-te-ru/ 168, 170
形態素 122, 123
軽卑形 171
形容詞語幹 219
形容詞のアクセント 98
形容詞の丁寧形 212
形容動詞 223
ゲ使役文 183
結果の継続 170
「ゲ」と「イ」および「ニ」の意味の異なり 324
ケレバッテ逆接形 215
言語作品 114

こ

語彙的な所属する型の揺れ 70
語彙的な変化 54
行為者 180
〈行為者－行為〉関係 180

構成的 118
高年層 iii, 41
高年層のイ段の母音 7
高年層のエ段の母音 9
高年層のハ行の子音 28
語核 122
語幹 122, 218
語基 116
語基形 161
呼気段落末尾の /V/ および /V_R/ 17
コソアド系の指示語 239
五段動詞のアクセント 89
コト使役文 183
語尾 122, 140, 141, 207
5モーラ語のアクセント 85

さ

再帰詞「自分」278
再帰代名詞 236
ザ行の「ザ・ジ(ヂ)・ズ(ヅ)・ゼ・ゾ」の子音 23
サ行の子音 23
佐々木冠 193, 315
三項述語文 323
3モーラ語のアクセント 77

し

思惟判断 250
子音音素 /C_1/ 20
子音音素 /C_1/ の異音の分布 29
子音音素 /C_2/ 30
子音動詞 125
使役 180
使役者 180
使役的なテモラウ文 157, 182
使役動詞 180
使役文 310
志向形[1] 148

索　引　335

志向形² 149
指示代名詞 237
辞順 195
実現形 177, 218
実現語幹 126, 142
実現の拡張接尾辞の語幹部 178
自動詞 198
自動詞派生可能動詞文 197
自由形式 115
終結形 165, 168, 169
終結形 /-cja'-u/ 168, 169
終止形 143, 211
終止形式 122, 143, 211
終助詞 298
終助詞のアクセント 108
修用語 229
修用語・被修用語 229
修用語を作る格助詞 284
主格 260
主語 229, 260
授受態・利益態 155
主述名詞節の主格補語 286
主体的関与者 275
主張形 152
受動的な「テモラウ文」183
準2モーラ語 67
準体形式 122, 159, 217
準体助詞 253
準体助詞のアクセント 108
情意形容詞 219, 270, 275, 307, 322
情意形容詞(感情形容詞) 275, 307, 322
情意状態詞 226
条件形 157, 215
状態詞 223
状態詞的準体助詞 257
状態動詞 168
助詞 259
助詞のアクセント 104

所動詞 197
助動詞 242
所動詞二項動詞文 291
所動詞型可能動詞 195
助動詞のアクセント 110
所動詞文 198, 199, 200, 202
「所有」構文 272
所有の成立を表す文 273
所有文 273
シラベーム syllabeme の構造 4
シラベームとモーラの関係 5
シラベームの種類 4
自立語 115
自立的モーラ 5
深層構造のアクセント 61

す

推想形 162, 217
推定 249
随伴者 281
推量 249
推量形 213

せ

成音節的＝成節的 34
性状形容詞 221
性状形容詞文 277
性状状態詞 226
成年層 iii, 41
成年層のイ段の母音 8
成年層のエ段の母音 z 9
成年層のハ行の子音 27
生物類名詞 197, 230
成モーラ的＝成拍的 34
声門音 /'/ の gemination(音重複) 29
接辞 116
接続形 154, 214, 246
接続形＋授受動詞 155

336　索　引

接続形式　122, 154, 214
接続語　118, 223, 228
接続助詞　296
接続助詞のアクセント　109
節の主語　285, 287
接尾辞 /-Qte/　216
接尾辞 /-'i/　146

そ

想起形　178
属性特徴名詞　231
尊敬命令形　153
「存在」構文　272

た

第1種語尾　140
第1種動詞（子音動詞）　125
第2種語尾　141
第2種動詞（母音動詞）　132
第一人称　234
第一人称者　143, 144
第一人称者領域　237
対格　viii, 200, 262, 265, 290, 305, 314
対格 /ko⌉to/ と能格 /ŋa⌉ni/ の併存　290
対格型　vii, 199
対格型格表示　vii, 291
対格型二項動詞　315
対格構文　200, 221, 291
第三人称　235
対象語　221, 261, 270
第二人称　234, 235
第二人称者　143
第二人称者領域　237
代名詞　233
代名助詞　254, 286
第三者・第三人称　234
第三者領域　237
タ行の「タ・テ・ト」の子音　21

ダ行の「ダ・デ・ド」の子音　21
多重疑問詞疑問文　202, 203
多重不定代名詞文　202, 203
奪格　283
「タッテ /-taQte/」逆接形　158
他動詞　198
他動詞型可能動詞　195
他動詞願望形　275
他動詞と二項所動詞　198
他動詞派生可能動詞文　197
他動詞文　198
《他動詞文の》「主語」・「目的語」　201
単語　115, 123
断定　242
短母音音節「ユ」の「イ」への変化　43

ち

超長のシラベーム　6
直接受動文　191, 192, 311

つ

ツァ行の「ツァ・チ・ツ・ツェ・ツォ」の子音　21
ッテ逆接形　215
促め音（促音）　30, 35

て

定称　234, 237
「定称」の階層性　234, 237
定称の二重の二項対立　234, 237
程度の派生名詞　219
丁寧形　172, 212
テイル（テル）形　168, 170
テシマウ（チャウ）形　168, 169
テモラウ文　157, 182, 183, 324
典型的他動詞文　291

と

同格構文　254

同格名詞節の同格補語 286
動形容詞 137
統合型 115
統語接尾辞[統語語尾] 122
統語的格助詞 305
統語的に条件付けられた異語形 105
動作主主語をとる典型的な他動詞構文 313
動作態 Aktionsart 154, 161
動作動詞 168, 170
動作の協働者 282
動作の継続 170
動詞 119
統辞音韻論的[統語音韻論的] syntactico-phonemic 65
当事客体(聞き手) 234
動詞語基形 161
当事者・当事人称 234
当事者領域 237
当事主体(話し手) 234
動詞のアクセント 88
動詞のアクセント型と所属語彙 94
動詞の諸活用形 120
動詞のラ行音語尾の「撥ね音・促め音」化 53
動態動詞 168
同定・記述 243
時数詞 233
特殊具体的な連体関係 284
特殊モーラを含むシラベーム(2拍1音節)のアクセント核 69
読書音アクセント 60
「ト」に通う「ニ」 318
取り立て形 214

な

中1高型 68
中2高型 68
中 mid 母音 9
長いシラベーム 5
中高型 68
ナ行の子音 25
難易文 274

に

二項所動詞 198
二項所動詞文 198
二項所動詞文の「主語」・「目的語」 202
ニ使役文 183
二次語幹 122
二重化された主語 199
二重化された目的語 193, 263, 315
「二重化された目的語」をとる他動詞の受身表現 192
二重ゲ格 311
二重コト格禁止 264
二重使役動詞 186
二重対格構文 193, 263
2モーラ語のアクセント 72
人称制限 155, 219, 250
人称代名詞と接尾辞との接合形 236

の

能格 vii, 270, 272, 290, 291, 306, 319
能格型 vii, 199
能格型格表示 viii, 290
能格構文 200, 291, 306, 319, 322
能格主語 321, 322
能動詞 197
能動詞二項動詞文 291
能力の所有者 271
「ノ・ダ」文の特徴 257

は

パ行の子音 20
バ行の子音 20
派生形式 123, 180

派生接辞 117
派生接尾辞 123
「バッテ /-ebaQte/」逆接形 158
服部四郎 24, 61
発話 114
発話段落 114
撥ね音 32, 34
撥ね音（撥音）32, 34
半母音音素 /S/ 18

ひ

非主体的関与者 275
非対格型二項動詞 316
非対格（能格）型格表示 291
必要文 273
否定形 174
否定推量形 150
鼻的破裂音 faucal plosive 39
非典型的他動詞文 291
1つの異語形 211
被役動詞 188
表層のアクセント 61
品詞分類 117

ふ

付加語 229
不完成的音韻変化 45
副助詞 292
副次アクセント核 65
副次アクセント素 104
付属形式 115
付属語 115
付属語のアクセント 104
付属語の連結に伴うアクセント 111
付属的モーラ 5
2つの「テモラウ文」 183
2つの異アクセント 102
2つの異語形 211

不定形 159
不定称 237
不定人称 235
不定人称者 143
文 114
文体差を伴う非融合・融合の2形 164
文体的ヴァリアント 164
文の主語 285
文末の音調型 116
分裂格標示 199
分裂能格型 vii, 199

へ

平板型 68
並立語 228
「並立語＋被並立語」の2類型 298
並立助詞 298
変格動詞 136
変化動詞 168, 170

ほ

母音音素 /V¹/ 7
母音音素 /V²/ ＝ /ʀ/ 〈「引き音（引音）」〉 17
母音間の「ワ」の唇音弱化と変化 52
母音動詞 132
母音の無声化 36
方言アクセント 60
方向格 266, 280
補語 227, 228
補語・述語 229
補語を作る格助詞 260
補助接尾動詞・補助接尾形容詞 161
補足語 229

ま

前舌母音音素 /i, e/ の中和 9
マ行の子音 20

み

短いシラベーム 5

む

無核語 104
無生物類名詞 197, 230

め

名格 260
名詞的準体助詞 253
名詞(体言類)のアクセント 71
命令形[1] 147
命令形[2] 148

も

モーラ音素 34
モーラ表 6
目的語(対象語) 221, 260, 262, 271, 307

や

ヤ行と拗音「ャ・ュ・ョ」の半母音 18

ゆ

有界性 168
有核語 104
有生位格 272, 288
有生属格 289
有生方向格 289

よ

用言の類別語彙とその対応 103
予置形 167
与格 157, 183, 266, 324
与格主語 320, 325
4モーラ語のアクセント 83

ら

ラ行の子音 23

る

類別語彙とその対応(用言) 103
類別語彙とその対応(一音節名詞) 72
類別語彙とその対応(三音節名詞) 82
類別語彙とその対応(二音節名詞) 77

れ

例示形 158, 216
連結に伴うアクセント変異 111
連体格助詞 284, 287
連体形 154, 213
連体形式 122, 153, 213, 245
連体語・被連体語 118
連母音 /V'u/ の変化 51
連用格助詞 260, 287
連用形 213
連用形式 213
連用語 227
連用語・被連用語 118

ろ

6モーラ語のアクセント 87

わ

ワ行の半母音 19

を

ヲに通ずるガ 262

著　者

原田　伊佐男（はらだ　いさお）

1947年3月に埼玉県草加市小山町に生まれる。
1985年12月まで草加市に居住。
1985年12月から現在まで埼玉県越谷市に居住。
早稲田大学商学部卒業
早稲田大学教育学部国語国文科卒業
早稲田大学大学院文学研究科修士課程国語学専攻修了
埼玉県立高等学校勤務・退職

※本書は平成26年 一般財団法人 新村出記念財団 の刊行助成を受けて
　出版するものです。

埼玉県東南部方言の記述的研究

初版第1刷 ──── 2016年11月30日

著　者 ────── 原田伊佐男

発行所 ────── 株式会社くろしお出版
　　　　　　　　〒113-0033　東京都文京区本郷3-21-10
　　　　　　　　［電話］03-5684-3389　［WEB］www.9640.jp

印刷・製本　シナノ書籍印刷　装　丁　大坪佳正

©HARADA Isao, 2016　Printed in Japan
ISBN978-4-87424-712-9 C3081